Johann Goswin Widder

Versuch einer vollständigen geographisch-historischen Beschreibung der Kurfürstl. Pfalz am Rheine

Johann Goswin Widder

Versuch einer vollständigen geographisch-historischen Beschreibung der Kurfürstl. Pfalz am Rheine

ISBN/EAN: 9783742870056

Hergestellt in Europa, USA, Kanada, Australien, Japan

Cover: Foto ©ninafisch / pixelio.de

Manufactured and distributed by brebook publishing software (www.brebook.com)

Johann Goswin Widder

Versuch einer vollständigen geographisch-historischen Beschreibung der Kurfürstl. Pfalz am Rheine

Versuch
einer vollständigen
Geographisch - Historischen
Beschreibung
der
Kurfürstl. Pfalz
am Rheine
von
Johann Goswin Widder.

―――――

Dritter Theil.

Frankfurt und Leipzig 1787.

Inhalt
dieses dritten Theils.

1) Das Oberamt Alzei, mit seinen Unterämtern Freinsheim und Erbesbüdesheim.

2) Das Oberamt Oppenheim.

3) Das Oberamt Stromberg.

4) Das Oberamt Bacharach, mit dem Unteramte Kaub.

5) Das Oberamt Simmern.

Oberamt Alzei.

Einleitung.

Dieses Oberamt ist zwar in der Anzahl der dazu gehörigen Ortschaften etwas geringer als das Heidelberger; wenn man aber von letztern die beiden Hauptstädte Mannheim und Heidelberg abziehet, so stehet es mit selbigem nicht nur im Gleichgewichte, sondern hat auch in vielem Betracht so viele Vorzüge, daß es allerdings für das erste der ganzen Pfalz zu halten ist.

Im weitläuffigen Verstande liegt solches in dem alten Wormsgau, und erstrecket sich von Süd gegen Nord auf vierzehen Stunde in die Länge, und von West gegen Ost auf zwölf Stunde in die Breite. Es gränzet gegen Nord an das Kurmainzische Gebiet, und an einen Theil des Oberamts Oppenheim; gegen Ost scheidet der Rheinstrom selbiges von den Landgräflich-Hessischen und Kurmainzischen; gegen Süd hat es das Bischöflich-Wormsische, und ein Theil des Oberamts Neustadt, dann die Grafschaft Leiningen und Falkenstein; gegen West das Nassau-Weilburgische, das Rheingräfliche und Kurmainzische Gebiet, zum Theil auch die vordere Grafschaft Spanheim, und das Oberamt Stromberg.

Pf. Geographie. III. Th.

Es hangt nicht vollkommen an einander, sondern ist mit verschiedenen dazwischen liegenden Orten gedachter Gränz-Nachbaren, vornämlich aber mit vielen Ritterschaftlichen Besizungen vermischet, worüber jedoch das hohe Kurhaus Pfalz vormals die statlichsten Gerechtsame der Oberherrlichkeit auszuüben gehabt, und zum Theil noch heutigen Tages ausübet a). Es ist ausgemacht, daß der ganze Strich Landes, worin dieses Oberamt gelegen, und welcher noch heutigen Tages der Alzeier Gäu genennet wird, eine unstreitige Zugehör des Rheinischen Frankens gewesen, wovon das Herzogthum und die demselben anklebende landesherrliche Gewalt auf die Pfalzgrafen vererbet worden b).

Als im XIII Jahrhundert die Regierungsforme im deutschen Reiche eine andere Gestalt bekam, und jeder Fürst, Graf oder Herr mit der bisher begleiteten Würde das Eigenthum von Land und Leuten zu vereinigen bestrebte, nahmen auch die Pfalzgrafen Anlaß dergleichen Besizungen an sich zu bringen, welches ihnen um so leichter gewesen, als sie über die Klöster und Kirchen das Schuz- und Schirmrecht, über die Graf- und Herrschaften aber nebst der Oberbothmäsigkeit das Lehenrecht schon erblich hergebracht hatten. Wenn aber, und wie solches geschehen, wird bei jedem Orte ins besondere angeführet werden.

---

a) Sieh Justitia Causae Palatinae sive defensio juris regalis in homines proprios Cap. V. & VI.

b) Man vergleiche damit des Herrn Professor *Crollius* Responsum ad quaestionem, an & qualis fuerit Franciae ducatus Rhenensis in den Abhandlungen der Kurpfälz. Akademie der Wissensch. vol. III, hist.

Um jedoch den Zusammenhang, welchen die altherzogliche hohe Gerichtbarkeit mit dem ganzen Landesbezirk vormals gehabt, und in sicherer Maße noch wirklich beibehalten hat, nicht zu verliehren, finde ich nicht undienlich einen Auszug des alten Alzeier Weisthums c) hier wörtlich einzurucken:

„Dies seynd die Rechten des Pfalzgrafen vom
„Rhein zu Alzei zu dreyen ungeboden Dingen,
„dreimal im Jare. Es sollen seyn vierzehen Schef-
„fen, die des Pfalzgrafen Recht sprechen, die sol-
„len Ritter seyn, der soll einer ein Schultheis
„seyn. Zu dem sollen von Rockenhusen zween
„Dienstmanne seyn, und von Ulvesheim zween.
„Were es, daß der Scheffen einer zu Ungeboden
„Dingen nit enwere, ihn ihreten ban Ehehaffte
„nit; so wer er schuldig dem Schultheiß zwenzig
„Wormser Pfenge, dem Faut also viel, und je-
„dem Scheff also viel zu Besserungen. Keme der
„vorgenannte Scheff dan nit, und würde ihm vor
„geboten, daß man thun soll, so were er die große
„Besserung schuldig.

„Es soll auch ein Frei Raugraf des Pfalz-
„grafen Faut seyn; der soll mit zween freyen Man-
„nen zu Gericht sizen bei dem Schultheisen, jeder
„seiner Seiten einer, und soll hören des Pfalz-
„grafen Bresten, und soll die richten, da ihn der

---

c) Bei dieser merkwürdigen, und bei der Stadt Alzei nicht mehr vorhandenen Urkunde fehlet zwar das Jahr, wann selbige errichtet worden; sie scheinet aber aus dem XIV Jahrhundert zu seyn, und soll die Abschrift, wovon gegenwärtige entnommen, den 8ten Oct. im J. 1589 von Schultheis, Burgermeister und Rath dem Original gleichlautend vidimiret worden seyn.

„ Schultheiß nit gerichten mag. Man sol dem
„ vorgemelten Raugrafen geben ein halb Malter
„ Korn, ein halb Malter Weiz, ein Ohm uff-
„ rechten Wins, ein Brüling um vier Unzen, ein
„ Hammel um fünf Schilling.

„ Er hat auch Herberg in diesem Hof Bran-
„ denburg, der Volkerten, der Gerharten, Dra-
„ guzis und Lubrethis, darnach wann man den
„ Pfalzgrafen angreift, da soll er nachfolgen, und
„ soll den ersten Tag und Nacht in seiner Kost lie-
„ gen, und zu ihm soll ziehen des Pfalzgrafen
„ Land, und wo es der Pfalzgraf vergebens hat,
„ da soll er es auch vergebens haben, wo das nit
„ ist, da soll ihm der Pfalzgraf seine Kost gelten.
„ Darnach bleibt des Raugrafen Faut bei dem
„ Schultheiß, und sizt bei ihm zu Gericht, und
„ nimt das dritte Wette, und wo es der Schult-
„ heiß läßt, da soll er es auch lassen. Derselbe
„ Faut soll dem Schultheis helfen das Holzkorn
„ ingewinnen, und wo dan der Schultheiß will,
„ da weiset er ihm breisig Malter Korns, und
„ breisig Malter Habers.

„ Man soll auch dem Faut geben aus des Her-
„ zogen Hofe ein Seyl, und einen Wagen. Der
„ Faut soll auch dem Büttel geben neun Unze:
„ wer auch des Pfalzgrafen Dienstman Kampfs
„ ansreche, der Raugraf soll vor ihn kempfen
„ mit Kolben, und mit Schilde, und wo dies der
„ Raugraf fällig würde, da soll man dem Dienst-
„ mann sein Haupt abschlagen mit einem Silber
„ Borten und mit einem Gülbin Schlegel: were
„ es, daß der Raugraf das nit thäte, der Pfalz-

„ graf mag sich halten an allem, das der Rau-
„ graf von ihm hat.
„ Es verleihet auch unser Herr der Pfalzgraf
„ uff dem Steine zu Alzei fünfzehntbalb Graf-
„ schaften, Bergen, Cleve, Sain, Wied,
„ Virneberg, Nassau, Kazenelnbogen,
„ Sponheim, Veldenz, Leiningen, Zwei-
„ brücken, Rheingrafen, Wildgrafen,
„ Raugrafen, Falkenstein halber *d*). Er hat
„ auch das Gebiete von dem gehauen Stein in dem
„ gesalzen See, sofern man siehet einen rothen
„ Schild an einem Mastbaume. Ists auch, daß
„ des Pfalzgrafen Dienstmann seine Huld verlie-
„ set, der soll fahren zu Alzei uff den Hof, und
„ soll darab nit kommen in dem Jare, um den
„ Hof soll auch ein Seyden Faden gehen.
„ Ladet ihn jemand zu seinem Brod, der soll
„ ihn bei Sonnenschein wieder ausantworten: so
„ dan das Jahr ausgehet, er soll kauffen ein Pferd
„ vor vier Pfunt, seinem Knecht eins vor drei
„ Pfunt, und ein grauen Rock, und ein Mantel,
„ und soll reiten in des Pfalzgrafen Hof, und soll
„ darin seyn Jar und Tag, und soll dem Pfalz-
„ grafen unter Augen nit gehen. Wan das Jar
„ auskomet, so soll er des Pfalzgrafen Gnade
„ han, und soll ihm seine Kost abthun, thät er
„ das nit, er mag ihn darum pfenden, als an
„ Eigen und Erbe. Wer auch, daß ein König nit
„ were, der Pfalzgraf soll des Reichs Pfleger

---

d) Dieses kommt zum Theil mit den Nachrichten überein, welche Moser im Kurpfälz. Staatsrecht geliefert hat.

„ seyn, bis die Fürsten wehleten einmüthiglich ei-
„ nen König, dieselben Fürsten sollen nit Recht
„ nehmen von einem König, was sie zu ihm zu
„ sprechen haben vor dem Pfalzgrafen, um das
„ alle die Leute, die dem Pfalzgrafen anhören,
„ die sind Rottbeeden frey, hinter welchen Herren
„ sie sizen. Dieselbe Leute sollen zu allen Unge-
„ boden Dingen zu Alzey seyn, und hören ihres
„ Herrn Recht, und ihr Recht, dieselbigen Leute
„ sollen dreisig Heller dem Büttel dienen, und nit
„ mehr: dieselben Leute mögen weilen, wo sie
„ wollen, und sind darum nit schuldig zur Besse-
„ rung, dan fünf Schilling Wormser Pfenge e).
„ Es sollen auch einläzige Leute dem Schultheis
„ geben ein Firnzel Habern und ein Hun, darvon
„ er des Pfalzgrafen Knechten soll geben zu essen,
„ dieselbige Leute sollen auch schneiten zween Tage,
„ und soll die Frau dreymal im Tage heim gehen,
„ ihr Kind säugen, zu Nacht soll man geben jeg-
„ lichen Menschen ein Brod, der man vier und
„ zwanzig aus einem Malter macht: wer aber gibt
„ drei Seyl, oder ein Viertel Wins zu Zehenten,
„ der ist des ledig. Alle die zu Albich sizen, die
„ sollen ächteren, und sind des schuldig an der Her
„ Kinderlins Hof, es sind auch neun Höfe Dienst-
„ höfe, und soll jeder Hof führen ein Bloch, und
„ ein Wagen voll Steine, daß man den Hof ma-
„ che, daß er nit zerfalle.

„ Es soll auch ein Truchses seyn, der soll den

---

e) All diese Umstände haben einen deutlichen Bezug auf das bekannte Wildfangsrecht in dieser Gegend.

„ Scheffen ein Essen geben in neuen Schüffeln,
„ neuen Bechern, neuen Tüchern, neuen und vier-
„ nem Win, zu drey anderen Ungeboten Dingen:
„ so gibt der Truchses zween Schilling und der
„ Faut ein Schilling, und soll auch der Truchses
„ den Scheffen geben zu unser Frauen Tage zwo
„ und vierzig Kerzen, der drey ein Pfunt Wachs
„ thun, davor hat der Truchses den Zehenten zu
„ **Rockenhausen**, zu **Ulvesheim**, und ten
„ Bunden Zehenten zu **Alzey**, und zu **Schaff-
„ hausen** *f*). Wer auch dem Truchses unrecht,
„ der Schultheis, und der Faut sollen ihm helfen,
„ daß es ihme gerichtet werde.

„ Es höret auch zu der Pfalz, und rügen vier
„ Schöffen als **Rockenhausen, Hupholz, Rü-
„ lesweiler, Wierzweiler, Gerbach** dießeit
„ der Bache, **Gundersweiler, Gerweiler,
„ Vilzbach, Undenheim, Norddlsheim,
„ Gundersheim, Omißheim** und **Micken-
„ hausen**. Es soll auch, und ist schuldig der
„ Scheffen jeglicher dem Pfalzgrafen zu helfen,
„ also, daß er bei Nacht wieder nach Hauß kom-
„ me. Es soll auch der Pfalzgraf den Scheffen hel-
„ fen hausen, und halten zu ihrem Recht, gesche-
„ he das nit, oder an welchen der Brest were, der
„ ander soll kein Recht sprechen, es were dan ge-
„ schehen *g*).

---

f) Dieses scheinet jene decimatio totius salicae terrae in Alceia & Scafhuson, & Vlvenesheim, & Rogkenhuson &c. zu seyn, wovon bei der Stadt Alzei Erwehnung geschehen wird.

g) Sowohl von diesem Weisthum, als andere von der Stadt

Obschon viele der obigen zum theil lächerlichen Gebräuche längst entweder abgeschaffet worden, oder durch die geänderten Zeitumstände ausser Uebung gekommen, so sind boch einige darin enthaltene Stellen zur Erläuterung der Geschichte wohl zu merken, sonderlich aber was von ben Raugrafen, Truchsessen, und von ben Lehen der vielen Grafschaften gesagt wird.

Die Worte: es soll auch ein Frei Raugraf des Pfalzgrafen Faut seyn ꝛc. beziehen sich auf die Verwaltung der landesherrlichen Gerechtsame in dieser Gegend. Der Faut hatte die nämliche Obliegenheit, welche nachgehends dem Burggrafen übertragen worden. Es findet sich zwar kein Raugraf, der dieses Amt bekleidet, mit Namen angeführet. Aber unter den hierunten verzeichneten Burggrafen erscheinet ein Wildgraf Emich in dieser Eigenschaft, welcher mit den Raugrafen einerlei Geschlechtes gewesen, und daneben die Landgrafschaft von der Pfalz zu Lehen getragen hat. h). Es ist Schade, daß die Namen der nachfolgenden Burggrafen über ein halbes Jahrhundert noch nicht ausfindig zu machen gewesen. Der Raugraf hatte die Erlaubniß einen andern Faut in seiner Abwesenheit zu bestellen, und daraus kann gar wohl

---

Alzei selbst gesammelte Nachrichten habe ich dem Herrn Rektor Andreä zu Heidelberg mitgetheilet, welcher auch meinen Aufsaz seiner Alceia Illustrata vom §. V bis XV schier durchgehends wörtlich eingeschaltet hat. Da ich aber mittlerweil viele neue Beiträge erhalten, hab ich auch solchen abändern müssen.

h) Kurzgefaßte Geschichte des Wild- und Rheingräflichen Hauses §. V, bis IX.

erfolget seyn, daß zulezt ein anderer Burgmann dazu erwählet worden. Was den Truchses anbelanget, ist zwar aus dem Weisthum zu entnehmen, daß seine Verrichtung die Sorge für die Pfalzgräfliche Tafel zum Hauptgegenstande gehabt habe; es kann aber wohl seyn, daß ihm auch die Verwaltung der Domanialgüter und Gefälle dabei übertragen gewesen. Denn es ist bekannt, daß Dapifer und Oeconomus öfters einerlei Bedeutung haben, weswegen auch in den Oberämtern Kreuznach und Simmern die alte Gewohnheit bis auf den heutigen Tag sich erhalten hat, daß die Empfänger solcher Einkünfte Truchsesserey Keller noch wirklich genennet werden.

Im XIII Jahrhundert war ein vornehmes Geschlecht, das in den Urkunden unter dem Namen Dapiferi de Alceja häufig vorkömmt. Sie waren Vasallen und Dienstmänner der Pfalzgraffschaft bei Rhein, und scheinen mit den Herren von Boland, die Erbtruchsessen des Reichs waren, einerlei Ursprung gehabt zu haben. Es wird derselben unten, besonders bei der Burg und Stadt Alzei, öfters gedacht werden.

Was von dem beträchtlichen Lehen-Reiche im obgemeldetem alten Weisthum gesagt wird, bedarf keiner weitläuftigen Ausführung, indem die vorzüglichen Rechte, welche der Pfalzgraffschaft desfalls anklebig sind, noch niemals bezweifelt worden. Nur stehet zu bemerken, daß bei dem Alzeier Lehenhof andre Geseze und Gewohnheiten in Vererbung der Lehenstücke, als bei den übrigen Kurfürstlichen Lehenkammern, hergebracht sind. De

Unterschied erhellet aus dem Lehenbuche vom J. 1463, worin es ausdrücklich heiset: i)

„ Mannlehen uf der Süten des Rines, da
„ Heydelberg liegt, verfallen nit allebwile Mann-
„ lehens Erben eines Stamms und Wappens sin,
„ und die zu gebührlicher Zite empfahen.

„ Item uf die Siten Rines, da Alzey ligt
„ wann ein Mann, der Mannlehen hat, abge-
„ ohne Sone und Brüder oder Gevettern sins
„ Stamms und Schildes verleßt, so fellt es doch
„ nit neben sich uf die Brüder oder Gevettern,
„ sondern bleiben allein uf der absteigender Lynien,
„ es were dan vor in Gemeinschaft empfangen und
„ hergebracht worden.

Diese Gewohnheit mag den Anlaß gegeben haben, daß vor Zeiten in der Stadt Alzei ein besonderer Hof oder Lehengericht bestanden, wovon noch häufige Beispiele bekannt sind. Desgleichen bestehet noch bis auf den heutigen Tag die gewöhnliche Versammlung des sogenannten Keßler oder **Kalt- Kupferschmidt- Handwerks Alzeier Tages**, wovon die in den durch viele sowohl Kaiserliche als Kurfürstliche Freiheitsbriefe bestimmten Kreisen und Termineien wohnenden Zunftgenossen Kurpfälz. Dienstmänner, folglich mit Eidespflicht und Gelübden zu gethan sind, und auf jeden dazu ausgeschriebenen Tag sich zu Alzei einfinden müssen, dergleichen feierliche Zusammenkünfte in den Jahren 1668, 1733, 1746 und 1764 gehalten

---

i) *Schilteri* Comment. in jus feudal. Allemann. ad Cap. 43. §. 5.

worden *k*). Von den häufigen Alzeier Burgle‍hen sind die meisten schon in vordern Jahrhunder‍ten der Kurfürstl. Hofkammer heimgefallen *l*).

Der weitläuftige Umfang der Gerichtbarkeit war bis in das XV Jahrhundert gröser als jezo, nachdem durch die Theilung unter König Ruprechts Söhnen schon vieles davon abgerissen, und zu dem Lose Herzogs Stephan geschlagen worden, der die Simmerische und Zweibrückische Linien gestiftet hat. In der Folge haben auch die darunter gehörigen Grafen und Adel vieles, theils durch Kaiserliche Vergünstigungen, theils durch die von den Kur‍regenten selbst mit ihnen getroffene Vergleiche, auch Lehens- und Tauschweis an sich gebracht. Jedoch wurde auf der andern Seite durch das theils heim‍fällige, theils käuflich erworbene Eigenthum der halben Grafschaft Leiningen nach Ableben des lez‍ten Landgrafen Hesso, ferner eines grosen Theils der Raugrafschaft und anderer einzelnen Orten, nicht minder durch die vielfache Eroberungen des siegreichen Kurfürsten Friedrichs I, und endlich durch die Einziehung der geistlichen Güter der Be‍sizstand ungemein vermehret, folglich zur derma‍ligen Beschaffenheit des Oberamts der Grund ge‍leget.

Dasselbe bestehet dermalen aus neunzig Orten,

---

k) Herr Professor Exter in seinem Versuche einer Pfälz. Münzsammlung 1 Theil, p. 421, 522 & 568, 2 Theil p. 393. Von dem ganzen Umfange dieses Kestlerbezirks wird sehr umständlich gehandelt in Kremers Geschichte des Rhein. Franziens p. 159 sqq.

l) Man findet solche in Act. Comprom. bei Chlingensperg, und in *Tolneri* addit. hist. Palat.

theils Städten und Marktflecken, theils Dörfern und Meyerhöfen. Im Zusammenhange ist selbiges in das Oberamt selbst, dann in die beiden Unterämter Freinsheim und Erbesbüdesheim eingetheilet. Das erstere Unteramt bestehet in 15, und das andere aus 8 Ortschaften, die schier durchgehends groß und beträchtlich sind. Alle stehen unter dem Gerichtszwang des Oberamts, welches in der Stadt Alzei seinen Sitz hat.

Die Städte und Unterämter werden zwar von ihren Magistraten und Vorständen besorget, haben aber nur die erste Instanz, und die Berufung geschiehet an das Oberamt. Die Oberschultheisereien und Oberfautheien verwalten nur die niedere bürgerliche Gerichtbarkeit, und haben weiter nichts besonderes gegen übrige Dörfer, als daß ihre Vorstände Gelehrte seyn müssen, damit sie auf erhaltene Bevollmächtigung die in ihrem Bezirke oder sonst vorfallende Händel gehörig zu beurtheilen, und darüber ihren Bericht zu erstatten vermögend seien.

Der erste Vorstand des ganzen Oberamtes ist der zeitliche Burggraf, welcher allzeit aus einem altadelichen Geschlechte gewählet worden. Ich will solche, wie ich ihre Namen aus Urkunden habe entdecken können, hier anführen.

1277 Emicho Wildgravius, apud Alcejam Castellanus m).

1278 im Brachmonat bekannte Graf Friedrich

---

m) In *Struvii* Sintagmat. jur. feudalis append. IV. pag 139. wird Castellanus und Burggraf für einerlei gehalten.

1621 Wilhelm Ferdinand von Efferen, Kaiserl. Burggraf *f*).
1627 Philipps Jakob Walbecker von Kempt.
1634 Philipp Freiherr von Winneberg und Beilstein, ward von den Schweden wieder eingesezt.
1657 Balthasar Schmidt von Schmidtfelden, General-Lieutenant.
1659 Johann von Areuben, Vice-Burggraf.
1664 Christian Graf zu Sayn und Wittgenstein, Obermarschall und Burggraf.
1680 Wolfgang Dieterich Graf von Castell-Remlingen.
1689 Casimir Heinrich von und zum Steinkallenfels.
1699 Hermann Adrian Freiherr von Wachtendonck.
1702 Marquard Graf von Fugger Kirchberg Weisenhorn.
1708 Hermann Arnold Freiherr von Wachtendonck *g*).
1768 Karl Ludwig Freiherr von Rodenhausen.

Seit hundert und mehrern Jahren sind diese Burggrafen nicht mehr verbunden den gerichtlichen Handlungen in eigener Person beizuwohnen, sondern ihre Stelle wird von dem zeitlichen Landschreiber vertretten, der folglich auch in jenes Abwesenheit den thätigen Vorstand des ganzen Oberamts ausmacht, und dem nur zuweilen ein Beisi-

---

f) *Gudenus* Cod. dipl. Tom. I, pag. 959.
g) Dieser erhielt schon im J. 1708 diese Stelle, unter der Vormundschaft seiner Mutter.

zer zugegeben wird. Nur das bekannte Wildfangs- und Leibeigenschafts-Recht, und die damit verbundene Obliegenheit für Wittwen und Waisen zu sorgen, schlägt in die Verrichtung des Ausfauthen ein. Zur oberamtlichen Dienerschaft gehören ferner ein Amtsschreiber, ein Oberamts-Registrator, ein Physicus und Wundarzt, mehrere Zollbereuter, ein Heerfauth, dann die Amtsreuter und Bothen. Die übrigen zu Verwaltung der Kameral- und geistlichen Gefälle angestellte Personen, werden bei der Stadt Alzei berühret.

Die Fruchtbarkeit des Erdreiches hat in dieser Gegend einen besondern Vorzug. Der Weinbau ist zwar in Vergleich der vielen Ortschaften nicht allzu beträchtlich, und die Güte desselben im Ganzen genommen, wird unter das mittelmäßige Gewächs gezählet. Jedoch pflegen die zu Ost- und Westhofen wachsende Weine unter die Besten des ganzen Wormsgaues gerechnet zu werden. Das vornehmste ist also der Getreidbau, weshalben auch dieser Strich Landes ein Korn-Speicher der Pfalz genennet wird. Die Wiesen in der Nähe des Rheins, und in den Thälern verschaffen mit dem übrigen Futterbaue auf dem herrlichen Ackerfeld ausreichende Bequemlichkeit zur Viehzucht. Hingegen gebricht es den meisten Orten am Brennholz. Denn es sind eigentlich nur vier Forst-Revieren im ganzen Oberamt, wovon die meiste Waldung zu den Kurfürstl. Domanialgütern gehöret, und außer einigen Rheininseln, gegen dem Vogesischen Gebirge und dem bekannten Donnersberge gelegen sind. Das dort angränzende Unteramt Erbesbüdesheim hat

also

also an Holz weniger Mangel, und verschiedene Ortschaften des Unteramtes Freinsheim haben das Beholzigungsrecht in den ungeheuern Waldungen des Stiftes Limburg mit andern vielen Gemeinden hergebracht. In obgedachtem Gebirge befinden sich auch einige Bergwerke von Queckſilber. Aus eben dieſem Gebirge fließen mehrere fiſchreiche Bäche, die das oberamtliche Gebiet allenthalben durchſtröhmen, und ſich in den auf der nordöſtlichen Gränze vorbei lauffenden Rhein ergießen.

Die Bevölkerung beſtund im vorigen Jahr in 8559 Familien, (worunter 85 von Mennoniſten, und 62 von Juden gezählet wurden,) die zuſammen 38909 Seelen ausmachten. An Gebäuden fanden ſich 151 Kirchen und Kapellen, 156 Schulen, 7113 bürgerliche und gemeine Häuſer. Die liegende Gründe von Ackerfeld, Weinbergen, Wieſen, Gärten, Weid und Wald belaufen ſich überhaupt auf 131568 Morgen.

Stadt Alzei.

Sie iſt neun Stunde von Mannheim weſtnordwärts entfernt. Die angränzenden Orte ſind gegen Oſt das von Churpfalz lehenrührige Dorf Köngengernheim, das der Fürſt von Löwenſtein-Wertheim als eine Zugehör der Herrſchaft Scharfeneck, und in demſelben der Freiherr von Beckers die Leibeigenſchafts Gerechtſame beſizet; ſodann das Gräflich Falkenſteiniſche Freimersheim; die beiden Kurpfälziſchen Dörfer Heppenheim und Dautenheim; gegen Süd Kettenheim, Walheim und Freimersheim hinter der Warte; gegen Weſt Mauchenheim, Weinheim und Erbesbüdesheim; gegen Nord der dem adelichen Nonnenkloſter Rupertsberg und Eibingen zuſtändige Ort Bermersheim, und das Pfälziſche Albig.

Pf. Geographie. III Th.

Von dem Alter dieser Stadt war weiter nichts bekannt, als daß K. Arnulph den Zehnten zu Alceja, Scafhusen &c. im J. 897 der Domkirche zu Worms verliehen habe a). Es läßt sich aber aus diesem Namen schliesen, daß solche nicht sowohl von den Deutschen als von ältern Zeiten ihren Ursprung her habe, und solches bestättigt eine im J. 1783 hart an der Stadt gegen Mittag gemachte Entdeckung eines sehr merkwürdigen Denkmals aus dem 2ten Jahrhundert. Es ward nämlich daselbst unter andern ein Stein ausgegraben, mit der sehr leserlichen Inschrift:

NYMPHIS VICANI ALTIAIENSES
ARAM POSVER.

In einer Urkunde des Erzbischoffes Siegfried von Mainz wird der Stadt und Kirche zu Alzei im J. 1074 ausdrücklich gedacht b). Auf solche Art behauptet dieser Ort eine Stelle unter den ältesten Kurpfälzischen Städten, und den ersten Rang unter allen, welche auf der nämlichen Seite des Rheins gelegen sind c). Wann und wie er an die Pfalzgrafschaft gekommen, läßt sich so genau nicht bestimmen. Man wird aber nicht irren, wenn man die Zeit des Herzogs Konrad von Hohenstauffen dafür annimmt, der von K. Friedrich I mit der Pfalzgrafschaft bei Rhein belehnet worden, und diese Reichswürde mit

---

a) *Schannat* Historia Episcopat. Wormat. Cod. prob. p. 10, num. XI, allwo es heißt: „decimationem totius nostre salice terre in his locis: Alceja & Scafhuson & Vlvenesheim & Rogkenhuson &c.

b) *Gudenus* Cod. diplom. Mog. Tom. I, pag. 377 & 378 in der Urkunde über die Stiftung des Klosters Ravengiersburg: Urbs & Ecclesia in loco Alceja cum dote & decimatione illuc pertinente.

c) Im J. 1452 den 15 Jun. schrieben die Pfälzischen Städte jenseits des Rheins wegen der Arrogation des Kurprinzen Philipps an Kaiser Friedrich III, und zwar zusammen in folgender Ordnung: Altzey, Bacherach, Diespach, Stege, Mannbach, Cubb und Auwenstat um der Wynzingen.

der Herzoglich-Rheinfränkischen Gewalt und Obergerichtbarkeit sowohl als mit den mütterlicher Seits ererbten Allodial-Besitzungen vereiniget, und dadurch zu der jezigen Pfalzgraffschaft den Grund geleget hat. Wenigstens hat sein Eidam, Pfalzgraf Heinrich, schon im Anfange des XIII Jahrhunderts den Truchseß von Alzei seinen Lehen *d*) und Dienstmann *e*) genannt, auch bald hernach Pfalzgraf Otto der Erlauchte zu Alzei die landesherrliche Gerichtsbarkeit ausgeübt*f*). Daher wurde in der zwischen seinen Söhnen im J. 1255 über ihre Patrimonial-Erbschaft vorgegangenen Theilung dieses Alzei dem Herzog Ludwig Pfalzgrafen zu den erhaltenen Rheinischen Landen ausgeschieden *g*).

Es ist und bleibt aber dieses zum Theil nur von der Herzoglichen Obergerichtbarkeit zu verstehen, indem verschiedene Domanial-Gefälle, Zehenten und Güter von den Kaisern selbst schon anderwärts begeben waren. Jedoch nach einem im April 1277 zwischen Pfalz und den Truchseßen Philipp und Gerhard, durch Schiedsrichter zu Worms errichteten Vergleich konnte der Pfalzgraf zu Alzei thun was er wollte, ohne Hinderniß der leztern.

In eben diesem J. ertheilte K. Rudolph auf Begehren des Pfalzgrafen der Stadt Alzei alle Freiheiten, wie solche andere Reichsstädte zu geniesen hatten, dergestalt jedoch, daß sie besagtem Pfalzgrafen Ludwig und seinen Erben die gewöhnliche schuldige

---

d) Im Lehenbriefe für Gr. Wilhelm von Gülich 1209 heißt es: Testes fideles nostri, Wernherus dapifer de Alcei. Act. Acad. Tom. III, hist. pag. 298.

e) In einer Schönauer Urkunde vom J. 1211 erscheinet als Zeug Wernherus dapifer, ministerialis D. Palatini. vid. *Gudenus* Syllog. var. diplom. pag. 83.

f) In der Bestättigung der von Edebert Schenken von Elbstein dem deutschen Orden gethanen Schankung, datum in Alceja. *Gudenus* Cod. dipl. Tom. IV, pag. 872.

g) *Tolner* hist. Palatina Cap. II. pag. 39.

Dienste zu leisten verbunden bleiben sollte. Diese Befreiung der Stadt scheinet ein Anlaß zu grosen Gewaltthätigkeiten den Bürgern und den Edeln von Alzei gewesen zu seyn, welche erst im J. 1288 zu Mainz durch schiedsrichterliche Vermittlung abgethan werden konnten *h*).

Als zwischen Wernhers von Bolanden Wittib und Kindern einer Seits, dann der Stadt Alzei andern Theils einige Strittigkeiten entstanden, haben Konrad der Pukler und Heinrich von Sachsenhusen aus Befehl des Röm. Königs und des Herzogen Ludwigs von Baiern, Pfalzgrafen bei Rhein, solche im J. 1283 dahin entschieden: daß gedachte Wittib von Bolanden und ihre Kinder von 200 Pfund Heller, die ihnen die von Alzei reichen sollten, zwanzig Pfund Heller Gült entrichten, fort diese Gült, und das Gut zu einem rechten Erbburglehen haben, und zu Alzei, wie ein Graf von Leiningen oder der von Falkenstein, welche auch Burgmänner sind, von Pfalz geschüzet und gehandhabet werden; sie von Bolanden aber auch ihre Kinder dazu verbinden, und deswegen den Graf von Leiningen, und Graf Eberhard von Kazenelnbogen zu Bürgen sezen solle. Im folgenden Jahr ward über diese zwischen der Stadt Alzei und der Frau von Bolanden ergangene Rachtung eine Kundschaft aufgerichtet, worin Albert, Graf von Lewenstein, und Heinrich Graf von Spanheim vorkommen.

Im J. 1287 entschied K. Rudolph „von Behol„zung wegen aus den gemeinen Wäldern gehn Alzei „gehörig, daß Pfalz ir Brennholz zu all irer Noth-

---

h) Dat. Mogunt. III Cal. Febr. 1288. Die Gebrüder Philipps und Gerhard, Truchsessen, wie auch Werner und Philipps genannt Winter von Alzei, bekannten sich schuldig erga ipsum Dominum nostrum Ducem (Pfalzgrafen Ludwig II) vulnerando, occidendo aut qualitercunque alias excedendo in Alceja civitate sua vel extra a tempore liberationis seu exemptionis ipsius usque in hodiernum diem.

„ durft vergeblich daraus nehmen, anderen Inwoh-
„ nern aber die Bäume um ein gewisses Geld ange-
„ schlagen und zu der Stadt gebaue und gemeinen
„ Nutzen verwendet werden solle.

Bald darauf ließ Pfalzgraf Ludwig die zwischen dem Truchseß und andern Gemeinern zu Alzei entstandene Strittigkeiten durch Emich Wild- und Rupert Raugrafen entscheiden; ferner im J. 1291 die zwischen gedachten Truchsessen von Alzei mit dortigen und andern Burgmännern zu Leiningen wegen Mordthaten, tödtlichen Verwundungen, Raub- und Mordbrennereien auch sonstigen Beschädigungen ausgebrochene Händel, durch einen richterlichen Austrag in Güte beilegen.

Ehe noch die unglückliche Niederlage Königs Adolph von Nassau bei Gellheim vorgefallen, suchte sich Herzog Albert von Oesterreich an Pfalzgrafen Rudolph I. als dessen Schwiegersohn, zu rächen, ruckte nach seinem Abzuge aus Mainz vor die Burg und Stadt Alzei, schlug alda sein Lager auf, und verheerte im J. 1298 eine wie die andere gänzlich i). Jedoch bestättigte er als Römischer König im folgenden Jahre der Stadt alle Freiheiten, die ihr sein Herr Vatter K. Rudolph zuvor verliehen hatte k). Im J. 1305 kauften die Pfalzgrafen Rudolph und Ludwig von den Gebrüdern Werner und Konrad, Truchsessen von Alzei, ihren Theil an der Burg daselbst, um 500 Pfund Häller. Als bald hernach gedachter Pfalzgraf Ludwig zum Römischen König erwählet ward, und sich der Rheinpfälzischen Lande allein anmaßte, befahl er im J. 1317 dem Burggrafen und den Burgmännern, wie auch dem Schultheise, Burgermeister, Schöffen und sämtlicher Bur-

---

i) *Trithemius* Chron. Hirsaug. p. 204 & in Chron. Sponh. pag. 296.
k) Datum Nurnberg Kalendas Jan. MCCXCIX &c. das Original ist noch vorhanden.

gerschaft der Stadt Alzei, daß sie dem Erzbischoffe Peter zu Mainz huldigen, ihm auch die Burg und Stadt mit allen Rechten, Nuzbarkeiten, Gefällen, und andern Zubehörungen sogleich anweisen und übergeben sollen, indem er besagtem Erzbischoffe jene Burg und Stadt unter sichern Bedingnissen verpfändet hatte. Der König verschrieb sich auch bald hernach alle Kösten, welche zum Unterhalt, und zur Bewachung jener Veste etwa erlauffen möchten, jedesmal auf Martinstag zu erstatten, wofür er seinen Kanzler, Hermann von Lychtenberg, Friedrich Grafen von Thruendingen, und Humblon von Lychtenberg zu Bürgen stellte, auch im folgenden Jahre dieses Versprechen erneuerte *l*). Diese Verpfändung scheinet gleichwohl von keiner langen Dauer gewesen zu seyn. Denn in dem Pavischen Vertrage vom J. 1329 ward Alzei, Burg und Stadt, den Pfalzgrafen Rudolph, und beiden Ruprechten namentlich wieder ausgeschieden. Nach des erstern Ableben ergab sich zwar zwischen Ruprechte dem ältern und dem jüngern wegen der Theilung einiger Zwiespalt. Allein K. Ludwig mit Rath der Erzbischöffe Wilhelms zu Köln, und Gerlachs zu Mainz, dann der Bischöffe Leopolds zu Bamberg, und Albrechts zu Wirzburg, entschiede solchen dahin, daß Alzei dem jungen Herzog Ruprecht ausgeantwortet werden, und wenn desselben Gemahlin auf Amberg und Hirsau verzeihen würde, Alzei und Stromberg, welche verpfändet gewesen, ledig seyn sollten *m*).

Durch die Rupertinische Constitution ward verordnet, daß unter andern auch Alzei, Burg und Stadt, ewiglich bei der Pfalz bleiben solle *n*). Im

---

l) Die drei Urkunden darüber stehen in des Herrn *Wurdtwein* Subsid. diplom. Tom. I, num. 89, 90, 95.

m) Vid. Notamina super *Struvii* form. Succ. Dom. Pal. Beilage Lit. C.

n) Gründliche Gegenableinung in der Veldenz. Successf. &c. Beil. num. 4, 5 & 6 &c.

J. 1366 hatte der Pfalzgraf das Umgeld zu Alzei, welches zuvor nur 2 Pfenning gewesen, um einen dritten Pfenning erhöhet, und solches auf zwölf Jahre zum Stadtbau überlassen. Dadurch kam Alzei in solche Aufnahm, daß es im XV. und XVI Jahrhundert vieler Vorzüge halber in grosem Ansehen stand. Besonders hatte es ausserhalb seinen Ringmauern weitläuftige Vorstädte, indem das eine halbe Stunde davon entfernte Dörflein Schaffhausen, wie auch die Klöster zu St. Johann, zum heil. Geist, und Himmelgarten, wie man sagt, zu dessen Umfange gehöret haben sollen.

Das vornehmste aber war die alte Burg, wovon noch ein Theil übrig ist. Diese lag auf der östlichen Seite, und soll vor Alters Raversburg geheisen haben, welches jedoch aus Urkunden, oder glaubwürdigen Schriftstellern nicht erweislich ist. Es soll nämlich eine sichere Herzogin Ada, welche von einigen für eine Schwester K. Karls des grosen gehalten wird, den Ort Alzei dem Benediktiner Kloster St. Maximin vermacht o), und diese daselbst ein Kloster oder Probstei des nämlichen Ordens errichtet haben.

Als Graf Bertold im J. 1074 mit seiner Gemahlin Hedewig ein Kloster für Chorherrn von der Regel des heil. Augustins zu Ravengirsburg stiftete, und seine eigene Güter, die er in den drei Gauen, Nachgowe, Trachari und Hundesruche gehabt, dahin vermachte, war Stadt und Kirche Alzei samt dazu gehörigen Stiftungen und Zehnten darunter begriffen p).

Nach mehrern Jahren soll ein Raugraf von gedachtem Kloster Ravengiersburg das Städtlein Alzei, gegen andere Güter und Gefälle in den Gegenden der Mosel eingetauschet, und darin eine Burg erbauet haben q). Will man dieses bis auf bessere

---

o) *Hontheim* Prodrom. hist. Trevir. Tom. I, p. 266.
p) *Gudenus* Cod. dipl. Tom. I, p. 377, num. CXLI.
q) *Trithemii* Annal. Hirsaug. edit. S. Galli Tom. II, p. 71.

Nachrichten gelten laſſen, ſo hat man den Urſprung dieſer Burg und ihrer angeführten Benennung.

Nachdem K. Heinrich auf dem Reichstage zu Regensburg angeklaget, und überwieſen worden, daß er ſeinem Herrn Vatter, K. Friedrich II, nach dem Leben geſtanden habe, und desfalls ſchon zu Trifels gefänglich eingezogen geweſen, ward er im J. 1235 Pfalzgrafen Otto überantwortet, der ihn anfänglich zu Heidelberg, und zulezt in der Burg Alzei gefangen gehalten, bis er nach Apulien verſchicket worden iſt r). Ungeachtet nun dieſe Burg kurz vor der Geßheimer Schlacht im J. 1298 zum Theil verſtöret worden, war ſolche doch bald wiederum hergeſtellet. K. Ludwig IV, welcher ſie als Pfalzgraf dem Erzbiſchof Peter von Mainz im J. 1317 überantwortet hat, ſcheinet ſelbige zu Beſchüzung dortiger Gegend ſchon genugſam in Stand geſezet zu haben.

Um ſich indeſſen von der Wichtigkeit dieſer Burg und beſonders der darauf gehafteten ſtattlichen Lebenrechte einen Begrif machen zu können, verdienet folgende in dem Alzier Zinsbuche vom J. 1429 enthaltene Nachricht wörtlich eingeſchaltet zu werden:

„ Diz ſint myns Herrn des Herzogen Manne und
„ Burgmanne die uf die Burg zu Alzei gehörent.

„ Zum erſten: Herr Johann von Falkenſtein. Lumelzum der alte von Randeck. Emerich Lymelzum. Wilhelm von Randecken. Die Frau von Florchin. Wolfram von Löwenſtein.

„ Zum zweiten: Gerhard Korp von Wallertheim. Seltyn zu Sawelnheim. Holderbry von Eppelsheim. Henne von Dirmſteyn. Henrich von Erlekeym. Wilche von Spießheim. Hendin von Sluther. Friederich Fezer. Henne von Freinsheim.

„ Zum dritten: Gerhard Monphorn. Sybel Monphorn. Conzelman Monphorn. Anſelms Son von Albiche. Dieterich von Morsheim. Hengkin

---

r) *Tolner* hiſtor. Palat. XVIII, pag. 384.

von Morsheim. Johann von Morsheim. Giselbrecht von Wiesen.

„ Zum vierten: Diez von Schweynheim. Item Igelspach. Cunrat Rutheimer. Peter von Ulvesheim. Hennkin Salzkorn. Johann Milde. Philipps Bock. Schotten von Bechtheim.

„ Zum fünften: Simon Brendlin. Cunrat Capes. Guthart von Osthoffen. Wilhelm Nagel. Beynnung von Dalsheim. Cune von Montfort. Wernz Rost. Herrn von Eppelsheim zwei Burglehen.

„ Zum sechsten: Philipps Rost. Henrich Wynter. Kleynhenn zu Eppelsheim. Anton von Kindenheim. Diederich Schrymp. Dieterich Nagel. Henrich Georg. Johann Millwald. Dorwart von Odernheim.

„ Zum siebenten: Ennicho Syle, diz Burglehen hat Bechtolf von Sykingen. Yngram Burggrave zu Alzei. Henrich Werrich zu Wynheim, daz Lehen hant nu seine Vettern, Jost und Henrich von Melbach. It. Her Endres Schultheis zu Alzei, was Jungfrau Metz von Scharpenstein. Beynnungs Wyp von Dalsheim. Thilmann von Nackheim. Peter Rumelschlüssel.

„ Zum achten: Henrich von Gillenheim. Gumer von Beymburg. Jakob von Sauwelnheim. Hermann Monphorn, daz Lehen hat Symon Humbrecht von Odernheim. Henrich Slizbecke. Item Rosegarten. Ruwe von Köngernheim. Henrich von Stege. Her Hund.

„ Zum neunten: Symon Humbrecht. Endres von Heppenheim. Bechtolf von Sickingen. Hermann von Wattenheim, Mayer von den Guben zu Horgeheim, und Burgmann von acht Pfunt Häller Geltes. Anthis Peter Korns Mag von Eppelsheim. Item Margkelin. Item Frau Guedichin, Herrn Peters von Geyspißheim seel. Wittwe, sie hat ein Fuder Wyns zu Büdesheim by Byngen und ein Flecken Wingert by Sant Clemens zu Trechtingshusen.

„ Zum zehnten: Karle von Rydenheim. Peter Hartmann von Dalsheim. Wolf Lette. Hanß von Venningen. Her Stange. Reynfried und Albrecht von Ymswyler, sint Burgmanne zu Ruprechtseck.

„ Zum eilften: Gerhard zu Hilnsheim. Henrich Schraße von Ilvesheim. Item: myn gnädiger Herre Herzog Ludewig hat kauft um Wolf von Lewenstein eyn firtel an dem Hoypshofe zu Steden.

Von diesen beträchtlichen Burglehen sind in folgenden Zeiten viele theils käuflich eingelöset, theils als heimfällig zu den Kammergütern eingezogen worden s).

Die Burg selbst ward noch im 15ten und 16ten Jahrhundert bestens unterhalten, und Kurf. Friedrich I ließ 170 Bauern, die er durch den über Erzbischof Dieterich von Mainz im J. 1460 bei Pfedersheim erfochtenen Sieg gefangen nahm, darin einsperren t). Sie hatte öfters zum Auffenthalt der Kurfürsten gedienet, und man findet viele Urkunden, die zu Alzei ausgefertiget worden. Kurf. Friedrich II beschloße daselbst seinen merkwürdigen Lebenslauf u). Erst die Französische allgemeine Verwüstung, bei welcher Burg und Stadt im J. 1689 in Brand gestecket worden, hat ihr den Garaus gemachet. Seitdem ist solche nicht wieder aufgebauet, sondern nur zu Verwahrung der herrschaftlichen Wein- und Getreidgefälle, ein Keller und Speicher, samt Wohnung für den zeitlichen Empfänger hergestellet, auch haltbare Gefängnisse für Missethäter errichtet worden. Der weitläuftige Umfang dieser Burg ist noch mit hohen Mauern eingeschlossen, und mit starken Thoren versehen.

---

s) In Actis Comprom. bei *Chlingensperg* pag. 93, 103, 104, 106, 110 sqq. ist eine Menge dergleichen bemerket.

t) Kremers Geschichte Kurf. Friedrich I, im 2ten Buche pag. 183.

u) *Pareus* histor. Palat. Libr. VI, pag. 254.

Durch die Stadt lauft die sogenannte Selse, vor Alters Salusia, auch Salisus genannt z). Diese Bache entspringt zu Orbis im Nassau-Weilburgischen Gebiete, rinnet nach Mauchenheim, und nimmt die von Weinheim kommende Steinbache auf, fließet sofort anhero, und von da nach Freimersheim, Bös-Köngernheim, Odernheim ꝛc. Sie treibet oberhalb der Stadt die dem deutschen Orden gehörige Rechen-Mühle, und die Hundheimische Peter-Mühle, in der Stadt aber die der Kurfürstl. Hofkammer und der geistlichen Verwaltung zuständige Stadtmühle, die Kameral-Antoniter, und die Fort-Mühlen. In der städtischen Gemarkung vereiniget sich auch noch die von Kettenheim kommende Mühlbach mit gedachter Selse, und treibet die Kameral-Erbbestands-Raumühle. Es ziehen auch durch die Stadt zwo ordentliche Land- und Poststrasen, die eine von Mannheim nach Kreuznach, auf den Hundesruck, und an die Mosel; die andere von Mainz in das Westrich und Lothringen.

Die Stadt hat von jeher ihren eigenen Blutbann. Von dem sogenannten Pfalzstein, worauf die Todesurtel noch wirklich verkündet zu werden pflegen, ist in der Einleitung schon Erwähnung geschehen. Zur Vollstreckung aber sind zwo Richtstätte, gegen Ost der Rabenstein für die zum Schwerd, und gegen Nord der Galgen für die zum Strange verurtheilte Missethäter.

Im J. 1785 zählte man in der Stadt 542 Fam. 2556 Seelen; 3 Kirchen, 1 Kloster, 6 Schulen, 413 burgerliche und gemeine Häuser. Die Gemarkung enthält 3831 Morgen Ackerfeld, 100 M. Wingert, 130 M. Wiesen, und 28 M. Gärten.

Die Stadt hat keine Waldung, und ist gewisser

---

z) In Cod. dipl. Lauresh. Tom. I, num. I ad an. 763 heisset solche Salusia, und in einer Urk. vom Jahr 983 bei Gudenus Cod. diplom. Tom. I, num. VIII Salisus.

Maſen berechtiget ihre Holznothdurft aus dem weitläuffigen Offenheimer Forſt zu hohlen, worauf die oben angeführte Stelle ihren Bezug hat y). Jedoch iſt es nur eine Beihülfe zur jährlichen Brandbedürfniß, welche gröſten theils von fremden Orten erholet werden muß.

Vor Alters haben ſich verſchiedene Klöſter, Kirchen und Kapellen ſowohl in Alzei, als in den Vorſtädten befunden.

I) Ein Auguſtiner Kloſter, welches von Einſiedlern nach der Regel des heil. Auguſtins bewohnet geweſen z), iſt vermuthlich von den Pröbſten des Kloſters Ravengiersburg, als dieſes noch in Alzei begütert war, angeleget worden. Im J. 1550 ertheilte Pabſt Julius III den Kurfürſten Friedrich II die Erlaubniß dieſes Kloſter einzuziehen a).

II) Ein Kloſter der Brüder vom Hoſpital des heil. Antonius lag auf nördlicher Seite der Stadt, wovon das Thönges Thor noch heutigen Tages den Namen hat. Wann und von wem ſolches erbauet und geſtiftet worden, findet ſich nicht. Wenn es wahr iſt, daß K. Rudolph I im J. 1287 ein gleiches Antoniter-Kloſter auſſerhalb der Stadt Oppenheim geſtiftet habe b), ſo wird auch der Urſprung jenes von dieſer Zeit herzuleiten ſeyn. Denn beide Häuſer ſtunden mit einander in enger Verbindung, wie aus den noch vorhandenen Urkunden erwieſen werden kann. In zween Gültbriefen über einige Häller Zins vom J. 1360 iſt ausdrücklich enthalten: „Daß Peter von „Gaſſeyn ein Oberſter Meiſter Sant Anthonies zu „Alzey, und Bruder Johann Emerati Meiſter des „Gotshus Sante Anthony zu Oppenheim ꝛc. gelie-

---

y) Seite 20 ſq.
z) *Oliver.* Legip. Monaſt. Mog. p. 7.
a) Herrn Kremers Abhandlung von der Hohen Schule zu Heidelberg in Act. Acad. Tom. I, p. 387.
b) Herr Rector *Andreae* in Comment. de Oppenh. §. XXVI.

„ ben han die Stücke hinter ihrem Hof bynnewendig
„ der Stadtgräben zu Oppenheim.

Das Alzeier, wovon hier die Rede ist, erhielt in dem XIV und XV Jahrhundert einen Zuwachs seiner Güter und Gefälle. Peter von Wihenheim und seine Hausfrau verschrieben sich im J. 1341 demselben jährlich 30 Malter Korn von verschiedenen Gütern und der Hälfte an dem grosen Hof zu Wihenheim verreichen zu lassen, und Geza von Offenheim stiftete eine Pfründe von 18 Malter Korn zum Leibgeding, und vermachte dazu ein Haus in der obern Stadt an der Lodwigen Hof. Sybilmann Monphorn ein Ritter von Flamborn, und Agnes seine eheliche Hausfrau gaben im J. 1351 „ihre Wiese genannt
„ der Bruwel zu Oberwizzen dem Orden St. An-
„ thonies zu Alzei zu einem Aldar in dem Spidal
„ zu einer ewigen Messe und zum Seelgereid. „
Noch im J. 1492 vermachte Wirich von Thune, Herr zu Falkenstein und zum Oberstein, ein Gulden Zins auf dem Backhause zu Wonsheim dem Haus und Spital zu St. Anthonnen in Alzei. Auch dieses Kloster ist mit Bewilligung des Pabstes Julius III im J. 1551 samt dem Johanniter-Hause daselbst der Hohen Schule zu Heidelberg einverleibet, von Kurf. Friedrich III aber im J. 1563 mit den beiden Klöstern Münsterdreysen und Weydes, gegen alleinige Ueberlassung des St. Philippsen Stiftes zu Zelle und des Klosters St. Lambrecht an gedachte Hohe Schule, mit allen Renten und Gefällen zur Rechenkammer eingezogen worden c).

III) Das Frauen-Kloster zu St. Johann, ausserhalb der Stadtmauer gegen Südost gelegen. Es war eine Abtei Cisterzer-Ordens d) von dessen Ursprung und Stifter wenig bekannt ist. Doch kommt

---

c) Das darüber vorhandene Instrument ist in 2 und einen halben Bogen gedrucket.
d) Oliver. Legipont. Monast. Mog. pag. 7;

solches in einem bei nachfolgendem Kloster angeführtem Testament Wolframs von Löwenstein im J. 1296 schon vor, und ward von Erzbischof Heinrich III zu Mainz im J. 1338 von Abgabe der jährlichen Charitativ-Subsidien befreiet *e*). Dieses Kloster ist zum Theil noch in seinen Trümmern sichtbar, und auf dem Hofthorbogen liest man die eingehauene Worte:

Pax Domini sit semper vobiscum anno Domini MCCCCLXIII.

Als Aebtissinen sollen demselben Kapple von Bibelnheim im J. 1467, sodann Elisabeth von Walbrunn bis 1507, ferner Scholastika von Koppenstein, und Schonetta von Morsheim ums J. 1490 als Priorin vorgestanden haben *f*). Es ist aber, wie andere Klöster, im J. 1564 von Kurf. Friedrich III eingezogen, und die Gefälle der geistlichen Güterverwaltung übertragen worden, welche die noch vorhandene Gebäude durch einen eigenen Schaffner bewohnen läßt.

IV) Das Kloster zum heiligen Geist, welches ebenfalls mit Nonnen des Cisterzer-Ordens besezet gewesen; davon aber weder der Ursprung, noch die Zeit seiner Erlöschung angegeben werden kann. Selbst in der Stadt Alzei ist die Lage und das Schicksal desselben unbekannt. Nur befindet sich in dem Archiv der geistlichen Güterverwaltung eine Urkunde vom J. 1300, worin Alheidis abbatissa totusque conventus sanctimonialium S. Spiritus apud Alcejam auf Bitte und Bewilligung des edeln Ritters genannt Vadis von Kircheim, alles Recht, welches sie auf der Mühle und Garten zu Bischovisheim gehabt, nebst einigen Zinsen, dem Abt und Konvent zu Otterburg freiwillig abgetretten hat. Da sich nun in der Folge von diesem Kloster keine Spur mehr findet, so scheinet

---

e) Joannis Spicileg. tab. veter. pag. 204.
f) Humbracht höchste Zierde Deutschlandes Tab. 82, 119 & 146.

solches mit seinen Gefällen entweder dem vorgedachten Kloster St. Johann, oder einem andern des nämlichen Ordens einverleibet worden zu seyn.

V) Das Kloster Himmelgarten. Auch dieses war mit Nonnen des Cisterzer-Ordens bestellet, und der heil. Maria, den eilftausend Jungfrauen, sodann dem heil. Johannes geweihet. Es hatte in einer der Vorstädte gestanden, wiewohl der eigentliche Plaz davon nicht mehr angezeiget werden kann. Seiner wird mit dem vorhergehenden in dem Testamente Wolframs von Löwenstein im J. 1296 gedacht, wodurch selbiges ein gleiches Vermächtniß von fünf Malter Getraid und Haber erhalten hat. Im XV Jahrhundert neigte sich dasselbe zum Ende; deswegen sowohl Kurf. Friedrich I als die Burgerschaft der Stadt Alzei dem Pabst vorgestellet, wie besagtes Kloster nur noch von einigen Nonnen bewohnet würde, die der vorgeschriebenen Ordensregel nicht gemäß leben könnten, und daß ohnehin alle Häuser der Vorstedt, welche in damaligen Fehdezeiten dem Feinde zum Aufenthalt gedienet, niedergerissen und verstöret worden seyen. Der Pabst ertheilte zwar dem Dechant des Stiftes zu den Staffeln U. L. F. in Mainz den Auftrag, sich über jenes Angeben zu erkundigen, und im Fall, daß es sich also verhalten sollte, lediglich eine kleine Kapelle auf der Stelle des Klosters stehen zu lassen, die Nonnen hingegen in ein anders Kloster unterzustecken, und ihnen die Gefälle vorzubehalten. Es kam aber doch nichts zu Stande, sondern als hernach Kurf. Philipps nähere Vorstellung that, und sich erbothen für den Unterhalt der Nonnen zu sorgen, wenn des Klosters Gefälle der Pfarrkirche zu Alzei einverleibt würden, bewilligte es endlich Pabst Sixtus IV im Jahre 1479 aus dem Beweggrunde, weil ohnehin die Einkünfte der Pfarrkirche nur auf vier, die Gefälle des Klosters aber auf dreizehen Mark Silbers sich jährlich belauffen hätten g). Der Kurfürst führte daher sein Vorhaben aus, und dadurch nahm besagtes Kloster Himmelgarten ein Ende, hingegen das neue Kollegiatstift in der Stadt Alzei, wovon sogleich ein mehreres gesagt werden soll, seinen Anfang.

Daß schon im J. 1074 eine Kirche zu Alzei gestanden habe, ist oben angeführet worden. Hundert Jahre darnach verliehe der Probst zu St. Stephan in Mainz, ein gebohrner Landgraf von Thüringen, selbigem Stift den Pfarrsaz jener Kirche, dieses aber vertauschte solches Recht im J. 1189 gegen die Pfarreien zu Brezenheim und Münster an der Nahe mit Erzbischof Konrad I zu Mainz h). Dieses Patronatrecht gelangte nach der Hand an die Pfalzgrafen; wie dann Kurf. Friedrich I im J. 1465 Meister Michael Knoblauch von Grym zum Pfarrer ernannt hat. Bald hernach ward das obgedachte Kloster Himmelgarten eingezogen, und dessen Gefälle der Pfarrkirche zugewendet, diese mithin nach der Päbstlichen Bewilligung zu einem Kollegiatstift erhoben, mit einem Dechant, acht Chorherren, und neun Vikarien, dazu die Pfründen angewiesen, und dem neuen Stifte alle Freiheiten, welche andere ihres gleichen zu geniesen hatten, nebst einem eigenen Siegel und dem Recht einen Dechant zu wählen, und selbigem das Pfarramt jedesmal zu übertragen, verliehen i). In dem geistlichen Lehenbuch des Kurf. Philipps findet sich davon folgende Nachricht:

„Item die Pfarr (zu Alzei) hat min gnädigster
„Her Pfalzgrave zu verliehen, und darauf presenti-
„ret Herrn Hermann Krußen zu eynem Pfarrer,
und

---

g) Vid. *Würdtwein* Dioeces. Mog. in Archidiacon. distinct. Tom. I, Comment. III, pag. 356 sqq.

h) *Joannis* rer. Mog. Script. Tom. I, pag. 571, & Tom. II, pag. 522.

i) Vermög der oben angezogenen Päbstlichen Bulle.

„ und ist ob den acht Jaren allda ein Pfarrer ge-
„ west, muß II Caplan um siner Kost und Verse-
„ hung halten, und er und sin Caplan mussen alle
„ Tag eyn Meß singen, und 1 lesen, darzu alle ge-
„ bannte Tag, und sonderlich uff die Sontag pre-
„ digen, und all Sele Sorg tragen. Davon hat er
„ jerliches den Zehenden zu Schaffhusen. Ist eyn
„ Dörflin mit zweyen Höfen, und sust zwei Huß-
„ wohnung, ertregt ime jerlichs und ongeverlich zu
„ gemeyn Jarn nit über 1 Fuder Wins und LXXX.
„ Malter Früchten, deshalben muß er daßelb Dörf-
„ lin mit aller Reichung der Heiligen Sakramenten
„ versehen, aber die Personen darinn pfarren geyn
„ Alzey. Item XXX Malter Korns jerlichs von
„ Hymmelgarten, der do ist transferirt zu der ge-
„ meldten Pfarr. Item II Fuder Wins in sin Faſ-
„ sung hat er jerlichs vom Schloß zu Alzey von mi-
„ nem gnedigsten Herrn in Corpore, und dan dry
„ Kelber, Lemmer, Ferkeln, und Obzehenden in
„ der Statt Alzey, aber ußerhalb der Statt in der
„ Ober Statt, so wyt die Banzun erreichen, hat
„ eyn jeder Pfarrer den Kappus, Erbessen und Bon-
„ zehenden, ertragt ime jerlichs und ongeverlich nit
„ über X Pfund Heller. Item vom Opfergelt, Sel-
„ gereit, Jarzit, und ander derglichen cleynfell,
„ als von Wiesen, und Garten Zinnßen, hat er jer-
„ lichs by den LXXX Pfund Hellern ongeverlich.
„ Nota IX Altaria sint in der gemelten Pfarrkir-
„ chen, die haben zu Lehen Pfarrer und Jurati al-
„ ternativis vicibus, doch uff Widderruffen myns
„ gnedigsten Herrn, lut der Donation die man findet
„ registrirt in der Cantzelly. Nota eyn Pfarrer hat
„ sin eigen Hußwonung, die ime myn gnedigster
„ Her im Buw halten lassen muß, darzu hat ein
„ iglicher Altar sin eigen Hußwonung, da die Alta-
„ risten inwonen.

Es ist auch sonderbar merkwürdig, daß diese
Pfarrkirche anfänglich dem heil. Georgius geweihet,

und ausser der Stadt gelegen gewesen seyn solle k), wo jedoch solche dermalen innerhalb der Stadtmauern befindlich ist, und vor der Reformation den heil. Nikolaus zum Patronen gehabt zu haben, behauptet wird, es müste dann seyn, daß leztere erst nach der Hand erbauet und eben diesem Heiligen geweihet worden wäre. Wenigstens hat ein dem heil. Georgius geweihtes Kirchlein sonst ausserhalb der Stadt ostsüdwärts noch bei der Kirchentheilung bestanden, woselbst die Reformirten ihr Begräbniß errichtet haben. Dem sei wie ihm wolle, so scheinet doch besagtes neues Stift keinen grosen Fortgang gewonnen zu haben, da durch die bald hernach entstandene Glaubensspaltungen aller Trieb zu neuen Vermächtnissen erkaltet und endlich gar erloschen ist. Wegen Verleihung der Pfründen gab es auch Schwierigkeiten. Es sollten nämlich der Pfarrer, der Burgermeister und Rath oder die Kirchengeschwohrnen zwei Jahr nach einander den Vorschlag zu machen haben. Nun wollte jeder Theil der erste seyn. Sie geriethen darüber vor den geistlichen Richter. Endlich aber hat Kurf. Ludwig V selbige im J. 1517 durch seinen Hofmeister und Kanzler vertragen lassen, daß der vorgeschlagene Meister Wenz verbleiben, und zu der nächsten erledigten Pfründe dem Pfarrer der Vorschlag gestattet, um die primarias preces des Pabstes und des Kaisers abzuleinen, das Patronatrecht fernerhin Se. Kurfürstl. Gnaden vorbehalten, übrigens aber der Pfarrer ein- und der Stadtrath zweimal

---

k) In gedachtem geistlichen Lehenbuche heiset es: Philippus D. g. Comes Palat. notum facimus, quod nobis per Michaelem Knoblauch Art. Mgrum. Plebanum Ecclesiæ S. Georii extra Muros Alzeyensis opidi, Mog. Dioec. extitit - supplicatum &c. sibi — ad permutandam Parochiam cum — Domino Hermanno Kruff Plebano Eccl. S. Lamperti Worm. Dioec. nostrum adhibere Consensum &c. Heidelberg. Feria prima post Medardi anno Domini 1488.

nach einander zu nominiren befugt seyn solle. Unter Kurf. Friedrich III wurden die Chorherren und Vicarien vertrieben, die Kirche mit einem Reformirten Prediger bestellet, und ihre Gefälle zur geistlichen Verwaltung eingezogen. In der Kirchentheilung ist zwar den Katholischen der Chor dieser Stiftskirche ausgeschieden worden. Sie haben sich aber dessen noch nicht bedienet, und solchen ganz verfallen lassen, weil den Kapuziner-Mönchen die Pfarrei übertragen, und ihre Klosterkirche zum ordentlichen Gottesdienst gebrauchet worden.

Den Reformirten hingegen ist das Langhaus dieser Kirche zu Theil geworden, wozu sie einen eigenen Prediger, der gemeiniglich Inspektor der Alzeier Klasse ist, nebst einem Diakon bestellet haben, wovon jener das Dörflein Schaffhausen, dieser aber das Dorf Dautenheim zu Filialisten hat.

Die Lutherischen haben auch eine eigene Kirche aus freiwilligen Beiträgen erbauet, solche mit einem Prediger versehen, der 19 umliegende Orte zugleich bedienet.

Die Katholischen besitzen also dermalen keine andere, als obgedachte Kapuzinerkirche. Diese Ordensgeistlichen haben währendem dreißigjährigen Kriege den Gottesdienst von Worms aus versehen. Deswegen berufte selbige Kurf. Philipp Wilhelm im J. 1685 wieder dahin, und verliehe ihnen sogar das Pfarramt. Sie fiengen also einen neuen Klosterbau an, wozu im J. 1700 der erste Stein geleget ward, und brachten durch die dazu gesammelten Almosen die Kirche und das Kloster in kurzer Zeit zu Stande *l*). Der Vorsteher ist zugleich Pfarrverweser, hat aber ausser dem Dörflein Schaffhausen und den nächst der Stadt gelegenen Mühlen, sonst keine Filialisten.

Vor der Reformation war auch eine Kapelle in

---

l) Herr Rector *Andreae* in Alcja Illustrata §. XIII.

der Burg, oder, wie es in dem geistlichen Lehenbuche heißet, „Ein Stipendium uff dem Schloß. Der Kaplan mußte alle Sontag Meß lesen; und hatte järlich XV Malter Korn davon.

Der Zehnten, sowohl in der Alzeier als Schaffhauser Gemarkung, ward schon von Kaiser Arnulf im J. 879 der Kirche zu Worms verliehen. Den ersten beziehet nun die Kurfürstl. Hofkammer, außer einem Bezirk von 50 Morgen, welcher dem Ref. Prediger angewiesen ist. Den Schaffhauser hat Kurf. Ludwig III im J. 1426 auf Ansuchen des Pfarrers und der Kirchengeschwohrnen zu Alzei, dortiger Pfarrei gegen andere liegende Güter, tauschweis abgetretten m). Nach der Reformation ist dieser Frucht- und Weinzehnten mit den übrigen Gefällen zur geistlichen Verwaltung eingezogen, und darüber ein eigener Kirchenschaffner bestellet worden.

Von den vielen freien Gütern, die vormals die Klöster und der Adel als Burglehen in Besitz gehabt, sind wenig mehr in solcher Eigenschaft vorhanden. Denn von erstern sind mit den Augustiner, Antoniter und Weidasser Klöstern, von den Burglehen aber die meisten durch Erlöschung der Lehenträger zur Kurfürstl. Hofkammer eingezogen, die übrigen aber der geistlichen Verwaltung übertragen worden. Jene besitzet also in Alzeier Gemarkung zwei Antoniter Güter, das eine von 64 Morgen Acker, und 8 M. Wiesen, das andere von 18 M. Aecker: ferner das Schloßgut von 148 M., das Probische Lehen von 38 M., das Lerchische Lehen, auch mehrere Augustiner Güter, das Conterische Lehen oder Pfalzgut von 35 M. Aecker und 1 M. Wiesen, sodann der auf dem Wartenberge gelegene sogenannte Knoblochsacker von 16 M. Landes. In Schaffhauser Gemarkung das Weidaser Hofgut, bestehend in einem Hause, Kelter, Scheuer und Stallungen, sodann 184 und drei Vier-

---

m) Sieh Acta Comprom. apud *Chlingensperg* pag. 120.

tel Morgen Ackerfeld, und 9 M. Wiesen; ferner das Antoniter Gut, bestehend in vier Wohnhäusern, samt Scheuern, Stallungen und einer eigenen Kelter, nebst 261 M. Aecker, 4 und ein halb M. Wingert und 12 und ein halb M. Wiesen. Der geistlichen Verwaltung gehören das grose Kloster- und das Abelische Gut zu St. Johann, das Omeissen- und vier andere Kirchengüter in Alzeier Gemarkung. Burgmannsgüter aber besizen nur noch das St. Paul Stift zu Worms, der Graf von Schönborn, die von Stengel, und der geheime Rath auch Landschreiber von Koch.

Die Stadt Alzei hat verschiedene gelehrte Männer gezeuget, worunter Konrad von Alzei des Pfalzgrafen Ruprechts I Kanzler gewesen, der bei dem im J. 1359 aus Anlaß einer zwischen der Klerisei und dem Pabst wegen des von lezterm geforderten Zehntens von allen ihren Einkünften entstandenen Gährung, in der Stadt Mainz versammelten Reichstag, für die Geistlichkeit das Wort zu führen, von den Fürsten bevollmächtigt war n). Er hat sich durch mehrere Schriften bei der Nachwelt berühmt gemacht. Von andern merkwürdigen Personen, die in jüngern Zeiten daselbst gelebet, hat Herr Rektor Andreä zu Heidelberg weitläuffig gehandelt o).

In der Stadt Alzei ist die ordentliche Versammlung der zur oberamtlichen Gerichtbarkeit angeordneten Kurfürstl. Dienerschaft. Da der Burggraf stets abwesend ist, so wird sein Amt durch den zeitlichen Landschreiber verwaltet, welchem ein Oberamtschreiber, und ein Registrator zugegeben ist. Ueber die Waisen und was zum Wildfangs- oder Leibeigenschaftswesen einschlägt, ist ein besonderer Ausfaut

---

n) *Trithemius* in Annalib. Hirsaug. edit. S. Gallens. Tom. II, pag. 261, und in seinem Catalog. vir. illustr. Germ. Opp. Part. I, pag. 147 sqq.

o) In seiner Alceja illustrata §. XX.

bestellet. Zu Besorgung der Kurfürstl. Domanialgefälle ist ein Gefällverweser, ein Keller, und für die Steuergelder ein Obereinnehmer; ferner ein Heerfaut, zween Zollbereuter, ein Zöllner ꝛc. angeordnet. Für die geistlichen Gefälle ist ein Kirchenschaffner, und ein Kollektor in der Stadt Alzei, sodann ein besonderer Schaffner in dem ausserhalb noch vorhandenen Gebäu des ehemaligen Klosters St. Johann.

Die städtische Gerichtbarkeit wird durch einem Stadtschultheis, einen Stadtschreiber und 8 Rathsverwandte verwaltet. Vor dreisig Jahren noch hat dem Stadtschultheisenamt ein Ritterbürtiger vom Adel vorgestanden *p*), und selbst der Rath war in ältern Zeiten mit dergleichen aus den Burgmännern besezet.

Die Stadt Alzei führet übrigens in ihrem Wappen und Siegel einen aufrecht stehenden gekrönten Löwen, der eine Geige in den Klauen hält, welches Wappen aus dem Pfälzischen, und dem oben beschriebenen der Truchsessen und Winter von Alzei zusammen gesezet ist.

---

p) Von solchen adelichen Schultheissen finde ich in Urkunden und gedruckten Schriften im J. 1351 Eberhard von Monzenheim. 1363 Endres von Heppenheim, Ritter. 1429 Endres von Heppenheim genannt vom Sale. 1434 Philipp von Morsheim. 1470 Anthis von Heppenheim genannt Sale, ein Sohn des vorlezten. 1519 Johann von der Hueben. 1520 Ludwig Haberkorn von Zellingen. 1523 Hermann von Heppenheim genannt Sale. 1533 Georg von Erlickheim. 1540 Melchior von Grorod. 1546 Ludwig von Vettendorf. 1566 Heinrich von Kettenheim. 1573 Georg von Kellenbach. 1584 Hanns Wolf von Kettenheim. 1588 Hanns Jakob von Bozheim. 1608 Friedrich von Castillon. 1620 Konrad Pawel von Kammingen. 1649 Henrich Eberhard Nagel von Dirmstein. 1676 Konrad Clok. 1697 Hugo Eberhard Lerch von Dirmstein. 1699 Nikolaus von Rolly. 1706 Ernst von Rolly, der lezte adeliche Schultheis, welcher diese Stelle an funfzig Jahre begleitet hat.

2) Stadt Obernheim.

Solche liegt an der Selze, anderthalb Stunden von Alzei nordostwärts, und wird zum Unterschied der am Glanflusse im Oberamte Kreuznach gelegenen Stadt gleiches Namens Gau-Odernheim, Latein. Gaviodurum *q*) genennet.

Dieses Obernheim scheinet als ein Vorbehalt der Kaiserl. Tafelgüter von den Herzogen verwaltet, und hernach an die von Bolanden begeben worden zu seyn. Denn da der Kirchensaz daselbst ursprünglich dem Domstift Mez gehörte, that Werner von Bolanden im J. 1208 in Gegenwart Königs Philipp für sich und seine Miterben, auf alles Recht, welches er auf der Kirche zu Odernheim haben mochte, feierlichen Verzicht, und tratt solches samt dem Zehnten und übrigen Zugehörungen gedachtem Domstift auf ewig ab *r*).

Die übrigen Gerechtigkeiten blieben bei jenem Geschlechte, bis solche Kaiser Rudolph I von Werner von Bolanden, und seiner Hausfrau Lukard an das Reich gebracht, welches im J. 1280 geschehen zu seyn scheinet. Denn im folgenden Jahre erhielt die Stadt Obernheim die Freiheit, daß die Geistlichkeit und Priesterschaft kein liegend Gut daselbst an sich bringen durfte, es wäre denn, daß sie Steuer und Beeth, womit die Güter vorhin beschwehret gewesen, wie auch andere Dienstbarkeiten davon entrichten würden. Im J. 1286 begabte der Kaiser die Stadt mit eben der Freiheit, welche die von Oppenheim erhalten, nebst einem Wochenmarkt ꝛc. Im folgendem Jahre ertheilte er darüber eine weitere Urkunde, worin er auch den Bürgern der Stadt die Erlaubniß gab sich in ihren Rechten auf alle Art gegen jedermann zu schüzen *s*). König Adolph er-

---
q) Trithemius Chronic. Sponh. edit. Freher. p. 419.
r) Gudenus Cod. diplom. Tom. I, pag. 409.
s) In Act. Acad. Palat. Tom. I, pag. 47.

neuerte und bestättigte im J. 1294 jene Begünstigung, daß die Burgmänner, Ritter und Ritterskinder, auch andere zu Odernheim der Stadt Oppenheim gleich gehalten werden sollten, welchem Beispiel K. Albrecht im J. 1299 und K. Ludwig IV im J. 1314 gefolget t). Es verpfändete aber gedachter K. Ludwig IV die Stadt Odernheim gleich darauf an den Erzbischof Peter zu Mainz u), und das Erzstift blieb auch lange Zeit im Besitze. Der Erzbischof Heinrich, und Domprobst Cuno von Falkenstein versprachen noch im J. 1350 aus den Städten Oppenheim und Odernheim ꝛc. der Stadt Speier kein Drangsal anzuthun x).

K. Karl IV verpfändete im J. 1356 Odernheim, Oppenheim und andere Reichsdörfer an die Städte Mainz, Worms und Speier um 33000 fl. y), und im J. 1367 befahl er, daß, weil sein Sohn, König Wenzel, und der Erzbischof Gerlach von Mainz jene Städte um gleiche Summe an sich zu lösen die Erlaubniß hätten, Burgermeister und Rath denselben huldigen, unterthänig, treu und gehorsam zu seyn schwöhren sollten. Der Pfandschilling, womit Oppenheim, Odernheim, Schwabsburg, beide Ingelnheim und Nierstein damalen bestricket waren, belief sich auf 71000 fl. wozu die Stadt Mainz noch weiter 11000 hergeliehen hatte z). Im J. 1375 ertheilte gedachter Kaiser dem Pfalzgrafen Ruprecht die Gewalt, alle jene Städte und Dörfer einzulösen a), und in folgendem Jahre mußten die Burgmänner, Burgermeister und Burger zu Odernheim den Pfalzgrafen, Ruprecht dem ältern und jüngern, huldigen.

---

t) Ibid. pag. 48 sqq.
u) *Gudenus* Cod. diplom. Tom. III, pag. III.
x) Ibid. pag. 354.
y) *Tolner* hist. Palat. Cod. diplom. p. 110, num. CLVI.
z) *Gudenus* Cod. diplom. Tom. III, pag. 480.
a) Acta Comprom. in Causa Aurel. apud *Cölingensperg* pag. 130.

Hierzu vergonnte auch Hermann Herr zu Hohenfels im J. 1382 alles was zur Herrschaft Hohenfels in Gau-Odernheim gehörig, versezet gewesen, einlösen zu können. Endlich verpfändete K. Ruprecht mit Einwilligung der Kurfürsten alle obgedachte Städte und Reichsdörfer, folglich auch Odernheim, seinem ältesten Sohne, Pfalzgrafen Ludwig, im J. 1402 um 100tausend fl. Die Stadt huldigte auch demselben im J. 1407 *b*), und weil der Pfandschilling von dem Heyrathsgut seiner Gemahlin bezahlt worden, kam weder diese noch andere damit verpfändete Städte und Dörfer bei der Theilung vom J. 1410 in Anschlag, sondern blieben Pfalzgr. Ludwig zum voraus, und von dieser Zeit beständig bei der Kur.

Die Burgerschaft huldigte daher im J. 1452 dem Kurf. Friedrich I und im J. 1477 dem Kurf. Philipps, ja es bestimmte jener in seiner Verordnung, wie es auf den Fall, wenn er sich standesmäßig vermählen würde, zu halten, daß Odernheim, Burg und Stadt, jederzeit bei den Kurlanden verbleiben sollten *c*). In der Baierischen Fehde ward die Stadt von Landgrafen Wilhelm von Hessen eingenommen und besezt *d*). Im Monat Jänner 1579 erregten die Inwohner einen Aufstand wider Kurf. Friedrich III. Sein Sohn und Nachfolger, Ludwig VI, belegte aber den Rath und die Burgerschaft, jedes mit 1000 Rhtl. Strafe, entsezte diejenigen, welche die Sturmglocke zu läuten befohlen, ihrer Aemter, erklärte sie der freien Jagd verlustig, und entzog ihnen viele der vorigen Freiheiten. Nachdem die Burgerschaft ihren Fehlschritt bereuet, und um Verzeihung gebeten, erließ der Kurfürst zwar jene Strafe, nahm ihnen aber dagegen das halbe Umgeld ab, und

---

b) Tolner l. c.
c) Kremers Geschichte Kurfürst Friedrich I. im Urkunden Buche pag. 455.
d) Tritthemius in Chron. Sponh. pag. 419.

zog es zu der Kammer *e*). Die übrigen Drangsale, welche die Stadt in dem dreißigjährigen Kriege, und durch die allgemeine Französische Verwüstung erlitten, hatte sie mit andern Orten dieser Gegend gemein.

Vor Zeiten befand sich eine veste Burg in der Stadt, die aber in den Kriegen und Fehden, bis auf einen davon noch würklich übrigen runden Thurn, verstöhret worden ist. Vermuthlich gehörte solche den Herren von Bolanden und andern Burgmännern, von welchen anfänglich auch der städtische Magistrat bestellet gewesen. An der Kirchenmauer sind noch die Grabsteine der von Riedesel, von Geißpizheim, und anderer adelichen Geschlechter aufgestellet.

Nächst der Stadt lauft die von Alzei, Freimersheim und Köngernheim kommende Selzbach vorbei, treibt die den von Busch lehnbar zuständige Königs-Mühle, dann die der geistlichen Verwaltung Namens des Klosters Sommersheim gehörigen Steeg- und Kloster-Mühlen, und sezet ihren Lauf nach Bechtolsheim u. s. w. fort.

Die von Worms nach Bingen führende Landstrase ziehet durch, eine andere aber, die von Alzei nach Oppenheim leitet, neben der Stadt vorbei.

Die Stadt hatte vormals ihren eigenen Blutbann, der aber durch die Bestraffung obgedachten Aufruhres aufgehoben worden. Dermalen ist davon nichts mehr als der Ort, worauf der Galgen gestanden, im Andenken.

Im verwichenen Jahre bestand die Bevölkerung in 257 Familien, 1022 Seelen; die Gebäude in zwei Kirchen, zwei Schulen, 214 burgerlichen und ge-

---

e) Der von dem Rath und der Burgerschaft deßfalls ausgestellte Revers ist vom 13 April 1579. Die Ursache der Empörung steht in Senkenbergs ungedruckt und raren Schriften 1 Band pag. 316 und in des Herrn Bütinghausen Beiträgen zur Pfälzischen Geschichte 2 Band, 2 St. pag. 155 sqq.

meinen Häusern, nebst 3 Mühlen. Die Gemarkung enthält 3333 Morgen Aecker, 115 M. Wingert, 232 M. Wiesen, 6 M. Gärten und 74 M. Weide.

In der Gemarkung besitzen viele freie Güter, nämlich das St. Clara-Kloster, das St. Jakobs-Stift, die Dom-Präsenz zu Mainz, die adelichen Geschlechter von Esch, von Ketschau, von Geispizheim, von Horneck, von Busch, das Alzeier Hospital, die Spend, und das Hospital zu Odernheim; die geistliche Verwaltung die Sommersheimer Kloster- die Probstei- die Kirchen- und Kaplanei- die Pfarr-Wittums- die Oppenheimer St. Katharina-Stifts- und die Schönauer Hofgüter; die Kurfürstl. Hofkammer aber das Kloster Weidaser von 10 Morgen Landes, das Alzeier Augustiner- die heimgefallene Ganofszkische und Probische Lehengüter. Solche hat auch von verschiedenen bürgerlichen Feldgränden einen alt hergebrachten sogenannten Königszins zu beziehen.

Der ganze Zehnten gehörte ursprünglich dem Domkapitel zu Metz *f*), dieses aber hat ihn schon im J. 1258 um einen Kauffschilling von 1040 Pfund Metzer Währung dem Domkapitel zu Mainz käuflich überlassen *g*), welches auch noch wirklich im Besitze desselben ist.

In der Kirche zu Odernheim hat der Leib des heil. Rufus geruhet, welcher vom J. 211 bis 240 dem Bistum Metz vorgestanden haben, und unter K. Lothar I, nach Zeugniß des gleichzeitigen Bischofs Drogon dahin verbracht worden seyn solle *h*). Im J. 1483 erlaubte Erzbischof Albert von Mainz, daß der Sarg auf das Kirchweihfest, als den Sontag nach Georg, und auf den Tag der Versetzung, als den 6ten Jan. der öffentlichen Schaue und Verehrung

---

f) S. oben die Seite 39.
g) *Trithemius* Chron. Sponh. pag. 283.
h) Conf. Act. Acad. Palat. Tom. I, pag. 26.

ausgesetzet werden durfte. Im dreißigjährigen Kriege sollen die Spanier die Gebeine von Odernheim nach Brugg in Flandern geflüchtet haben i). In der Kirchenmauer ist das Bildniß dieses Bischofs annoch auf einem Stein ausgehauen zu sehen.

Die Kirche ist also sehr alt, und jederzeit dem heil. Rufus geweihet gewesen. In der Kirchentheilung fiel den Katholischen der Chor zu, den Reformirten aber das Langhaus. Jene haben eine Pfarr- und Mutterkirche daraus gemacht, welche zur Mainzer Diöces und in das Alzeier Landkapitel gehöret, auch die Dörfer Wintersheim, Biebelnheim, Frettenheim und Köngernheim zu Filialisten hat. Reformirter Seits ist das Langhaus ebenfalls eine Pfarrkirche, mit einem Prediger und einem Diakon bestellet. Ersterer bekleidet gemeiniglich die Stelle eines Inspektors der sogenannten Odernheimer Klasse, der andere aber versiehet die Kirche zu Biebelnheim. Die Lutherischen sind nach Undenheim eingepfarret.

Zur Verwaltung der städtischen Gerichtbarkeit war vormals ein eigener Amtmann bestellet, der gemeiniglich, wie der zugleich bestandene Ritterrath, aus den daselbst angesessenen adelichen Geschlechtern gezogen worden. Von jenen finden sich noch verschiedene, und zwar k) im J. 1370 Peter Kemmerer von Worms, genannt Bechtolsheim. 1405 Sifried von Stein oder Oberstein. 1503 Werner zum Jungen. 1556 Johann von Graenrod. 1584 Christoph von Fels. 1592 Johann Heinrich von Dienheim. 1613 Christoph Haller von Hainhofen. 1669 Hermann Rab von Harthausen. 1673 Konrad von Eloß. 1706 Ernst von Rolly, der lezte Amtmann, welcher,

---

i) *Joannis* rer. Mog. Script. Tom. I, p. 796, sodann *Gudenus* Cod. diplom. Tom. I, pag. 409, & Tom. IV, pag. 450.

k) Die vier erstern findet man in den Humbrachtischen Tabellen, die übrigen aber sind aus den Pfälzischen Dienerbüchern gezogen.

wie der vorherige, zugleich auch die Stadtschultheiserei zu Alzei bekleidet, und an fünfzig Jahre lang in solcher Eigenschaft gedienet hat. Mit ihm ist also diese Stelle gänzlich erloschen, und die ganze Obliegenheit dem Stadtschultheise zu Alzei übertragen worden. Jezo bestehet der Magistrat zu Obernheim aus einem Unterschultheis, sechs Rathsverwandten, und einem Stadtschreiber. Im Wappen und Siegel führet die Stadt annoch den einfachen schwarzen Reichsadler.

Zu der Stadt und ihrer Gemarkung gehöret auch der Petersberg, eine halbe Stunde nordostwärts davon gelegen, worauf die ganze umliegende Gegend, bis Mainz und Mannheim, übersehen werden kann. Man findet noch wirklich Ueberbleibsel eines alten Gebäudes, welche nichts anders waren, als eine dem Prämonstratenser-Kloster zu Arnstein an der Lahn mit dem Patronatrechte zugehörige Kapelle, wovon man weis, daß, als die Pfründe durch freiwillige Niederlegung Jakob Mergels von Bibelnheim lange Zeit offen gestanden, der Erzbischof Johann II von Mainz, solche noch im J. 1400 dem Pfarrer zu Heßloch, Johann Schüz von Bechtolsheim, verliehen habe *l)*. Bei erfolgter Reformation ist diese Pfründe gar eingegangen, und die Kapelle in einen Steinhauffen verwandelt worden.

Merkwürdiger ist das Kloster Gommersheim, das nächst der Stadt Obernheim westnordwärts gestanden. Der Ort scheinet anfänglich ein Dorf oder Weiler gewesen zu seyn, indem das Kloster Lorsch schon im VIII Jahrhunderte zu Gomersheim einige Güter *m)* gehabt. Das meiste aber gehörte dem Domstift zu Mez, welches seine Häuser, Aecker und Wiesen dem Grafen Ludwig von Arnstein übergeben, der im J. 1146 ein Kloster daselbst gestiftet und mit

---

l) Acta Acad. Palat. Tom. I, pag. 26.
m) Cod. Lauresh. Tom. II, num. 1193 & 1943.

Nonnen des Cisterzer-Ordens besezet hat *n*). Diese Nonnen waren gemeiniglich aus den ältesten adelichen Geschlechtern. Von Aebtissinnen hat Apollonia Keßlerin von Sarmsheim im J. 1495, Margaretha von Geispizheim im J. 1520, Hildegard zum Jungen im J. 1532, und dann Apollonia von Biebelnheim denselben vorgestanden. Leztere mußte sich nebst ihren Conventualinnen, Margaretha von Zeiskeim, Elisabeth von Hohenstein, und Anna Jettin von Münzenberg im J. 1565 gefallen lassen, daß Kurf. Friedrich III das Kloster und die Gefälle einzog *o*). Währendem dreißigjährigen Kriege raumte Erzbischof Anselm Kasimir solches dem gleichmäsigen Cisterzer-Kloster Maria Münster ausserhalb Worms ein, und ertheilte selbigem im J. 1644 darüber eine feierliche Urkunde *p*). Nach dem Westphälischen Frieden aber ist alles wieder in den vorigen Stand gestellet, und von der geistlichen Verwaltung ein eigener Schaffner angeordnet worden, der wirklich noch bestehet.

3) **Spiesheim.** Ein grosses Dorf, anderthalb Stunden von Alzei nordwärts entfernet, wird in den Lorscher Urkunden des VIII Jahrhunderts Spizisheim, in den Fuldischen aber Spiozesheim genennet *q*).

In folgenden Zeiten scheinet die Vogtei mit andern Rechten zur Raugraffschaft gehörig gewesen, und unter die daraus entsprossene Geschlechter vertheilet worden zu seyn. Denn es ist gewiß, daß Spiesheim zum Theil an das Haus Bolanden, und zum Theil an die Truchsessen, auch Williche von Alzei gekommen.

---

n) *Gudenus* Cod. dipl. Tom. II, pag. 13.
o) Act. Acad. l. c.
p) *Joannis* rer. Mog. Script. Tom. I, pag. 955.
q) Cod. Tradit. Lauresh. Tom. II, num. 1098 sqq. Item Tom. III, num. 3660, und in *Schannat* Corp. Tradit. Fuld. num. 584.

Es vermählte sich nämlich Kunegund, eine Tochter Philipps von Bolanden, gegen das Ende des XIII Jahrhunderts mit Heinrich I Grafen von Spanheim, Kreuznachischer Linie, und brachte ihm die geerbte Herrschaften zu. Ihr Sohn, Philipps von Spanheim, legte sich daher den Beinamen von Bolanden bei, und heyrathete Elisabeth, eine Tochter des Raugrafen Heinrichs, mit welcher derselbe noch ein mehreres an jenen Besitzungen erworben zu haben scheinet. Dessen Sohn Heinrich II von Spanheim hinterließ eine einzige Tochter, Namens Elisabeth, welche sich an Kraffto IV Grafen von Hohenlohe vermählte. Dieser zeugte mit ihr auch nur eine einzige Tochter, Namens Anna, welche um das Jahr 1385 an Grafen Philipps von Nassau-Weilburg vermählet ward, und damit Bolanden, Kirchheim, mit allen Zugehörungen, worin ein Theil von Spießheim begriffen war, an dieses Haus brachte r). Den andern Theil besaßen die Truchsessen von Alzei. K. „ Ruprecht belehnte im J. 1401 (zu Mentze off Sun-
„ tag nach Peter und Pauli) Wilichen von Alzei
„ mit einem Dritteil an dem Gericht zu Spißheim
„ samt aller seiner Zugehör, das von dem Reiche zu
„ Lehen ruret ꝛc. „ Dieser Theil kam hernach an die Pfalz. Denn in dem Alzeier Saal- und Lagerbuch vom J. 1429 heißet es unter dem Artickel Spießheim: „ Item Friederich Weliche zu Spießheim hat
„ sin Deyle Gerichts doselbs mynem gnädigen Herrn
„ halb zu Eigenschaft ingeben.

Der übrige Antheil blieb noch lange Jahr hernach bei dem Nassauischen Hause. Kurpfalz übte aber alle der altherzoglichen Würde und Gewalt anklebige hohe Obrigkeit, besonders das Wildfangsrecht in allen Ortschaften der Aemter Kirchheim und Stauff immer aus. Da nun das Gräfliche Haus Nassau in

---

r) Man vergleiche damit Hrn. Kremers und Hrn. Grüßners diplomatische Beiträge.

einigen Dörfern mit dem Kurhause in Gemeinschaft war, in andern aber verschiedene Güter und Leibeigene hatte, und dieses zu vielen nachbarlichen Irrungen Anlaß gab, verglich sich Kurf. Ludwig VI im J. 1579 mit Albert und Philipps, Grafen von Nassau, dergestalt, daß er ihnen in 17 Dörfern das Kurpfälzische Leibeigenschaftsrecht, nebst dem Antheile des Simonsgericht zu Jugenheim zu Lehen gab, die Grafen hingegen alle ihre Gerechtsame und Gefälle in den Dörfern Mauchenheim, Bechenheim, Westhofen, Weinolzheim, Stetten, Dietelsheim, Kriegsfeld, Aspizheim, Weinheim bei Wallertheim, Monsheim, Walheim, Wolfsheim, und im Amt Stadecken, nebst dem Antheil zu Spiesheim zum wahren Eigentum abtratten s).

Zu Spiesheim zählte man im vorigen Jahre 98 Familien, 421 Seelen; 2 Kirchen, 2 Schulen, 91 burgerliche und Gemeindshäuser; 1572 M. Ackerfeld, 144 M. Wingert, 22 M. Wiesen, und 5 M. Gärten.

Die Kirche scheinet sehr alt zu seyn. Denn es hat Werner Truchseß von Alzei als Schirmvogt des Klosters Syon den Pabst Innocenz IV um die Erlaubniß, daß Wolfram und Embricho von Löwenstein das Patronatrecht der Kirche zu Spizheim gedachtem Kloster abtretten dörften. Der Pabst bewilligte es auch, und befahl dem Probst Konrad zu Schwabenheim im J. 1246, daß er auf den Erledigungsfall den Nonnen diesen Pfarrsaz bestättigen solle t). Solches genehmigte auch Erzbischof Sigfrid II von Mainz im J. 1248 u), und als obgedachte Wolfram und
Embri-

---

s) Dieser Vertrag ist vom 24ten Jänner 1579, und stehet in Lateinischer Uebersezung, wiewohl etwas mangelhaft, in Justitiae Causae Palat. Part. I, Cap. IV, §. 42, p. 62.
t) Datum Lugduni II jdus Januarii Pontificatus nostri anno quinto.
u) Actum in Castris apud Aquis anno Dni. MCCXLVIII. Kalendas Juny.

Embricho mit Wissen und Willen ihrer Söhne, jenes Patronatrecht samt dem Zehnten feierlich abtratten x), ertheilte obgenannter Probst Konrad nach eingezogenem Zeugnisse des einschlagenden Kirchherrns die ihm aufgetragene Päbstliche Bestättigung y). Die von Lewenstein hatten diesen Pfarrsaz von den Grafen von Spanheim zu Lehen getragen, und deswegen gab auch Graf Simon von Spanheim dazu seine Einwilligung z), und der Mainzische Erzbischof Werner abermal die Bestättigung a). Im J. 1275 fertigte Graf Heinrich von Spanheim für Wolfram, genannt den grosen Ritter von Lewenstein, einen neuen Lehenbrief darüber aus. Bei erfolgtem wirklichen Erledigungsfall fand sich ein Kleriker Heinrich von Alsenzen, der dem Kloster Spon sein Recht streitig machte. Das Offizialat zu Mainz ernannte den Abt Heinrich von Wersweiler, den Probst Simon von Hegene und Embricho von Lewenstein zu Schiedsrichtern, welche dieses Recht dem Kloster Spon zuerkannten b). Seltsam ist, daß im J. 1276 auch Johann Graf von Spanheim, und im J. 1280 wiederum Graf Heinrich von Spanheim dem Kloster die Bestättigung darüber ertheilet hat c).

Diese Kirche ist dem heil. Stephan geweihet, und in der Kirchentheilung den Katholischen zugefallen, die solche mit einem eigenen Pfarrer bestellet, und ihm die Orte Armsheim und Schimsheim, dann das zum Oberamt Stromberg gehörige Dorf Ensheim eingepfarret haben. Nachher haben sich die Refor-

---

x) Anno Domini MCCXLVIII. VII Kalendas Septembris.
y) Datum in Swabeheim anno Domini MCCXLVIII. II Idus Octobris.
z) Actum anno Domini MCCLX. II Kal. Maj.
a) Datum Moguntie XI Kal. Octobris anno Dni. MCCLXVIII.
b) Actum anno Domini MCCLXXIX. VII Idus Nov.
c) Datum anno Domini MCCLXXX. Alle diese Urkunden finden sich bei der geistlichen Verwaltung.

wirten auch eine eigene Kirche allda errichtet, die aber nur ein Filial der Pfarrei Armsheim ist.

Am grosen Zehnten beziehet die geistliche Verwaltung Namens des Klosters Spon 28/30tel, und das übrige die Freiherrn von Dienheim; die Kurfürstliche Hofkammer aber von den Neubrüchen; den kleinen Zehnten der Kath. Pfarrer, und den Glockenzehnten der Schulmeister.

Ausser dem Pfarrgut, und dem Kameral-Antoniter Hofe von 88 Morgen Aecker, 6 M. Wingert, und 2 Viertel Wiesen, sollen sich keine Freigüter dahier befinden.

4) **Biebelnheim.** Ein beträchtliches Dorf, anderthalb Stunden von der Oberamtsstadt nordostwärts entfernet, kömmt in den Urkunden vor dem XIII Jahrhundert nirgends vor. Es gehörte ursprünglich mit der Vogtei den Grafen von Leiningen. In der Theilung zwischen Friedrich und Emich vom J. 1237 ward solche dem leztern angewiesen d). Diese Vogtei kam hernach an die Herren von Hohenfels, andere Rechte aber an verschiedene adeliche Geschlechter, wovon eines von dem Orte selbst seinen Namen führte. Im J. 1276 erscheinet ein Arnold von Bibilnheim als ein Hohenfelsischer Vasall e). Hermann Herr zu Hohenfels verkaufte im J. 1382 die Vogtei und Herrschaft zu Bibelnheim bei Gau-Odernheim mit allen Rechten, Freiheiten und Zugehörungen, (nur seine zum Schildgebohrnen lehenbare Mann ausgeschieden) und das Dorf Wilgesheim bei Zozenheim an Pfalzgraf Ruprecht den jüngern um 500 fl. vergonnte ihm zugleich, dasjenige, was davon verpfändet, oder auf eine Wiederlosung verkauft gewesen, einzulösen f). Als Pfalzgraf Ruprecht im J.

---

d) Die Urkunde ist in den Leiningischen rechtlichen Auszügen Beil. num. I.
e) *Gudenus* Cod. diplom. Tom. II, pag. 197.
f) *Chlingensperg* in Act. Comprom. pag. 92.

1384 den Kaufschilling bezahlt hatte, wurde ihm auch die Burg im Dorfe durch Gerhard Vezer von Geispizheim aufgegeben, jedoch solche unter Vorbehalt des Oefnungsrechtes wieder zu Erblehen gegeben. Gedachter Vezer verkaufte sie aber noch in dem nämlichen Jahre dem Pfalzgrafen. In der nach Absterben K. Ruprechts vorgegangenen Theilung vom J. 1410 ward Bibelnheim, Rupertseck und Weinheim zum Loos des Pfalzgrafen Stephans geschlagen, und in der von ihm und seinem Schwiegervatter Friedrich, dem lezten Grafen zu Veldenz und Spanheim, im J. 1444 gemachten Verordnung wegen ihrer Kinder und Enkel Erbfolge, fielen obige Ortschaften in das Loos des Herzogen Ludwigs, dem die ganze Grafschaften Zweibrücken und Veldenz ausgeschieden waren. Dieser kam auch ums J. 1457 zum Besize derselben. Allein durch die unglückliche Verbindung, die er mit den Feinden seines Vetters, des siegreichen Kurf. Friedrichs I eingieng, verlohr er unter mehrern andern auch obgenannte drei Orte, von welcher Zeit an Bibelnheim beständig bei der Kurpfalz geblieben ist.

Die neben dem Dorfe vorbei fliesende und von Albig kommende Offolterbach fällt bei Bechtolsheim in die Selzbach, und treibt keine Mühle.

Die alte Burg ist ganz verfallen, und ausser einem Thurn nichts mehr davon übrig. In dem Dorfe wohnen über 80 Familien, und an Gebäuden finden sich 2 Kirchen, 2 Schulen, 77 Häuser. Die Gemarkung enthält 1114 M. Ackerfeld, 33 M. Wingert, 46 M. Wiesen rc.

Die Kurfürstliche Hofkammer besizet das sogenannte Benno Gut, bestehend in Haus, Hof, Scheuer, und Stallung, 52 M. Ackerfeld, und 4 M. Wiesen; ferner das Schloßgütlein. Die geistliche Verwaltung aber die vormals zum Kloster Sommersheim gehörig gewesene Hospitalgüter, die Otterburger Hof- und mehrere andere, auch das Reformirte Pfarrgut.

An adelichen Besitzungen finden sich in der Gemarkung, das Schmidtburgische, das Plittersdorfische und das vormalig Nackenheimische, nunmehrige Sturmfederische oder Ketschauische Lehengut.

Den sämtlichen Wein- und Fruchtzehnten bezogen sonst die von Friesenhausen, jetzt aber die Freyin von Ketschau, nnd der Freiherr von Esch, die Neubrüche ausgenommen, und den Glockenzehnten der Reformirte Schulmeister.

Von der alten Kirche dieses Ortes findet sich, daß im J. 1276 Emich Graf von Leiningen seinem Burgmann, Friedrich von Lautersheim, den Pfarrsaz der Kirche zu Bibelnheim, so von ihm zu Lehen rührete, an Godelmann von Liebenberg zu veräussern erlaubet habe g). Bei der Kirchentheilung war solche verfallen, und zum Loos der Reformirten geschlagen, die sie wieder aufgebauet, und dem Diakon der Pfarrei Odernheim zu versehen übergeben haben. Desgleichen haben die Katholischen im J. 1737 auch eine eigene Kirche aus Kollekten errichtet, und solche dem heil. Johann von Nepomuk geweihet. Sie ist ebenfalls der Pfarrei Odernheim untergeben.

5) Undenheim. Ein grofes Dorf, drei Stunden von der Oberamtsstadt gegen Mainz entfernet, dessen in den Lorscher Urkunden schon im VIII Jahrhundert gedacht wird h).

Eine viertel Stunde oberhalb des Ortes lag noch ein anderes Dorf Nordelsheim, welches in den alten Briefschaften Nordolfesheim, Nordolvisheim, auch Nordoltsheim genannt wird. Es ist aber zu Anfang des XVI Jahrhunderts durch eine grose Wasserflut gänzlich zerstöhret, und die Einwohner genö-

---

g) Idem *Gudenus* Cod. diplom. Tom. III, pag. 1151.
h) Cod. diplom. Lauresh. Tom. II, num. 1414 sqq. 1438, 1622 & 1697.

Alzei.

tiget worden, sich in dem Dorfe Undenheim häuslich nieder zu lassen, wodurch beide Gemarkungen zusammen geschmolzen sind.

Beide Orte waren ursprüngliche Zugehörungen der Burg Alzei. In einem schiedsrichterlichen Spruche vom J. 1288 heiset es, daß der Pfalzgraf wegen den Dörfern Nordoltsheim und Undenheim keinen weitern Anspruch an die Edlen von Alzei machen sollte, sondern vielmehr an den Herrn von Hohenfels, welcher solche ihnen verpfändet hatte. In dem alten Saal- und Lagerbuche vom J. 1429 stehet ausdrücklich: „Undenheim und Nordelsheim. Item die ege-
„nannt zwei Dörfer gehörent zu der Pfalz, und
„dienent gein Alzei zu allen Gebetten.

Es war also auch die Vogtei darüber in keinem andern Besitze, sondern beide gehörten Kurpfalz mit dem vollen Eigentum.

Durch das Dorf Undenheim fliefet die theils von Schornsh. theils von Gauspitzheim kommende Goldbach, und treibt oben am Dorfe die Goldmühle, unterhalb aber die Rauffen- und die Sparbermühlen, fällt sodann unterhalb Köngernheim in die Selse.

Voriges Jahr zählte man 122 Familien, 810 Seelen, 3 Kirchen, 3 Schulen, 106 burgerliche Häuser, nebst 3 Mühlen, in diesem Dorfe. In der Gemarkung 2318 Morgen Ackerfeld, 62 M. Wingert, 100 M. Wiesen, und 6 M. Gärten.

Viele Stifter, Klöster, adeliche und andere Gefreite sind dahier mit Gütern angesessen. Der Kurfürstlichen Hofkammer gehöret das grose Erbacher Hofgut von 163 M. Aecker, und 17 M. Wiesen; sodann das kleine von 22 M. Felde: der geistlichen Verwaltung die Kirchen, Kapellen- und des Oppenheimer Klosters Maria-Kron Güter. Auch sind das Domstift zu Mainz, das St. Victorsstift i), das

---

i) Wezzil Canonicus S. Victoris dedit altari s. Crucis dicta

St. Albansstift k), das Liebfrauenstift, und das Kloster auf dem Jakobsberg zu Mainz, das Undenheimer und das Obernheimer Hospital, die Katholische Pfarrei, die von Frankenstein, von Plittersdorf, von Horneck, von Forster, von Dalberg, von Hunoltstein, von Pappenheim, von Gemmingen, von Dienheim, von Wallbrunn, von Oberstein, die Langwerth von Simmern, die von Schüz, von Geispizheim, und die Knebel allda begütert. Unter diesen zahlreichen adelichen Gütern ist auch dasjenige Allodium in Undinheim & Nordolvisheim, welches Werner von Bolanden schon im XII Jahrhundert besessen l). Desgleichen gehörten die obere und die Sparbermühle anfänglich dem Geschlechte von Ranbeck, wurden aber auf die von Flersheim und von Erlenhaupt vererbet.

Der Pfarrsaz und der Zehnten gehöret dem Ritterstift St. Alban zu Mainz. Es wird dessen in einer Urkunde des Erzbischofs Gerhard I vom J. 1255 gedacht m). Ein Drittel des kleinen Zehnten beziehet der Kath. Pfarrer allda.

Die zur Ehre der Himmelfarth Maria geweihte Kirche fiel in der Theilung in das Loos der Katholischen, und ist dermals mit einem eigenen Pfarrer bestellet, der zum Landkapitel Alzei gehöret, und das Filial Selsen mit zu versehen hat. Auch haben die

---

Collegiatae tres mansos & dimidium apud *Nordolfesheim* & *Vndenheim* anno 1073. vid. *Gudenus* Cod. diplom. Tom. I, pag. 938, & *Joannis* rerum Mog. Script. Tom. II, pag. 579.

k) Adelbertus Can. aedis B. M. V. ad gradus dedit Eccl. S. Albani duos mansos & dimidium in villa Undenheim 1131. Id. *Joannis* pag. 745. Syboldus abbas &c. S. Albani &c. Conventualibus suis assignat Curtes villarum *Undinheim*, *Nordolvisheim* &c. anno MCCCXXV. Vid. *Würdtwein* Subsid. diplom. Tom. I, p. 267.

l) Vid. den beurkundeten Inhalt der Fürstlichen Salmischen Revis. Libellen num. 18.

m) *Joannis* ror. Mog. Script. Tom II, pag. 762 & 925.

Reformirten eine Kirche in dem Orte errichtet, die ihrer Pfarrei zu Selsen untergeben ist. Die Lutherischen haben sich ebenfalls aus gemeinen Mitteln ein Kirchlein erbauet, und einen eigenen Prediger darauf bestellet, der die Filialorte Obernheim, Bibelnheim, Selsen und Weinolsheim zugleich versiehet.

Zu Undenheim wohnet ein Oberschultheis über drei ihm untergebene Orte. Neben ihm aber bestehet auch das besondere Dorfgericht in einem Unterschultheis, vier Schöffen und einem Gerichtschreiber.

6) **Selsen**, ein ziemlich grosses Dorf, vier Stunden von Alzei an der Gränze des Oberamts Oppenheim gelegen, scheinet von der vorbei fliesenden Selsbach den Namen zu führen. Er kommt schon in Lorscher Urkunden vom J. 782 vor, worin er Salsen heiset *n*). Das Domstift Worms hatte vor langen Zeiten zu Selsen viele Güter und Gerechtsame, worunter ein Theil der Vogtei begriffen gewesen. Aber im J. 1453 übergab Dechant und Kapitel des gedachten Domstiftes ihren halben Theil am Dorfe, Gericht und Gemarke zu Selsen dem Kurf. Friedrich I, um mehrern Schuzes willen zum Eigentum. Dem ungeachtet ward dieser Ort nach dem Alzeier Saalbuche vom J. 1494 noch unter die sogenannte Ausdörfer gerechnet, und bei den unter Kurf. Karl Ludwig sich ergebenen Streitigkeiten über das Wildfangsrecht von gedachtem Domstift zur Hälfte angesprochen *o*). Kurpfalz behauptete jedoch die althergebrachte Oberherrlichkeit, und wurde durch den in der Hauptsache erfolgten Heilbronner Spruch darin bestättiget, so daß dieses Dorf bisher immer bei der Kur verblieben ist.

---

n) Cod. diplom. Lauresh. Tom. II, num. 1093.
o) Justitia Causae Palat. Part. II. In Actis Compromiss pag. 33.

Die von Köngernheim kommende Selzbach nimmt oberhalb die von Undenheim herfließende Goldbach auf und treibt eine Mahlmühle.

Die Bevölkerung des Orts bestehet in 108 Familien, die 437 Seelen ausmachen. Die Gebäude in 2 Kirchen, 1 Schule, 92 burgerliche und Gemeindshäusern. Die Gemarkung enthält 1336 M. Aecker, 156 M. Wingert, 70 M. Wiesen ꝛc.

Von jenen Gütern sind auch viele in freiem Besize. Der Kurfürstl. Hofkammer gehöret das sogenannte grose Kartheusergut, das vormals drei besondere Höfe ausmachten. Jeckle Erlenhaupt von Sawelnheim verkaufte im J. 1413 an Kurf. Ludwig III drei Hubhöfe, wovon der erste die Kapellhube, der andere Kunemanns Hubhof, und der dritte Herrn Erkenbolds Hubhof genannt worden, samt den zum Schultheisenamt gehörigen Aeckern, mit dem Zusaze, daß was zuvor daran verkauft gewesen, dabei bleiben solle. In dem Alzeier Saal- und Lagerbuch vom J. 1429 wird bemerket, daß die Hubhöfe und die Hübner zu Selse nach Alzei zu dienen schuldig seien. Die übrigen in der Gemarkung befindlichen Freigüter gehören dem Domstift Worms, dem zu Mainz, dem dortigen St. Petersstift, dem Freiherrn von Dalberg, und dem Grafen von der Leyen, welcher solche von dem Bischof von Worms zu Lehen trägt *p*).

Die Kirche des Ortes gehörte vor der Reformation in das Landkapitel Nierstein, und in das Erzdiakonat des Probsten zu St. Viktor in Mainz. Es war eine Pfarrkirche, wozu zwo Altarpfründen, eine zu St. Aegidi, und die andere zu St. Michael gehörten *q*). Den Pfarrsaz verliehe der Wormser Domprobst im Jahre 1281 den dortigen Domkapi-

---

p) *Schannat* histor. Episcopat. Wormat. Part. II, pag. 280.
q) *Würdtwein* Dioec. Mog. Tom. I, Comment. III, p. 367.

rel r), welches auch vormals solchen ausgeübet hat. Den davon abhangenden grosen und kleinen Zehnten beziehet selbiges noch wirklich, ausser des Glockenzehnten, welchen der Ref. Schuldiener genieset.

Die Kirche ist den Reformirten in der Theilung zugefallen: der Prediger stehet unter der Inspektion der Klasse Odernheim, und muß auch die Filialkirche zu Undenheim bedienen. Die Katholischen haben unter dem Rathhause eine Kapelle zur Ehre U. L. F. eingerichtet, welche als ein Filial von der Pfarrei Undenheim abhanget.

7) **Weinolsheim.** Ein mittelmäßiges Dorf, drei Stunden von der Oberamtsstadt Alzei gegen Oppenheim entfernet, hat zu Nachbaren gegen Ost Dalheim, so zur Graffschaft Falkenstein, sodann Ilbersheim, das zur Graffschaft Leiningen gehöret, gegen Süd Dolgesheim des nämlichen Gebietes ꝛc. Bereits in dem J. 790 und 791 erscheinet **Winolfesheim** oder **Winolvesheim** in pago Wormacinse *s*).

Dieser Ort stand mit der Stadt Odernheim in genauer Verbindung, und kam hernach mit derselben als eine Pfandschaft an Kurpfalz. Als daher diese Stadt sich im J. 1566 wegen der Leibeigenschaft, die Kurf. Friedrich III daselbst eingeführet, sogar bei der Reichsversammlung zu Augsburg beschwehret hatte, schrieb Kaiser Maximilian II an gedachten Kurfürsten, „daß er Fürsehung thuen möge, damit „gedachte von Odernheim samt deren zugehörigen „Dorf Weinolsheim, als sein und des Reiches Ei„gentum, und sein des Kurfürsten Pfandschaft, mit „unziemlichen Neuerungen und Leibeigenschaft, wi„der die Billigkeit und altes Herkommen nicht be-

---

r) *Schannat* histor. Episcop. Wormat. Libr. I, pag. 75.
s) Cod. diplom. Lauresh. Tom. I, num. 267 & Tom. II, num. 1961.

„ schwehret oder bedrängt, sondern bei ihren Privi-
„ legien, Freiheiten, alten Gewohnheiten, Rechten,
„ und Gerechtigkeiten ruhig bleiben und gelassen wer-
„ den t).

Jedoch gehörte die Vogtei des Dorfes unstreitig dem Bolandischen Geschlechte, das gegen Ende des XII Jahrhunderts eine Burg darin besessen haben soll *). Diese Gerechtsame und Güter wurden hernach mit andern durch die an Heinrich I, Grafen von Spanheim, vermählte Kunegund von Boland auf ihre Nachkommen gebracht, hiemit an die Grafen von Hohenlohe, und endlich an die von Nassau vererbet. Durch den zwischen Kurf. Ludwig IV von Pfalz, mit den Grafen Albert und Philipp von Nassau im J. 1579 geschlossene Vertrag aber kam auch Weinolsheim das Hubgericht an die Pfalz auf ewig x).

Die eine viertel Stunde westwärts vom Dorfe fliessende Selzbach, treibt die dem Freiherrn von Koster zuständige Weißmühle.

In dem Dorfe zählte man voriges Jahr 78 Familien, 295 Seelen; zwo Kirchen, 2 Schulen, 66 burgerliche und Gemeindshäuser. Die Gemarkung enthält 1268 M. Aecker, 50 M. Wingert, 136 M. Wiesen, und 4 M. Gärten.

Auch sind zween freiadeliche Höfe vorhanden, wovon einer den Freiherrn von Dalberg, der andere aber den Ulnerischen Erben zuständig ist. Ferner besitzet die Kurfürstliche Hofkammer das Oppenheimer, Antoniter, das Kloster Weidaser- und im J. 1649 heimgefallene sogenannte Leiningische Lehengut; die geistliche Verwaltung aber die Oppenheimer, St. Katharina-Stifts- die Marien-Krone- Niersteiner

---

t) Siehe des Herrn Büttinghausen Beiträge zur Pfälzischen Geschichte II Bandes, II Stuck, p. 156 sqq.
*) Vid. den beurkundeten Inhalt der Fürstl. Salmischen Revisionslibellen adj. num. 18 wo es heiset Castrum Winolvisheim.
x) Sieh oben bei Spiesheim E.

Kollektur- den Pfarr- St. Michels-Altar- St. Agnesen und Spendgüter. Die übrigen Freigüter gehören dem Domstift Worms, der Kaplanei Wörstatt, dem Freiherrn von Dienheim ꝛc.

Die Kirche des Ortes ist dem heil. Peter geweihet, und gehöret in das Wormser Bistum. Vor der Reformation stund sie unter dem Landkapitel zu Guntersblum, jezt aber unter dem zu Dalsheim. Im J. 1257 verliehe Werner von Boland, Kaiserlicher Hoftruchseß, mit Einwilligung seiner Söhne und übrigen Miterben das ihm zuständig gewesene Patronatrecht der Kirche zu Winoldesheim dem Domkapitel zu Worms, worüber auch zwei Jahre hernach die Bischöfliche Bestättigung erfolgte y). In der Kirchentheilung fiel solche in das Loos der Katholischen, welche daraus eine Pfarr- und Mutterkirche gemacht. Der Pfarrer ist ein Franziskaner von Oppenheim, der die Dörfer Eimbsheim und Dorndürkheim samt den Leiningischen Orten Dolgesheim und Ilversheim ꝛc. mit zu versehen hat. Die Reformirten haben auch eine Kirche in dem Dorfe errichtet, die ein Filial ihrer Pfarrei zu Dorndürkheim ist.

Am grosen Zehnten beziehet die Freiherrliche Familie von Dalberg zwei, und das Domstift Worms ein Drittel; am kleinen aber lezteres zwei, und der Katholische Pfarrer das übrige Drittel.

8) **Dienheim.** Dieses ansehnliche Dorf ist fünf Stunden von Alzei nächst dem Rhein und der Stadt Oppenheim gelegen.

Das Kloster Lorsch erhielt in den Karolingischen Zeiten schon so viele Güter zu Dinenheim, daß man glauben sollte, die ganze Gemarkung sey endlich dem heil. Nazarius zu Theil geworden z). Allein um

---

y) *Schannat* histor. Wormat. Episcopat. pag. 57.
z) S. Cod. diplom. Lauresh. vol. I, num. 12, 15, 60, 132 &c.

eben solche Zeit, und noch vorher bekam die Abtei
Fulda zu Tienenheim, oder Teinenheim weit beträchtlichere Besitzungen, und K. Karl der grose schenkte sogar diesen Ort, villam Regiam Dinenheim sitam in pago Wormazfeld super fluvium Rhenum ums J. 790 gedachter Abtei Fulda a). Desgleichen hatte auch die Abtei Prüm daselbst mehrere Güter, welche der gewesene Abt Cäsarius von Heisterbach seinem Nachfolger auf 12 mansus angab b). Die der Abtei Fulda zuständige Güter und Gerechtsame waren anfänglich der davon abhangenden Probstei auf dem St. Johannes- oder Bischofsberg im Rheingau zum Genusse angewiesen; wurden aber ums J. 1131 grosen Theils vom Erzbischof Adelbert I zu Mainz um 50 Mark Silbers erkauft, und dem neu errichteten Cisterzerkloster Eberbach oder Erbach im Rheingau zugewendet c). Die Abtei Fulda behielt also nur noch weniges das zu Lehen begeben gewesen, und zwar an das alte Geschlecht von Dienheim, das zugleich die Vogtei des Dorfes von den Herren zu Dune zu Lehen trug. Das Fuldische bestund in einem Gericht zu Dienheim, worauf vor Alters bewiesen war,
„ Ein Fuder Wyn in eym nuwen Fass off eym wol
„ beschlagen nuwen Wagen mit allem Geschüre, und
„ ob dem obgenanten Fass einen thenenen Becher,
„ und darin drei Punt Heller Geltes järlich uf Sent
„ Agnetistag bey Sonnenschein davon geracht zu
„ werden.
Dieses Lehen hat Helferich von Dyenheim besessen, und war um 200 Pfund Häller verpfändet. Im J. 1423 verkaufte der Dechant Heinrich und der Konvent des Stiftes zu Fulde mit Willen ihres Abtes und Probstes auf dem St. Johannesberg besagtes

---

a) *Schannat* Corp. Tradit. Fuldens. num. 7, 90, 113 &c. und in Act. Acad. Palat. Tom. I, p. 266.
b) *Hontheim* histor. Trevir. dipl. Tom. I, p. 695.
c) *Joannis* rer. Mog. Script. Tom. I, pag. 546.

Gericht an Burgermeister und Rath der Stadt Oppenheim um 400 gereider Gulden, davon ein Theil zur Einlösung desselben, der andere aber zu sonstigem Nutzen des Stiftes verwendet worden, und machten es zu einem ewigen Mannlehen, dergestalt, daß solches jederzeit von einem Rathsgesellen empfangen werden muste *d*). Die Vogtei aber mit aller Obrigkeit, Herrlichkeit und Gerechtigkeit verkaufte Weigand von Dienheim und Agnes seine eheliche Hausfrau im J. 1495 an Kurf. Philipps von der Pfalz, wie sie solche von Wirich von Dune, Herrn zu Falkenstein, zu Lehen getragen hatten, für 600 fl. erblich, ledig und eigen, wiesen auch die Unterthanen zur Huldigung an *e*). Auf solche Weise gediehe Dienheim mit dem vollen Eigentum an die Kur, die vor dieser Zeit nur die oberlandesherrliche Gerechtsame ausgeübet hatte *f*).

Durch das Dorf fließet kein Wasser, der Rhein aber beströhmet dessen Gemarkung am östlichen Theile. Hingegen ziehet die ordentliche erhobene Landstraße, welche von Mannheim und Worms nach Mainz führet, durch den Ort, worin auch der Landzoll erhoben wird.

Die Inwohnerschaft belief sich in vorigem Jahr auf 122 Familien, 526 Seelen; die Gebäude 104 bürgerliche auf 106 Häuser, nebst 1 Kirche und 2 Schulen. Die Gemarkung enthielt an Ackerfeld 1692 Morgen, an Weinbergen 245 M., an Wiesen 291 M., an Gärten 8 M., an Weide 215 M.

Das Kloster Erbach im Rheingaue besitzet noch ein Hofgut mit Häusern und übrigen Gebäuden, welches

---

d) Geben off den nechsten Montag nach St. Ulrichs Dag. Schannat Fuldischer Lehenhof pag. 256, num. 151 & 225.

e) Dat. uf Bartholomäi.

f) Nach dem Alzeier Saalbuche vom J. 1494 wurde Dienheim noch unter die Ausdörfer gerechnet. Vid. Justitia Causae Palat. pag. 81.

von einigen Ordensgeistlichen verwaltet wird. Die Gemeinde aber stehet mit der Stadt Oppenheim wegen einem Feldbezirk von ungefähr 900 Morgen in einer Gemeinschaft. Dieses Feld heiset der Fuldische Lehen Bezirk, worüber ein eigenes Gericht gesezet ist. Es ist eben dasjenige welches die Stadt Oppenheim von dem Stift Fulda zu Lehen trägt, weswegen auch von den darin gelegenen Weingärten kein Zehnten entrichtet wird. Ferner sind in der Gemarkung begütert: die geistliche Verwaltung, die Reformirte Pfarrei, das Oppenheimer Hospital, die Kollegiat-Stifter St. Alban und St. Stephan zu Mainz, sodann die adelichen Geschlechter von Dienheim, von Frankenstein, von Gemmingen, von Schmidtberg, von Geispizheim und von Sparr.

Die alte Kirche des Ortes war vormals dem heil. Bonifazius geweihet, und gehörte jederzeit in das Wormser Landkapitel Guntersblum, der Pfarrsaz aber der Abtei Fulda, von welcher er mit seinen Zugehörungen an das Cisterzerkloster Eberbach gelanget ist. Nebst dieser Kirche war auch in ältern Zeiten eine Zelle oder Klause zu Ehre des heil. Nikolaus, welche von Geistlichen des Brigitten-Ordens bewohnet, hernach aber obgedachter Abtei Eberbach einverleibet worden g). Die Kirche ist den Reformirten in der Theilung zugefallen, und dermalen mit einem Prediger bestellet, der unter die Inspektion der Klasse Osthofen gehöret, und das ritterschaftliche Dorf Rüdelsheim zugleich besorget. Die Katholischen bedienen sich der in dem Eberbacher Hofe befindlichen Hauskapelle, sind übrigens Filialisten der Pfarrei Oppenheim, wohin auch die Lutherischen eingepfarret sind.

Den grosen Frucht- und Bergzehnten beziehet die Abtei Eberbach, den kleinen und Blutzehnten der

---

g) *Schannat* Historia Episcopat. Wormat. p. 15.

Reformirte Pfarrer, von den Neubrüchen aber die Kurfürstliche Hofkammer.

Das Dorfgericht ist mit einem Ober- und Unter-Fauth nebst vier Schöffen und einem Gerichtschreiber bestellet. Es führet im Siegel den heil. Bischof Nikolaus stehend, welcher über den neben ihm befindlichen Korb, die rechte Hand zum segnen aufhebt, und in der linken den Krumstab hält. Neben dem Korb liegt ein kleiner Schild mit einem Spannischen Kreuze.

9) **Eimsheim.** Ein geringes Dorf, drei Stunden von der Oberamtsstadt ostwärts entlegen, kommt in den Lorscher Urkunden mit den Namen Uminesheim und Ominisheim, in einem Fuldischen Schankungsbriefe vom J. 803 unter dem Namen Umanesheim mit Tulgesheim, jezt Dolgesheim, vor *h*).

Zu Anfang des XI Jahrhunderts war dieser Ort den Bischöffen von Worms dienstbar. Denn nach der Verordnung des Bischofs Burchard I mußten die Inwohner zu Uminesheim an dem Theil der Wormser Stadtmauern von der Friesen bis an die Rheinsperre zum Bau und Unterhalt beitragen *i*). Der meiste Theil der Lorscher Besitzungen aber kam an das Cisterzer-Nonnenkloster Weidas, das sogar eine Art der Vogtei über das Dorf gehabt. Im J. 1485 übergaben die Aebtissin und der Konvent an Kurf. Philipps das Dorf und Gericht zu Umsheim halb, und behielten sich für ihre Hofleute Güter, Zinse und Gülten, die nöthigen Freiheiten aus. Als Kurf. Friedrich II im J. 1551 vom Pabst die Erlaubniß be-

---

h) Cod. dipl. Lauresh. Tom. I, num. 267, 270 & Tom. II, num. 1614, 1939 sq. und *Schannat* Corp. Tradit. Fuldens. num. CLIX.

i) *Schannat* histor. Episcopat. Wormat. Tom. I, P. II, Cap. III, pag. 211.

kam, das Kloster Weidas gar einzuziehen, und dessen Gefälle der hohen Schule zu Heidelberg einzuverleiben, endlich aber auch diese durch einen im J. 1565 geschehenen Vertrag zur Hofkammer gezogen wurden, sind alle hohe und niedere Gerechtsame dadurch zusammen geschmolzen, folglich das Dorf Eimsheim dem Oberamt unmittelbar untergeben worden.

Verwichenes Jahr wurden 45 Familien, 219 Seelen, 3 Kirchen, 2 Schulen, und 40 burgerliche Häuser dahier gezählet. Die Gemarkung enthält 1210 Morgen Aecker, 23 M. Wingert, 35 M. Wiesen ꝛc.

Von Freigütern besizet die Kurfürstl. Hofkammer den Weidasser Hof, nebst 430 M. Aecker, und 19 M. Wiesen, die übrigen gehören den beiden Stiftern St. Viktor und U. L. F. in Mainz, den Freiherrn von Dalberg ꝛc.

Die Kirche ist dem heil. Pirminius geweihet, und in das Guntersblumer Landkapitel Wormser Bistums einschlägig, der Pfarrsaz aber dem dortigen Domkapitel vorhin zuständig gewesen k). Diese Kirche ist in der Theilung den Katholischen zugefallen, und gehöret jezo als ein Filial zur Pfarrei Weinolsheim. Die Reformirten haben sich eine Kirche aus gesammelten Beiträgen erbauet, und solche ihrer Pfarrei Dornbürkheim untergeben. Desgleichen besizen die Lutherischen ebenfalls ein eigenes Kirchlein, welches von dem Pfarrer zu Alsheim versehen wird.

Am grosen Frucht- und Weinzehnten beziehet das Domkapitel zu Worms eines, und das Lieb-Frauenstift zu Mainz zwei Drittel, nebst gleichen Theilen am kleinen Zehnten. Das übrige Drittel an diesem, und den ganzen Zehnten von den Kloster Weidaser Gütern geniesset der Kath. Pfarrer, den sogenannten

Pforten-

---

k) *Schannat* histor. Episcopat. Wormat. pag. 55.

Pforten- und Glockenzehnten aber die Kurmainzische Hofkammer Namens des Klosters Lorsch.

Das Dorfgericht führet in seinem Siegel den heil. Pirminius mit der Inful auf dem Haupt, in der rechten ein Körbgen, in der linken den Krumstaab haltend.

10) **Wintersheim.** Auch ein geringes Dorf, in der Nähe des vorhergehenden gelegen, wird in den ältesten Urkunden Wintrisheim, Wintirisheim, Winteresheim genannt *l*).

Im XII Jahrhundert wird eines Lehens gedacht, welches der Rheingraf Embricho in Wintersheim besessen *m*). Im J. 1362 kommt ein Knebel von Wintersheim vor *n*), und im J. 1414 verkaufte Eberhard von Hohenfels einen Theil des Dorfes an Kurf. Ludwig III von der Pfalz um 1100 fl. *o*). Nach der Hand gelangte die Vogtei an die Grafen von Leiningen, und in dem Auszuge des Mannbuches, worin das Verzeichniß der Lehen, so viel der Landgraf Hesso begeben, zu finden ist, heiset es: „Item die zu „Wintersheim haben auch gelobet, und gemein-„schaftl. geschwohren, wie die von Alsheim, und „ist ganz mit dem Grunde Graf Hessen, und jezt „Herrn Peter von Albich.

Als nun auf Ableben dieses Landgrafen dessen Verlassenschaft seiner an Rheinhard von Westerburg verehelichten Schwester Margareth zufiel, solche aber von den andern Leiningischen Grafen bestritten werden wollte, suchte sie bei Kurf. Friedrich I Schuz, und übergab ihm die Hälfte an allen dazu gehörigen

---

l) Cod. diplom. Lauresh. Tom. II, num. 957 sq. Tom. III, num. 3660.

m) Beurkundeter Inhalt der Fürstl. Salm. Revis. Libellen adj. num. 18.

n) Hontheim hist. Trevir. Tom. II, p. 225.

o) Acta Comprom. apud Eblingensperg pag. 127.

Ortschaften, sowohl Lehen als Erbe, welche dann auch im J. 1467 dem Kurfürstl. Burggrafen zu Alzei, Philipps von Frankenstein, gehuldiget haben *p*). Kurpfalz hatte also an allen solchen Orten mit der Leiningischen Erbgräfin eine Gemeinschaft, bis Graf Rheinhard von Leiningen-Westerburg im J. 1481 auch seine Hälfte an Kurf Philipps um 8000 fl. verkauft hat *q*). Dadurch ist also das gegenwärtige Dorf Wintersheim ganz an die Pfalz gekommen, und bis jezt dabei verblieben.

Der Ort bestehet aus 33 Familien, 148 Seelen, 1 Kirche, 1 Schule, und 24 andern Häusern. Die Gemarkung enthält 912 M. Aecker, 5 M. Wingert, 8 M. Gärten, und 3 M. Waldbusch.

In dem Dorfe befinden sich drei adeliche Höfe des Freiherrn von Frayß; ein Pfarr-Wittum, und das Weidaser Hofgut.

Die Kirche ist zur Ehre U. L. F. geweihet. Den Pfarrsaz hatten die Edeln von Stetten *r*). In der Kirchentheilung fiel solche den Katholischen anheim, die sie als ein Filial zur Pfarrei Odernheim gezogen. Weil sie aber nicht in gehörigem Bau unterhalten werden konnte, ist solche nach und nach verfallen, folglich zum Behufe des Gottesdienstes unbrauchbar geworden. Die Reformirten sind nach Dornbürkheim, die Lutherischen aber nach Alsheim am Altrhein eingepfarret.

Am grosen und kleinen Zehnten beziehet die Kurfürstl. Hofkammer zwei, und der Katholische Pfarrer zu Odernheim das übrige Drittel; den Pforten- und Glockenzehnten aber die Kurmainzische Hofkammer Namens des Klosters Lorsch.

---

p) In den unumstößlichen rechtlichen Auszügen der Grafen von Leiningen-Westerburg ꝛc. im Anhange num. 29, pag. 5.
q) Geben auf St. Peterstag ad Vincula an. Dni. 1481.
r) Schannat histor. Episcopat. Wormat. pag. 60.

11) **Hangenwalheim**, wohl das kleineste Dorf des Oberamtes, vier Stunden von Alzei ostwärts entlegen, wird zum Unterschied eines andern Walheim bei Alzei also genannt, weil es, so zu sagen, an einer kleinen Anhöhe hanget.

Dieses Dorf gehörte ursprünglich zur Grafschaft Leiningen, und kam aus des Landgrafen Hesso Verlassenschaft, wie mehrere andere Orte, im J. 1467 zur Hälfte, und endlich im J. 1481 vollends zur Pfalz. In der nach dem Leiningischen Mannbuche aufgerichteten Huldigungsakte heiset es davon: „Die „von Walheim haben gelobt und geschwohren, was „sie Clauß von Dienheim und Bauersheimern bis„hero gethan haben, solches alles vor ein Vasallen „Lehen der Gräfin (Margaretha von Westerburg) „und dem Pfalzgrafen (Kurfürsten Friedrich I) fort „thuen sollen, ist ganz Graf Hessen geweßt *s*).

Inzwischen scheinet doch die damals zu Lehen begeben gewesene Vogtei erst lang hernach eingezogen worden zu seyn, indem dieses Hangenwalheim noch im J. 1577 unter die sogenannten Ausdörfer gezählet worden *t*).

Durch das Dorf lauft der sogenannte Wedel- oder Landgraben, welcher zu Bechtheim seinen Anfang nimmt, und nächst dem Dorf Rudelsheim sich in den Rhein ergießet.

Voriges Jahr bestund dieser Ort nur aus 13 Häusern und eben soviel Familien, nebst einer Kirche und Schule. Die Gemarkung aus 530 M. Aecker, 35 M. Wingert, und 12 M. Wiesen.

In dieser wiewohl kleinen Gemarkung sind dennoch begütert die Katholische Pfarrei, das Domkapi-

---

s) Leiningen-Westerburg. rechtliche Auszüge im Anhang Beilag num. 29.
t) Justitia Caufae Palat. Lib. I, Cap. V, pag. 82.

tel zu Worms, die Ulnerische Erben, die von Harthausen, von Obentraut, und von Frayß *u*).

Die Kirche ist der heil. Maria Magdalena, und
dem heil. Jakob geweihet, der Pfarrsaz aber soll noch
im J. 1496 den Herren von Hirschhorn zugestanden
haben *x*). Zur Zeit der Kirchentheilung ward solche
unter die Rubera gezählet, und dem Katholischen
Theil ausgeschieden. Dermalen ist sie noch wirklich
in schlechtem Stande, und der Pfarrei Alsheim als
ein Filial einverleibet. Die Reformirten gehen nach
Gimsheim, die Lutherischen aber gleichfalls nach
Alsheim zur Kirche.

Am grosen Zehnten beziehet die Kurfürstl. Hofkammer wegen des im J. 1684 heimgefallenen Do-
nauischen Lehens ein Drittel, der Katholische Pfarrer
zu Eich auch so viel, und der Kurpfälzische Vasall
Klemann das übrige. Den kleinen Zehnten aber der
Katholische Pfarrer allein.

12) **Dorndürkheim** ist drei Stunden von der
Oberamtsstadt nordwärts entlegen, und kömmt in
den Lorscher Urkunden mit Winterisheim und Alas-
heim vor, woselbst es Thurincheim auch Dürincheim, jezt aber zum Unterschied eines andern am
Rhein gelegenen Dorfes Dorndürkheim genennet wird.
Es begreifet dermalen 64 Fam. in 56 Wohnhäusern,
nebst 2 Kirchen und Schulen. Die Gemarkung bestehet in 1123 M. Ackerfeld, 10 M. Wingert ꝛc.

Von jenen Feldgründen gehöret der Kurfürstl.
Hofkammer das heimgefallene Riedeselische Lehengut
von 44 M. Landes, der geistlichen Verwaltung das
Otterberger grose Herrengut, das St. Georgi- Ka-

---

u) Die Hund von Saulheim hatten zu Hangenwahlheim
vor Zeiten auch ein Rittergut, sie verkauften es aber an
den von Galfelden, worüber ein Projeß entstanden ist.
Vid. *Texter* decision. Palat. I.

x) *Schannat* histor. Episcopat. Wormat. pag. 26.

Alzei.

rellen- und das Pfarr-Wittumgut. Ferner sind in dieser Gemarkung begütert das Domkapitel zu Speier, das Marienmünster Kloster zu Worms, das Altmünster Kloster zu Mainz, die Rießmannische und Wuestische Erben.

Die Kirche zu Dürrendürickem war dem heil. Cyriak geweihet, und der Pfarrsaz gehörte dem Kloster Nonnen-Münster zu Worms y). Nebst solcher war auch daselbst eine zur Ehre des heil. Georgs geweihte Kapelle. Die Verleihung dieser Pfründe stund dem daselbst gesessenen Adel zu. Philipps Schluchter von Erffenstein errichtete aber im J. 1579 mit der geistlichen Verwaltung einen Vertrag, wodurch er die Gefälle und Nuzungen dieser Kapelle derselben für sich und seine Erben abtratt. Die Kirche fiel durch die Theilung in das Loos der Reformirten, welche darauf einen eigenen Prediger bestellet, und ihm die Filialen Weinolsheim, Wintersheim und Eimsheim eingepfarret haben. Er stehet übrigens unter der Odernheimer Inspektion. Die Katholischen haben im J. 1745 sich auch eine eigene Kirche aus gemeinen Mitteln erbauet, die ein Filial der Pfarrei Weinolsheim ist.

Den sämtlichen Zehnten in der Gemarkung beziehet besagtes Kloster Marienmünster als eine Zugehör des ehemaligen Patronatrechtes.

13) **Frettenheim.** Auch ein geringes Dorf zwo Stunden von Alzei ostwärts gelegen, wird in den Lorscher Urkunden unter König Pipin Frittenheim und Fruttenheim genannt z).

Nach dem Alzeier Saal- und Lagerbuche vom J. 1429 gehörte es unter diejenigen, welche zu allen Gebothen in die Burg Alzei zu dienen schuldig ge-

---

y) *Schannat* histor. Episcopat. Wormat. pag. 16.
z) Cod. Lauresh. Tom. II, num. 1011, 1182 sq.

wesen. Die Vogtei darüber nebst verschiedenen Gütern trug ein adeliches Geschlecht von Kurpfalz zu Lehen. Als solches aber mit Friedrich von Frettenheim gegen das Ende des XVI Jahrhunderts erloschen war, so ward das ganze Lehen zur Kammer eingezogen.

Die Gemeinde bestehet dermalen aus 25 Familien, 104 Seelen; die Gemarkung aus 530 M. Aecker, 35 M. Wingert, und 12 M. Wiesen.

Unter den Feldgründen sind die vormaligen Lehenstücke begriffen a), die in dem sogenannten Pfalzgrafengut, samt dazu gehörigen Haus und Hofe, dem sogenannten Doktors Gütlein, und in dem Backhaus bestehen. Leztereres ist erst im J. 1665 eingezogen b), und der Gemeinde in Erbbestand verliehen worden. Die geistliche Verwaltung besizet das Pfarr-Wittumgut.

Die Kirche des Ortes war ehmals allen Heiligen Gottes geweihet. In der Theilung fiel sie ins Loos der Reformirten, die sie von dem Pfarrer zu Dibelsheim versehen lassen. Aber auch die Katholischen haben sich eine Kirche aus gesammelten Beiträgen erbauet, die als ein Filial zur Pfarrei Obernheim gehöret.

Am grosen Zehnten beziehet der Freiherr von Hettersdorf eine, und der Reformirte Pfarrer zu Dibelsheim die andere Hälfte; den kleinen Zehnten aber die Gemeinde.

14) **Ditelsheim.** Ein beträchtliches Dorf, in der Nähe des vorhergehenden südwestwärts gelegen,

---

a) Wie Konrad Rabenolt von Dieppurg im J. 1402 zwölf Malter Korn als ein Oppenheimer Burglehen von K. Ruprecht empfangen hat, wird unten bei Oppenheim angeführt werden.

b) Acta Comprom. in Causa Prattens. Aurel. pag. 109.

wurde vor Alters Dudilesheim *c*), auch Tittels-
heim genennet *d*). Im J. 827 übergab ein gewisser
Adalbert seinen Hof zu Hesnloch, und was er in
Dittilisheimer und Thüringheimer Marken hatte,
dem Kloster des heil. Pirminius zu Hornbach *e*).
Im J. 1358 verpfändeten Johann und Emich, Grafen von Nassau, dem Kapitel zu Fulda mit Einwilligung des Abtes Heinrich alle Vogtei, Gut und Gülte, die sie gehabt in den Dörfern im Wormser Bistum gelegen zu Abinheim, Wilmesheim und Düdelsheim um 800 Pfund Häller auf eine Wiederlösung,
welches Recht hernach an den Grafen Johann von
Kazenelnbogen im Jahre 1403 übertragen worden*f*).

Das Dorf selbst hatte vormals auch seine eigene
Vogtsherren, die den Beinamen von Düdelsheim
oder Dittelsheim führten *g*). Das Geschlecht ist
zwar erst im XVI Jahrhundert erloschen; es müssen
aber noch andere schon zuvor Theil an dem Dorfe
gehabt haben. Denn in dem Alzeier Saal- und Lagerbuche vom J. 1429 heiset es: „Item myn Herre
„der Pfalzgraue hat eyn Theil zu Dittelsheim an
„dem Gerichte, an der Bede, und Fastnachts
„Hünern.

Im J. 1489 kaufte Kurf. Philipps dazu ein wei-
teres Viertel mit seiner Zugehör um 190 fl., und im
J. 1571 Kurf. Friedrich III noch ferner einen achten
Theil von Martin von Wachenheim um 300 fl. Dem
ungeachtet ward Dietelsheim im J. 1577 noch unter
die Ausdörfer gezählet, bis Kurf. Friedrich IV im
J. 1602 nnd 1606 die übrigen Theile von Eberhard

---

c) Cod. Lauresh. Tom. I, num. 1767 & 1878 sq.
d) *Schannat* Corp. Tradit. Fuldens. num. LIV.
e) A.A. Acad. Palat. Tom. I, pag. 295, woselbst die ganze
 Urkunde zu finden.
f) Wenk Hessische Landesgeschichte, im Urkundenbuche
 pag. 169 & 218.
g) Humbracht höchste Zierde Deutschlandes Tab. 260.

Kämmerer zu Worms, genannt von Dalberg, vollends an sich gebracht *h*). Merkwürdig ist, daß im J. 1000 ein Graf Adelbert der Benediktiner Abtei Hugshofen im Weilerthal des untern Elsaßes dieselbst einige Güter geschenket hat *i*).

Heutigen Tags enthält dieses Dorf 106 Familien, 428 Seelen, 2 Kirchen, 2 Schulen, 81 Häuser; Die Gemarkung 1797 Morgen Aecker, 31 M. Wingert, eben so viel M. Wiesen, 19 M. Weid, und 76 M. Wald.

In dieser Gemarkung befindet sich ein Bezirk, der **Klopsberg** genannt, woselbst vor 300 Jahren eine Burg gestanden haben solle. Man findet noch wirklich einiges altes Gemäuer, welches gemeiniglich die **Klopsmauer** heiset. Vermuthlich war es das Stammhaus der Edlen von Dudelsheim, und in den Kriegeszeiten des Kurf. Friedrichs I mit mehrern andern dergleichen Raubnestern verstöhret worden. Die Gemeinde hat im J. 1768 ein Fichten-Wäldlein daselbst anfliegen lassen.

An Freigütern besizet die geistliche Verwaltung das Sommersheimer und das Pfarr-Wittumgut; die hohe Schule zu Heidelberg, das Hornbacher; die Gemeinde das Sturmfederische, das Probische und Winterfussische Lehen; die von Geispizheim, und von Dalberg eben dergleichen Güter.

Der Pfarrsaz war dem Kloster Hornbach zuständig, und von diesem der davon abhängig gewesenen Probstei Zelle samt dem Zehnten überlassen, wie solches der Abt Blicker im J. 1457 selbst bezeuget *k*). In der Kirchentheilung fiel diese Pfarrei den Reformirten ins Loos, deren Prediger unter die Inspektion Odernheim gehöret, und Frettenheim zugleich

---

b) Act. Comprom. pag. 119 & 128. Iustit. Causae Palat. pag. 82.
i) *Calmet* histoire de Lorraine Tom. I, Preuves col. 387.
k) *Würdtwein* Subsid. diplom. Tom. I, pag. 195.

verstehet. Die Katholischen haben im J. 1727 auf ihrem Schulhause eine Kapelle zur Ehre der heil. Aposteln Simon und Judas errichtet, welche von dem Pfarrer zu Westhoffen bedienet wird, wohin auch die Lutherischen eingepfarret sind.

Am grosen und kleinen Zehnten beziehet die Universität Heidelberg Namens der Probstei Zelle ein Drittel, der von Dorian ein Drittel, dann der Reformirte Pfarrer, und die Trappischen Erben das übrige.

Das Dorfgericht ist mit einem Faut, drei Schöfsen und einem Gerichtschreiber bestellet. Es führet im Siegel zween Bäume, zwischen welchen aus einer Höhle Flammen hervor schlagen.

16) **Alsheim.** Ein Marktflecken vier Stunden von Alzei ostwärts entlegen, wird zum Unterschied eines andern Orts gleiches Namens im Speiergaue, oder Oberamt Neustadt gemeiniglich Alsheim am Altrhein genennet. Sonst heiset dieser Ort in den ältesten Urkunden Alaisheim, Alabesheim, Alesheim *l*). In der Folge der Zeit finden sich mehrere Theilhaber an demselben.

Pfalzgraf Ruprecht II soll im J. 1395 die Burg daselbst von dem Grafen Friedrich von Leiningen erkaufet haben *m*). So haben auch Johann und Peter Elseser Gebrüder von Erffenstein, und Johann Esel von Busensheim gedachtem Pfalzgrafen und seinen Erben ihre Veste im Dorfe Alsheim zwischen Oppenheim und Worms im J. 1398 übergeben, mit dem Versprechen solche für sich, ihre Söhne und Töchter, so oft es noth, wieder zu Erblehen zu em-

---

l) Cod. Lauresh. Tom. I, num. 43, 45, Tom. II, num. 1165, Tom. III, num. 3666. *Schannat* Corp. Tradit. Fuld. num. 573. *Schöpflini* Alsat. diplom. Tom. I. pag. 134 & 327.

m) *Oblingensperg* Acta Comprom. in Causa Aurel. pag. 93.

pfangen, und gedachte Veste der Pfalz offenes Hauß ewiglich seyn zu lassen n). Die Grafen von Leiningen müssen sich einen Theil des Dorfes und der Vogtei vorbehalten, und von Kurpfalz zu Lehen getragen haben. Denn als nach Abgang des Landgrafen Hesso dessen Schwester Margareth von Westerburg die Hälfte der ererbten Ortschaften an Kurfürst Friedrich I abgetretten, haben die Unterthanen zu Alsheim jedem Theil gehuldiget und bezeuget, daß ein Viertel daran dem verstorbenen Landgrafen zugestanden habe o). Nachdem auch Graf Rheinhard von Leiningen-Westerburg im J. 1481 die übrige Hälfte an Kurf. Philipps verkauft hatte, belehnte dennoch Graf Cuno im J. 1532 mit den von Adam von Randeck vorhin getragenenen Lehenstücken die Gebrüder Friedrich und Bertolf von Flersheim. Darunter wird Alsheim und Gericht halber mit seiner Zugehör noch ausdrücklich angeführet p). Besagtes Geschlecht von Flersheim trug nebst diesem auch einige Güter theils allein, theils in Gemeinschaft von der Rheingrafschaft zu Lehen.

Von der Abtei Fulda hat Wilhelm von Rupersberg, und Gottfried von Randeck ein Lehen im Dorfe und Gericht zu Alsheim annoch im J. 1396 empfangen q). Auch ist zu Alsheim annoch ein beträchtliches Reichslehen, welches Hanns Wolf von der Hauben für sich und Valentins von der Hauben hinterlassene Söhne als Vormund im J. 1582 empfangen hat r). Nach Erlöschung dieses Geschlechtes, wurde das von Langen damit begabet.

In dem Orte entspringet aus Brunnquellen ein

---

n) Eben daselbst heisset es: Acquirit a Joanne & Petro de Eberstein & Joanne de Bisselsheim arcem Alsheim.
o) Vid. die Gräfl. Leiningische rechtliche Auszüge n. 29.
p) Geben auf Montag nach St. Pauli Bekehrung 1532.
q) *Schannat* Clientela Fuldensis pag. 329, num. 441.
r) Jakob Mosers Einleitung zum R. Hofraths-Prozeß III Theil, fol. 667.

Bächlein, welches die sogenannte Altroggische Kameralmühle treibt, von da sich in den Flut oder Wendelgraben und mit selbigem bei Rudelsheim in den Rhein ergießet. Oberhalb des Orts gegen Süd fließet eine andere Bach vorbei, treibt die Weißmühle, und fällt ebenfalls in gedachten Graben. Die von Mannheim nach Mainz führende Landstrase gehet neben dem Dorfe vorbei, in welchem jezt 180 Fam. 164 Häuser, 3 Kirchen und Schulen gezählet werden. Die Gemarkung enthält 2726 Morgen Aecker, 146 M. Wingert, 34 M. Wiesen ic.

In dem Dorfe stehet man das Gemäuer der längst verfallenen Burg, deren schon einigemal gedacht worden; sodann den Langenschen Reichslehenbaren, den Domstift Wormsischen, und den Ulnerischen Hof mit ihren Meierei-Gebäuden. Die übrigen in der Gemarkung gelegene Freigüter gehören dem St. Andreas- und Liebfrauen-Stiftern zu Worms, dem Freiherrn von Dalberg, der Katholischen Pfarrei und Schule. Die geistliche Verwaltung besizet den Otterberger Hof, dann die Güter der Klöster Liebenau und St. Johann.

Vor Zeiten waren zwo Pfarrkirchen zu Alsheim, welche zum Landkapitel Guntersblum gehörten. Die eine war U. L. F., die andere dem heil. Bonifaz geweihet. Der Kirchensaz von jener stunde dem Domkapitel des Erzstiftes Mainz, von der andern aber dem Kollegiatstift Neuhausen zu s). An dem Chor der erstern ist ausserhalb ein vierecktiger Stein eingemauert mit einer altdeutschen Inschrift vom J. 1314, und in dem Chor der andern befindet sich gleichfalls ein Stern 8 Schuhe lang, 3 Schuhe 8 Zoll hoch mit verschiedenen Buchstaben. Die Kirche zu U. L. F. ist bei der Theilung den Katholischen zu gefallen, und mit einem eigenen Pfarrer bestellet, der die Orte Gimsheim und Hangenwahlheim mit zu versehen

---

s) *Schannat* histor. Episcopat. Wormat. pag. 8.

hat. Die Kirche zu St. Bonifaz hingegen haben die Reformirten sich eigen gemacht, und als ein Filial ihrer Pfarrei Gimsheim untergeben. Ferner haben die Ev. Luth. sich eine Kirche aus gesammelten Beiträgen erbauet, deren Prediger zugleich die Ortschaften Gimsheim, Eich, Hamm, Wintersheim ꝛc. besorget.

Am grosen Fruchtzehnten beziehet die Kurfürstl. Hofkammer ein Fünftel, das Stift Neuhausen zwei, das Domstift Worms eines, und die Junkerische Erben das ehmals Frankensteinische Fünftel. Am Weinzehnten hat das Stift Neuhausen die Hälfte; das Domstift Worms ein Fünftel, eben soviel die Kurf. Hofkammer, das übrige aber die Freiherrn von Dalberg und die Junkerische Erben. Am kleinen Zehnten beziehet der Kath. Pfarrer vier, und gedachte Junkerische Erben ein Fünftel. Am sogenannten Liebzehnten die Kurfürstl. Hofkammer eines, und das Domstift Worms die übrige zwei Drittel, nebst dem sogenannten Beutelzehnten. Endlich geniesset den Glockenzehnten von den Langischen Reichs-Lehen-Gütern der zeitliche Oberschultheis.

In diesem Orte wohnet der Oberschultheis über die vier nachfolgende dazu gehörige Dörfer, samt dem Gerichtschreiber. Das Dorfgericht aber ist mit einem Unterschultheis, nebst vier Schöffen bestellet.

16) **Gimsheim.** Ein sehr grosses Dorf am Altrhein, hat gegen Ost den vollen Rheinstrohm und jenseits desselben, das Landgräflich-Darmstädtische Gebiet zu Nachbaren.

Im VIII Jahrhundert erhielt das Kloster Lorsch zu Gimminisheim, oder Geminisheim so viele Höfe, Häuser, Huben, Aecker und Wiesen geschenkt, daß beinahe die Hälfte der Gemarkung demselben zugehöret haben muß *t*). Nachgehends gehörte das

---

t) Cod. diplom. Lauresh. Tom. II, num. 1593 sq.

Dorf und die Vogtei den Herren von Bolanden, und ward vermuthlich zwischen diesem und dem Hohenfelsischen Geschlechte getheilet. Im J. 1414 kaufte Kurf. Ludwig III das Dorf Ginsheim zum halben Theile mit aller Obrigkeit und Zugehörung von Eberhard von Hohenfels, Herrn zu Reipolzkirchen, für eilfhundert Gulden auf einen Wiederkauf, mit Verhängniß seines Bruders Konrad Probsten zu Pfedersheim, unter dem Bedinge, daß die 25 fl. so dem leztern zum Leibgedinge darauf angewiesen gewesen, nach seinem Tode halb der Pfalz, und halb jenem Eberhard zufallen sollten u). Deßhalben heiset es auch in dem Alzeier Saalbuche vom J. 1429 „Gyms-
„heim off dem Ryne. Item der von Rypolzkirchen
„hat Gymsheim halb myme Herrn dem Pfalzgrauen
„verpfant mit allen Nuzen und Fellen, nach Lude
„der Briefe darüber. Item myn Herre der Pfalz-
„graue hat auch ein Buhoff daselbs, ist kauft um
„die Frauen zu St. Katharina zu Oppenheim. Item
„Antheis Gale hat myme Herrn dem Pfalzgrauen
„ein Deyle am Wyn- und am Fruchtzehende, auch
„eyn Deyl an eym Gute doselbs verkaufft vor eygen.
„Nota ein Huffe am Wyn und Fruchtzehenden ist
„XVI Deile, daran hat min Herre dritthalp Deile.
Diese Pfandschaft scheinet nicht abgelöset worden, sondern jener halbe Theil der Vogtei stets bei der Pfalz geblieben zu seyn. Die Bolandische Hälfte aber kam durch Erbschaften an das Gräfliche Haus Nassau, und im J. 1662 durch einen Austausch ebenfalls an Kurpfalz x).

Südwärts am Dorfe befindet sich der Altrhein, aus welchem gegen den Rhein hinaus eine Lache formirt, und durch eine in dem Landreiche angelegte Schließe in den vollen Rhein abgeleitet wird. In jenen Altrhein ergießet sich auch die von West- und

---

u) Confer. Acta Comprom. bei Chlingensperg pag. 94.
x) Ibid. pag. 98.

Oſthofen herab flieſende Seebach. Obgedachte Lache treibt etwa drei viertel Stunde von dem Ort die ſogenannte Sandtmühle.

Das Dorf beſtehet dermalen aus 247 Familien, 1036 Seelen; 1 Kirche, 2 Schulen, 196 burgerlichen Wohnhäuſern. Die Gemarkung aus 1993 Morgen Ackerfeld, 8 M. Wingert, 1182 M. Wieſen, 15 M. Gärten, 226 M. Weide, ſodann 117 M. Wald.

Gedachte Waldung liegt zum Theil auf den Inſeln, theils an den Ufern des Rheins, und gehöret ſämtlich der Kurfürſtl. Hofkammer eigentümlich, die aber den ſogenannten Geyerwörth der Gemeinde in Erbbeſtand verliehen hat. Alles dieſes ſtehet unter der Hute des Förſters zu Gimsheim, und der Forſtmeiſterei zu Oppenheim.

An Freigütern befindet ſich eine Menge dahier. K. Heinrich II ſchenkte bereits im J. 1017 dem Abte des Benediktiner Kloſters Mönchsberg bei Bamberg ſein Hofgut zu Gumaſcheim im Wormsgau in der Graffſchaft Zeizolfs y). Die Kurfürſtl. Hofkammer beſizet einen Hof von 387 M. Ackerfeld und 25 M. Wieſen z). Die geiſtliche Verwaltung aber alle Gründe, die vormals das Stift zu Oppenheim, das Kloſter Marienkrone daſelbſt, und das Kloſter Schönau darin beſeſſen haben. Die übrigen gehören dem Hoſpital zu Oppenheim, dem Kloſter Eberbach im Rheingaue, dem Maltheſer-Orden, dem Dom- und St. Paulſtift, wie auch dem Kloſter Nonnen-Münſter zu Worms, dem Johanniterhaus zu Mainz, der Alsheimer Katholiſchen, der Gimsheimer Reformirten, und der Guntersblumer Lutheriſchen Pfarrei; endlich aber den adelichen Geſchlechtern von Dalberg, von Greiffenklau, Ulner, Dienheim, Rießmann a), Gemmingen, Schmidtburg, Woyda und Fraÿß ꝛc.

---

y) *Bruſchii* Chronologia Monaſt. Germ. O. S. B. p. 315.
z) Dieſes iſt der Bauhof, deſſen im Saalbuche gedacht wird.
a) Das Rießmanniſche, vormals Vozheim oder Blaterlſche Gut rühret von denen von Flersheim her.

Von der alten Pfarrkirche findet sich weiter keine Nachricht, als daß solche dem heil. Mauriz geweihet gewesen b), und zum Landkapitel Guntersblum gehöret habe. In der Kirchentheilung fiel solche in das Loos der Reformirten, die einen eigenen Prediger unter der Inspektion Osthofen daselbst haben, dem auch Alsheim und Hangenwalheim zu versehen übertragen sind. Die Katholischen haben eine Kapelle unter dem Rathhause eingerichtet, worin ihr Pfarrer zu Alsheim alle 14 Tage den Gottesdienst verrichten muß.

Den grosen und kleinen Zehnten im Hinterfeld beziehet die Kurfürstl. Hoftammer allein; im Oberfeld aber sind das St. Paulstift zu Worms, die geistliche Verwaltung, die Ulnerischen Erben, ein sicherer Jakobi, die Junkerischen Erben, der zeitliche Obersaut zu Alsheim, sodann einige Unterthanen, und der Reformirte Schulmeister zu Simsheim betheiliget.

Das Dorfgericht ist mit einem Schultheisen, und vier Schöffen bestellet.

17) **Eich.** Ein groses Dorf am Rhein von dem vorigen subwärts gelegen, heiset in den Lorscher Urkunden Eichinum, Eichinen, Aichinum, auch Heichinen, und war unter denjenigen Orten des Wormsgaues, worin gedachtes Kloster gleich anfangs seiner Stiftung beträchtliche Güter erhalten hat c).

Es gehörte sonst samt der Vogtei dem Domstift Worms, indem es nach der Verordnung des Bischofs Buggo I an dem Bau und Unterhalt der Wormser Stadtmauern beitragen muste, so wie bei Eimsheim schon Erwähnung geschehen. Von diesem ist die eine Hälfte an das St. Paulstift, die andere an die Grafen von Spanheim gekommen. Um die Mitte des

---

b) *Schannat* histor. Episcopat. Wormat. pag. 23.
c) Cod. diplom. Laures. Tom. II, num. 1450, 1860, 80, 1965 & Tom. I, num. 180.

XIV Jahrhunderts verpfändete Walram Graf von Spanheim seinen Theil an Heinrich zum Jungen, dessen Wittib sich im J. 1406 verschrieb, daß im Fall Graf Simon von Spanheim das Dorf und Gericht zu Eich nicht lösen würde, sie es dem K. Ruprecht vorbehaltlich des Spanheimischen Lösungsrechtes, verkaufen wolle. Das Stift St. Paul in Worms übergab im J. 1413 dem Pfalzgrafen Ludwig III seinen andern halben Theil am Gericht und Dorfe zu Eich um Schirms willen, behielt sich aber die Annahm des Schultheisen, das Hubgericht mit Zugehörungen, und andere mindere Gerechtsamen vor. Endlich verkaufte auch Werner Füllschlüssel von Nierstein im J. 1418 gedachtem Pfalzgrafen seinen Theil an der Pfandschaft der Vogtei und des Gerichts zu Eich, und an dem Hofe zu Sand, mit Zugehörungen, wie solchen zuvor Heinrich zum Jungen gehabt, und zwei Jahre darnach that Friedrich Jost von Bechtolsheim ein gleiches mit dem Backhause zu Eich; ferner Hermann von Udenheim mit seinem vierten Theil am Dorfe und an der Burg daselbst, wie auch an den Höfen zu Sand und zu Muckenhausen um 975 fl. d).

Auf solche Weise kam also nicht nur dieses Dorf, sondern auch der in seiner Gemarkung gelegene Sandhof an die Pfalz. In dem Alzeier Saal- und Lagerbuche vom J. 1429 findet sich folgende Nachricht hievon: „Eyche off dem alten Ryne. Item myn
„Herre der Pfalzgraf hat Eyche kaufft um Heinrich
„zum Jungen, und sine Ganerben, mit allen Renten und Fällen nach Lude der Briefe darüber,
„und da inne hat myn Herre dry Buwe Höfe und
„das Umgelt, Bede und Zinnße, und den Sant-
„hoiffe darzu mit siner Zugehörde ꝛc.

Dieser Sandhof liegt eine halbe Stunde südwärts
vom

---

d) Acta Comprom. in Causa Aurel. pag. 120 & 127.

dem Dorfe, und enthält 287 M. Aecker, 4 M. Wingert, und 56 M. Wiesen, samt dazu gehörigen Gebäuden. Auf diesem Sandhofe haben einige Lehen gehaftet, die erst im J. 1663 zur Kammer eingezoger worden e).

Der Rhein ströhmet eine halbe Stunde von dem Dorfe ostwärts vorbei, sodann fließt die von Osthofen kommende Seebach in den Sandwoog, betreibt zwo Mahlmühlen, und ergießet sich in den Altrhein, welcher eine Stunde Weges in der Länge betragen mag, und woraus die Gemeinde von dem beträchtlichen Fischfange einen grosen Theil ihrer Nahrung ziehet.

Sie bestehet dermalen aus 177 Familien, 813 Seelen, und hat an Gebäuden 2 Kirchen, 2 Schulen, 157 Häuser. In der Gemarkung zählet man 1836 Morgen Ackerfeld, 905 M. Wiesen, 50 M. Gärten, 70 M. Wald, und 330 M. Weide.

Die Kurfürstl. Hofkammer besizet das grose Hofgut von 333 M. Ackerfeld, und 33 M. Wiesen, das eigentlich diejenigen drei Bauhöfe ausmachet, wovon oben in dem Alzeier Saalbuche Meldung geschehen. Ferner ist die geistliche Verwaltung wegen des Klosters Liebenau, mit den beiden Stiftern St. Paul und St. Andreas in Worms ebenfalls daselbst begütert.

Den Zehnten beziehet gedachtes St. Paulstift als ein Zugehör des ehemaligen Patronatrechtes; ausgenommen die Wiesen und Neubrüche, wovon jene der geistlichen Verwaltung, diese der Kurf. Hofkammer zehntbar sind.

Die alte Kirche war dem heil. Lupus geweihet, und zum Landkapitel Guntersblum gehörig. Bischof Buggo zu Worms verliehe den Pfarrsaz im J. 1139 dem von ihm errichteteten Kollegiatstift St.

---

e) Vid. ibid. pag. 110.

Paul *f*). In der Kirchentheilung fiel diese Kirche in das Loos der Reformirten, die einen eigenen Prediger daselbst haben, der das Filial Hamme zugleich versiehet, und übrigens unter der Inspektion Osthofen stehet. Die Katholische Kirche ist aus Almosen erbauet, und im J. 1736 zu einer Pfarrkirche erhoben, auch derselben das Dorf Hamme, nebst den Kameralhöfen Sand und Ibersheim eingepfarret worden.

18) **Hamme**, auch ein beträchtliches Dorf nächst dem vollen Rhein, dem jenseitigen Kurmainzischen Städtlein Gernsheim gegenüber gelegen, gehörte anfänglich dem Domstift Worms, und muste nach der angezogenen Verordnung des Bischofs Buggo einen Theil der Stadtmauern zu Worms bauen und unterhalten helfen. Pfalzgraf Ludwig III erkaufte im J. 1420 von Hennen und Peter Elsassern von Erffenstein Gebrüdern eine Aue gegen Hamme über jenseit Rheins, in Hammer Gemarkung, samt dem Fahre und Newen zu Hamme, ein Drittel von den Freveln daselbst, und den Zins von 32 Hubrechten auf dem Wörth, benebst ihrem Hubhofe zu Hamme um 220 fl: nachdem er zuvor die darauf gehaftete Korngülte von dem St. Katharinenstift zu Oppenheim auf sich genommen, und die darunter von der Pfalz zu Lehen rührende Güter, welche genannte Elsasser von derselben jederzeit empfangen sollten, vorbehalten hatte. Die eine Hälfte des Dorfes aber gehörte zur Grafschaft Leiningen, als ein Bischöflich-Wormsisches Lehen. Der Bischof, der dem Kurfürsten Friedrich I dieses und andere heimgefallene Lehen zu überlassen versprochen, wenn er ihm die von dem Grafen Emich zu Leiningen vorenthaltene Burg Leiningen und übrige Wormsische Lehenstücke zu seinen Handen bringen würde, solches auch in dem folgendem J.

---

f) *Schannat* histor. Episcopat. Wormat. pag. 20.

1468 wirklich geschehen war, verliehe ihm die Hälfte an der Burg und Stadt Neuleiningen, an dem Dorfe Rheindürkheim, nebst der Leiningischen Gerechtigkeit zu Hamme und dem Gerichte zu Uebersheim für sich und seine Nachfolger zu rechtem Mannlehen g). In gleicher Eigenschaft trug das Geschlecht der Dunen von Leiningen den halben Theil der Obrigkeit und Herrlichkeit samt übrigen Nuzungen zu Hamme von der Kurfürstl. Pfalz. Im J. 1521 gerieten Eberhard und Reinhard Gebrüder, Dunen von Leiningen, mit dem Landschreiber zu Alzei, und der Gemeinde Hamm theils wegen der von lezterer ihnen verweigerten Frohndiensten, und der Hälfte des Fischwassers, theils wegen Beaidigung des Schultheisen, in einen Rechtsstreit, welchen Kurf. Ludwig V zu Gunsten jener Lebenträger entschied. An der übrigen Hälfte, wie auch an den Freveln, und den Fischwassern, so den Gerichtsherren daselbst zugestanden, trugen die Herren von Flersheim den vierten Theil nebst dem Azungsrecht ebenfalls von Kurpfalz zu Lehen. Auf Erlöschung dieser Geschlechter aber sind besagte Leben alle eingezogen, und bisher nicht mehr vergeben worden.

Vormals zog eine Landstrase durch die Gemarkung nach Gernsheim jenseit Rheins, die aber jezo nicht mehr gebrauchet wird. Gleichwohl befindet sich in dem Dorfe eine ordentliche Zollstätte.

Verwichenes Jahr zählte man dahier 155 Familien, 723 Seelen, 1 Kirche, 1 Schule, 121 Häuser nebst einer Mühle; 840 Morgen Ackerfeld, 419 M. Wiesen, 10 M. Gärten, 50 M. Weide.

Unter den Feldgründen befindet sich der Kammeral Hubhof, Pfaffenbohl genannt, welcher, wie oben gedacht, von den Gebrüdern Elsasser erkaufet wor-

---

g) Der Lehenbrief, so geben zu Germersheim auf Donnerstag nach St. Margarethentag 1468, siehet in *Schannat histor. Episcopat. Wormat. pag. 235.*

den. Sodann besitzet die geistliche Verwaltung die zum Kloster Otterburg, und die zur Pfarrei gehörige Güter; die Kurmainzische Hofkammer den sogenannten Bischofshof, der von den alten Besitzungen des Klosters Lorsch herrühret. Ein Bezirk von 80 Morgen Landes, der Rosengarten genannt, ist eine neue Anlage jenseit des Rheins.

Von der alten Kirche dieses Dorfes hat man keine weitere Nachricht, als daß solche den Aposteln Philipp und Jakob geweihet gewesen *h*). Bei der Kirchentheilung fiel selbige in das Loos der Reformirten, und ist ein Filial der Pfarrei Eich. Die Katholischen haben auf dem Rathhause eine Kapelle errichtet, die ebenfalls zu ihrer Pfarrei Eich gehöret.

Den sämtlichen Hauptzehnten beziehet das St. Paulstift in Worms; von den Almenten die Kurf. Hofkammer, und von den Wiesen die geistliche Verwaltung.

19) **Ibersheim**, ein in der Hammer Gemarkung gegen Süd liegender grosser Meyerhof der Kurfürstl. Hofkammer, war vor Alters ein Dorf, und hieß nach den Lorscher Urkunden Ibernesheim, Ebernsheim, auch Ibersheim *i*). Dieses Dorf gehörte ursprünglich zum Domstift Worms, von welchem die Grafen von Leiningen damit belehnet gewesen. Im J. 1282 hat Konrad von Schoneck, nachheriger Bischof, 140 Malter jährliche Korngült zu Ibersheim an Pfalzgrafen Ludwig II abgetreten *k*). Graf Friedrich von Leiningen verkaufte im J. 1285 die Vogtei und den Gerichtszwang mit dem Salmen Grund im Rhein den Deutschen Herrn des Hauses zu

---

h) *Lunig.* R. A. Spicil. Eccl. Contin. III. in catalogo Ecclef. Dioec. Worm.
i) Codex diplom. Lauresh. Tom. II, num. 859, 1402, 1478, 1500.
k) Acta Comprom. apud *Chlingensperg* pag. 91.

Coblenz um 200 fl. auf Wiederlösung, und im J. 1362 die beiden Grafen Friedrich, der alte und junge, abermals. Das Stift St. Paul zu Worms hatte auch viele Güter und ein besonderes Gericht daselbst, übergab aber solche im J. 1417 an Kurf. Ludwig III von der Pfalz. Die Kommenthuren der Ballenen des deutschen Ordens zu Koblenz und Köln veräusserten im J. 1465 mit Erlaubniß des Deutschmeisters, Ludwig von Elrichshausen, etliche Häuser, Höfe und Güter zu Uebersheim an Landgraf Hessen von Leiningen, welcher mit seiner Gemahlin darüber einen Schuldbrief ausstellte. Nach Ableben des Landgrafen belehnte der Bischof von Worms seinem Versprechen gemäs den Kurf. Friedrich I mit dem Gericht zu Uebersheim und andern dadurch erledigten Bischöflichen Lehen im J. 1468. Nach der Hand machte sowohl der deutsche Orden, als der Graf von Leiningen darauf einen Anspruch. Der Erzbischof Johann von Trier entschied aber die Sache im J. 1481 zu Gunsten des Kurfürsten Philipps, und bei dem im nämlichen Jahre über die andere Hälfte der Grafschaft vorgegangenem Verkaufe ward bedungen, daß der Hof zu Uebersheim der Pfalz allein verbleiben, diese hingegen solchen der deutschen Ordens-Kommende zu Koblenz mit 4600 fl. bezahlen sollte. Gedachter Kurf. Philipps verpfändete hernach in den unglücklichen Baierischen Fehdezeiten den Sandhof und Obersheim an Hanns von Sikingen; Kurf. Ludwig V verglich sich aber im J. 1519 mit desselben Erben, daß der Pfandschilling in bestimmter Zeit wieder abgetragen wurde. Dadurch ist alle Gerechtigkeit zu Ibersheim für allzeit an die Pfalz gekommen, und seither als ein besonderes Domanialgut von der Kammer benuzet worden. Solches bewohnen über 30 Fam. in 32 Hof- und Hirtenhäusern mit Scheuern und Stallungen. Die Gemarkung enthält 1268 Morgen Aecker, 125 M. Wiesen, 10 M. Gärten, 210 M. Weide, und 200 M. Wald.

Dieses ganze Hofgut ist an 24 Mennoniften erb-
beftändlich verliehen, die 325 Malter jeder Gattung
Getraides zum Pfacht entrichten müffen.

Vor der Reformation war hier eine befondere
dem heil. Dionyfius geweihte Kirche, deren Pfarrfaz
zur Probftei des Stiftes St. Paul in Worms gehörte. Probft Gerhard überlies im J. 1270 fein Recht
mit Bewilligung des Bifchofs und Domkapitels,
dem Dechant und übrigen Chorherren zur Verbeffe-
rung ihrer Pfründen l). In folgenden Zeiten blieb
diefe Kirche unbefezt, und gerieth endlich fo in Verfall, daß bei der Kirchentheilung fie gänzlich umgan-
gen wurde.

Sonft aber befindet fich in dem Umfange diefes
Hofes ein altes Gebäu, welches man das Schloß
nennet, und der gemeinen Erzählung nach eine Burg
gewefen feyn foll.

Uebrigens hat diefer Hof in bürgerlichen-Polizei-
und Kirchenfachen mit der Gemeind Hamme einerlei
Befchaffenheit, und gehöret unter dortiges Dorfgericht, die Güter felbft aber und Beftänder ftehen unmittelbar unter der Kurfürftl. Hofkammer.

20) **Heppenheim**, ein mittelmäfiges Dorf von
78 Häufern, eine Stunde weit von der Oberamtsftadt
Alzei oftwärts entfernet, wird zum Unterfchied eines
weiter gegen Süd an der Ifenach oder Eisbach gelegenen Dorfes gleiches Namens bei Alzei, gemeiniglich aber im Loch zugenannt.

Schon im J. 790 verliehe ein Priefter zwei Güter
mit einer Kirche, Gebäude, und drei Weingärten,
fodann ein Graf Witegowo ein Gut, Wingert und
dreifig Jauchert Ackerfeld, in diefem Heppenheim
dem Klofter Lorfch, das viele andere dergleichen Güter mit Häufern und Scheuern dafelbft erhalten hat m).

---

l) *Schannat* hiftor. Epifcopat. Wormat. pag. 32.
m) Cod. Lauresh. Tom. II, num. 858 bis 897 und 1746.

Auch hat eine sichere Billigart im J. 795 Aecker, Wiesen und Wingert der Abtei Fulda hieselbst übergeben *n*).

Der Ort war vermög des Alzeier Saal- und Lagerbuches jederzeit eine Zugehör der Burg Alzei, und zu selbiger dienstbar. Jedoch waren auch verschiedene adeliche Geschlechter in demselben begütert, worunter eines den Namen von Heppenheim mit dem Zusaze vom Sale sich beigelegt hat *o*). Nach einer vorhandenen Urkunde vom J. 1251 übergaben Werner Truchseß von Alzei, Wolfram von Lewinstein, Berlewin genannt Zurno, Philipps sein Sohn, Herbord Sume, Peter Luley, Heinrich von Eppillinsheim, Adelend von Bockenheim ꝛc. im Dorfe Hepphinheim den Pfarrsaz, und die Kirche daselbst mit allen Zugehörungen, wie solche von Alters her auf sie gekommen, dem Cisterzer Nennenkloster Weidas zu Vermehrung der Pfründen, um auf den ersten Erledigungsfall damit nach Wohlgefallen verfahren zu können *p*). Im J. 1296 errichtete Wolfram von Lewenstein, genannt der Kleine, ein Testament, und vermachte von seinen Gütern zu Hepphenheim, den Klöstern Shon, Paradeiß, Weidas, Deinbach, St. Johann, zum heil. Geist, Himmelgarten, Ingelheim und andern viele Korn- Haber- und Oelgülten, zu seinem Seelen-Geraid *q*). Obgenanntes adeliches Geschlecht von Heppenheim besaß in dem Dorfe eine eigene Burg, die mit Erlöschung desselben auf die an Philipp Erwin von der Leyen verehlichte Anna von Heppenheim, hernach aber an ihre mit Georg von Schönborn verehelichte Tochter, Maria Barbara,

---

n) *Schanuat Corp. Tradit. Fuld. num.* CIX.
o) Humbracht höchste Zierde Deutschlandes Tab. 69.
p) Die Urkunde darüber ist in der Alzeier Oberamts-Registratur mit anhangenden 2 unverletzten Siegeln.
q) *Datum & Actum anno Domini* MCCXCVI. VIII Kalend. Aug.

samt zugehörigen Gütern vererbet worden. Erst im J. 1766 ist solche durch einen Donnerschlag gänzlich eingeäschert worden. Indessen besizen die Grafen von Schönborn annoch zwei Hofhäuser in dem Dorfe.

Durch die Gemarkung fliesset die von Kettenheim kommende Mühlbach, und vereiniget sich mit der nordwärts durchlaufenden Selse, welche unfern dem Dorfe die sogenannte Mohrenmühle treibt. Die Gemarkung enthält 1162 Morgen Aecker, 59 M. Wiesen, 3 M. Gärten, und 4 M. Wald.

Die Kirche war dem heil. Urban geweihet, und ist in der Theilung den Katholischen zugefallen. Diese Pfarrkirche gehöret zum Alzeier Landkapitel, und wird nebst dem Dorfe Dautenheim, und dem dabei gelegenen Huckenhof von einem Kapuziner des Klosters zu Alzei versehen. Die Reformirten haben auch eine Kirche gebauet, die ein Filial der Pfarrei zu Blödesheim ist.

Am Zehnten beziehet die Kurfürstl. Hofkammer Namens des Klosters Weidas eine Hälfte, und die Domprobstei zu Mainz die andere. An Freigütern besizet gedachte Hofkammer die grosen und kleinen Weidaser Höfe, welche an 700 Morgen Landes betragen, mithin über die halbe Gemarkung ausmachen; die geistliche Verwaltung das Pfarr-Wittum- r) und das Kloster St. Johann- der Graf von Schönborn aber das obgenannte Hofgut.

21) **Dautenheim.** Ein geringes Dorf von 34

---

r) Dieses rühret von der obangeführten Lewensteinischen Stiftung her. Wolfram der alte von Lewenstein that hernach verzicht „Offe al solich Gut als min Wabir se-
„ lige zu Selgerede gesazhlt hat, unde zu Heppenheim
„ gelegen ist, also daz die Gülde die daroff gesazlt ist,
„ zu eyner ewegen Messen zu Syon denne Paffen der die
„ Messe besinget bei den ersten gewerit werde. ꝛc. Ge-
„ geben do man zahlte nach Godiz Geborthe, druzehin-
„ hunbirt Jar barnach in deme eyne nude trizzigsten Ja-
„ re an deme Fritdage vor halb Wasten.

Häusern, eine halbe Stunde von der Stadt Alzei südostwärts entfernt, heiset in den Lorscher Urkunden *s*) vom Jahr 781 Duranheim, Durenheim. Nächst diesem Orte ward ungefähr im XII Jahrhundert ein Kloster für Nonnen des Cisterzer-Ordens unter dem Namen Marienborn oder Weydas errichtet, das im J. 1293 von Godefried Scholastern des Stiftes zu St. Johann in Mainz *t*), und drei Jahr darnach von Wolfram von Lewenstein mit reichlichen Schankungen begabet *u*) worden. Im J. 1306 befahl Pfalzgraf Rudolph I seinem Faut zu Alzei, daß er die Aebtissin und den Konvent des Klosters Marienborn in Weidas bei ihrem Hofe Wasenbach handhaben solle *x*). Daraus ergiebt sich schon zur Genüge, daß die Pfalzgrafen als Landesherren die Schuz- und Kastenvogtei darüber sich vorbehalten hatten.

Bei der allenthalb ausgebrochenen Religionsänderung erhielt Kurf Friedrich II im J. 1551 vom Pabst Julius III die Erlaubniß, solches mit seinen Gefällen der hohen Schule zu Heidelberg einzuverleiben. Kurf. Friedrich III vertauschte es aber im J. 1563 gegen andere Klöster, und zog die Gefälle zur Hofkammer ein *y*), von welcher sie jezo noch benuzt werden.

Neben dem Dorfe fließt die zu Freimersheim entspringende sogenannte Auffspringerbach vorbei, treibt drei Mahlmühlen, und fällt bei dem Gräflich-Falkensteinischen Dorfe Freimersheim in die Selse.

---

s) Cod. Lauresh. Tom. II, num. 1245 & Tom. III, num. 3660.
t) *Gudenus* Cod. diplom. Tom. III, pag. 842.
u) Die Urkunde befindet sich in dem geistlichen Verwaltungs-Archive.
x) Vermög des Weidaser Zinsbuches 2c. Sanctimonialium Fontis S. Mariae &c.
y) Man vergleiche damit was oben S. 29 angemerket ist.

Gegen Südost liegt der Huckenhof, welcher aus zwei Hofhäusern, Scheuern und Stallungen nebst 296 Morgen Ackerfeld und 4 M. Wiesen alter Masung bestehet. Er gehöret zu den Gütern des Klosters Weidas, und ist jezt von der Kurfürstl. Hofkammer in Erbbestand verliehen.

Die Gemarkung enthält 911 Morgen Aecker, 58 M. Wiesen, und 2 M. Gärten, die fast alle dem eingegangenen Kloster Weidas, oder jezt der Kurfürstl. Hofkammer zuständig sind. Den grosen und kleinen Weidaser Hof hat die Gemeinde in Erbbestand; das Baugut aber und die Brühlwiese sind anderwärts verliehen.

Von oftgedachtem Kloster und dazu gehörigen Kirche sind nur noch eine kleine Strecke vom Dorfe gegen West einige Ueberbleibsel sichtbar. In dem Orte selbst war eine Kapelle zur Ehre der heil. Anna und des heil. Nikolaus. Die derselben anklebige Pfründe hatten die Pfalzgrafen zu verleihen, und damit war das alte Geschlecht von Randeck belehnet. Als dieses nun mit Wilhelm von Randeck im Mannsstamme erloschen, maßte sich desselben Tochtermann, Friedrich Frei von Dern, gleiches Rechtes an, und auf Ableben des lezten Pfründners, Jakob von Sauwelnheim, wollte er einen andern dazu vorstellen. Allein Kurf. Philipps verliehe solche im J. 1494 an Nikolaus Rockenhausen, und bemerkte in seiner darüber an den Dompropst zu Mainz ausgestellten Urkunde, daß, weil das Lehen nach des von Randeck Tod heimgefallen, und der von Dern niemal damit belehnet gewesen, jene Vorstellung zur Ungebühre unternommen worden sey. In dem geistlichen Lehenbuche des gedachten Kurf. stehet folgendes bemerket: „Dudenheym ist eyn Capell: hat myn gnä„digster Her Pfalzgrave zu verlyhen, und jezt daruff „presentirt Herrn Petern des Hofmeisters Caplon, „hat wuchentlich dry Messen on an gebannten Tägen „zu lesen, und jerlichs zu Nuzung davon eyn Huf-

„ fen Zehendens durch die Mark, der ertregt ime
„ zu gemeyn Jaren nit über XXXVI Malder Früch-
„ ten, und vom Obszehnten, dan man suß kein
„ cleyn Zehenden meh da gibt ꝛc.

Diese Kapelle ist bei der Kirchentheilung in das Loos der Reformirten gefallen, und seitdem ein Filial der Pfarrei Alzei. Die Katholischen gehören nach Heppenheim, und die Lutherischen ebenfalls nach Alzei.

Den Hauptzehnten beziehet die Kurfürstl. Hofkammer; von einigen Bezirken aber genieset solchen der Reformirte Pfarrer zu Alzei mit dem Freiherrn von Dalberg, und zwar ein jeder zur Hälfte z). Das Dorfgericht führet im Siegel eine stehende Aebtissin den Krumstab in der rechten Hand haltend.

22) **Blödesheim.** Ein mittelmäsiges Dorf von 45 Häusern, jenseit des vorigen ostsüdwärts gelegen, von dessen ältern Zustand und Geschichte sehr wenig bekannt ist *a*). Die Gemarkung enthält 838 Morgen Aeder, 18 M. Wiesen ꝛc.

Den Kloster Weidaser oder nunmehrigen Kameralhof besizet die Gemeinde erbbeständlich; die geistliche Verwaltung aber einige zum Kloster Gommersheim gehörige Güter. Im J. 1362 verkaufte Friedrich Greiffenklau seinem Schwager Dieter Kemmerer mit Bewilligung seines mit Ysengart von Montfort erzielten Sohns Friedrich seinen Huphove, Zins, und was er hatte, zu **Bledesheim** gelegen ꝛc. um 460 Pfund Häller *b*).

---

z) Die Herrn von Dalberg tragen diesen halben Frucht und kleinen Zehnten nebst der Giftung des dasigen Altars von der Grafschaft Veldenz zu Lehen. Siehe Bachmanns Pfalzzweibrückisches Staatsrecht S. 337, §. 250.
a) In den Act. Academiae Palat. Tom. I, pag. 261 wird zwar das in den Lorscher Urkunden vorkommende Blatmarsheim hieher gezogen. Es kann aber solches von Flamersheim bei Frankenthal verstanden werden.
b) Gudenus Cod. diplom. Tom. V, pag. 652 & 53.

Von dortiger alten Kirche wissen wir, daß im Jahr 1304 Eberhard von Ingelheim, genannt von Geyspodesheim, samt seinen Söhnen Peter und Rudolph den Kirchensaz zu Blidensheim, welchen sie von dem St. Albansstifte zu Lehen getragen, dem Kloster Eberbach verkauft haben c). Diese Kirche soll anfänglich ein Filial von Eppelsheim, und das Patronatrecht dem Domkapitel zu Worms zuständig gewesen seyn d). Sie war dem heil. Laurentius geweihet, und fiel bei der Kirchentheilung in das Loos der Reformirten, die einen eigenen Prediger darauf bestellet, und ihm das Filial zu Heppenheim im Loch mit übertragen haben. Er stehet unter der Inspektion Osthofen. Die Katholischen haben sich eine Kapelle in dem Rathhause zugerichtet, die als ein Filial von dem Pfarrer zu Westhofen versehen wird, wohin auch die Lutherischen eingepfarret sind. Den grosen und kleinen Zehnten beziehet das Domkapitel zu Worms, und die hohe Schule zu Heidelberg.

23) **Monzernheim** ist ein mittelmäßiges Dorf, von 69 Häusern zwo Stunden von Alzei südostwärts entlegen. Schon unter König Pipin, und Karl dem grosen erhielt das Kloster Lorsch mehrere Schankungen zu Munzenheim e), und das Kloster Münsterdreisen besas eben daselbst ein Gut von seinem Stifter Nantharius f). In der von Bischof Burkard I zu Worms wegen künftiger Unterhaltung der daselbst vollendeten Stadtmauern erlassenen Verordnung werden die von Munzenheim bis Dienheim gelegene Dörfer gedachte Stadt mit Bollwerken und andern Nothwendigkeiten zu versehen schuldig erkläret. Graf

---

c) *Würdtwein* Dioecef. Mog. Comment. III, pag. 407.
d) *Sebannat* Historia Episcopat. Wormat. p. 12 & 18.
e) Cod. Lauresh. Tom. II, num. 1078 bis 87 & Tom. III, num. 3660.
f) Act. Acad. Palat. Tom. I, pag. 298.

Alzei.

Eberhard von Eberstein, und Adelheid, seine Gemahlin, schenkten dem Nonnenkloster Kirschgarten bei Worms 20 Malter Korns zu Munzenheim im Jahre 1236 g).

Die Gemarkung enthält 782 Morgen Aecker, 11 M. Wingert, 43 M. Wiesen, und 6 M. Gärten.

Hierunter sind verschiedene freie Güter, als der Otterberger Hof, das Boosische Lehen, das Hospital- das Wachenheimische und das Pfarrgut. Es sind zwei Kirchen in dem Dorfe, die alte, welche dem heil. Joh. dem Täufer geweihet, in der Kirchentheilung den Katholischen zugefallen, und der Pfarrei Westhofen als ein Filial untergeben ist; sodann die neue der Reformirten, ebenfalls ein Filial von Westhofen, wohin auch die Lutherischen eingepfarret sind.

Den grosen Zehnten beziehet die geistliche Verwaltung, von Neubrüchen die Kurfürstl. Hofkammer, den kleinen der Katholische Pfarrer und die Gemeinde, jedes zur Hälfte.

24) **Dintesheim**, ein geringes Dorf von 19 Häusern, eine Stunde von Alzei südwärts entfernet, wird in den Lorscher Urkunden **Tidinesheim** genannt h). Im J. 1214 vertauschte der Abt Arnold von Murbach die Kirche zu Leustatt und Herxheim mit dem Pfarrsaze und einem dazu gehörigen Gut an das Kloster Hegene oder Häningen, gegen ein Hofgut zu **Tbitensheim**, und ein anderes eigen Gut zu **Alesheim**, wofür K. Friedrich II, von dem diese Güter zu Lehen giengen, sowohl dem Pfalzgrafen, als dem Grafen Friedrich von Leiningen andere Güter gab i).

---

g) *Schannet* histor. Episcopat. Wormat. Tom. I, pag. 212 & in Cod. Probat. num. CXXIX.
h) Cod. Laureth. Tom. II, num. 1242 sq.
i) *Schöpflini* Alsat. diplom. Tom. I, p. 327, num. CCCXCVI.

Die Gemarkung enthält 393 Morgen Ackerfeld, 20 M. Wiesen ꝛc.

Unter diesen Feldgütern befindet sich der vorhin zum Kloster Weydas gehörig gewesene Hof, welcher allein 209 M. Aecker und 8 M. Wiesen alter Masung enthält. Die übrigen besizet die geistliche Verwaltung Namens des ehemaligen Klosters Sommersheim, welche die Unterthanen theils in Erb- theils in Zeitbestand bauen.

Die Kirche war vormals dem heil. Petrus geweihet, und stand unter dem Dalsheimer Landkapitel, der Pfarrsaz aber gehörte dem Domkapitel zu Worms k). In der Kirchentheilung fiel solche in das Loos der Reformirten, und wurde von selbigen der Pfarrei Flonborn als ein Filial untergeben. Die Katholischen sind nach Oberflörsheim, und die Lutherischen nach Alzei eingepfarret.

Am Zehnten beziehet die geistliche Verwaltung ein Drittel, und das Domstift Worms das übrige.

25) **Eppelsheim**, anderthalb Stunden von Alzei südostwärts, in den alten Urkunden **Ebbelesheim**, **Ebbelisheim** und **Ebblisheim** genannt l), gehöret unter diejenigen Orte, welche von Alters her zur Burg Alzei dienstbar gewesen. Die Vogtei hatten vermuthlich die darin angesessene adeliche Geschlechter. Im J. 1378 brachte Pfalzgr. Ruprecht I solche von Konrad von Hoheim an sich m). Indessen war der Adel stark daselbst begütert. Im XII Jahrhundert besas Werner von Bolanden ein praedium oder allodium in **Ebilinsheim** n). Rücker von Eppelsheim hat im J. 1378 von Pfalzgrafen Ruprecht dem

---

k) *Schannat* histor. Episcopat. Wormat. pag. 15.
l) Cod. Lauresh. Tom. II, num. 904 sq. Tom. III, num. 3660.
m) Acta Comprom. in Causa Praetens. Aurel. apud *Chlingensperg* pag. 92.
n) Beurkundeter Inhalt der Fürstl. Salm. Revis. Tabellen adj. num. 18.

ältern zwanzig Malter Holzkorn, theils zu Dalsheim, theils zu Flonborn, zu Mannlehen empfangen. Nach dem Alzeier Zinsbuche hatten sich unter den Burgmannen im J. 1429 die Holderbry, Roß, Winter und andere mehr den Namen von Eppelsheim beigelegt o). Nebst dem waren auch einige Wormsische und Fuldaische Lehen daselbst. Von leztern findet sich, daß Balthasar von Lutinbach, genannt Buchen, zu Eppelsheim bei Alzei solche im J. 1497 empfangen habe p). Die Wormsischen Lehen hatten anfänglich die Krazen von Scharfenstein, und nach ihnen die Bock von Erpfenstein. q).

Aus den in der Eppelsheimer Gemarkung entspringenden Brunnquellen sammlet sich eine Bach, die mit einem andern von Flonborn herabfliesenden Bächlein vermehret, ausserhalb des Dorfes die alte Kirchen- die Schleif- und die Kern- oder Hiobsmühlen betreibet, von da nach Gundersheim, wo sie den Namen Alebach annimmt, fortlaufet.

Die Inwohnerschaft belauft sich auf 104 Familien, 496 Seelen. An Gebäuden zählet man 1 Kirche, 2 Schulen, 72 andere Häuser. In der Gemarkung 1433 Morgen Ackerfeld, 4 M. Wingert, 53 M. Wiesen ꝛc.

Dahin gehören die Kurfürstl. Kameral-Gotthandische u. Buchroederische Höfe, das Pfalzgrafen Gütlein, der Domstift-Wormsische, der Deutschordens- der Kloster Otterberger r), der Dalbergische, Hacki-

---

o) Sieh oben S. 24 sq.
p) *Schannat* Clientela Fuldens. p. 316, num. 381.
q) Id. hist. Wormat. pag. 252.
r) Dieser Hof war anfänglich ein Bolandisches Lehen. Junker Otto von Bruchsal Herr zu Bolanden gestattet seinem Lehenmanne Herbord von Dalsheim die Güter an das Kloster Otterburg zu verkaufen, und dafür seinen Hof zu Dalsheim einzusezen. Die darüber vorhandene Urkunde ist geben: Nach Gobis Geburt dusent Jar Drühundert Jar, und fonf Jar. An unser Drowenbac, als si geboren wart.

sche- und Jettische, nunmehro Buchroederische Freihöfe, nebst andern geringern dergleichen Güter. In
ältern Zeiten hat das Kollegiatstift St. Salvator in
Mez viele Güter zu Eppelsheim und in umliegender
Gegend besessen; wozu der Bischof Lupold von
Worms selbigem auch im J. 1203 den Pfarrsaz, und
der Dompropst, in dessen Erzdiakonat die Kirche gehörig war, im folgenden Jahre die Erlaubniß verliehen, einen Priester nach Wohlgefallen darauf zu bestellen. Weil aber der Ort allzuweit von Mez entlegen gewesen, hat Dechant und Kapitel von St. Salvator alle diese Besitzungen im J. 1230 an das Domkapitel zu Worms verkauft s). Im J. 1310 trug
Volkmar genannt Schotto von Alzei seinen Hof zu
Epilinsheim, welcher ehemals der Herborden gewesen, Grafen Gerhard VIII zu Gülich zu Lehen
auf, welches Eberhard ein Ritter von Randeck für
leztern auch in Besiz nahm t).

Die Kirche war dem heil. Martin geweihet, und
hatte die umliegende Dörfer Hangenweisheim, Blödesheim und Flonborn zu Filialen. In der Kirchentheilung fiel solche in das Loos der Reformirten, die
solche ihrer Pfarrei zu Flonborn als ein Filial untergeben haben. Die Katholischen sind nach Oberflörsheim, die Lutherischen aber nach Dalsheim eingepfarret.

Am grosen Zehnten in der Hauptgemarkung beziehet das Domkapitel zu Worms zwei, und der Reformirte Schulmeister ein Drittel; von einer Gewande, so 80 Morgen enthält, die geistliche Verwaltung, der Reformirte Pfarrer aber den kleinen
Zehnten.

26) Han-

---

s) *Schannat* l. c. pag. 18.
s) **Kremers** diplomatische Beiträge zur Gülch- und
Bergischen Geschichte III Band, S. 135.

26) **Hangenweisheim**, ein mittelmäßiges Dorf, eine halbe Stunde von dem vorhergehenden ostwärts entfernet, wird in dem Karolingischen Zeitalter von den zwei andern im Wormsgaue gelegenen Weisenheim, nämlich am Sand und am Berge, nicht unterschieden, scheinet jedoch dasjenige Witzun zu seyn, welches in den Lorscher Urkunden mit Frettenheim vorkommt *). Kurf. Ludw. V hat im J. 1538 die zwischen Dechant und Kapitel des Domstifts Worms an einem, dann Schultheis, Gemeinde zu Hangendweißheim am andern Theile, des Zehnten und des Kirchenbaues halber entstandene Strittigkeiten entschieden und vertragen. Jedoch wurde der Ort im J. 1577 noch unter die sogenannten Ausdörfer gezählet *x*).

Der Malthefer-Orden besizet hier einen beträchtlichen Meierhof, der vermuthlich von dem Bolandischen Geschlechte mit andern Gütern zu Oberflörsheim und Osthofen an denselben gekommen ist.

Man zählet hier 58 Familien, 311 Seelen, 1 Kirche und Schule, und 54 Häuser, 1058 Morgen Aecker, 16 M. Wingert, 12 M. Wiesen ꝛc. Nebst obgedachtem Malthefer Hofgut von 390 M. ist auch das Reformirte Pfarrgut von 40 M., der beiden Stifter zu St. Andreas und St. Martin in Worms, jedes von 38 M., dann das Dalbergische von etwa 4 M. Landes.

Die alte Kirche war vormals der heil. Walburg geweihet, und das Patronatrecht dem Domkapitel Worms zuständig, hieng aber als ein Filial von der Pfarrei Eppelsheim ab. Es soll sich auch eine Kapelle daselbst befunden, und die Verleihung derselben dem Malthefer- oder Johanniter-Orden zugestanden ha-

---

*) Cod. dipl. Lauresh. Tom. II, num. 1186 & Act. Acad. Tom. 1, pag. 285.
x) Justitia Causae Palat. Libr. I, Cap. V, pag. 92.

ben y). Von dieser leztern ist nichts mehr übrig. Die Kirche aber ward den Reformirten zu Theil, und ist dermal mit einem eigenen Prediger bestellet, der das Filial Gundersheim mit zu versehen hat.

Den grosen Zehnten beziehet das Domkapitel zu Worms; von der sogenannten Lobensteinischen Gewanne aber, der Malthefer-Orden, und den Glockenzehnten die geistliche Verwaltung.

27) **Gundersheim**, zwo Stunden von der Stadt Alzei gegen Worms entlegen, ist eigentlich ein doppeltes Dorf, wovon ein Theil rechter Seite der durchfliesenden Bach Gundersheim, der andere aber linker Seite Gensheim genannt wird. In den Lorscher Urkunden heiset das leztere im J. 771 Omnisheim, und das erstere Guntramsheim; jenes auch Ominsheim, und dieses Gundmarsheim z).

K. Ludwig der Deutsche verordnete im J. 849, daß seine eigenen Leute zu Gunderamesheim, Onesheim, Bischovesheim und Gundenheim von aller Gewalt der Vögte und Grafen befreiet, und lediglich dem Pfalzgrafen Dienste zu leisten schuldig seyn sollen a). Diese Gerechtsame kamen hernach mit vielen eigenen Gütern theils an die alten Wild-Rhein- und Raugrafen (wie denn Rheingraf Embicho schon im 12ten Jahrhundert eine beträchtliche Korngülte daselbst gehabt haben solle b), theils aber auch an andere. Unter solchen hat Bischof Johannes von Speier im J. 1100 seine Besitzungen zu Gunderamesheim dem von ihm gestiftetem Kloster zu Sins-

---

y) *Schannat* histor. Episcop. Wormat. pag. 18 & 26.
z) Cod. Lauresh. Tom. II, num. 920, 1236, 1282, 1902 &c.
a) Die Urkunde stehet in *Casp. Lerch* Ord. Equ. German. pag. 25. Woraus sie auch *Burgerm.* in Biblioth. Equ. Tom. I, pag. 54 angeführet hat.
b) Beurkundeter Inhalt der Fürstl. Salmischen Revis. Libellen Beilage num. 18.

beim zugeeignet c). Im J. 1251 übergaben der Raugraf Konrad, Graf Friedrich von Hohenberg, und Florenz von Rosowen, mit Bewilligung ihrer Weiber das Patronatrecht zu Gundersheim den Nonnen des Klosters Sion d). In dem J. 1274 verkaufte die verwittibte Raugräfin Hedwig mit Bewilligung ihrer Söhne einen Theil des Zehntens zu Gundmaresheim, an das eben gedachte St. Paulstift e), und Raugraf Heinrich, mit seinem Bruder Emich, Domherrn zu Worms, im J. 1282 einen andern Theil desselben dem St. Andreasstift daselbst f). Endlich verkauften auch gedachter Raugraf Heinrich, seine Gemahlin Adelheid, und sein Bruder Emich ihre eigene Güter zu Gundramsheim, nämlich 150 Jauchert Aecker, welche sie von der Frau von Eberstein erhalten, ferner zween Höfe, einen zu Gundramsheim, und den andern zu Onisheim, dem Cisterzerkloster Otterburg g). Im J. 1362 verpfändete Raugrav Heinrich, Ruprechts Sohn, Herzogen Ruprecht dem jüngern 132 Pfund Oels zu Gundramsheim um 100 fl. auf Wiederlöse, die Raugraf Ruprecht ihm 5 Jahre darnach gegen weitere 60 Pfund Häller ebenfalls versezte. Die erste Pfandschaft ward im J. 1372 erneuert, und endlich verkaufte Raugraf Heinrich im J. 1374 diese 132 Pfund Oly, die auf Sonntag Invocavit zu Gundramsheim und Onsheim jährlich fallen, um 130 fl. gedachtem Herzog Ruprecht zum Eigenthum. Im J. 1375 verpfändete Raugraf Heinrich seinen Theil an Gundramsheim und Onsheim dem Grafen Heinrich von Spanheim

---

c) Act. Acad. Palat. Tom. III, p. 277.
d) *Senkenberg* meditat. in jus. publ. & histor. Fasc. I, p. 64, Prob. III.
e) L. c. Prob. VIII.
f) *Schannat* l. c. in praefatione circa finem.
g) Datum anno Domini MCCLXXX. tertio die beatae Margaretae Virginis. Darnach kann die Urkunde in *Senkenb.* Medit. num. IX ergänzet werden.

um 600 Pfund Häller, und verschrieb sich berührte Dörfer anders nicht zu lösen, als mit seinem eigenen Gelde, und Raugraf Philipps versezte seinen Theil an beiden Orten an Johann von der Hauben um 633 fl. Im J. 1395 übertrug Graf Philipps von Nassau all sein Recht und Forderung, die er wegen seines Schwagers Raugraf Heinrichs zu der Pfand- und Lehenschaft zu Gundramsheim und Onsheim gehabt, an Pfalzgrafen Ruprecht den ältern, und stellte darüber nicht nur förmlichen Verzichtbrief aus, sondern errichtete mit selbigem auch einen Vertrag oder Burgfrieden, wornach er der Pfalz Mann und Diener worden, dagegen aber einen Theil zu alten Beinburg, mit Namen ein Theil des Hauses, genannt die Mittelburg, gegen Treuenfels zu, und ein Viertel an Pfalz Theil des Thals darunter gelegen für 1500 fl. zur wiederlößlichen Pfandschaft dergestalt erhalten, daß er und seine Erben dieses Geld von Pfalz zu rechtem Lehen haben und tragen sollen h). Noch im J. 1437 empfieng Raugraf Otto unter mehrern andern Orten, auch Gundramsheim und Onensheim von Pfalzgraf Otten, als Vormundern Herzogs Ludwigen, zu Mannlehen, vergünstigte sodann 2 Jahre darnach ebengedachtem Pfalzgr. Ludwig den halben Theil an beiden Dörfern für 1316 fl. Rheinisch an sich zu lösen. Dem ungeachtet gab es im nämlichen J. 1439 zwischen beiden Theilen darüber Anstände, welche jedoch Weiprecht von Helmstatt der junge mit der Pfalz zugesezten Räthen dahin rechtlich entschieden, daß Raugraf Otto solcher Dörfer Losung allerdings thun, und selbige nebst dem Zehnten, der ihm von Philipps Gauers Sohn verfallen, sein Lebtage inhaben, und behalten möge, ohne sie zu veräusern. Da endlich Pfalzgraf Friedrich I, im J. 1457 die gesamte Raugrafschaft mit allen dazu gehörigen Rechten, Mannschaften und Be-

---

h) Datum Oppenheim Freitags vor Antoni 1395.

ſzungen um 4000 Rh. Gulden von Raugraf Otten erblich erkauft, dieſer auch für ſich, ſeine Erben und Nachkommen auf die Wiederloſung aller und jeder Schlöſſer, Städte, Dörfer, Höfe, Leuten, Aecker, Wieſen, Zinſen, Gülten, Herrlich- und Gerechtigkeiten, welche die Raugrafen ſich vorbehalten gehabt, gänzlich verziehen hat, kam alles ſolches an die Pfalz, und iſt dabei unverändert geblieben.

Die von Hangenweisheim und Eppelsheim kommende Bächlein laufen oberhalb Densheim zuſammen, und treiben die Poſt- die Kempers- und Wedenmühlen. Nächſt Gundersheim ziehet die von Alzei nach Worms führende alte Poſtſtraſe vorbei.

Voriges Jahr wurden in beiden Orten 146 Familien, 701 Seelen, 3 Kirchen, 2 Schulen, 121 Häuſer, und in der Gemarkung 1892 Morgen Aecker, 129 M. Wingert, 60 M. Wieſen, 8 M. Gärten, und eben ſoviel an Waldung gezählet.

Zu dieſer beträchtlichen Gemarkung gehöret dermalen auch Münchbiſchheim oder Biſchofsheim, ein groſes Hofgut, eine viertel Stunde von Gundersheim weſtwärts oder gegen den Flecken Oberflörsheim gelegen. In den Lorſcher Urkunden findet ſich ein Biſcofesheim i), welches K. Ludwig mit Gundersheim, Densheim und Gundheim befreiet hat. Es kam wahrſcheinlich mit eben dieſen Orten an die Raugrafen, die es hernach dem Ciſterzerkloſter Otterburg entweder geſchenket oder verkaufet haben. Im J. 1300 übergaben die Aebtiſſin Adelheid, und der ganze Konvent der Nonnen zum heil. Geiſt bei Alzei mit Bewilligung des edlen Ritters, genannt Vadir von Kirchheim, all ihr Recht, welches ſie zu Biſchovisheim, auf der Mühle und dabei gelegenem Garten, wie auch der Waſſerleitung, der Deich genannt, hatten, eben gedachtem Kloſter Otterburg.

---

i) Cod. diplom. Lauresh. Tom. III, num. 1167 ſqq.

Eine zeitlang hernach maßte sich Hermann von Hohenfels, vermuthlich als ein Raugräflicher Abkömmling an, auf den Abtshof zu Byschovesheim verschiedene Gerechtsamen auszuüben. Der Abt des Klosters aber brachte dawider seine Klage vor die Sieben, die über den Landfrieden von Kaiser Ludwig IV, dem Erzbischof Baldewin von Trier, als Pfleger des Stiftes zu Mainz und Speier, den beiden Pfalzgrafen Rudolph und Ruprecht, dann den Städten Mainz, Strasburg, Worms, Speier und Oppenheim bestellt gewesen, und diese fällten im J. 1334 das Urthel dahin, daß Junkern Hermann von Hohenfels nach Ausweis seiner Briefe weder zu dem Hofe zu Byschovesheim, noch zu anderm Gut, einiges Recht zukomme k). Das Kloster Otterburg hatte übrigens auf diesem Hofe eine besondere Probstei, wovon noch einiges Mauerwerk sichtbar ist. Nach erfolgter Reformation ward auch dieses Münchbischheim eingezogen, und darauf ein eigener Schaffner bestellet, der jezo zu Alsheim am Altrhein wohnet. Die dazu gehörigen Güter sollen über 500 M. Landes ausmachen.

Nächst diesem Hofe befindet sich auch eine verfallene Kapelle mit zween Altären, wovon die eine der heil. Margareth, der andere dem heil. Cyriak geweihet gewesen.

In der eigentlichen Sunders- und Densheimer Gemarkung besizet die Kurfürstl. Hofkammer den sogenannten Stromberger Hof, und das Alzeier Antoniter Gütlein; die geistliche Verwaltung aber die beträchtlichen Höfe der Klöster Otterberg und Syon. Sodann sind auch der deutsche Ritterorden, und das Richardenkloster zu Worms daselbst begütert.

---

k) „Geben do man zalte von Godes Geburde druzehn hun-
„ dirt Jare, und darnach in dem vier und drißsten
„ Jare an der nehesten Mittwochen vor Sante Ur-
„ bansdage.

Die Kirche zu Gundersheim ist dem heil. Remigius geweihet *l*). In der Kirchentheilung fiel solche in das Loos der Katholischen, die darauf einen eigenen Pfarrer angestellet, und ihm nebst Densheim und Mönchbischheim das Dorf Hangenweisheim eingepfarret haben. Er gehöret übrigens zum Dalsheimer Landkapitel. Die Reformirten haben auch eine Kirche erbauet, die als ein Filial von der Pfarrei Hangenweisheim versehen wird. Den Lutherischen ist erlaubt, sich dieser Kirche mit zu bedienen, wiewohl sie eigentlich nach Westhofen gehören. Am grosen Frucht- und Weinzehnten beziehet die Kurfürstl. Hofkammer 7/18 *m*), das Kloster Syon 6, das Paulusstift zu Worms 2, das Martinsstift alda 1, das Andreasstift 1, und der Lutherische Pfarrer zu Wachenheim an der Primm das übrige 1/18tel. Hingegen hat die Kurfürstl. Hofkammer am kleinen Zehnten 2 Drittel; das Kloster Syon und der Katholische Pfarrer zu gleichen Theilen das übrige.

29) **Westhofen.** Ein schöner Marktflecken, drei Stunden von der Oberamtsstadt südostwärts entlegen, scheinet ursprünglich zu den Stiftungsgütern des Klosters Weisenburg im Untern-Elsaß gehörig gewesen, und von diesem dem Raugräflichen Geschlechte zu Lehen ertheilet worden zu seyn. Denn es ist gewiß, daß nicht nur gedachte Raugrafen, sondern auch die Herren von Bolanden, und von Hohenfels, dann die Truchsessen und Winter von Alzei daran Theil gehabt. Hingegen gehörte die Vogtei daselbst zur Grafschaft Leiningen *n*), von der solche wieder an andere verliehen worden. Im J. 1285 verkauf-

---

l) *Schannat* histor. Episcopat. Wormat. pag. 24.
m) Conf. Comprom. in Causa Aurel. apud *Chlingensperg* pag. 106.
n) In der Theilungsurkunde zwischen den Grafen Friedrich und Emich von Leiningen vom J. 1237 heißet es aus-

te Johann, ein Sohn Herbords, Vogten zu **Westo-**
ven, seine Güter daselbst mit Erlaubniß der Truchsessen und der Winter von Alzei. Diese gestatteten
dem Käufer Wignand von Worms, solche erblich zu
besizen gegen eine jährliche Abgabe von 11 Malter
Korn an ihren Burgmann, Jakob genannt von Bün-
nenheim o). Das Dorf selbst war also unter den
Raugräflichen Geschlechtern vertheilt. Was den von
Bolanden daran gehörte, kam durch Heyrath anfänglich an die Grafen von Spanheim, hernach an den Graf
von Hohenlohe, und durch dessen einzige Tochter an
die Grafen von Nassau, und von diesen erst im J.
1579 an Kurpfalz p).

Die Herren von Hohenfels und Reipoltskirchen
behielten ihren Theil am längsten, und theilten wiederum die Nuzbarkeiten unter ihren Erben. Agatha
von Hohenfels hatte aus diesem Grunde 200 Mark
Silbers zu fordern, welche ihr strittig gemacht werden wollten. K. Ruprecht aber ließ die Sache von
seinem Hofgerichte zu Heidelberg rechtlich behandeln,
und dieses erkannte im J. 1409, daß gedachte Agatha
solang in dem Besize dieses Dorfes bleiben solle, bis
sie jener 200 Mark Silbers wegen befriediget seyn
würde q). Der Raugräfliche Antheil war jedoch der
beträchtlichste, und scheinet mit demjenigen, so die
Truchsessen von Alzei daran gehabt, vermehret worden zu seyn. K. Ludwig IV bewilligte im J. 1324

---

drücklich: Emichoni vero aſſignatum eſt Caſtrum Fran-
kenſtein &c. & Advocatia *Weſtobin* &c. in den Leiningen
Weſterburgiſchen rechtlichen Auszügen, Beilage num. 1.

o) Datum & Actum an. Domini MCCLXXXV dominica Pal-
marum. Dieſe Urkunde beweiſet dasjenige, was in der
Einleitung zum Oberamt Alzei von Abſtammung der
Truchſeſſen von Alzei aus dem Raugräfliſchen und Bolan-
diſchen Geſchlechte angeführet worden.

p) Man vergleiche damit, was oben S. 48 angeführet
werden.

q) Schneiders Erbachiſche Hiſtorie, in den Urkunden zum
2ten Satz num. 82.

dem Raugrafen Georg, daß er jeden Dingstag einen Wochenmarkt in seinem Dorfe Westhoven halten dürfe *r*). Nach der Hand ward dieser Antheil anders wohin verpfändet. Denn als Raugraf Otto solchen von Johann Kämmerer, genannt von Dalberg wieder an sich gelöset hatte, verkaufte er ihn nebst allen Zugehörungen, mit Bewilligung eines Abtes zu Weisenburg, als Lehenherrn, wie auch Eberhards von Hohenfels, als Gemeiners allda, im J. 1400 an Pfalzgrafen Ruprecht III um 1150 fl. Mainzer Währung auf einen Wiederkauf, mit dem Bedinge, davon Hennen von Schluchtern jährlich 10 Malter Korn auszurichten *s*). Im J. 1409 nahm der Raugraf weitere 310 fl., und im folgenden Jahre für die Pfandschaft von Rockenhausen, Alten-Beimburg und Westhoven annoch 100 Malter Korn, 12 Fuder Wein, 300 Malter Haber und 400 fl. Geldes auf, verschrieb sich auch nebst Margaretha von Salm, seiner ehelichen Hausfrau, solche mit Ablösung des Hauptguts ruckerstatten zu wollen. Endlich verkaufte gedachter Raugraf seinen Theil am Dorf und Gericht zu Westhoven im J. 1412 gegen eine Nachgabe von 1000 fl. baaren Geldes, an Pfalzgrafen Ludwig III, wobei festgesezt wurde, daß, wenn Eberhards von Hohenfels Antheil Kraft der Gemeinschaft an ihn Todeswegen fallen würde, solcher der Pfalz ebenfalls verfallen und eigen seyn solle, wozu auch der Abt und der Konvent des Klosters Weisenburg im J. 1413 die lehenherrliche Einwilligung gaben. Im J. 1544 übertrug die älteste Tochter Johannsen von Hohenfels, welche an Loth. Grafen von Oettingen vermählet war, gleichfalls ihr Recht an Kurf. Ludwig V *t*), und da endlich der Bischof zu Speier, Philipp Chri-

---

r) Regestum vetus diplom. in *Oeffelii* Script. rer. Boic. Tom. I, pag. 748.
s) Datum auf Monntag nach Reminiscere 1400.
t) Acta Comprom. pag. 93 & 124.

stoph von Sötern, als damaliger Probst zu Weisenburg, diesen Hohenfelsischen Theil des Lehens im J. 1615 durch einen Vertrag an das Kurhaus Pfalz abgetretten hatte, so kam dieses endlich zum vollen Besitze von Westhoven.

Durch den Flecken fliesset die von Flonborn und Oberflörsheim kommende Altbach, die ausserhalb die Kaisers-Baadmühle u), in dem Orte aber die Bauerische und die Saalmühlen treibet. In dem Flecken entspringt die Seebach, treibt eine Sägmühle, und vereiniget sich sodann mit jener, mit welcher sie noch fünf andere Mühlen treibet.

Das alte Hohenfelsische Schlößlein ist nun ganz verfallen. Zur Gemarkung gehöret auch der sogenannte Kameral Seehof, bestehend in Haus, Scheuer und Stallungen, sodann 191 Morgen Aeckern, 7 M. Wingert, und 15 M. Wiesen. Diesen Hof hatte Pfalzgr. Ruprecht im J. 1400 an Cunz zum Sewe um jährlich 58 Malter Korns verliehen.

Die Bevölkerung des Ortes bestehet in 298 Familien, 1395 Seelen. Die Gebäude in 3 Kirchen, 3 Schulen, 201 Häusern nebst 9 Mühlen. Die Gemarkung in 3300 Morgen Aecker, 296 M. Wingert, 139 M. Wiesen, 10 M. Gärten ꝛc.

Die alte Pfarr- und Mutterkirche war den heil. Peter und Paul geweihet. Das Patronatrecht trugen die Raugrafen ebenfalls von dem Kloster Weisenburg zu Lehen. Die Raugräflichen Gebrüder Ruprecht und Heinrich, tratten solches mit Bewilligung des Abtes und ihrer übrigen Miterben im J. 1350 an das Wormser Domkapitel ab x). Diese Kirche gehöret den Reformirten, die einen eigenen Predi-

---

u) Dieses scheinet die Mühle zu seyn, welche Pfalzgr. Rudolph I bereits im J. 1298 von dem Kollegiatstift zu St. German in Speier um 140 Pfund Häller erkaufet hat. Vid. dicta Act. Comprom. pag. 119.

x) Schannat histor. Episcopat. Wormat. pag. 85 & *Senkenberg* Medit. fasc. I, p. 65.

ger daran bestellet, und ihm das Filial Monzernheim eingepfarret haben. Oben am Flecken stand vormals noch eine andere Kirche zu U. L. F. deren Verleihung schon im J. 1496 Kurpfalz zukam. Sie ist jezt zerfallen und der Plaz zum Begräbniß angewiesen. Die Katholischen haben zu Anfang des gegenwärtigen Jahrhunderts eine neue Kirche zur Ehre des heil. Laurentius erbauet, und selbiger ebenfalls die Pfarrei Monzernheim mit den Dörfern Blödesheim und Dietelsheim einverleibet. Sie gehöret zum Landkapitel Dalsheim. Ferner haben die Lutherischen eine eigene Kirche, wozu Gundersheim, Monzernheim, Blödesheim, Hangenweisheim und Münchbischofsheim gehörig sind.

Der grose Fruchtzehnten wird in 20 Loose vertheilt; davon ziehet die Kurfürstl. Hofkammer 5, die Kollektur Pfedersheim 4, die von Steinkallenfels 4, die Gemeinde 4, das Domkapitel zu Worms 1, die Beständer des Seehofes anderthalb, und der Oberfauth einen halben Theil. Der Weinzehnten aber gehet in 25 Theile, davon die Kurfürstl. Hofkammer 9, die Kollektur 5, die von Steinkallenfels 5, die Gemeinde 4, das Domkapitel zu Worms anderthalb, und das Kloster Liebenau einen halben Theil zu geniesen haben. Am kleinen Zehnten ziehet der zeitliche Oberfaut zwei, und der Reformirte Pfarrer ein Drittel.

Das Gericht ist mit einem Oberfauth, einem Anwalt-Schultheisen, vier Schöffen, und einem Gerichtschreiber bestellet.

30) **Osthofen.** Ein schöner und groser Marktflecken eine Stunde von Westhofen ostwärts entlegen. In einer Urkunde, welche der Bischof Grodegang von Mez im J. 765 für die Abtei Gorz ausgefertiget hat, wird selbiger Hostoven im Wormsgaue y),

---

y) *Calmet* Histoire de Lorraine Tom. II, Prob. col. 106.

und in einem Schankungsbriefe für das Kloster Lorsch vom J. 784 Ostova genannt z). Das Benediktiner-Kloster Hornbach im Westrich, und das Kollegiatstift zu U. L. F. in Mainz hatten darin viele Güter und Gerechtigkeiten.

Ums J. 1160 entstand zwischen dem Probste des gedachten Stiftes, und dem Vogten zu Osthoven ein Streit über die Frage, ob jener die in dortigem Stiftshofe wohnende Leute zum Dienst anziehen könne. K. Friedrich I übergab die Sache Walthern von Husen, Wolfram vom Steine und Wernhern von Bolanden zum rechtlichen Ausspruche, welche dem Stift diese Befugniß zuerkannten a). Die Vogtei war als ein Kaiserliches Vorrecht an unterschiedliche vom Adel verliehen, und die Vögte wohnten auf dem Berg daselbst. Heinrich von Wartenberg hatte allda ein eigen Gut, welches er durch K. Heinrich VI im J. 1195 dem Domstift Worms zu Lehen auftrug, mit dem Versprechen zu Bevestigung des Berges Hülfe zu leisten und den Bischöffen in der Burg das Oefnungsrecht zugestatten b). Dessen Sohn Konrad und Wirich von Dune besassen hernach diese Burg, und die Vogtei über das Dorf in Gemeinschaft. Als aber die Inwohner den benachbarten Bischöflichen Unterthanen mit Raub und Plünderung viel Drangsal anthaten, überrumpelte Bischof Landolf diese Burg im J. 1241 und verstöhrte sie gänzlich c). Die Vogtei kam hierauf an Eberhard Ritter, genannt von Ehrenburg. Dieser bedruckte die dem Stift U. L. F. in Mainz zu Osthoven angehörige Unterthanen, und zog sich und seinem Sohne Konrad den geistlichen Bann zu, bis die Sache im J. 1268 wie-

---

z) Cod. Lauresh. Tom. II, num. 1880.
a) *Joannis* rer. Mog. Script. Tom II, pag. 664.
b) *Schannat* histor. Episcopat. Wormat. pag. 245.
c) Id. *Schannat* l. c. Tom. I, p. 374.

der beigeleget ward *d*). Als er im Jahre darauf wieder ungewöhnliche Abgaben zu erpressen anfieng, zog ihn der Bischof Eberhard von Worms darüber zur Verantwortung, und da er sich nicht rechtfertigen konnte, muste er den Dechant und das Kapitel des Wormser Domstiftes, den Abt von Hornbach, das Kapitel des Stiftes U. L. F. in Mainz, den Ordensmeister der Tempel-Herren, die Nonnen zu Mülen, und die übrigen Inwohner zu Osthofen um Verzeihung bitten, sich auch mit seinem Sohn Konrad, und Johann von Randecken, seinem Tochtermann, verschreiben, künftighin von dergleichen Bedrückungen abzustehen *e*). Jene sämtliche Gotteshäuser hatten also entweder Theil an dem Dorfe oder doch beträchtliche Güter allda.

Im J. 1333 ward Gottfrieden von Randeck der zehnte Theil am Dorfe zu Osthofen durch einen Schiedsspruch zuerkannt *f*). Auch findet sich, daß im J. 1342 der Abt Gerhard zu Hornbach die edeln Herren Friedrich Domprobst zu Worms, und Junker Friedrich Gebrüder, Grafen von Leiningen, mit Osthoven dem Dorfe und Gericht belehnet *g*), das Dorf hernach einem Burger zu Worms verpfändet, sein Nachfolger, Abt Blicker, im Jahr 1364 dem Pfalzgr. Ruprecht die Wiederlösung gestattet *h*), und endlich der Abt Rheinhard im J. 1435 auf Peter Kettenfeier des Klosters Hof, mit seiner Mannschaft und dem Kirchensatz zu Osthoven um 8500 Rheinische Gulden an Pfalzgraf Ludwig III verkaufet, gleichwohl im nämlichen Jahre auf Donnerstag nach St. Ulrichstag, Grafen Hessen von Leiningen unter andern auch wieder mit dem Dorfe und Gerichte zu

---

d) *Joannis* rer. Mog. Script. dil. pag. 659.
e) Id. *Schannat* d. l. in Cod. Probat. p. 135, num. CLV.
f) *Gudenus* Cod. diplom. Tom. III, pag. 276.
g) Leiningen-Westerburgische rechtliche Auszüge Beilage num. 21.
h) Acta Comprom. in Causa Prætens. Aurel. pag. 119.

Osthoven ausdrücklich belehnet i), und erst im J. 1442 denselben seiner Pflicht ledig gezählet, und damit an Pfalz verwiesen habe. Eben so merkwürdig ist die Geschichte der Vogtei. Selbige ward von dem Kollegiatstift U. L. F. in Mainz ebenfalls den Grafen von Leiningen zu Lehen gegeben. Das Stift tratt aber dieses Recht im Jahre 1435 an den Erzbischof Dieterich, einen gebohrnen Grafen von Erbach, ab, welcher in folgendem Jahre den Grafen Hesso von Leiningen damit belehnet hat k). Nach Ableben desselben und dadurch sich ergebenen Erlöschung dieser Linie, belehnte Erzbischof Dieterich, ein Graf von Isenburg, im J. 1478 Graf Emichen von Leiningen, Jofriedischer Linie, mit dem halben Theil des Dorfes und Gerichts, dann die Mohle zu Mühlen mit Wasser ꝛc. l), da doch in den Vergleichshandlungen, welche über die Verlassenschaft des Landgrafen Hesso im J. 1467 zwischen Pfalzgr. Friedrich I und der Gräfin Margareth von Westerburg vorgegangen, die ganze Vogtei zu Osthoven als ein Wormsisches Lehen erkannt, und vom Bischoffe Rheinhard im folgenden Jahre dem Pfalzgrafen verliehen worden m). Es scheinet, daß damals die Grafen von Leiningen Jofriedischer Linie die Kurmainzische Belehnung nur zu Behauptung ihres auf die Hessonische Verlassenschaft gemachten Anspruchs zu erwirken, sich bestrebet haben. Der Flecken Osthofen ist also bis daher samt der Vogtei, auch hohen und niedern Gerechtigkeiten stets bei Kurpfalz verblieben.

---

i) Die Urkunde stehet in gedachten rechtlichen Auszügen num. 22.

k) Joannis rer. Mog. Script. Tom. II, pag. 662.

l) Geben zu Aschaffenburg anno Domini 1478 am Sontag nach der heil. drei König Tag. Ein anderer Lehenbrief vom J. 1484 ist diesem gleich.

m) Damit stimmen die Acta Comprom. pag. 124. Schannat hist. Episcop. Worm. pag. 235 und Kremer in der Geschichte Kurf. Friedrich I pag. 396 und 411 überein.

Zu selbigem gehöret der eine viertel Stunde davon westwärts gelegene Meierhof Mülheim. Es ist nicht gewiß, ob er das in den Lorscher Urkunden vorkommende Mülenheim sey n). Gewiß aber ist im 12ten Jahrhundert daselbst ein Nonnenkloster bestanden. Denn im J. 1167 hat der Abt Heinrich zu Lorsch zwo Mark Silbers den Nonnen zu Mülnen in seiner lezten Willensmeinung ausgesezet o). Auch die Tempelherren hatten daselbst eine Kommende, wovon man findet, daß im J. 1302 Bruder Otto von Alzei Kommenthur, und die Brüder von Mühlen einige Güter zu Flersheim dem Deutschen Orden um 110 Pfund Häller verkaufet, und weil solche von einem Malteser Ritter, Johann von Morsbach, zum Unterhalt eines beständigen Priesters in dem Tempelhaus zu Mühlen bestimmet gewesen, andere Aecker in Osthover Gemarkung nächst dem Burgberg dafür eingesezet habe p). Nach Vertilgung der Tempelherren kamen die Güter an den Maltheserorden, jedoch so, daß dem Kollegiatstift U. L. F. und der Kurfürstl. Hofkammer nunmehro ein Theil derselben, nämlich gedachter Hofkammer zween, dem Orden und Stift aber ein Hof zusteben. An diesen Höfen fliesset die von Westhofen kommende Seebach vorbei, treibt daselbst die Kammeral alte und neue, sodann eine andere Mahl- und Oelmühle, fliesset sofort nach Osthofen, und ehe sie den Flecken erreichet, treibet selbige noch zwo, im Ort selbst aber vier dergleichen Mühlen, lauft in den sogenannten Sandwoog, und aus diesem endlich in den Rhein. Nicht nur in dem Ort selbst, sondern auch an dem Rheindürkheimer Fahrt, welches in Osthofer Gemarkung nächst am Rhein gelegen ist, befinden sich Kurpfälzische Zollstätte.

Das nicht weit davon gelegene Dorf Rheindürk-

---

n) Cod. Lauresh. Tom. II, num. 1246 & 47.
o) Ibid. Tom. I, pag. 274.
p) *Gudenus* Cod. dipl. Tom. IV, pag. 984.

heim war sonst eine Zugehör der Grafschaft Leiningen, und kam auf Ableben des Grafen Hesso in gemeinschaftlichen Kurpfälzisch- und Bischöflich-Wormsischen Besiz. Das Fahrt hieß sonst nur die Neue Hütte q). Durch den Austausch vom J. 1705 ward das Dorf an Worms abgetretten, das Fahrt aber nebst der Zollgerechtigkeit Kurpfalz vorbehalten. Ersteres ist einem sichern de Roon in Erbbestand verliehen.

In Osthofen zählet man 364 Familien, 1727 Seelen, 3 Kirchen, 3 Schulen, 252 Häuser, ohne die Mühlen. Die Gemarkung enthält 4293 Morgen Aecker, 200 M. Wingert, 82 M. Wiesen, 89 M. Weide.

Der Kurpfälzischen Hofkammer gehöret nebst den Mülheimer und Rheindürkheimer Gütern, auch das sogenannte Vasotten und Mickenhäuser Lehengütlein; dem Domstift zu Worms der Salz- der Mönch- der Schloß- und der Althof, nebst dem Bischofs-Kellereihof, und drei Mahlmühlen; dem Erzstift Mainz ein Hof; dem Stift U. L. F. daselbst, dem Freiherrn von Dalberg und dem von Hornek jedem ein Hof; dem Johanniterorden eine Mühle; andere Güter aber dem Martinsstift zu Worms, dem Domstift Speier, dem Freiherrn von Cathcar, dem Ehegerichtsrath Müller, den Sußmannischen Erben, dem Freiherrn von Bechtolsheim; den Pfarrcien zu Osthofen, Bechtheim und Rheindürkheim; dem Reformirten Schulmeister, dem Karmelitenkloster zu Worms, und dem zeitlichen Oberfauth. Endlich besizet die geistliche

Ver-

---

q) Herr Kremer in der Geschichte Kurf. Friedrich I von der Pfalz, im 2ten Buch pag. 186, bemerket mit aller Wahrscheinlichkeit, daß die Neue- oder Zimmermannshütte, woselbst Kurf. Friedrich und der Erzbischof Diether von Mainz im J. 1460 zusammen gekommen, dieses Rheindürkheimer Fahrt sey.

Verwaltung, wegen des Klosters Schönau r), Hochheim und Liebenau, dann der Pfarrei Pfedersheim auch beträchtliche Güter darin.

Die Hauptkirche zu Osthofen war dem heil. Remigius geweihet, und der Pfarrsaz gehörte ursprünglich nach Mez, dann an das Kloster Hornbach, zulezt aber an das Domkapitel zu Worms, wiewohl der Abt Rheinhard solchen im J. 1435 an Pfalzgrafen Ludwig III, wie oben erwähnet worden, verkaufet hatte. Nebst dieser Kirche waren auch zwo Kapellen daselbst, wovon die eine dem heil. Pirminius und die andere dem heil. Johann dem Täufer geweihet gewesen s). Die Kirche fiel bei der Theilung in das Loos der Reformirten, die einen eigenen Prediger daselbst haben. Da die umliegende Kirchen eine besondere Klasse ausmachen, welche im vorigen Jahrhundert von dem nunmehrigen Bischöflich-Wormsischen Dorf Neuhausen, dermalen aber von Osthofen ihre Benennung hat, so ist der Pfarrer auch gemeiniglich Inspektor derselben. Den Katholischen ist obgedachte Kapelle zu St. Johann dem Täufer von dem Deutschen Orden zum Gebrauch verwilliget worden. Sie ist mit einem Pfarrer bestellt, der zum Landkapitel Dalsheim gehöret. Die Lutherischen haben auch eine eigene Pfarrkirche erbauet, deren Prediger das Wormsische Dorf Rheindürkheim, und den Mickenhauser Hof als Filialisten zu bedienen hat.

Den grosen und kleinen Zehnten beziehet das Wormsische Domkapitel als eine Zugehör des Patronatrechtes; von Neubrüchen die Kurfürstliche Hofkammer; sodann den Kappes- und Blutzehnten der Reformirte Pfarrer.

Das Gericht ist nebst dem Oberfauth zu Westho-

---

r) In *Gudenus* Sylloge pag. 292 kommt eine Urkunde vom J. 1288 vor, nach welcher dem Kloster Schönau gewisse Güter dieselbst verkaufet worden.
s) *Schannat* histor. Episcopat. Wormat. pag. 45.

sen mit einem Schultheise, vier Schöffen, und einem Gerichtschreiber bestellet.

31) **Bermersheim.** Ein geringes Dorf von 39 Häusern nächst Gundersheim und Westhofen, wird in den Lorscher Urkunden **Bermodesheim, Bermutisheim, Bermoteesheim,** auch **Bermersheim** genannt *t*). Es muß dieses mit einem andern Bermersheim, nächst Albig bei Alzei, das dem Frauenkloster Eibingen im Rheingau gehörig ist, nicht verwechselt werden.

Das gegenwärtige gehörte den Grafen von Leiningen, die solches wieder zu Lehen begeben hatten. In solcher Eigenschaft besasen die Nagel von Dirmstein die Vogtei und das Patronatrecht. Dieter Nagel verkaufte aber beides im J. 1464 an Kurf. Friedrich I und die Rechte, welche Leiningen noch daran hatte, giengen durch den mit der Gräfin Margarethe von Westerburg über ihres Bruders, Landgrafen Hessons, Verlassenschaft im J. 1468 geschlossenen Vertrag auch an die Pfalz über *u*).

Der Ort ist der Oberschultheiserei zu Dalsheim, soviel die Niedergerichtbarkeit anbelanget, einverleibet.

Die Gemarkung enthält 621 Morgen Aecker, 30 M. Wingert 2c. An dieser Gemarkung ist lediglich das Liebfrauenstift zu Worms, und der Freiherr von Greiffenklau betheiliget.

Die Kirche war vormals dem heil. Cyriak geweihet, und kommt im J. 1282 vor. Es soll vormals der Dekanatsiz eines Landkapitels dahier gewesen seyn *x*). Im J. 1469 verliehe Kurf. Friedrich I diese Pfarrei seinem Kapellan Johann Thony von Bla-

---

t) Cod. Lauresh. Tom. II, num. 1031, 64, 69, 1114, 1450 &c.

u) Acta Comprom. in causa Aurel. pag. 96 & 128, sodann Kremer in der Geschichte Kurf. Friedrich I, pag. 398 und 649.

x) Schannat histor. Episcopat. Wormat. pag. II.

novo. Folgendes Jahr bewilligte er ihm, diese Pfründe mit dem Kapellan an der Auwe bei Heidelberg, Nikolaus Gernolt, zu vertauschen. Diese Kirche fiel bei der Theilung in das Loos der Reformirten, und ist ein Filial von Dalsheim. Die Katholischen haben sich auf dem Rathhause des Dorfes eine Kapelle zugerichtet, welche ebenfalls von ihrer Pfarrei zu Dalsheim abhanget.

Am grosen und kleinen Zehnten beziehet der Reformirte Pfarrer drei, der Freiherr von Bechtolsheim zwei, und der Freiherr von Storkenfeld ein Sechstel. Beide leztere tragen ihren Antheil von Kurpfalz zu Lehen.

32) **Dalsheim.** Ein schöner Marktflecken, drei Stunden von der Oberamtsstadt südwärts entlegen, wird in den Lorscher Urkunden unter den Karolingischen Königen Dagolfesheim genannt y).

In nachfolgenden Zeiten hatten theils die Grafen von Leiningen, theils die Herren von Bolanden Namens der Kaiser und Pfalzgrafen die Gerichtbarkeit dahier zu verwalten. Junker Otto von Brusel, Herr zu Bolanden, erlaubte im J. 1305 seinem Lehenmanne, Herbord von Dalsheim, Hertwichs seel. Sohne, einige Güter in Epilnsheimer Gemarke, die er von ihm zu Lehen trug, dem Kloster Otterburg zu verkaufen, und dagegen seinen Hof und Güter zu Dalsheim aufzugeben z). Im J. 1378 empfieng Rucker von Eppelsheim zwanzig Malter Holzkorn, nämlich zehen zu Dalsheim, und zehen zu Flonborn von Herzog Ruprecht dem ältern unmittelbar zu Lehen. Im J. 1395 erfolgte zwischen Pfalzgrafen

---

y) Cod. Lauresh. Tom. II, num. 1042, 69, 1114, 18, 1378, 1422, 1965.

z) Dette Brif wart gegeben nach Godis Geburt dusent druhundert Jar und fonf Jar an unsir Vroweu dac, als si geboren wart.

Ruprecht II und Grafen Friedrich von Leiningen eine Rachtung des Dorfes Dalsheim wegen, und darauf ein förmlicher Burgfriede, wobei der Graf seine Ansprüche auf Dalsheim gänzlich fahren lassen, hingegen der Pfalzgraf ihm den vierten Theil geliehen hat. Des leztern Vasallen waren vermög des Alzeier Saalbuches vom J. 1429 Peter Hartmann, Beimung und Hanns von Dalsheim, die auch in den Jahren 1435 bis 1450 noch als Leiningische vorkommen *a*). Es beschwehrten sich zwar die Grafen Emich der alte und der junge, Jofriedischer Linie, über die von obgedachtem Grafen Friedrich unternommene Veräusserung des Ortes Dalsheim. Die Sache ward aber durch Pfalzgr. Otten von Mosbach, als Vormund des Kurf. Ludwigs IV, und seine zugezogene Räthe im J. 1439 beigelegt und dahin entschieden, daß der beklagte Theil zu Veräusserung aller angesprochenen Stücke vollkommen berechtiget gewesen sey *b*). Nach Erlöschung des Friederichischen Mannsstammes fiel auch der zu Lehen getragene vierte Theil von Dalsheim vollends an die Pfalz zurück, von welcher Zeit es dabei geblieben ist.

Voriges Jahr bestund dieser Flecken in 117 Familien, 467 Seelen, 3 Kirchen und Schulen, 80 Häusern: die Gemarkung aus 1545 Morgen Aecker, 171 M. Wingert, 6 M. Wiesen ꝛc.

Die Kurfürstl. Hofkammer hat nicht nur die heimgefallene Lehen, sondern auch die durch den jüngern Zweibrückischen Austausch derselben abgetrettene Hornbacher sogenannte St. Fabiansstift-Güter; die geistliche Verwaltung einige freiadelichen Güter an sich gebracht.

Die alte Kirche ist zur Ehre der heil. Peter und Paul geweihet. Der Pfarrsaz gehörte dem Dom-

---

a) Leiningen-Westerb. rechtliche Auszüge, im Anhang Beylage num. 30.
b) Ibid. Beilage num. 17.

probst zu Worms c). Daselbst ist der Siz einer Land-
dechanei, womit auch das ehemalige Dekanat zu
Gundersblum nunmehro vereiniget ist. Bei der Theilung erhielten die Katholischen diese Kirche, die mit
einem Pfarrer bestellet ist, der die Orte Bermersheim,
Werstatt und Niederflersheim zugleich versiehet. Vor
der Reformation soll auch eine Kapelle U. L. F. allda
gewesen seyn. Die Reformirten haben auch eine eigene neue Kirche erbauet, welcher die Filialkirche zu
Bermersheim einverleibet ist. Ein gleiches thaten
die Lutherischen aus gesammelten Beiträgen, deren
Prediger die Ortschaften Ober- und Nieder-Flersheim, Bermersheim, Guntheim, Flonborn und Einseltheim mit versehen muß.

Am grosen Zehnten beziehet die Kurfürstl. Hofkammer Namens des Klosters Hornbach 3, die Domprobstei zu Worms 1, das Domkapitel daselbst 2,
und der zeitliche Oberschultheiß das übrige Siebentel.

Das Dorfgericht ist nebst dem im Flecken wohnenden Oberschultheise annoch mit einem Unterschultheise, vier Schöffen, und einem Gerichtschreiber bestellet.

23) **Nieder-Flersheim**, ein beträchtliches Dorf
bei Dalsheim, kommt im VIII Jahrhundert mit dem
Namen Flaridesheim, Fletersheim vor d).

K. Ludwig der Deutsche schenkte im J. 869 dem
Stift Neuhaus in der Mark und Dorfe Flaridesheim einige Güter, und K. Konrad II im J. 1026
gewisse Leibeigene theils dem Domstift Worms, theils
aber gedachtem Stift Neuhaus e). Das Prämonstratenserkloster Münsterdreisen hatte daselbst auch ein
Hofgut, welches dessen Abt Jakob dem Kloster Wad-

---

c) *Schannat* histor. Episcopat. Wormat. pag. 15.
d) Cod. Laursh. Tom. II, num. 1130, 1405 sq.
e) *Schannat* histor. Episcopat. Wormat. Tom. II, Prob. n. 9.

gaſſen in Lotharingen gleichen Ordens im J. 1317 verkaufet hat. Weil nun zweien Beguinen zu Worms X Malter jährlichen Korns darauf verſchrieben waren, ſo ſezte das Kloſter Münſter andere Unterpfänder dafür ein, und der Abt Johann von Wadgaſſen wieſe eben ſoviel im J. 1325 zum Behufe des Krankenhauſes an *f*).

Das Dorf ſelbſt ſamt dem Gerichte gehörte zum Theil gedachtem Domſtift, welches im J. 1400 den halben Theil Pfalzgrafen Ruprecht III zu eigen eingegeben *g*); daher heiſet es im Alzeier Saal- und Lagerbuche vom J. 1429: „Niederflersheim das Dorfe und Gericht ſind halb mins Herrn des Pfalzgrafen.

Das uralte Geſchlecht der Herren von Flersheim ſcheinet ſeinen Urſprung und Namen davon herzuleiten. Es hat nämlich verſchiedene Güter, vielleicht auch ſelbſt die Vogtei darüber, von den Dynaſten von Bolanden zu Lehen getragen. Als Johann Ritter von Guntheim ein Hofgut zu Niederflersheim dem Kloſter Marienthal am Donnersberg übergeben, und der Prior deſſelben ohne Erlaubniß des Konvents, und deſſen Kaiſerlichen Schirmvogts einen Theil verkaufet, der folgende Prior aber die Sache bei dem von K. Friedrich II beſtelltem Kirchenvogt, Werner von Bolanden, zu Worms klagbar vorgeſtellet hatte, erkannte dieſer den geſchehenen Verkauf im J. 1225 für ungültig, und ſezte das Kloſter in den Beſiz dieſer Güter gegen Rückgabe des Kaufſchillings *h*). In folgenden Zeiten kam ein anderes Lehenrecht an die Herren von Dune. Wie dann Jo-

---

f) Dieſe beiden Urkunden befinden ſich in dem Wadgaſſet Archiv, und heiſet der Ort allda Niedervlersheim.
g) Acta Comprom. in cauſa Praetenſ. Aurel. pag 126. wo es aber irrig heiſet: 1400 Pagus Felcksheim Roberto Electori conceditur.
h) Dieſe Urkunde befindet ſich in dem geiſtlichen Verwaltungsarchiv.

dann von Dune, Graf zu Falkenstein, annoch im Jahre 1548 Friedrichen von Flersheim zu Lehen gereichet: „Solchen Hof, und zugehörige Güter, so
„ die von Flersheim in Niederflersheimer Gemarken
„ liegen haben, und ihr Eigenthum gewesen sin,
„ welchen Hof und Güter sie gegen den Wein- und
„ Fruchtzehnten zu Hechstatt, so ihr Eltern bisher
„ von den Grafen zu Lehen getragen, und mit ihrer
„ Verwilligung verkaufet haben ꝛc. i). Die Grafen von Leiningen hatten darin auch Leibeigene, die aber mit der Hessonischen Erbschaft an die Pfalz übergegangen k). Der andere halbe Theil der Vogtei gehörte wahrscheinlich dem Stift Neuhaus, und ward bei Einziehung desselben dem Oberamt Alzei zugelegt, wobei es auch verblieben ist.

Die von Alzei nach Mannheim führende Landstraße gehet durch den Ort, und eine andere, die von Frankfurt in Lotharingen führet, neben vorbei.

Die Bevölkerung bestehet in 108 Familien, 587 Seelen. Die Gebäude in 1 Kirche, 1 Schule, 96 bürgerlichen und gemeinen Häusern. Die Gemarkung enthält 1537 Morgen Aecker, 35 M. Wingert, 32 M. Wiesen, 50 M. Weide und Wald ꝛc.

Die in der Gemarkung befindlichen freie Güter besitzen das Domkapitel zu Worms, das Stift Neuhausen, der Freiherr von Sturmfeder, der Reformirte Pfarrer und Schulmeister.

Die Kirche zu Niederflersheim war dem heil. Johann dem Taufer geweihet, und der Pfarrsaz der Domprobstei zu Worms anklebig. Im J. 1234 aber übergab der damalige Domprobst Niebelung dieses Recht dem Dechant und Kapitel gedachten Domstiftes. In der Kirchentheilung fiel solche den Refor-

---

i) Geben uff Mittwoch nach Martini Episcopi, anno Domini 1548.
k) Leiningen-Westerburgische rechtliche Auszüge Beilage num. 29.

mirten zu, die einen eigenen Prediger daselbst haben, der unter der Inspektion Osthofen stehet. Die andern Religionsgenossen gehen nach Dalsheim zur Kirche.

Am grosen Zehnten beziehet das Domkapitel zu Worms sieben, und das Stift Neuhaus zwei Neuntel, den kleinen aber der Reformirte Pfarrer und Schulmeister.

34) **Guntheim.** Ein mittelmäsiges Dorf zwischen Dalsheim und Westhofen, worin ein gewisser Erlulf und seine Ehefrau Warburc dem Kloster Lorsch im J. 791 die Hauptkirche, welche zur Ehre des heiligen Martins errichtet war, mit Gebäuden, Aeckern, Feldern, Wiesen, Wingerten und 14 Leibeigenen vermacht haben. Besagtes Kloster hatte in Guntheim acht dienstbare Huben, und 270 Jauchert Landes *l*).

Diese Güter sind nach und nach an die klösterlichen Dienstmanne zu Lehen begeben worden, und da auch die mächtigsten vom Adel daselbst eigene Güter besessen, so ist eine förmliche Ganerbschaft daraus entstanden, welche in den nachherigen Fehdezeiten sich unter den Schuz des Reichs begeben, und die besessene Güter den Kaisern zu Lehen aufgetragen haben. Die Gemeinere des Ortes errichteten demnach eine Burg und verglichen sich im J. 1353 mit Pfalzgrafen Ruprecht den ältern eines Burgfriedens. Siefried von Oberstein verband sich auch im J. 1371 mit gedachtem Pfalzgrafen wider Graf Ruprecht von Nassau, und öfnete ihm alle seine Schlösser, nur Guntheim ausgenommen. K. Ruprecht belehnte im Jahre 1401 Friedrich von Meckenheim Ritter den alten (uff Dinstag nach St. Jakobi zu Heidelberg) „ Von sein und seiner Gemeinern wegen, als den „ ältesten, mit Guntheim der Burg, und dem Dorfe

---

l) Cod. Lauresh. Tom. II, num. 1031, 41, 60 & 1114. Tom. III, num. 3662.

„ samt aller Zugehör, die er, und seine Gemeinere
„ von dem Reiche zu Lehen tragen ꝛc. Und im J.
1405 (auf den nechsten Donnerstag nach St. Nikolaustag) empfing auch Syfrid vom Steine, (Oberstein) Ritter, Amtmann zu Odernheim, seinen Theil an der Burg und Furburg zu Guntheim, wie auch am Dorf und Gericht daselbst, mit allen Rechten und Zugehörungen, von gedachtem K. Ruprecht zu Lehen. Sämtliche Ganerben gestatteten im Jahr 1412 dem Pfalzgrafen Ludwig III die Oefnung im Schloß und Dorf Guntheim, wogegen er ihnen Schuz und Schirm gewährte.

Im J. 1414 verkaufte Heinrich Kämmerer zu Worms gedachtem Pfalzgr. seinen Theil, das ist, ein Viertel an der Vogtei, dem Dorf und Gerichte zu Guntheim, mit etlichen Höfen und Zugehörungen auf eine Wiederlosung. Im nämlichen Jahre gestatteten Georg von Ramberg und andere Gemeinere dem Pfalzgrafen neuerlich das Oefnungsrecht, und verschrieben sich, keinen Burgfrieden mit dem Erzbischof von Mainz oder Gerhard von Meckenheim einzugehen, es geschehe denn mit Vorwissen und Bewilligung des Kurfürsten. Im J. 1416 that obiger Kämmerer von Worms nochmal Verzicht auf seinen vierten Theil an dem Schlosse zu Guntheim, und in folgendem eroberten Mainz und Pfalz die Theile, so Heinrich Kämmerer und Gerhard von Meckenheim an Guntheim ingehabt, und machten einen neuen Burgfrieden, womit sie jene beiden Theile des Ortes als verfallen erklärten.

Das ganze Dorf muß bald hernach gänzlich an Pfalz gekommen seyn. Denn in dem Alzeier Saal- und Lagerbuche vom J. 1429 heißt es: „Guntheim
„ Burg und Dorfe ist mins gnedigen Herrn des
„ Pfalzgrafen, nach Lute siner Briefe darüber.

Jedoch bestand die Ganerbschaft, vermuthlich als ein Lehen, unter verschiedenen vom Adel, so daß die von Flersheim noch im J. 1548 einen fünften Theil an dem Dorfe und Gefällen daselbst besaßen. Es scheinet aber nach Erlöschung dieses Geschlechtes eingezogen worden zu seyn. Ein anderes Fünftel trugen die von Oberstein als ein Pfälzisches Lehen. Dieses ist im J. 1661 heimgefallen *m*), und eine zeitlang von der Kammer benutzet worden, bis Kurfürst Johann Wilhelm den Freiherrn Johann Erwin Greiffenklau von Vollraths, der wegen seiner Mutter Rosina von Oberstein einen Anspruch darauf machte, im J. 1700 damit belehnet hat. Dorf und Burg samt der Vogtei sind also diesem adelichen Geschlechte bis jetzt untergeben.

Die alte Kirche, wovon oben Erwähnung geschehen, scheinet eingegangen, und eine andere dafür erbauet worden zu seyn, welche den heil. Laurentius zum Patronen gehabt, und zum Dalsheimer Landkapitel gehörig gewesen *n*). Der Pfarrsaz gehörte Kurpfalz; aber im J. 1457 übergab Kurf. Friedrich I solchen der hohen Schule zu Heidelberg *o*). In dem geistlichen Lebenbuche des Kurfürsten Philipps heißet es: „Guntheim ist ein Pastory, und sind Pa„stores die Facultät zu Heidelberg, uß Oberkeit „myns gnedigsten Herrn Pfalzgrauen, als des „Ober-Lehenherrn ꝛc. Dieses Patronatrecht hat hernach die hohe Schule im J. 1563 an Kurf. Friedrich III zurückgegeben, und ist im J. 1700 zum Leben geschlagen worden. Deswegen auch die Kirche in keine Theilung kam, sondern den Katholischen allein verblieb. Sie ist mit einem eigenen Pfarrer bestellet, und im J. 1731 von Grund aus neu gebauet worden. Man findet noch alte Grabsteine der Junker von Oberstein darin.

Der Freiherr von Greiffenklau läßt die niedere

---

m) Acta Comprom. pag. 112.
n) *Schannat* histor. Episcopat. Wormat. pag. 24.
o) Kremer von der Stiftung der hohen Schule ꝛc. in Act. Acad. Tom. I, pag. 384.

Gerichtbarkeit durch einen besondern Amtmann verwalten, der einen Schultheis, und einige Gerichtschöffen unter sich hat.

35) **Werstatt** ligt zwischen dem Dalbergischen Dorf Abenheim, der Stadt Pfedersheim, Niederflersheim, Dalsheim, Bermersheim und Westhofen; wird im Karolingischen Zeitalter Mergestatt, und Mergistatt genannt, woselbst das Kloster Lorsch eine Menge Güter hatte p), die hernach an das Domstift Worms und zum Theil an das Kloster Otterburg gekommen sind. Als solche von einem Ritter Namens Egidi Schiliz von Monfort angesprochen wurden, stellte der Bischof Eberhard I von Worms denselben und seine Ehefrau Mechtild im J. 1275 vor Gericht, und nachdem sie keinen Beweis ihrer Forderung machen konnten, erklärten sie sich, auf alles Recht und Handlung dieser dem Kloster Otterburg gehörigen, von den Burgzöllern zu Linningen herrührenden, in Mergestat gelegenen Güter vor Schultheis und Schöffen verziehen zu haben q). Die Vogtei gehörte zur Grafschaft Leiningen. Nach einer Urkunde des Alzeier Antoniterhauses vom J. 1481 war Jakob von Merstatt, in dem Ritterrath zu Alzei Beisizer. Nach tödlichem Abgange des Landgrafen Hesso von Leiningen übergab desselben Schwester, Margareth von Westerburg, unter andern auch die Hälfte an diesem Dorfe dem Pfalzgrafen Friedrich I, und in dem über sämtliche Lehen im J. 1467 errichteten Mannbuche r) heiset es: „Mergstatt- die „haben auch gelobt und geschwohren der Frauen,

---

p) Cod. Lauresh. Tom. II, num. 1070, 1375 sq. Tom. III. num. 3660, 74.

q) Datum anno Domini MCCLXXV, in octava Epiphaniae. In dieser ungedruften Urkunde sagt der Bischof, in villa nostrae jurisdictionis Mergestat.

r) Leiningen-Westerb. rechtliche Auszüge im Anhang Beilage num. 29.

,, und meinem gnedigen Herrn, und ist ganz Gra-
,, ven Hessen gewest ꝛc. Die andere Hälfte kam im
J. 1481 mit allen andern an Kurpfalz käuflich; und
dabei ist es bishero unverändert geblieben.

Neben dem Dorfe laufet der von Niederflersheim
kommende Flutgraben vorbei, und durch dasselbe ziehet die von Alzei nach Worms führende Landstrase.
Der Ort wird dermalen von 95 Familien bewohnet,
und bestehet aus 2 Kirchen, 2 Schulen, 78 burgerlichen und gemeinen Häusern. Die Gemarkung enthält 834 Morgen Ackerfeld, 27 M. Wingert, 30 M.
Wiesen, und 10 M. Weide.

Den zum ehemaligen Kloster Otterburg gehörigen
Hof hat die geistliche Verwaltung ihrer Pflegkellerei
Schönau in der Reichsstadt Worms angewiesen.
Auch besizet der Reformirte Pfarrer einige Freigüter.

Die alte Kirche war dem heil. Cyriak geweihet,
und der Pfarrsaz anfänglich dem Domkapitel Worms
zuständig, welches aber dieses Recht im J. 1379 dem
Kollegiatstifte Neuhaus abgetretten hat s). Diese
Kirche fiel bei der Theilung den Reformirten zu, und
ist dermal ein Filial der Pfarrei Kriegsheim. Die
Katholischen haben auf dem Rathhause eine Kapelle
eingerichtet, und dem heil. Laurentius geweihet. Sie
ist ein Filial ihrer Pfarrei zu Dalsheim Die Lutherischen sind nach Pfedersheim eingepfarret.

Den grosen Zehnten beziehet das Stift Neuhaus,
den kleinen aber der Reformirte Pfarrer, und den
Glockenzehnten der Schulmeister.

36) **Krigsheim.** Ein mittelmäsiges Dorf an
der Primm oberhalb Pfedersheim, ward vor Alters
Kreikesheim, Kreicesheim geschrieben t). Es
gehörte ursprünglich zu den ersten Stiftungsgütern
der Domkirche zu Worms. Der Bischof Buggo II ver-

---

s) *Schannat* histor. Episcopat. Wormat. pag. 40.
t) Cod. Lauresh. Tom. II, num. 1259 sq.

liehe im J. 1137 seinen Hof in Crigesheim, auch was er in diesem zur Grafschaft seiner Stadt Worms gehörigen Dorfe besaß, seinem Domkapitel zu Verbesserung ihrer Pfründen *u*). Die Vogtei und andere Rechte zu Krigsheim hatten die Herren von Bolanden theils von dem Bistum Worms, theils von dessen Erbschuzvögten, den Pfalzgrafen, zu Lehen. Wie dann vermög des Alzeier Saalbuches der Ort noch im J. 1494 unter die Kurpfälzische sogenannte Ausdörfer gezählet ward *w*). In der Folge aber fiel alle Gerichtbarkeit dem Kurhause heim, wobei es auch bis jezt unveränderlich geblieben ist.

Die vorbei fliesende Primm treibet allda drei Mahlmühlen. Voriges Jahr wurden 79 Haushaltungen, 430 Seelen, 1 Kirche, 2 Schulen, 54 bürgerliche Häuser darin gezählet, und in der Gemarkung 592 Morgen Ackerfeld, 21 M. Wingert, 8 M. Wiesen ꝛc.

Unter diesen Feldgründen sind die Höfe des Domkapitels, des St. Martinsstiftes zu Worms, der Flersheimische jezo Rießmännische Hof samt Mühle, und die Pfarrgüter.

Die Kirche des Ortes gehörte vormals unter das Landkapitel Neuleiningen, und der Pfarrsaz den Herren von Bolanden, als ein Bischöflich-Wormsisches Lehen. Im J. 1309 aber tratt Otto von Bolanden, Kaiserlicher Hofrichter, dieses Recht dem Bischof wieder ab, der solches dem Landkapitel einverleibte *x*). Die Kirche war dem heil. Petrus geweihet, und fiel bei der Theilung in das Loos der Reformirten. Sie stehet unter der Inspektion Ost-

---

u) *Schannat* histor. Episcopat. Wormat. Tom. II, Prob. 74, pag. 68, wo es heißet: Curtim nostram in Crigesheim, & quidquid in eadem villa habuimus in Comitatu Praefecturae Civitatis nostrae sitam, Curtem dominicalem cum terra Salica, cum omnibus appenditiis in una Celga &c.
w) Justit. Causae Palat. Libr. I, Cap. V, pag. 81.
x) *Schannat* histor. Episcopat. Wormat. pag. 13 & 14.

hofen, und ist mit einem eigenen Prediger bestellet, der auch Merstatt als ein Filial zu versehen hat. Die Katholischen sind Filialisten der in dem Gräflich-Falkensteinischen Dorfe Hohen Sülzen befindlichen und zum Landkapitel Dirmstein gehörigen Pfarrei. Sie haben eine Kapelle auf dem Rathhause eingerichtet, worin alle vierzehen Täge seit dem J. 1752 der Gottesdienst gehalten wird.

Den grosen Zehnten beziehet das Domkapitel zu Worms, den kleinen aber der Reform. Pfarrer.

37) **Pfedersheim**, ein mittelmäsiges Landstädtlein, vier Stunden von Alzei gegen Mannheim zu gelegen. König Pipin schenkte der Abtei Gorz in Lothringen die Kirche in Patersheim (Basilicam, quae est in Paterni villa) mit allen Zugehörungen, und ein gleiches that der Bischof von Mez Grodegang y). Einer seiner Nachfolger, Adventius, half die Stiftung des Klosters Neumünster bei Ottweiler dadurch befördern, daß er demselben den neunten Theil aller Einkünfte seines Bistums zu Pathernesheim und zu Hoternheim (Obernh.) im Wormsgau ertheilte, wie K. Ludwig der Deutsche im J. 871 bezeuget. In den Fuldischen Stiftungsurkunden wird der Ort Patronivilla z), und in den Lorscher Paterno-villa, meistentheils aber Phetersheim genannt a).

König Karl der Einfältige soll diesen damals schon befestigten Ort im J. 923 feindlich angegriffen haben b). Im XII Jahrhundert besaß Werner von Bolanden einige Güter zu Pedrinsheim c), Das jedoch unmittelbar zum Reiche und zu den Kaiserli-

---

y) *Calmet* histoire de Lorraine Tom. I, Prob. colum. 277 & 288.
z) *Schannat* Corp. Tradit. Fuld. num. 31.
a) Cod. Lauresh. Tom. II, num. 800, 1381 & 1386.
b) *Tolner* histor. Palat. pag. 76.
c) Beurkundeter Inhalt der Salmischen Revis. Libellen adj. num. 18.

den Kammergütern gehöret hat, nachmals aber den Grafen von Falkenstein und Münzenberg verpfändet worden ist. K. Ludwig IV bewilligte im J. 1331 dem Pfalzgr. Rudolf II die Stadt um 600 Pfund Häller, für die sie verpfändet gewesen, gegen weitere darauf empfangene 425 Pfund einzulösen d). Auch ward solche im J. 1348 von obgedachten K. Ludwig mit dem Genusse des Umgeldes, und im J. 1379 von K. Wenzel mit einem Wochenmarkt begnadiget; welche Freiheiten K. Karl IV im J. 1349, und im J. 1403 K. Ruprecht förmlich bestättiget haben e). Sie blieb jedoch noch immer mit der ersten Pfandschaft bestricket. Denn als die Bürgermeister, Schöffen, Rath und Gemeinde der Stadt Pfedirnsheim im J. 1363 einem Priester 37 Malter Korns jährlicher Gülte auf gedachte Stadt um 444 Pfund Häller verkaufet hatten, mußten sie von ihrem Herrn, Johann und Philipp von Valkenstein, Herren zu Münzenberg, die Erlaubniß und Bewilligung dazu einholen f). Nachdem dieses gräfliche Geschlecht ausgestorben war, und im J. 1419 des Grafen Philipps von Falkenstein und Münzenberg nachgelassene vier Töchter die Erbschaft unter sich theilten g), so fiel das Pfandrecht an Pfetersheim zu einer Hälfte an die zum zweitenmal mit Otto von Solms vermählte Anna, und Elisabeth, Gräfin von Isenburg, zur andern aber an den Grafen Ruprecht von Birneburg. Erstere Hälfte löste Erzbischof Konrad III von Mainz im J. 1423 und im folgenden auch die andere ein h). Das

---

d) Acta Comprom. apud *Chlingensperg* pag. 129.
e) Die darüber ausgefertigten Urkunden hat die Stadt in Verwahrung.
f) In der ungedruckten Urkunde heißet es: Datum anno Domini MCCCLXIII, feria teria post Dominicam, qua cantatur Oculi.
g) *Lucä Grafensaal* pag. 965 sq.
h) *Joannis* rer. Mog. Script. pag. 658, in Tab. geneal. no 5. 1 & p. 738.

Prämonstratenser Kloster Wadgassen in Lothringen, das vermuthlich von der Abtei Gorz verschiedene Güter an sich gebracht hatte, verkaufte solche im J. 1431 an obgedachten Erzbischof, mit ausnahm 20 Malter Korn Geldes auf St. Georgenberg ꝛc. In dem Kriege, welchen Kurf. Friedrich I von der Pfalz mit Erzbischoffe Diether von Mainz, den Grafen von Veldenz und Leiningen zu verfechten hatte, vereinigten sich diese Feinde bei Pfedersheim. Der siegreiche Kurfürst lieferte denselben den 4 Heumonat im J. 1460 eine Schlacht, belagerte sodann die Stadt, und brachte sie in seine Gewalt i). Fünf Jahre darnach überlies der Erzbischof Adolph die Stadt Pfedersheim gedachtem Kurf. Friedrich um 9000 fl. welche die Rheingauer ihm schuldig waren, dann 7848 fl. um welche die Stadt versezt gewesen. Zu Folge dessen verwies der Erzbischof die Pfedersheimische Lehen- und Burgmänner an Kurpfalz, sprach auch die Bürgermeister und Rath ihres Eides los, den sie ihm geschwohren hatten k). Der Kurfürst bestellte sodann Peter von Wachenheim im J. 1468 zu seinem Amtmann daselbst l). Auf solche Art kam die Stadt gänzlich an die Pfalz, und Kurf. Friedrich ordnete sogar im J. 1472, daß solche für je und allzeit dabei verbleiben solle m).

Die Stadt hat zwar in der Baierischen Fehde nichts gelitten, aber in dem bald darauf erfolgten Bauernkrieg ein desto härteres Schicksal ertragen. Denn, nachdem die aufrührische Bauern ihre Schwärmereien auch in diese Gegend ausgedehnet hatten,

griffen

---

i) Kremers Geschichte Kurf. Friedrichs I. pag. 162, 179 und 185.
k) Ibid. pag. 364. womit zu vergleichen die Acta Compr. p. 132. Joannis rer. Mog. Script. pag. 775.
l) Vermög des Weidasser Zinsbuches.
m) Laut der Urkunde in erwehntem Kremerischen Geschichtbuche num. 168.

griffen die vereinigten Fürsten selbige unter Anführung des Kurpfälzischen Fauthen von Heidelberg und Rittmeisters Wilhelm von Habern bei Pfedersheim an, jagten sie theils in die Stadt, theils auf den dabei gelegenen St. Georgenberg, bemächtigten sich sodann dieses Berges, und hieben darin an 4800 Bauern nieder, von welchen das Blut bis in die Stadt geflossen seyn solle. Die andern in der Stadt suchten sich zu wehren, allein die vereinigten Völker griffen die Stadtmauern an, brachen bei dem Johannisthurn durch, und erschlugen, was sie antrafen. Ungefähr 400 suchten Schuz in der Kirche; aber auch da wurden sie überwältiget, getödet, die Hauprädelsführer, 36 an der Zahl, auf dem Kirchhofe an eben so viel Pfähle aufgeknüpfet, und die Stadt selbst ihrer alten Freiheiten verlustiget n). Wie es gekommen daß Pfalzgraf Johann Kasimir als Kurverweser im J. 1587 die Hälfte der Stadt Pfedersheim von Konrad Schenken von Schmidtburg um 1800 fl. erkaufet, auch Kurf. Karl Ludwig im J. 1662 von dem Grafen von Nassau einige Gerechtsame eingetauschet habe, wie anderswo gemeldet wird o), habe ich noch zur Zeit nicht entwickeln können.

Der Georgenberg, wovon Meldung geschehen ist, liegt nächst der Stadt. Er gehörte zu den Besizungen der Abtei Gorz Benediktiner Ordens, welche daselbst eine Probstei errichtet hat, davon verschiedene Pröbste uns namentlich bekannt sind, als
im J. 1363 Johann Wyß.
1390 Johann Graf von Nassau, der zur erzbischöflichen Würde zu Mainz gelangte.

---

n) Diese ganze Geschicht findet sich umständlich beschrieben in *Petri Crimiti* (vulgo Harter) historia rusticorum Tumultuum, in *Freberi* Script. rer. German. Tom. III. pag. 273 sq.

o). Vid. Acta Comprom. pag. 98, 119 & 128.

1396 Jofrid Graf von Leiningen, zugleich Domprobst zu Mainz und Domküster zu Köln.
1419 Konrad von Hohenfels, ein Bruder Eberhards
Herrn von Hohenfels, der das halbe Dorf Simsheim an Pfalzgr. Ludw. III im J. 1414, mit Bewilligung dieses Probstes, verkaufet hat. Er
war auch Richter in einer Rachtung zwischen
Schenk Konrad von Erbach und Hadamar von
Labern p).
1451 Arnold von Geispizheim q).
1463 Anton Wyß, welchen Erzbischof Adolph von
Mainz zu seinem Rath und Kapellan ernannte r).
1500 Johannes de Notarip, in einem Vergleiche, den
er mit der Universität zu Heidelberg über 50
Malter Korn getroffen hat.
1525 Philipp von Harcourt, und
1533 Heinrich von Elter s).

Diese Probstei ward nachgehends, vermuthlich
unter Kurf. Friedrich II, samt ihren Gefällen zur
Kammer eingezogen, und der dortigen Kellerei einverleibet.

Mitten durch die Stadt fliesset die am Donnersberg entspringende Primm, welche sich unterhalb derselben in zween Aerme theilet, wovon der eine nach
Pfiffligheim, der andere aber nach Leiselnheim und
Hochheim ihren Lauf fortsezen. Die Primm treibet
in der Stadt zwo Mahlmühlen. Die von Alzei nach
Mannheim neu angelegte Landstrase ziehet durch die
Stadt, worin auch eine Kurfürstl. Zollstätte befindlich ist.

---

p) *Joannis* rer. Mog. Script. Tom. II, pag. 281 & Tom. I, pag. 709 a not. 3.
q) Er verkaufte mit Bewilligung des Abts zu Gorz eine Korngülte zu Flamersheim der Pfarrkirche zu Freinsheim.
r) Humbracht höchste Zierde Deutschlandes Tab. 2 2.
s) In zwei Urkunden Kurf. Ludwigs V für das Kloster Wad-gassen.

Von der ehemaligen Burg, die in einen Amthof oder Kellerei verwandelt worden, stehet noch einiges Gemäuer.

Die Bevölkerung belauft sich auf 265 Familien, 1158 Seelen. Es finden sich dahier 3 Kirchen, 3 Schulen, 230 bürgerliche und gemeine Häuser. Die Gemarkung enthält 2924 Morgen Ackerfeld, 108 M. Wingert, 25 M. Wiesen, 16 M. Gärten.

Unter den Feldgründen ist das grose Kameral-Hofgut das beträchtlichste. Die geistliche Verwaltung besitzet die Kirchen- und andere Güter, welche vormals den Klöstern Schönau, Enkenbach und Liebenau t), zugehöret haben. Die übrigen aber besizen die Pieronische, Winkelmannische, Orbische, Riedeselische und Schochische Erben.

Die alte Kirche war der Jungfrau Maria geweihet. Dabei befand sich eine Kapelle zur Ehre des heil. Stephans auf dem Gottesacker, sodann die heil. Kreuzkapelle in dem Hospital, welche beide der Probst des St. Georgenbergs zu verleihen hatte u). Jene Pfarrkirche war bei der Kirchentheilung ganz abgebrannt, und deswegen verglichen, daß den Reformirten das Schiff, den Katholischen aber der Chor verbleiben sollte. Diese bauten also eine neue Kirche, die zum Landkapitel Dirmstein, wie vor der Reformation, gehöret. Anfänglich wurde der Gottesdienst von einem Karmeliten aus Worms versehen, aber im J. 1750 ein eigener Pfarrer bestellt, welchem die in Hochheim und Pfiffligheim befindlichen Kirchen zugegeben worden. Die Reformirten haben das Lang-

---

t) In einer ungedruckten Urkunde heisset es: Wir Swester Metze von Bechtolfsheim Prvorin und der Convent ꝛc.
„ Item sechs Malter Kornes, die gen wir die von Lies
„ benauwe von unserem Gute zu Phedersheim ꝛc. Datum
„ anno Domini millesimo trecentesimo octuagesimo pri-
„ mo, crastino B. Andreae.
u) *Schannat* Historia Episcopat. Wormat. p. 46.

haus auch wieder aufgebauet. Diese Kirche ist der Osthofer Klasse einverleibet, und der Prediger hat kein Filial zu bedienen. Desgleichen haben die Lutherischen aus gesammelten Beiträgen auch eine eigene Pfarrkirche errichtet, zu welcher die umgelegene Ortschaften Werstatt, Leiselnheim, Hochheim und Pfiffligheim als Filialisten gehören.

Der Zehnten wird in vierzehen Loose vertheilet. Davon beziehet die Kurfürstliche Hofkammer Namens der Probstei Georgenberg einen Theil zum voraus, an den übrigen 13 aber die Hälfte, und das Domkapitel zu Worms die andere Hälfte. Aus einigen abgesteinten Bezirken genieset solchen die geistliche Verwaltung; den Glockenzehnten aber der Katholische und Reformirte Schulmeister.

Die Kurfürstl. Hofkammer hat eine Kellerei zu Verwaltung der Probstei Gefälle, und die geistliche Administration eine Kollektur. Der Stadtrath bestehet aus einem Oberschultheise, einem Unterschultheise, vier Rathsverwandten, und einem Stadtschreiber. Die Stadt hat ihren eigenen Blutbann, und führet in ihrem Wappen und Siegel einen quer getheilten Herzschild, in dessen obern Felde ein schwarzer Adler, im untern aber ein P. ersichtlich ist.

38) **Leiselnheim.** Ein mittelmäßiges Dorf unterhalb Pfedersheim an der Primm, wird im XII Jahrhundert *Lucilnheim* x), und im XIII *Lutzilheim* y) geschrieben. Durch die Stiftung des Klosters Himmelkrone zu Hochheim kam ein Theil der Güter an dasselbe. Das Domstift Worms behauptete eine Gemeinschaft an der Vogtei mit den Pfalzgrafen; dahero dieses Dorf im J. 1494 noch unter

---

x) So wird es in den Ansprüchen genennet, welche Rheingraf Embricho auf die Verlassenschaft Werners von Bolanden gemacht.
y) Schannat histor. Episcopat. Wormat. pag. 133.

die Ausdörfer gerechnet wurde. Durch die Reformation aber ward alle Herrlichkeit zur Pfalz gezogen. Jedoch machten die Bischöffe von Worms noch immer Anspruch darauf, den sie auch bei Gelegenheit der wegen des Kurpfälzischen Wildfangsrechtes mit den benachbarten Ständen erhobenen Streitigkeiten zu vertheidigen suchten. Die Sache wurde erst bei dem zwischen Kurf. Johann Wilhelm, und seinem Herrn Bruder, Franz Ludwig, als Bischof zu Worms im J. 1705 errichteten Vertrag verglichen, als worin das Hochstift auf seinen Theil an den drei Dörfern Hochheim, Leiselnheim und Pfiffligheim Verzicht gethan, nur mit Vorbehalt der in seine Kellerei zu Worms gehörigen und bis dahin bezogenen Renten und Gefälle z).

Durch den Ort fliesset der unterhalb Pfetersheim sich von der vollen Primm sondernde linke Arm, oder Mühlteich, treibt in demselben zwo, ausserhalb aber eine Mahlmühle.

Die Bevölkerung beträgt 100 Familien, 450 Seelen. Nebst 3 Mühlen, 2 Kirchen und Schulen zählet man 80 burgerliche Häuser. Die Gemarkung enthält 550 Morgen Ackerfeld, 47 M. Wingert, und 8 M. Gärten. In derselben besitzet das Domstift Worms ein beträchtliches Hofgut.

Die Kirche ist dem heil. Laurentius geweihet, und jederzeit zum Dirmsteiner Landkapitel einschlägig gewesen. Der Pfarrsatz aber gehörte dem Dompropste zu Worms a). In der Kirchentheilung fiel solche in das Loos der Katholischen, und ward anfänglich durch einen Kapuziner, hernach durch einen Weltpriester, zulezt aber, wie noch wirklich, von einem Karmeliten aus Worms versehen. Die Reformir-

---

z) Dieser Vertrag stehet in Lunig: Reichs-Archive Part. Special. pag. 753. woselbst der 11te Artikel nachzulesen.
a) Schannat l. c. pag. 38.

ten haben auch eine eigene Kirche gebauet, die ein Filial von Hochheim ist.

Den grosen Zehnten beziehet das Domkapitel zu Worms, wie auch die Hälfte am kleinen, der Katholische Pfarrer aber die andere Hälfte.

39) **Hochheim.** Ein ansehnliches nächst der Reichsstadt Worms gelegenes Dorf, scheinet dem Domstift Worms ursprünglich gehöret zu haben. Das Kollegiatstift St. Andreas hatte daselbst den Zehnten. In einer Urkunde des Bischofs Adalbert vom J. 1068 wird gemeldet, daß seine Vorfahrer denselben gedachter Kollegiatkirche verliehen hätten b). Wahrscheinlich müssen die Inwohner zum Unterhalt der Wormser Stadtmauern vom Martinsthor bis zur Friesen-Sperre auch beizutragen schuldig, und so in vielen Stücken der Gerichtbarkeit der Bischöffe unterworfen gewesen seyn. Inzwischen stehet in einem Vergleiche, den Graf Heinrich II von Spanheim mit der Stadt Worms im J. 1389 errichtet, daß unter andern Dörfern auch Hochheim und Pfeffligkeim zu seiner Herrschaft Stauf, die er von seinem Neven, Eberhard Grafen von Zweibrücken, erkauft, gehörig und an dem mit gedachter Stadt Worms streitigen Weidgange berechtiget seyen c). Jedoch haben die Bischöffe in der Folge einen Theil dieses und der andern beiden Dörfer Leiselnheim und Pfiffligheim als eine Zugebör angesprochen, und erst bei dem Austausch vom J. 1705 auf ihre Forderung zu Gunsten des Kurhauses Pfalz für allzeit Verzicht gethan.

---

b) *Schannat* histor. Episcopat. Wormat. in Cod. Prob. pag. 59, num. LXV.

c) Dieser Graf von Spanheim hatte also die Herrschaft Stauf am Donnersberg von dem lezten Grafen von Zweibrücken erkauft, mithin war solche keine Zugebör der nunmehrigen Nassauischen Herrschaft Kirchheim. Die darüber vorhandene noch ungedruckte Urkunde endigt sich: Datum anno Domini millesimo CCCLXXX nono, feria quinta ante diem beati Thomae apostoli.

Oberhalb des Dorfes theilt sich die Primm in zween Aerme, wovon der linke durch das Dorf fliesset, und die Mühlbach genannt wird, auch vier Mahlmühlen treibt. Unten am Dorfe laufen beide wieder zusammen, fliesen nach Neuhaus, und so weiter in den Rhein.

Voriges Jahr fanden sich 99 Familien, 484 Seelen, 2 Kirchen und Schulen, 82 Häuser nebst besagten Mühlen in diesem Dorfe, und in dessen Gemarkung 616 Morgen Ackerfeld, 69 M. Wingert, 6 M. Gärten, und 28 M. Weide.

Das merkwürdigste ist das vormals dahier bestandene Kloster Himmelskrone, welches aus einer Klause bei der Kirche entstanden ist. Im J. 1276 vermachte Altrud, eine Tochter Bernolds von Hochheim, eines Ritters, 40 Jauchert daselbst, 12 und einen halben zu Lutzelheim, 21 zu Herlesheim, und 70 zu Oerersheim ꝛc. gedachter Klause von Jungfrauen d). Damals hatten Philipp und Theoderich Herren von Hohenfels auch verschiedene Güter und Rechte in Hochheim, wovon 28 Jauchert Ackerfeld, hinter der Kirche gelegen, Gerhard Edelknecht von Wachenheim, und die Söhne Wilhelms von Friesenheim von ihnen zu Leben trugen, die solche schon im J. 1269 an Dirolf Edelknecht von Hochheim, und Gude vom Steine, seine Ehefrau, mit lebensherrlicher Bewilligung überlassen e). Dieser Dirolf hatte in dem Dorfe ein eigenes Erbgut, und darauf ein Schlößlein, welches er den Jungfrauen zu Erbauung eines förmlichen Klosters verliehen. Der Bischof Friedrich gab im Jahre 1278 die Erlaubniß, eine Kirche mit gewöhnlichen Zellen zu errichten, und nannte dieses neue Kloster Himmelskrone. Die

---

d) Actum anno Domini MCCLXX sexto, in crastino beatæ Agathe virginis & martiris.

e) Datum & Actum anno Domini MCCLX nono, in vigilia beati Andreae Apostoli.

Nonnen wurden dem Predigerkloster in Worms zur
Aufsicht anvertrauet, das Kloster und die Kirche im
J. 1293 vollendet, und zur Ehre des Seligmachers,
und seiner jungfräulichen Mutter eingeweihet f).
Schon zuvor hatte genannter Dirolf dieses Kloster
mit verschiedenen Gütern begabet, und zwar für einen Priester oder Kaplan, der die Kirche versehen
sollte. Ferner schenkte er 112 Jauchert Landes zu
Rockesheim, 100 Jauchert Aecker und Wingert zu
Uzelnsheim im J. 1282 g). Im folgenden erhielt
das Kloster von Dechant und Kapitel der Domkirche
zu Worms St. Amands-Pfarrkirche in der Vorstadt
daselbst gegen eine jährliche Gülte von 50 Malter
Korns h), welches auch der Bischof Simon bestätiget
hat i). Ferner thaten im J. 1332 die Meisterin und
der Konvent des Klosters zu Sanct Marienthal im
Mainzer Bistum Verzicht auf ihr Gut zu Offstein für
die Priorissin und den Konvent zu Hochheim k). Drei
Jahre hernach verkaufte Anshelm, Abt von Frankenthal 25 Morgen Aecker, die er von Wernhern Edelknecht von Müngshorn in Dirmsteiner Gemarkung
an sich gebracht hatte, den Nonnen zu gedachtem
Hochheim l). Da diese nun in Haltung der Ordensregeln sich nachlässig bezeigten, so wurde das Kloster
im J. 1430 mit andern Jungfrauen aus dem Kloster
Schönen-Steinbach besezet. Der Stifter Dirolf,
und seine Ehefrau hatten auch verordnet, daß in ihrem Hofe zum Rosenbaum sechs Beguinen zum Dienst

---

f) *Schannat* histor. Episcopat. Wormat. pag. 166 sq.

g) Datum & Actum Wormaciae anno Dom. MCCLXXX secundo, sexta feria ante Dominicam Quasimodogeniti.

h) Datum anno Dom. MCCLXXX tertio, in vigilia omnium
sanctorum.

i) Datum anno Dom. MCCLXXXIII, Idus Novembris.

k) Ist gegeben, do man zalte vun Godes Geburte dusent
druhundert vnde zwei vnde drizic Jar an Sante Lau-
rencien Dage.

l) Anno Dom. MCCCXXXV. crastino Gregorii Papae.

der Nonnen beisammen wohnen, und ihnen jährlich 60 Malter Korn zum Unterhalt gegeben werden sollten. Dazu hat nachgehends Margareth von Rimichen eine Klause und Kapelle errichtet, worüber Pabst Innocenz IV im J. 1362 die Bestättigung ertheilet. Weil aber auch diese Beguinen hernach von der geistlichen Zucht abgewichen, so wurden sie im J. 1449 in das Kloster Hochheim selbst versezet m). Von den Priorinnen, welche diesem Kloster vorgestanden, sind folgende bekannt.

1285 bis 1293 Adelheid.
1293 bis 1310 Jutta oder Justa.
1310 bis 1340 Margaretha.
1362 Clara.
1388 Meza von Wynheim.
1391 Elisabetha von Boppard.
1395 Anna von Rodenstein, hatte eine Schwester Guda.
1408 Erlandis von Friesenheim, ward abgesezt.
1414 . . . von Rodenstein.
1415 Elisabetha von Friesenheim.
1417 Agnes von Mainz.
1427 Erlandis von Friesenheim, zum 2ten mal erwählt.
1428 Guda Kämmererin von Worms, dankte ab.
1429 Catharina von Mainz, unter der das Kloster reformirt ward.
. . . Margaretha Zorn, dankte freiwillig ab.
. . . Catharina von Hirschhorn, ebenfalls.
. . . Hildegard von Hirschhorn, wird auch Brinegardis genannt, der vorigen Schwester. Nach ihr ward ihre Schwester Catharina zum 2ten mal gewählt.

---

m) Die Bischöfliche Urkunde hierüber ist geben in Civitate nostra Wormacensi anno a Nativitate Domini millesimo quadringentesimo quadragesimo nono, feria quarta post festum sancti Martini Episcopi.

. . . . Elisabeth von Flersheim.
1470 Margaretha von Gemmingen.
1473 Anna von Rodenstein.
1476 Margaretha Linert.
1483 Johanna von Sikingen.
1493 Anna Schottin von Wachenheim.
1494 Catharina von Bach.
1497 Guda Kämmererin von Worms.
1500 Anna Pfalzgräfin bei Rhein, Herz. Otto von Moßbach Tochter *n*).
1518 Barbara von Bach.
1524 Margaretha von Flersheim.

 Das Kloster erhielt sich bis auf Kurf. Friedrich III von der Pfalz, welcher desselben Gefälle ums Jahr 1562 mit andern eingezogen, und zu derselben Verwaltung einen Schaffner angestellet hat *o*).

 Von gleicher Merkwürdigkeit ist auch das ehemalige Kloster Liebenau, welches an den Gränzen der Hochheimer Gemarkung nächst dem Stift Neuhaus bestanden hat. Es war vor Zeiten ein Taubenhaus, und als solches von der Burgerschaft zu Worms bei dem im J. 1288 entstandenen Aufruhr verstöhret worden, erkaufte Jakob Engelmann genannt Holderbaum von dem Stift Neuhaus den Platz und das übrige Gemäuer, widmete solchen zu einem Nonnenkloster, und belegte es wegen seiner Ehefrau Lieba mit dem Namen Liebenau. Im J. 1300 ertheilte Bischof Eberwin zu Worms die Bestättigung darüber, und als jener im nämlichen Jahre mit Tod abgieng, vollführte er selbst das angefangene Kloster, und besezte es mit Nonnen von der Regel des heil. Dominik. Diese Stiftung hatte einen so glücklichen Fortgang, daß mehrere Fürstliche und Gräfliche Personen dahin

---

n) *Joannis* curae posteriores in Parei hist. Palat. p. 228.
o) Herr Büttinghausen in seinen Beiträgen zur Pfälzischen Geschichte liefert im 3ten Stück pag. 268 umständliche Nachricht hievon.

sich in den klösterlichen Gehorsam begaben. Eine vorzügliche Zierde gab demselben die Wittib des im J. 1327 verstorbenen Pfalzgrafen Adolphs, Irmgard, gebohrne Gräfin von Oettingen. Diese ließ sich ums J. 1349 allda einkleiden, stiftete im J. 1381 eine singende Messe, und bestimmte verschiedene Gülten für den Priester des Prediger-Konvents zu Worms, der solche halten mußte *p*). Sie starb endlich im J. 1389 in einem sehr hohen Alter. Pfalzgraf Ludwig III stiftete im J. 1427 ein Jahrgedächtniß für seinen Herrn Vater, weiland K. Ruprecht, seine Frau Mutter Elisabeth, für seine erste Gemahlin Blanca von Engelland, seinen verstorbenen Sohn Herzog Ruprecht, für sich und seine Gemahlin Mechtild von Savoyen *q*). Priorinnen dieses Klosters waren folgende:

1370 Margaretha.
1381 Metze von Bechtolsheim.
1391 Agnes von Schmidtburg *r*).
1393 Agnes Scheuern.
1428 Elisabeth Schenkin von Erbach.
1428 Catharina von Rüdensheim.
1474 Dorothea Beyerin von Poppart.
1482 Dorothea Pfalzgräfin bei Rhein, Moßbacher Linie.
1485 Barbara zum Jungen Geldhuß *s*).
1515 Ursula von Westerstetten *t*).

---

p) Datum anno Domini millesimo trecentesimo octuagesimo primo, crastino B. Andreae. Die Pfälzischen Geschichtschreiber irren also, wenn sie den Tod dieser Pfalzgräfin ins J. 1339 setzen.
q) Feria prima post dominicam Oculi anno Domini MCCCCXXVII.
r) *Humbracht* Tab. 257. Vid. *Joannis* curas poster. ad Parei hist. Palat. p. 228.
s) Ibid. Tab. 46.
t) Kommt auch bei *Würdtwein* Dioec. Mog. Tom. I, pag. 346 im J. 1529 vor, und soll nach Schannat erst im

In diesem Kloster soll ein mit schönen Gemähl-
den gezierteß pergamenteneß Werk aufbehalten worden seyn, welches den Pfälzischen Gelehrten, Winand von Stege, zum Verfasser gehabt *u*):

Nachdem Kurf. Friedrich III ums J. 1562 die
sämtlichen Gefälle der Nonnen eingezogen, so gerieth das Kloster und die Kirche gar bald in Verfall,
und der dazu gehörige Plaz ward zum Stift Neuhaus gezogen, als eine alte Zugehör desselben. Zu
Verwaltung der Einkünfte ist ein eigener Schaffner
angestellet, der jezo in der Stadt Worms seine Wohnung hat.

Vor Entstehung der beiden bisher beschriebenen
Klöster hat schon eine eigene zum Landkapitel Dirmstein gehörige, und dem heil. Petrus geweihte Pfarrkirche in Hochheim bestanden, wovon das Patronatrecht der Probst des Kollegiatstiftes St. Andreas
ausübte. Der Probst Heinrich tratt solches aber mit
Bewilligung des Bischofs Buggo im J. 1141 seinem
Kapitel ab. Dem ungeachtet übergab Bischof Lupold
diesen Pfarrsaz im J. 1212 dem Probst zu Neuhaus,
Heinrich Grafen von Saarbrück *x*). Aber im J.
1223 mußte er dem zeitlichen Sänger zu St. Andreas
lediglich abgetretten werden. Anfänglich gehörte die
Kirche zu Pfifflighem als ein Filial dazu, ward aber
im J. 1304 auch zu einer besondern Pfarrei erhoben *y*). Jene Hochheimer Kirche ist den Reformirten zuständig, und mit einem eigenen Prediger versehen, der unter die Jnspektion Osthofen gehöret,
und das Filial Leiselnheim unter sich hat. Die Katholischen haben im J. 1708 die verfallene Klosterkirche wieder aufgebauet. Sie ward von einem Karme-

---

J. 1535 verstorben seyn. Büttinghausen Beiträge zur
Pfälzischen Geschichte 2 Band, IV Stück, p. 378.
u) Vid. Ladislai Sunthemii Monast. Franconiae in Oeffelii
Script. rer. Boic. Tom. II, pag. 609 b.
x) Gudenus Cod. diplom. Tom. I, pag. 422.
y) Schannat histor. Episcopat. Wormat. pag. 30.

liten aus Worms bedienet, bis solche im J. 1751 der Pfarrei Pfedersheim einverleibet, und dazu ein eigener Kaplan angestellet worden.

Den grosen Zehnten beziehet das St. Andreasstift, den Glockenzehnten der Reformirte Schulmeister, am kleinen der Küster jenes Stiftes die Hälfte, und die andere der Reformirte Pfarrer.

In der Gemarkung sind die geistl. Verwaltung wegen der Klöster Himmelskrone und Schönau, das Dom- das St. Paul-und St. Andreasstift, das Andreasberg-Kloster in Worms, das Hospital Neuhaus, der Reformirte Pfarrer und Schulmeister begütert.

Das Dorfgericht ist mit einem Oberfaut, einem Schultheise, vier Schöffen und einem Gerichtschreiber bestellet. Zu dieser Oberfauthei gehöret auch das vorhergehende und nächstfolgende Dorf.

40) Pfffligheim, ein grosses Dorf, das gleichsam nur durch die Primm, auf deren rechten Seite es ligt, von den vorhergehenden beiden Dörfern Leiselheim und Hochheim abgesondert wird. Es scheinet ursprünglich auch eine Zugehör des Domstiftes Worms gewesen zu seyn, und wird desselben im J. 1068 zum ersten mal gedacht; da nämlich Bischof Adelbert dem Probst des St. Andreasstiftes den Korn- und Gerstzehnten zu Phepblincheim samt dem Hof Buodenbach, und dem Kapitel verschiedene Gefälle von der Mühle zu Phepblincheim angewiesen hat z). Das Nonnenkloster Himmelkrone zu Hochheim erhielt eben daselbst eine Korngülte, welche die Wittib Heinrichs von Eberbach Hedewig im J 1279 auf 20 Jauchert Ackerfeld in Hochheim und Pfefflinheimer Gemarkung erkaufet hatte a). Der Dechant des

---

z) Schannat histor. Episcopat. Wormat. Cod. Prob. num. LXV, pag. 59.
a) Actum anno Domini MCCLXXIX, dominica Misericordiæ Domini.

St. Cyriakstiftes zu Neuhaus erklärte im J. 1391, daß die Primm von ihrem Ausflusse bei Päfflikheim bis an die steinerne Brücke auf dem Mainzer Wege dem Stift zuständig, und von einem Ufer zum andern 14 Schuhe breit sey b). Uebrigens hat dieses Dorf mit Leiselnheim und Hochheim ein gleiches Schicksal gehabt, und ist auf gleiche Weise im J. 1705 an Kurpfalz gekommen.

Die Bevölkerung beläuft sich ungefähr auf 150 Fam. Die Gebäude auf 3 Kirchen, 2 Schulen, 114 burgerliche Häuser, nebst einer Mühle. Die Gemarkung enthält 1096 Morgen Aecker, 32 M. Wingert, 10 M. Wiesen, 12 M. Gärten, 32 M. Weide.

Das Dom- und St. Andreasstift c), das St. Andreasbergkloster, die Freih. von Bozheim und von Wrede haben hier freie Güter.

Die alte Kirche war dem heil. Stephan geweihet, und anfänglich ein Filial von Hochheim, bis sie im J. 1304 zu einer besondern Pfarrkirche erhoben wurde, mit Vorbehalt des dem St. Andreasstift vorhin zuständigen Patronatrechtes d). In der Kirchentheilung fiel solche in das Loos der Reformirten, und hat ihren eigenen Prediger, der unter die Inspektion Osthofen gehöret. Die Katholischen haben zur Ehre des heil. Josephs eine Kapelle unter dem Rathhause errichtet, und sind Filialisten der Pfarrei Pfedersheim. Desgleichen haben auch die Lutherischen ihre eigene Kirche, welche ebenfalls von Pfedersheim aus bedienet wird.

Den grosen Zehnten beziehet das St. Andreasstift seit dem XI Jahrhundert, und nur von einem klei-

---

b) Id. *Schannat* Tom. I, pag. 114.
c) Der Probst Dietber, ein Graf von Kazenelnbogen, schenkte dem Stift Aecker und Wiesen in der Lohwiesen, welches sein Bruder Hermann, Bischof zu Münster, im J. 1181 genehmiget hat. Vid. *Schannat* pag. 129.
d) Ibid. pag. 46.

von Bezirke gebühret derselbe dem Domstift Worms. Den kleinen aber geniesset der Reformirte Pfarrer.

41) **Kettenheim**, ein geringes Dorf, von 40 bis 50 Häusern, nur eine halbe Stunde von Alzei südwärts entlegen, allwo ein Edelknecht, Namens Werner Krieg von Sauwelnheim, im J. 1271 seine Güter dem Deutschordenshause zu Mainz verliehen hat *e*). Nach dem alten Saal- und Lagerbuche hat Kiedenheim schon von Alters her zu den Dörfern gehöret, die zu allen Gebothen nach Alzei dienstbar gewesen. Im J. 1400 kaufte Pfalzgraf Ruprecht III das Eigen- *f*) und die Lehenschaft, mit Namen zwei Theile am Zehnten zu Kiedenheim, im Dorfe und in Gemarken, von Heinrich Bock von Lamsheim dergestalt, daß Brendel von Kiedenheim solche Stücke fürterhin von der Pfalz zu rechtem Mannlehen tragen und empfangen solle. Ferner belehnte gedachter Ruprecht als nachmaliger Römischer König (im J. 1401 zu Heidelberg uff Mittwoch nach Vincula Petri) Diethern von Kiedenheim mit sieben Morgen Wiesen, Wingert und Aeckern, die vom Reiche zu Lehen gerühret haben, und im J. 1429 war vermög des Alzeier Saalbuches Karl von Kydenheim Burgmann zu Alzei. Dieses Geschlecht ist erst im J. 1602 ausgestorben, und dessen Lehen zur Kurfürstl Kammer eingezogen worden. Die Kessler von Sarmsheim trugen ebenfalls einige Morgen Ackers in Kettenheimer Gemarkung, welche im J. 1668 heimgefallen sind *g*).

Durch das Dorf lauft die zu Freimersheim entspringende Auffspringerbach, welche 5 Mühlen treibt. Die von Alzei nach Mannheim führende Hauptstrase ziehet unterhalb vorbei. Nahe bei dieser Strase ste-

---

e) *Gudenus* Cod. diplom. Tom. IV, pag. 914.
f) *Schannat* histor. Episcop. Wormat. Tom. I, pag. 242.
g) Acta Comprom. &c. pag. 111.

het noch ein altes Gemäuer von der sogenannten Aergersheimer Kirche, ohne Zweifel ein Ueberbleibsel eines besondern Dörfleins, und zwar des in den Lorscher Urkunden vorkommenden Agirsheim *h*). Das Patronatrecht dieser Kirche gehörte den Grafen von Spanheim. In einem Zeugenverhör wegen des Pfarrsaßes zu Spiesheim vom J. 1276 gab Berthold von Eppelsheim vor, daß er von dem abgelebten Grafen Johann zu Spanheim die Hälfte seines Patronatrechtes zu Ergirsheim als ein Lehen zu empfangen begehret, darauf aber zur Antwort erhalten habe, daß sein Bruder Simon solche zu verleihen hätte. In dem Alzeier Saal- und Lagerbuche heißet es: „Agersheim das hat myn gnediger Herr der „Pfalzgrave verpfant, noch Lude seiner Briefe „darüber sagend.„ Die dazu gehörigen Güter sind nach eingegangenem Dörflein zu der Kettenheimer Gemarkung gezogen worden.

Das Kloster Weidas hatte in der Kettenheimer Gemarkung auch verschiedene Güter und Gefälle, wozu 2 Mühlen, Hessensteig genannt, gehörig gewesen, die dermalen von der Hofkammer in Erbbestand verliehen sind.

Die Gemarkung enthält 753 Morgen Aecker, 70 M. Wiesen, und 7 M. Gärten.

Oberhalb der nach Mannheim führenden Landstraße ist im J. 1764 eine weise feine Erde entdecket worden, welche zum Frankenthaler Porzellan benuzet wird. Freigüter besizen die Pfarrei, die von Koch, und das Kloster St. Johann bei Alzei.

Die Kirche des Ortes ist in der Theilung den Reformirten zugefallen, und dermalen mit einem eigenen Prediger bestellt, der unter die Inspektion Alzei gehöret, und die Dörfer Esselborn, Freimersheim und Walheim mit zu versehen hat. Die Katholischen
haben

---

h) Cod. Laureth. Tom. II, num. 1077.

haben zur Ehre des heil. Rochus und Sebastian eine Kapelle auf dem Rathhause eingerichtet, die unter dem Pfarrer zu Freimersheim stehet.

Den grosen Zehnten beziehet die Kurfürstl. Hofkammer als ein heimgefallenes Lehen, und der Reformirte Schulmeister den Glockenzehnten in der Agersheimer Gemarkung.

42) **Esselborn**, ein geringes Dorf, von etwa 50 Haushaltungen, nahe bei dem vorigen ostwärts gelegen, wird in den alten Urkunden des VIII und IX Jahrhunderts bald Aschinenbrunnin, bald Escilinbrunn, bald Haschinbrunn oder Aschibrun genannt.

Die Herren von Stralenberg hatten daselbst den Kirchensaz und den Zehnten, welchen von ihnen die Ritter von Lewenstein zu Randek zu Lehen trugen. Auf Ableben Johannsen von Stralenberg kam dieses Recht an Kurpfalz, und K. Ruprecht belehnte im J. 1408 Henne von Lewenstein für sich und seines Bruders Emerichs Kinder damit. Als aber das ganze Löwensteinische Geschlecht ausgestorben war, zog Kurf. Karl Ludwig im J. 1657 alles zur Kammer ein, wobei es bis auf den heutigen Tag verblieben ist i).

Das Kloster Otterburg hatte vormals auch einige Güter in dieser Gemarkung, worüber es mit Heyno genannt Zart, Ritter von Geispultsheim, einen Streit bekam, welchen der Abt von Münsterdreisen, Hermann Herr zu Hohenvels, und Safrid von St Albin im J. 1315 verglichen. Johann von Mez versprach damals das Kloster gegen andere allenfalsige Ansprüche des Ritters Johann von Scharfened, oder seiner Erben zu vertretten k), so daß es scheint, derselbe habe

---

i) Acta Comprom. pag. 103 & 111.
k) Actum & datum anno Domini millesimo trecentesimo decimo quinto, in vigilia B. Catharinae virg.

eine Art der Vogtei über das Dorf auszuüben gehabt. Denn nach dem Alzeier Saalbuche wurde solches noch im J. 1494 unter die Ausdörfer gerechnet *l*). Im J. 1319 trug Werner genannt Winter von Alzei einen Garten in Ezelsborn, dem Grafen Gerhard III von Gülch zu Lehen auf *m*).

Die Gemarkung enthält 936 Morgen Aecker, 38 M. Wiesen, und 5 M. Gärten. In dieser Gemarkung besizet die Kurfürstl. Hofkammer das kleine Weidaßer und das im J. 1769 von Pfalzzweibrücken eingetauschte Hornbacher Gut; ferner haben dahier die Freiherren von Dalberg, und von Sturmfeder, wie auch der Reformirte Pfarrer freie Güter.

Die Kirche soll dem heil. Petrus geweihet gewesen seyn *n*). Sie ist den Reformirten zuständig, und ein Filial ihrer Pfarrei zu Kettenheim. Die Katholischen sind nach Freimersheim, die Lutherischen aber nach Alzei eingepfarret.

Den grosen Zehnten beziehet die Kurfürstl. Hofkammer als ein heimgefallenes Löwensteinisches Lehen; aus einigen Bezirken aber theils die geistliche Verwaltung mit dem Pfarrer, theils das Domkapitel zu Worms mit dem Reformirten Schulmeister.

43) **Flonborn.** Ein ansehnliches Dorf, dessen Nachbaren sind gegen Ost Densheim, gegen Süd Oberflersheim, gegen West das Gräflich-Falkensteinische Dorf Ilvesheim, gegen Nord Dintesheim. In dem Alzeier Saal- und Lagerbuche vom J. 1429 heiset es: „Flanborn das Dorfe dienet mynem Her-

---

l) Justitia Causae Palat. Libr. I, Cap. V, pag. 81.
m) Kremers Beyträge zur Gülch- und Bergischen Geschichte III Band, S. 139.
n) In dem Catalogo Eccles. Dioec. Worm. seu Extractu Regiſtri Synod. bei *Lunig* in Spicil. Ecclesiast. Contin. III wird diese Kirche in das Wormser Bistum Dalsheimer Landkapitels gesezet. Jedoch hat *Schannat* nichts davon bemerket.

,, ren zu allen Gebotten gein Alzei. ,, Indessen waren mehrere Kirchen, Stifter, Klöster und Adeliche darin begütert, unter welchen leztern sich ein besonderes Geschlecht den Namen davon beigeleget hat. In einer Urkunde Werners von Bolanden erscheinet Rüdewin von Flamburnen im J. 1208 unter den Zeugen o). Bruncho v. Flamburn wird unter den Ganerben genennet, welche im J. 1251 dem Kloster Weidas den Kirchensaz zu Heppenheim verliehen p), und in einem schiedsrichterlichen Ausspruch Werners genannt Winters von Alzei über den Kirchensaz zu Offenheim im Jahr 1295 Rüdewin von Famborn. Berthold von Flanborn und Christina Eheleute trugen im J. 1335 ihren Hof, Haus und Garten im Dorfe Flanborn, welcher vorhin dem Lamperter gehört hatte, dem Erzbischof zu Trier Baldewin, als Verwesern des Erzstifts Mainz, gegen 100 Pfund Häller zum Burglehen in Bebelnheim auf q). Vermutblich hat dieses Geschlecht die Vogtei über das Dorf gehabt. Berthold von Flamborn trug das Schultheisenamt, nebst dem Recht einen Schützen zu sezen, mit Philipps Gauwer gemeinschaftlich von dem Bistum Worms zu Lehen, welches des erstern Sohn Syfrid noch im J. 1406 mit lezterm vom Bischof Matthias empfieng r). Dieses Lehen ist auf die von Rodenstein gekommen, und Johann von Rodenstein im J. 1483 sogar mit dem Dorfe Flamborn, dem Hubhof, und andern Gütern, so Philipp Gauwer von Flamborn gehabt, vom Bischof Johann belehnet worden s). Eben daselbst empfieng bereits im J. 1378 Rucker von Eppelsheim 10 Malter Holz-

---

o) *Gudenus* Cod. diplom. Tom. I, pag. 410.
p) Sieh oben bei Heppenheim S. 87.
q) *Wurdtwein* Subsid. diplom. nova, Tom. V, pag. 112, num. LVII.
r) *Schannat* histor. Episcopat. Wormat. pag. 262 & 265.
s) Ibid. pag. 288.

korn vom Pfalzgraf Ruprecht dem ältern. Ein deutliches Beispiel der Pfälzischen Oberbothmäsigkeit ergibt sich aus einem Vertrag zwischen Florenz von Venningen, Kanzler, und Schultheise, Gericht und Gemeinde zu Flonborn im J. 1516, betreffend einige Hofgüter daselbst, welche ersterer wider die alte Edelmannsfreiheit und das Herkommen mit der Morgenbethe nicht belegen noch beschwehren lassen wollte. Kurf. Ludwig V befreite dahero wegen des von Venningen ihm geleisteten treuen Diensten seine Weingärten, Aecker, Wiesen ꝛc. nur Frohn und Reise ausgenommen, wogegen der Kanzler von Venningen der Gemeinde 6 fl. an gemeinen Nuzen anzulegen verwilliget hat. Diese Güter kamen hernach an die von Walbrunn durch Heyrath mit Margaretha von Venningen.

In dem Dorfe sammelt sich aus Brunnquellen die sogenannte Wäschbach, treibet unten am Orte zwo geringe Mühlen, lauft nach Gundersheim und fällt bei Osthofen in die Seebach. Neben dem Dorfe ziehet die von Alzei nach Mannheim führende Hauptstrase vorbei.

In diesem Orte finden sich 2 Kirchen und Schulen, 53 Häuser, welche von 73 Fam. bewohnet werden: in der Gemarkung 1325½ Morgen Aecker, 20 M. Wingert, 10 M. Wiesen, 10 M. Gärten.

Die geistliche Verwaltung besizet verschiedene Güter, die vormals zu den Kirchen zu Armsheim, Einselheim und Flonborn selbst, wie auch zum Kloster Liebenau gehöret haben. Von Auswärtigen, sind das Dom- und St. Martinsstift, das Richarden Konvent, und das Dominikanerkloster in Worms, dann der Deutsche Ritterorden; von adelichen aber die Erben der Gr. von Hillesheim, die von Walbrunn, von Oberstein und von Cronberg mit Gütern dahier angesessen.

Die Kirche war dem heil. Udalrich geweihet, und derselben Pfarrsaz dem Domkapitel zu Worms zuständig *t*). In der Kirchentheilung fiel selbige in das Loos der Reformirten, und ist dermalen mit einem eigenen Prediger bestellet, der zur Inspektion Alzei gehöret, und daneben die Filialkirchen zu Oberflers‑heim, Eppelsheim und Dintesheim bedienet. Die Katholischen haben unter dem Rathhause eine Kapelle errichtet, die ein Filial von Oberflersheim ist.

Den grosen Zehnten beziehet das Domkapitel zu Worms, den kleinen aber der Reformirte Prediger und Schuldiener.

44) **Oberflersheim.** Ein Marktflecken andert‑halb Stunden von Alzei südwärts an der Hochstrase von Mannheim gelegen, wird in einer Lorscher Ur‑kunde vom Jahre 776 Florlesheim superior *u*), und jezt noch Herren‑Flersheim genannt. Im J. 1237 verkaufte der Abt und das Kapitel des Benediktiner‑klosters Hugshoven im Elsaß alle seine Güter zu Flers‑heim dem Deutschen Ritterorden um 850 Mark Sil‑bers *x*), und in eben diesem Jahre Graf Eberhard von Eberstein mit seiner Gemahlin Adelheid, einer gebohrnen Gräfin von Sayn, die Vogtei und ihr Ei‑gentum zu Flersheim eben demselben für 70 Mark Silbers, welche sie Albrecht von Erlikheim, einem Edelknecht, angewiesen hatten *y*). Im J. 1262 ver‑kaufte auch Werner von Bolanden seine Güter zu Oberflersheim an Johann von Flersheim um 140 Mark Silbers, und zwar mit Genehmigung seiner Söhne, Wernhers und Philipps, genannt Truchses‑sen von Flersheim *z*), mit dem Bedinge, daß diese

---

t) Schannat histor. Episcopat. Wormat. pag. 21.
u) Cod. Lauresh. Tom. II, num. 1957.
x) Gudenus Cod. dipl. Tom. IV, pag. 880.
y) Crollii Orig. Bipont. Part. II, Sect. I, Prob. III, p. 60.
z) Dieses ist eine neue Benennung, welche meine wegen Abstammung der Truchsessen von Alzei in der Einleitung geäusserte Meinung zu bestärken scheinet. Herr Grisner

Güter dem Deutschen Ritterorden übertragen würden *a*).

Endlich verkauften auch Otto von Alzei der Kommenthur und die Brüder der Tempelherren von Mühlen bei Osthofen ihre Güter zu Flersheim mehrgedachtem Orden im J. 130: um ein hundert zehen Pfund Häller *b*); wodurch also das meiste dieses Ortes an besagten Deutschen Orden und zur Ballei Marpurg in Hessen gelangte, die solche hernach zu einer besondern Kommende erhoben, welche noch bis auf den heutigen Tag bestehet.

Nächst am Flecken entspringt die sogenannte Wäschbach, treibt zwo dem Deutschen Orden gehörige Mahlmühlen, lauft sodann nach Guntersheim, Westhofen ꝛc.

Dieser Flecken begreifet dermalen 115 Familien, 516 Seelen, 3 Kirchen, 2 Schulen, 102 Häuser: die Gemarkung aber 2916 Morgen Aecker, 15 M. Wingert, 6 M. Gärten, 7 M. Wald.

Von den Feldgründen gehören der Deutschordens Kommende allein 1482 Morgen, der Kurfürstl. Hofkammer das Kleinmannische Hofgut von 196 M., welches vormals das Baugut genannt worden: der geistlichen Verwaltung das zur Probstei Münchbischofsheim gehörige grose und kleine Otterburger Hofgut von ungefähr 500 Morgen; dem Domstift Worms das sogenannte Vikarie- und dem Kath. Pfarrer das Wittumgut.

Die alte Kirche ist den heil. Peter und Paul geweihet. Der Pfarrsaz gehörte der Deutsch-Ordens Kommende zu Marpurg, die zu Versehung des Gottesdienstes drei Ordenspriester bestellet hat *c*). In

---

in seinen diplomatischen Beiträgen hat diesen Umstand gänzlich übergangen.
a) Gudenus l. c. pag. 902 & sq.
b) Ibidem pag. 984.
c) Schannat histor. Episcopat. Wormat. pag. 22.

der Kirchentheilung wurde diese Kirche zum Loos der Reformirten geschlagen. Der Deutsche Orden aber behauptete das volle Eigentum derselben, über welchem Streit solche endlich gar in Verfall gerathen. Inzwischen bedienten sich die Katholischen der Ordenskapelle, und stellten darauf einen eigenen Pfarrer an, der unter dem Landkapitel Dalsheim stehet. Endlich ward die Kirche im J. 1771 wieder hergestellet, und die Orte Flonborn, Eppelsheim und Ditelsheim dazu gezogen. Die Reformirten haben sich auch eine eigene Kirche erbauet, die ein Filial von Flonborn ist. Desgleichen die Lutherischen, als ein Filial von Dalsheim.

Die Kommende des Deutschen Ritterordens beziehet den ganzen Zehnten.

45) **Melsheim**, ein beträchtliches Dorf, von 90 Häusern, ist drei Stunden von Alzei südwärts auf einer Höhe an der Primm gelegen. In den Lorscher Urkunden kommt ein Melridesheim und Meldrisheim vor, welches für das gegenwärtige Dorf gehalten wird *d*). Vermuthlich hat das meiste davon schon in dem Karolingischen Zeitalter zu dem Benediktinerkloster Hornbach im Westrich gehöret. Wenigstens ist gewiß, daß selbiges die beträchtlichsten Gefälle und Gerechtsame in diesem Dorfe gehabt habe. Desselben Abt Johann von Kindhausen hat bereits im J. 1512 die Hälfte desselben an Pfalzgrafen Ludwig V verkaufet *e*). Gedachter Kurf. errichtete auch im nämlichen Jahre mit diesem Abte und der Witlib Friedrichs Kämmerers von Worms, genannt von Dalberg, einen Vertrag, wonach die Pfälzischen Leibeigene und Wildfänge in dem Dorfe gleich den übrigen darin wohnenden Pfälzischen Un-

---

d) Cod. Lauresh. Tom. II, num. 1253 sq.
e) Acta Comprom. pag. 121.

terthanen behaftet bleiben sollen *f*). Dadurch bekam das hohe Kurhaus einen Zuwachs zu der schon vorhin hergebrachten Wildfangs- und Leibeigenschaftsgerechtigkeit, und hielt stets einen eigenen Jauth. Dieses gab in der Folge, als die Zugehörungen des Klosters Hornbach von den Pfalzgrafen von Zweibrücken eingezogen worden, zu verschiedenen Zwistigkeiten Anlaß, welche endlich mit vielen andern durch den sogenannten Selzer und Hagenbacher Austausch im J. 1768 gänzlich abgeglichen, folglich das Dorf und die Schaffnerei, wie solche von Zweibrücken besessen worden, an das Kurhaus abgetretten worden.

Durch das Dorf fliesset ein oberhalb desselben aus einem Felsen entspringendes Bächlein, treibt unten am Orte eine Mahlmühle, und fällt in die vorbei laufende Primm. Die Gemarkung enthält 909 Morgen Aecker, 54 M. Wingert, 26 M. Wiesen, und 6 M. Gärten.

Die Kirche war dem heil. Aegidius und die dabei gestandene Kapelle dem heil. Nikolaus geweihet. Das Patronatrecht von beiden hatte der Abt des Klosters Hornbach *g*). Bei der eingeführten Reformation ward solche Kirche bald mit Lutherischen, bald mit Reformirten Predigern bestellet. Endlich wurde die Gemeinschaft zwischen beiden Religionsgenossen beliebt, wobei es auch noch sein Bewenden hat. Von jedem Theile ist ein eigener Prediger vorhanden. Der Reformirte stehet unter der Inspektion Osthofen. Die St. Nikolauskapelle auf dem Kirchhofe ist zerfallen, und nur das alte Gemäuer davon übrig. Die Katholischen haben im J. 1740 aus gesammelten Beiträgen auch eine eigene Kirche erbauet, und dazu den alten Patron Aegidius gewählet. Der Geistliche hat die umliegenden Gräflich-Leiningische

---

f) Justit. Causa Palat. Cap. IV, pag. 60, §. 39.
g) Schannat histor. Episcopat. Wormat. pag. 41.

Dörfer mit zu versehen, und gehöret zum Dalsheimer Landkapitel.

Den grosen Zehnten beziehet die Kurfürstliche Hofkammer, den kleinen aber der Pfarrer. Das Pfalzzweibrückische Haus hatte zu Verwaltung aller klösterlichen Gefälle einen eigenen Schaffner dahier. Nach dem Austausch ist diese Dienststelle dem Kurpfälzischen Oberschultheise zu Dalsheim übertragen worden, der auch die übrige Untergerichtbarkeit vertritt.

Das Dorfgericht ist mit einem Fauthe, vier Schöffen und einem Gerichtschreiber bestellet.

46) Zelle, ein mittelmäßger Ort, drei Stunden von Alzei südwärts auf einer Anhöhe gelegen, war ursprünglich anders nichts als eine Klause, wobei eine Kapelle oder Kirchlein zur Ehre des heil. Michaels gestanden hat. Denn unter dem Fränkischen König Pipin wählte ein aus Engelland gebürtiger Priester Namens Philipp diesen auf seiner Reise aus Welschland nach Frankreich angetroffenen Ort, und errichtete daselbst jene Klause oder einsame Zelle zu seinem Aufenthalt. Ihm folgten bald mehrere nach, und so entstand in kurzer Zeit eine förmliche Versammlung. Philipp starb im Rufe der Heiligkeit, und es wurden seiner Fürbitte viele Wunderwerke zugeschrieben. Die vormalige kleine Kapelle zu St. Michael ward darauf in eine Hauptkirche verwandelt, und dem heil. Salvator geweihet h).

Der Grund und Boden, worauf diese Zelle gestanden, scheinet in den Karolingischen Zeiten dem

---

b) Diese und ein groser Theil der nachfolgenden Geschichte dieser Probstei ist aus der kleinen Abhandlung gezogen, welche Herr Johann Jung unter dem Titel S. Philippus Cellensis in Palatinatu ad Rhenum cultu olim celebris, hodie ferme ignotus sed oblivione ereptus. Heidelb. 1780, ans Licht gestellet hat.]

Benediktinerkloster Hornbach gehörig, die Gerichtbarkeit aber den in der Nähe gesessenen Grafen von Leiningen frühzeitig übertragen worden zu seyn. Ob die in Gemeinschaft beisammen lebende Geistlichen der Regel eines Mönchordens gefolget, findet sich gar nicht. Wahrscheinlich aber haben sie sich den Aebten zu Hornbach unterworfen, und vielleicht auch anfänglich die Regel des heil. Benediktus angenommen. Es war wenigstens eine davon abhängige Probstei, welche, nachdem die Kirche schon mit einigen Gefällen begabt gewesen, um das Ende des XI Jahrhunderts von dem Abte Albert gestiftet worden ist. Er verliehe dazu die Kirche zu Hareweschem (Harxheim) mit dem Zehnten und einer Mühle. Sein Nachfolger, der Abt Ernst, vermehrte den Unterhalt der Mönche mit dem Kirchensaze zu Busenesheim, samt dem Zehnten, und einem Zolle zu Celle. Der Abt Ludolf aber gab sogar das Dorf Rorbach *i*) mit der Kirche, und aller Zugehör zum bessern Unterhalt dazu, und erlangte vom Erzbischoffe Adelbert zu Mainz, zu dessen Diöces Zelle damals gezählet wurde, im J. 1135 darüber die Bestättigung *k*). Der grose Wormsgau war damals schon in mehrere Grafschaften abgetheilet, wovon die Grafen von Leiningen eine der grösesten mit dazu gehörigen drei Landgerichten, nämlich das erste auf dem Stalbohel zwischen Worms und Frankenthal, das zweite auf dem

---

i) Herr *Crollius* in Orig. Bip. Tom. I, pag. 126, not. t. weis nicht, wo dieses Rorbach gelegen sei. Herr Bütinghausen in seinen Beiträgen zur Pfälzischen Geschichte II B., pag. 249. und Herr Jung in angezogener Abhandlung halten es für das Dorf Rodenbach. Ich glaube aber, daß es das bei Alsenborn gelegene Wartenbergische Rorbach sei, welches dem Kloster Otterberg im 13 Jahrhundert zugehöret hat, und in dem Mainzer Wistum des Kirchheimer Landkapitels gelegen war, davon die Kirche auch noch im Kurpfälzischen Schuze stehet.

k) *Wurdtwein* Dioecef. Mog. in Archidiacon. distincta Tom. I, pag. 334.

Kolbenberg bei Wachenheim an der Prímm, und das dritte auf dem Stamp zwischen Stauf und Alsngeborn, an dem Stelen genannt, besessen, solche aber von den Herzogen des Rheinischen Frankens, hernach von den Pfalzgrafen bei Rhein, Namens des Kaisers und Reiches zu Lehen getragen haben *l*). Zum mittlern gehörte nun Zelle, samt den Dörfern Harsheim und Niefern, worin die Probstei ihre mehrefte Besitzungen hatte. Im J. 1179 erklärte dahero Graf Emich von Leiningen und seine Ehefrau Elisa (eine gebohrne Gräfin von Eberstein) samt ihren Söhnen, Eberhard und Friedrich, daß sie alle Güter und Besitzungen, welche die Chorherren zu Zelle in dem Bezirke der landgerichtlichen Vogtei durch Schankung, Kauf, Tausch oder auf sonstige Art erhalten haben, oder an sich bringen würden, nebst ihren Bauern von allen Bitten und Beten, auch Diensten und Frohnen auf ewig befreiet seyn sollen *m*). Gedachter Graf Friedrich verliehe auch im J. 1206 dem Stift sein Bannrecht, welches er auf den Backofen in dem ganzen Dorfe Zelle hergebracht hatte *n*). Im folgenden bestättigte der Abt Werner von Hornbach der Probstei alle Schankungen, die selbige von seinen Vorfahren erhalten hatte *o*), und im J. 1227 that Pabst Gregorius IX wegen des Zehntens zu Nivern ein gleiches *p*). Im J. 1230 ist durch den Abt Eberhard verordnet worden, daß die Kirche und das Kapitel niemals ohne Dechant seyn solle, weswegen er die 15 Chorpfründen auf 12 verminderte *q*).

---

l) Leiningen-Hardenburgische gründliche Deduktion ꝛc. Beilage num. VI.
m) *Wurdtwein* Subsid. diplom. Tom. VI, num. 2.
n) Büttinghausen Beiträge zur Pfälzischen Geschichte II B. III St. pag. 252.
o) *Jung* S. Philippus Cellensis &c. append. docum. p. 41.
p) Ibid. docum. II.
q) *Wurdtwein* Subsid. diplom. Tom. I, pag. 168. Datum in Hornbach nonis Julii.

Um diese Zeit scheinet die Kirche neu erbauet worden zu seyn. Denn im J. 1248 ward solche von dem Suffragan des Erzbischofs zu Mainz zur Ehre ihres ersten Stifters eingesegnet r). Im J. 1260 ordnete der Abt Hugo, daß von den Kapitularen künftig auch einer als Küster, und einer als Sänger gewählet, die Zahl der übrigen Chorherren aber auf Acht gesezt seyn sollte s).

Im J. 1309 errichtete der Abt Sybold und der Konvent des Klosters St. Alban bei Mainz mit dem Dechant Colin, und übrigen Chorherren dieses Stiftes eine Verbrüderung t), und im J. 1327 machte gedachter Dechant und das Kapitel ein Gesaz, daß zu Wiedereinlösung der verpfändeten Stiftsmühle zu Harwisheim (Harrheim) jeder Chorherr 8 Pfund Häller aus eigenem Beutel vorschießen, und solche von jedem Nachfolger in der Pfründe den Erben des Verstorbenen wieder erseßet werden sollten u).

Um diese Zeit sollte die Kirche abermals neu gebauet werden, wozu der Bischof Walram zu Speier im J. 1329 eine Sammlung unter die gesamte Geistlichkeit seiner Diöces auf 2 Jahre lang ausgeschrieben x). Der Abt Walther zu Hornbach ertheilte dem Kapitel im J. 1346 neue Sazungen y), und 1349 stiftete der Pfarrer zu Enseltheim eine ewige Meßpfründe auf den Altar der heil. Nikolas und Katharine in der Kirche zu Zelle z).

Im J. 1407 errichtete der Dechant Truschelin von Wachenheim und das Kapitel eine Bruderschaft,

---

r) Ibid. Tom. VI, num. III.
s) Ibid. Tom. I, num. XV. Actum apud Horenbach Kalendis Aprilis.
t) Ibid. num. V. actum & datum non. Octobris.
u) Ibid. num. VI. feria secunda post octavam Trinitatis.
x) Ibid. num. VII. VII Kal. mensis Octobris.
y) Ibid. num. IX. Sabbato post diem beati Mathie Apostoli.
z) Ibid. Tom. I, num. XXII. in vigilia beat. Simonis & Jude Apost.

welche der Erzbischof zu Mainz Johann bestättigte a). Der Pabst Martin V bewilligte dem Abt zu Hornbach den Kirchensaz zu Ditelsheim dem Stift zu besserem Unterhalt anzuweisen b). Im J. 1435 belehnte der Abt Rheinhard den Grafen Hesse von Leiningen mit den Dörfern und Gericht Zelle, Hergsheim und Niefern in dem Primmer Thale, bewilligte auch, daß er gedachte Dörfer an Wernher Winter von Alzei um 100 fl. jährlicher Gülte verpfänden möge, jedoch solche stets zu Lehen tragen und vermannen sollte c). Der Pfarrsaz in dem Dorfe Wattenheim ward dem Stifte 1449 vom Pfalzgrafen Ludwig IV verliehen, und im folgenden Jahre mit Bewilligung des Pabstes und des Erzbischofs Dieterichs zu Mainz d), der Pfarrei Monsheim einverleibet e).

Mit diesen und mehrern andern Einkünften bestund also das Stift in einer guten Verfassung, bis durch die entstandene Religionsspaltungen dasselbe auch eine andere Gestalt bekam. Die Chorherren brachen ihre Gelübde und nahmen Weiber. Da nun durch Ableben des Grafen Hesso von Leiningen die Vogteigerechtigkeit über das Stift dem Kurhause Pfalz heimgefallen war, that Kurf. Friedrich II bei dem Römischen Stuhle das Ansuchen, und erhielt im J. 1550 von dem Pabst Julius III die Bewilligung, sämtliche Gefälle zum Behuf der hohen Schule in Heidelberg einziehen zu dörfen, welches auch im folgenden Jahre durch den Päbstlichen Gesandten,

---

a) *Büttinghausen* Beiträge 2 B. III Stück, p. 255.
b) *Wurdtwein* Subsid. diplom. Tom. VI, num. XII. Datum Rome IIII non. Martii, Pontificatus anno tertio decimo.
c) Leiningen-Westerburgische rechtliche Auszüge, Beilage 22 & 23.
d) *Wurdtwein* l. c. num. XIII.
e) Ibid. num. XVII. Daß es nicht Wonsheim, sondern Monsheim heißen müsse, hat Herr Jung bereits ganz wohl angemerket.

Sebaſtian Pigbino, bewerkſtelliget worden. Hiedurch wurde alſo das Stift mit ſämtlichen Gefällen gedachter hohen Schule einverleibet, und hiebei iſt es bis auf den heutigen Tag verblieben.

Weil nun die Abtei Hornbach von den Pfalzgrafen Zweibrückiſcher Linie ebenfalls eingezogen worden, muſte die davon lehenrührige Vogtei der Dörfer Zelle, Hartheim und Niefern von den Herrn Herzogen wegen jener Abtei bei jedem Falle empfangen werden.

Von den Pröbſten, die dem Stift anfänglich vorgeſtanden, finden ſich nur folgende drei, nämlich im J. 1179 Ortwin, 1206 Henricus, kommt auch in den Jahren 1208 und 1209 vor f). 1230 Arnoldus. Von den Dechanten aber kennen wir aus obangeführten und andern Urkunden 1230 Rudolph. 1317 Colin. 1342 Emercho oder Emerich. 1400 Druſchelin von Wachenheim. 1413 Johannes Straßburger g). 1450 Petrus und 1471 Peter von Grynſtatt h). 1474 Antonius i).

Die alte Stiftskirche iſt in der Kirchentheilung den Reformirten zugefallen. Sie war erſtlich der Pfarrei Weiſenheim am Sand als ein Filial zugegeben, jezt aber wird ſie von dem Prediger zu Heppenheim auf der Wieſe bedienet. Die Katholiſchen haben auch eine eigene Kirche erbauet, und dazu einen beſondern Pfarrer beſtellet, der nicht mehr zur Mainzer, ſondern zur Wormſer Diöces, und zum Dirmſteiner Landkapitel gehöret. Die Dörfer Hartheim, Niefernheim und Einſeltheim ſind ſeine Filialiſten.

Dieſe Gegend wird gemeiniglich das Zeller Thal genannt, und von der Primm durchſtröhmet.

---

f) Gudenus Cod. diplom. Tom. I, pag. 409 und in Sylloge pag. 76.
g) Wurdtwein Subſid. diplom. Tom. I, pag. 197.
h) Ibid. Tom. VI, pag. 48 & 50.
i) Ibid. pag. 57.

47) **Nifernheim** ist, so wie Zelle, auf der linken Seite der Primm gelegen, und hat zu Nachbaren gegen Ost Melsheim, und das folgende Dorf Harxheim; gegen Süd das Gräflich-Leiningische Dorf Kindenheim und Rubenbüdesheim; gegen West das vorhergehende Dorf Zelle; gegen Nord den Münchbischofsheimer Hof. In den Lorscher Urkunden wird dieser Ort **Niwarheim, Niuuora** und **Niverheim** geschrieben k). Die dazu gehörigen Güter sind den Unterthanen eigen, ausser daß die Kurfürstl. Hofkammer in der Gemarkung ein beträchtliches Hofgut besitzet.

48) **Harxheim**, liegt auf dem rechten Ufer der Primm, nur eine viertel Stunde von beiden vorhergehenden Dörfern, und wird in den alten Zeiten **Haraunesheim, Harasheim, Arasheim** und **Aresheim** genannt. Das Kloster Lorsch besaß eine Hube Landes, und eine Mühle zu **Harabesheim** l). Bei der im XI Jahrhundert erfolgten Stiftung der Probstei Zelle gab der Abt Albert von Hornbach die Kirche zu **Harewesehem** mit dem Zehnten und einer Mühle dazu.

Mit der Primm vereiniget sich dahier die von Ottersheim kommende Ammelbach, welche drei Mahlmühlen betreibet. In der Gemarkung liegt ein freiadeliches Gut, welches vormals den Blick von Lichtenberg zuständig gewesen seyn solle.

Die Kirche des Ortes ist gleichfalls in das Loos der Reformirten gefallen, und dermalen ein Filial von Heppenheim auf der Wiese m). Den grosen

---

k) Cod. Lauresh. Tom. II, num. 911, 920, 1175 & 1413.
l) Ibidem Tom. II, num. 907 & sq. 1269 & Tom. III, num. 3660.
m) Vor der Reformation war es eine eigene Pfarrkirche, und hatte eine auf den Altar des heil. Valentin gestiftete Kaplanei. Vid. *Wurdtwein* Dioeces. Mog. Tom. I, pag. 325 & 333.

Zehnten in sämtlichen drei Gemarkungen beziehet die hohe Schule zu Heidelberg; den kleinen aber der Reformirte Pfarrer.

Die drei Oerter haben ein gemeinschaftliches Gericht, dem der Universitäts-Kollektor vorstehet. In jedem Dorfe befinden sich zween Schöffen, mithin ist das ganze Gericht mit sieben Personen besezt. Es führet im Siegel den heil. Pirminius mit der Infel auf dem Haupt, und dem Krumstabe in der Hand.

49) **Enselsheim** ist ein mittelmäßiges Dorf zwischen Zelle, Harzheim, Albsheim an der Primm ꝛc. Das Kloster Lorsch erhielt im J. 791 einige Güter und Leibeigene zu Enselsheim, und bald darnach fünf Huben in Enslsheimer Gemarkung *n*). K. Konrad III gedenket in seiner Urkunde vom J. 1144 dreier Hofgüter, welche dem Prämonstratenserkloster Münsterdreisen im Dorfe Enslsheim zugeeignet worden *o*). Der Domsänger zu Speier und Chorherr zu Worms, Gerlach von Albich, vermachte den beiden Domstiftern im J. 1234 in Enselheim 306 Jauchert Aecker und 156 Manns-Mattwiesen nebst 9 Höfen. Das Wormsische Domkapitel verkaufte seinen Antheil im J. 1237 dem Domstift Speier um 70 Mark Silbers, und verschrieb sich, daß, im Falle der Abt und der Konvent zu Sunnensheim desfalls einen Streit erregen oder sich mit diesem Kloster gütlich vergleichen würde, es die Hälfte der Kosten und des Schadens tragen wolle *p*).

Das Dorf selbst gehörte unter die Bothmäßigkeit der Grafen von Leiningen und zum Landgerichte auf dem Kaldenberge bei Wachenheim an der Primm, welches

---

n) Cod. Tradit. Lauresh. Tom. II, num. 1147 & sq. Tom. III, num. 3660.
o) In AQ. Acad. Palat. Tom. I, pag. 298.
p) *Würdtwein* Subsid. diplom. Tom. IX, pag. 181 & 189.

welches mit der ganzen Grafschaft ein Pfälzisches Lehen gewesen. Auf Ableben des lezten Landgrafen Hesso von Leiningen zog Kurf. Friedrich I die damit verfallene Lehen ein. Die Vogtei aber scheinet von Alters her zu Afterlehen begeben gewesen zu seyn. Denn es nahm ein eigenes Geschlecht davon den Namen an. Schon im J. 1208 kommt Didericus de Ensilintheim q), im J. 1435 Dieterich, und im J. 1452 Hanns Stephan von Inseltheim als Leiningische Lehenmänner vor r). Nach der Beschreibung derjenigen Orte, welche nach Ableben des Landgrafen Hesso dem Kurf. Friedrich, und der Gräfin Margaretha von Westerburg im J. 1467 gehuldiget haben, heißet es: „Inseltheim ist Herrn Hansen von Wa„chenheim, und sind die Graven Hessen seel. eigene „Leute daselbs ꝛc. s). Dieses Geschlecht trug also die Vogtei bis zu seiner Erlöschung von Kurpfalz zu Lehen, da solche endlich heimgefallen und eingezogen worden ist.

Oberhalb des Dorfes entspringt aus dem sogenannten Pfingstbrunn ein geringes Bächlein, treibt unterhalb desselben eine Kammeral-Erbbestandsmühle, und fällt in die durch den südlichen Theil der Gemarkung ströhmende Primm, von welcher die sogenannte Laubachmühle getrieben wird.

Die Bevölkerung bestehet in 74 Familien, 306 Seelen; die Gebäude in 2 Kirchen, 1 Schule, 60 Häusern; die Gemarkung in 1302 Morgen Aecker, 6 M. Wingert, 44 M. Wiesen, und 6 M. Gärten.

---

q) In einer Urkunde Werners von Bolanden, womit er auf seine Rechten über die Kirche zu Obernheim zu Gunsten des Domstiftes Metz verzichen, bei Guden. Cod. diplom. Tom. I, pag. 410.

r) In den Leiningen-Westerb. rechtlichen Auszügen, Anhang num. 30. Der lezte ist im J. 147ͦ bei der Belagerung Wachenheim in des Kurf. Friedrichs Gefangenschaft gerathen. Krem. Gesch. pag. 450.

s) In gedachten rechtlichen Auszügen, Beil. num. 29.

Hierunter sind Freigüter, das zur Kurfürstlichen Hofkammer eingezogene Wachenheimische Lebengütlein, und der sogenannte Tiefenhof, welchen die geistliche Verwaltung besitzet, und wovon sie den vierten Theil der Reformirten Gemeinde zum Unterhalt eines Pfarrers überlassen.

Die Kirche ist von Alters her dem heil. Martin geweihet, und war jederzeit mit einem Pfarrer und Kaplan bestellet. Sie gehörte unter das Erzdiakonat des Probsten zu St. Viktor in Mainz, und in das Kirchheimer Landkapitel. Der Pfarrsaz ward nach der Mitte des XIV Jahrhunderts dem Kloster Liebenau bei Worms durch Erzbischof Gerlach zu Mainz verliehen. Eine Pfründe auf den Altar der heil. Margaretha hatte die Priorin des gedachten Nonnenklosters zu begeben r). In der Kirchentheilung fiel diese Kirche in das Loos der Katholischen, die solche im J. 1762 neu gebauet, aber mit keinem eigenen Pfarrer versehen, sondern der Pfarrei zu Zelle als ein Filial zugegeben haben. Ferner haben die Reformirten eine eigene Kirche aufgerichtet und mit einem Prediger bestellet, der die Filialkirche des Fürstl. Nassauischen Dorfes Münsterdreisen, dann die Ortschaften Standenböhl, Steinbach und Stetten mit zu versehen hat. Die Lutherischen sind nach Melsheim eingepfarret.

Den Zehnten in der ganzen Gemarkung beziehet die geistliche Verwaltung allein.

50) **Stetten.** Ein mittelmäßiges Dorf, von 70 bis 80 Haushaltungen, hat gegen Ost Oberflersheim und Dalsheim, gegen Nord das Falkensteinische Ilbesheim ꝛc. zu Nachbaren. K. Ludwig der Fromme schenkte im J. 835 der Abtei Prümm die Hauptkirche zu Albsheim (Albulfi villa) mit Gütern und Leibei-

---

r) *Würdtwein* Archi-Dioeces. Mogunt. Tom. I, Comment. III, pag. 323, 327 & 346.

genen zwischen Sauersheim (Gomaritesheim) und Stetin u). Sodann gedenket K. Ludwig der jüngere in einer für die Königliche Kapelle zu Frankfurt im J. 880 ausgefertigten Urkunde einer Kirche zu Steti x).

Das Kloster Münsterdreisen hatte auch viele Besitzungen in diesem Dorfe. Da K. Konrad II gedachtes Kloster im J. 1144 den Prämonstratensern zu Arnstein übergab, ward der beiden Margräfinnen von Tuscien, Beatrix und Mathild, gedacht, daß sie die Kirche, Zehnten, Leibeigene, Zölle ꝛc. zu Steten mit aller Gerechtigkeit denselben zugeeignet haben y). Der Pfarrsatz soll anfänglich dem Domkapitel zu Worms zugehöret, dieses aber solchen im J. 1231 dem Kloster Münsterdreisen ebenfalls abgetretten haben z). Die Vogtei über das Dorf hatten die Herren von Hohenfels mit vielen andern Rechten, Gütern und Gefällen erblich im Besitz. Es verkaufte aber Isengart, die Wittib Philipps von Hohenfels, mit Bewilligung ihrer Söhne, Wernhers und Hermanns, wie auch ihres Eydams, Johannsen von Metz, und ihrer Tochter Agnes, im J. 1291 alle Gerechtsamen, Unterthanen, Güter und Gefälle in dem Dorfe Steden gedachter Abtei Münsterdreisen für 230 Pfund Häller, und zwar aus dem Grunde, weil sie glaubte, daß jene Gerechtigkeiten von Alters her dem Kloster zuständig gewesen seyen a).

In dem Dorfe selbst hatte ein adeliches Geschlecht seinen Sitz, und führte davon den Namen. Im J. 1318 wird in einer Urkunde des Klosters Eyon eines Heinrichs von Stedin, Elisabeth seiner Ehefrau, und ihres Sohns Konrads gedacht b).

―――――――――――――
u) *Hontheim* histor. Trevir. Tom. I, pag. 178.
x) Ibid. pag. 218.
y) Die Urkunde stehet in Act. Acad. Tom. I, p. 298.
z) *Schannat* histor. Episcopat. Wormat. pag. 52.
a) Act. Acad. Palat. Tom. III, p. 84.
b) Datum anno Dom. MCCCXVIII in die S. Ambrosii Episcopi.

Im Jahre 1327 verkaufte das Kloster Münsterdreisen dem Abte zu Arnstein 100 Malter Korngült auf dem Zehnten zu Stetin um 540 Pfund Häller c). Drei Jahre darnach empfiengen die Gebrüder von Stetten das Schloß daselbst von Pfalzgrafen Rudolph II zu Erblehen; dieser aber behielt sich das Oefnungsrecht darin vor. Im Jahr 1333 verkaufte die Aebtissin des Nonnenklosters zu Marienthal all ihr Gut zu Steden bi Bolanden an den Abt und Konvent zu Arnstein um 900 Pfund Häller, wobei Heinrich ein Ritter von Stetten als Zeug erscheinet. Hermann und Werner Gebrüder, Herren von Hohenfels, wie auch Konrad Herr zu Reipolzkirchen, bekannten an diesem Gut kein Recht zu haben d). Im J. 1414 kaufte Pfalzgr. Ludwig III von Wolfen von Löwenstein einen Theil am Hubhof und Hubgericht zu Stetten. Gedachter Wolf von Lewenstein verschrieb sich auch im nämlichen Jahre keinen Theil am Schloß Stetten ohne der Pfalz Willen zu verkaufen, oder sonst zu verändern. Deswegen heißet es auch in dem Alzeier Saalbuche vom J. 1429: „Item min gnediger Herr der Pfalzgrav Ludwig „hat kauft um Wolf von Lewenstein ein Firteil an „dem Hoiphof zu Steden.„ Im J. 1494 ward dieser Ort noch unter die Ausdörfer gezählet. Nach Einziehung des Klosters Münsterdreisen hörte desselben Gerichtbarkeit auf, wozu noch kam, daß Kurf. Ludwig VI von den Grafen von Nassau derselben zu Stetten gehabte Leibzinse im J. 1579 eingetauschet hat e). Bei den im XVII Jahrhunderte wegen des Pfälzischen Wildfangsrechtes ausgebrochenen Irrungen machte das Kollegiatstift St. Paul auf die Hälfte der niedern Gerichtbarkeit einen Anspruch, wel-

---

c) Act. Acad. l. c. pag. 86.
d) Ibid. pag. 88 & 91.
e) Justit. Causae Palat. Libr. I, Cap. IV, pag. 62.

chem aber von Kurpfalz widersprochen worden ƒ), und dabei ist es bisher geblieben.

In dem Dorfe entspringet aus zwo Brunnquellen ein kleines Bächlein, welches sich in die eine halbe Stunde davon südwärts vorbei fliesende Primm ergieset. Von dem ehemaligen Schloß der Edeln von Stetten ist nichts mehr, als die dazu gehörigen Güter, vorhanden.

Die Gemarkung ist in 1362 Morgen Aecker, und 35 M. Wiesen abgetheilet.

Unter diesen Feldgütern sind begriffen die Schloß- die Hertlingshäuser Hof- die Stift Neuhauser- St. Paul- Kloster Arnsteiner- und die Pfarrgüter.

Die Kirche gehörte ehmals in die Mainzer Diöces und zum Landkapitel Kirchheim bei Bolanden g). Der Pfarrsaz kam vom Domstift Worms an das Kloster Münsterdreisen, und von diesem an das Kollegiatstift zu St. Paul. In der Kirchentheilung fiel solche in das Loos der Katholischen, die sie mit einem eigenen Seelsorger bestellet, welcher dem Wormser Bistum, und dem Landkapitel Dalsheim einverleibet ist. Selbiger hat auch das den Freiherren von Walbrunn zuständige Lehendorf Gauersheim zu besorgen. Eine andere neue Kirche haben die Reformirten erbauet, die ein Filial ihrer Pfarrei zu Einseltheim ist.

Den grosen Zehnten beziehet das St. Paulstift zu Worms, der kleine aber ist hier nicht üblich.

51) Freimersheim, ein mittelmäsiges Dorf von etwa 60 Häusern, liegt nur eine Stunde von Alzei südwärts, und wird zum Unterschiede eines andern, welches ostwärts von Alzei an der Selse gelegen, und zur Graffschaft Falkenstein gehörig ist, Frei-

---

ƒ) Ibid. Cap. VIII, pag. 277.
g) *Würdtwein* Dioecef. Mog. &c. Tom. I, p. 323, 26 & 33.

mersheim hinter der Warte genannt. Es kommt in den Lorscher Urkunden des VIII Jahrhunderts mit dem Namen Frecmaresheim und Frigmersheim vor *h*). Es war jederzeit zur Burg Alzei dienstbar, und die Raugrafen hatten darin ansehnliche Gerechtsamen und Besitzungen. Auch das Prämonstratenserkloster zu Wadgassen in Lotharingen besaß daselbst ein Gut, wovon es jährlich 19 Malter Korn bezogen. Es vertauschte aber solches mit Raugrafen Emich, Domherrn zu Worms, Wirich von Dune, und Raugrafen Konrad gegen ein anderes Gut an der Sare, welcher Tausch im J. 1292 bestättigt worden *i*). Gedachtes Kloster hatte auch eine jährliche und ewige Korngülte von 10 Malter daselbst, die ihm im J. 1367 von den Gebrüdern Friedrich dem alten und dem jungen, Grafen zu Leiningen, aufs neue verschrieben und versichert worden *k*). Im J. 1443 ward die Hälfte an der Obermühle, welche die Schluchter von Erpfenstein von Kurpfalz zu Mannlehen getragen, eingezogen. Eine Korngülte von 36 Malter, womit Sittig von Berlepsch belehnt gewesen, verliehe Kurf. Ludwig V seinem Rath Bachmann. Unter Kurf. Friedrich III fiel ein Theil des Zehnten heim, welchen die von Meckenheim getragen, und im J 1661 ward auf Erlöschung des Obersteinischen Geschlechtes wieder ein Theil des Zehnten eröfnet und zur Kammer eingezogen *l*).

Im westlichen Theile der Gemarkung entspringt die Aufspringerbach, treibt die sogenannte Obermühle, lauft demnach durch das Dorf, treibt darin

---

h) Cod. Lauresh. Tom. II, num. 1402 & 1649.
i) Datum & actum apud Wormatiam anno Domini millesimo ducentesimo nonagesimo secundo, in crastino Dominicae, qua cantatur Exurge.
k) Datum anno Domini MCCC sexagesimo septimo, quinta feria post Dominicam Exaudi proxima.
l) In Acta Comprom. beim *Chlingensperg* pag. 102, 105 & 107.

noch zwo andere Mahl- und eine Oelmühle, und fällt bei dem Gräflich-Falkensteinischen Dorfe Freimersheim in die Selse. Durch den Ort ziehet die gemeine Landstrase von Alzei nach Lautern, und wird darin der Landzoll erhoben.

Die Gemarkung enthält 1767 Morgen Aecker, 16 M. Wiesen, 40 M. Gärten, und 26 M. Wald. Die der geistlichen Verwaltung zustehende Spoyer-Münsterdreiser- und Otterburger- auch sogenannte Fahlgüter, machen allein zwei Drittel der ganzen Gemarkung aus.

Die Kirche liegt 50 Schritte vom Dorf, und ist U. L. F. Geburt geweihet. Den Pfarrsaz übergab Werner Winter von Alzei im J. 1418 an Kurfürst Ludwig III, welcher dieses Recht dem neuen Stift zum heil. Geist in Heidelberg verliehen hat. Sie gehörte zur Mainzer Diöces, in das Erzdiakonat des Probsten zu St. Viktor, und in das Kirchheimer Landkapitel. Es war dabei eine Kaplanei auf dem Altar der heil. Katharina, sodann eine Frühemesserei, worüber der Dechant des gedachten heil. Geiststiftes in den Jahren 1518 und 1521 das Patronatrecht annoch ausübte m). In der Kirchentheilung fiel diese Kirche in das Loos der Katholischen, und wurde mit einem eigenen Pfarrer bestellet, der nun zum Alzeier Landkapitel gehöret, und die Oerter Walheim, Kettenheim und Esselborn eingepfarret hat. Die Reformirten haben auch eine Kirche, die ein Filial der Pfarrei Kettenheim ist.

Am grosen und kleinen Zehnten beziehet die Kurfürstl. Hofkammer zwei, und der Kath. Pfarrer ein Drittel.

52) **Walheim.** Ein geringes Dorf von 33 Häusern, zwischen Kettenheim, Esselborn und Freimers-

---

m) *Wurdtwein* Dioec. Mog. Tom. I, pag. 327. 345 sq.

heim hinter der Warte, Mauchenheim und Weinheim bei Alzei. In den Lorscher Urkunden kommt ein Walaheim vor a), welches aber sowohl dieses, als das näher am Rhein gelegene Hangenwalheim seyn kann.

Dieses Dorf gehörte zur Burg Alzei, und war damaliger Gewohnheit nach zu Lehen begeben. Im Jahre 1400 kaufte Pfalzgraf Ruprecht III von Heinrich Bock von Lonsheim Eigen- und Lehenschaft, und damit den Zehnten, auch zwei Theile an dem Dorfe und in Gemarken ꝛc. mit dem Bedinge, daß solche Brendel und Ensel von Kiedenheim von Pfalz zu rechtem Mannlehen empfangen sollten o). In dem Alzier Saal- und Lagerbuche heißet es: „Item „Wolf Lette hat zu Burgleben eine Molen, Hoffen- „stat und drey Morgen Ackers zu Walheim, das „hatte vor Henne Lette.„ Das Kettenheimer Lehen hat Kurf. Karl Ludwig im J. 1662 zur Kammer eingezogen p).

Durch das Dorf lauft die von Freimersheim kommende Bach, treibt in und außer dem Orte die sogenannte Sand- die Deutschordens- zwo geistliche Verwaltungs- und eine Schleifmühle, fließet nach Kettenheim, und so weiter in die Selse.

Die Gemarkung enthält 811 Morgen Aecker, 13 M. Wiesen, und 5 M. Gärten. Das der Kurfürstl. Hofkammer zuständige Kloster Weidaser Hofgut beträgt allein 73 Morgen Aecker ꝛc. sodann ist das Spiegelische Flossengut, und einige Pfarrgüter.

Vor der Reformation war in diesem Dorfe eine dem heil. Martin geweihte Kapelle, die bei der Kirchentheilung vergessen worden. Indessen nahmen die Reformirten solche in Besitz, und bauten auf den Platz eine neue Kirche, die ein Filial der Pfarrei

---

a) Cod. Lauresh. Tom. II, num. 1277 & 78.
o) Acta Comprom. &c. pag. 93.
p) Ibid. inter feuda pag. 111.

Kettenheim ist. Die Katholischen sind nach Freimersheim, die Lutherischen aber nach Alzei eingepfarret.

Den Zehnten in der Gemarkung beziehet die Kurfürstl. Hofkammer theils wegen des Klosters Weidas, theils aber als ein heimgefallenes Lehen.

52) **Mauchenheim.** Ein mittelmäsiges Dorf, eine Stunde von Alzei südwestwärts entlegen. Das merkwürdigste davon beschränket sich auf zwei daselbst bestandene Nonnenklöster. Das eine war in dem Orte selbst, und hies zum Paradeiß. In dem Testament Wolframs von Lewenstein, des Kleinen genannt, vom Jahre 1296 werden unter andern vielen Klöstern den Nonnen in Mouchenheim einige Getraidgülten ausdrücklich vermacht q). Im J. 1339 muste der Official des Probsten zu St. Viktor bei Mainz, zwischen der Aebtissin und dem Konvent des Nonnenklosters zum Paradeiß in Mauchenheim Cisterzer-Ordens, und dem Abte des Klosters Otterburg, über den Pfarrsaz zu Offenheim entscheiden. Es ist also gewiß, daß dieses Kloster wirklich bestanden; wann und wie es aber aufgehöret habe, ist uns noch zur Zeit unbekannt. Vor etwa 50 Jahren ist auf dem sogenannten Plaz nächst dem Dorfe Mauchenheim verschiedenes altes Gemäuer entdecket und ausgegraben worden; welches die Ueberbleibsel davon zu seyn scheinen.

Das andere Kloster hies Syon, auch Seyl, und war dem Cisterzerorden untergeben r), es lag eine gute Strecke von dem Dorfe Mauchenheim gegen West, woselbst die jezt für den Schaffner und die Hofbauern zugerichtete Gebäude noch stehen. Die ursprüngliche Stiftung desselben ist nicht bekannt. Die erste Urkunde davon ist vom J. 1232, wodurch

---

q) Datum & actum anno Domini MCCXCVI. VIII Kal. Augusti.
r) *Oliverii Legipontii* Monast. Mog. p. 71.

die Aebtissin und der Konvent zu Syon ihre von Agnes von Deidesheim erhaltene Güter zu Freimersheim im Speiergaue dem Domstift Speier übergeben haben *s*). Im J. 1248 verliehe Wernher Truchseß von Alzei dem Kloster das Patronatrecht zu Spiesheim, welches von ihm Wolfram und Emich von Lewenstein zu Lehen getragen hatten *t*). Drei Jahre darnach erhielt es auch von Konrad Raugrafen von Boumenburch, Friedrich Grafen von Hohenberch und Florenzen von Rossowe den Pfarrsaz zu Gundersheim *u*. Im J. 1255 schenkte Sibold Edelknecht von Dirmenstein dem Kloster alles Recht, so er in dem Wald genannt Annenwelt hergebracht hatte *x*), und im J. 1258 Heinrich Edelknecht von Astnburc mit Bewilligung seiner Ehegattin Justina verschiedene Leibeigene *y*). Im J. 1268 ermahnte der Abt zu Münsterdreisen den Probst des Kollegiatstiftes zu St. Paul in Worms, daß er das Kloster in dem Besize des Kirchensazes zu Gundersheim nicht stöhren solle *z*). Im J. 1277 verkauften Gertrud Aebtissin, Benigna Priorin, und der Konvent zu Syon mit Bewilligung ihres in geistlichen Sachen vorgesezten Abts Christian zu Weiler im Mezer Bistum, alle ihre Güter zu Trebur dem Kommenthur und den Brüdern des Deutschen Hauses zu Mainz, um 80 Mark Häller Köllnisch *a*). Dahingegen schenkte ihnen im Jahre 1283 Georg Raugraf, Johann und Konrad Gebrüder von Boumenburc, allen Zehnten innerhalb den Zäunen des Klosters *b*), und

---

s) *Wurdtwein* Subsid. diplom. Tom. V, pag. 302.
t) Man vergleiche damit, was bei dem Dorfe Spiesheim gesagt ist.
u) *Senkenberg* Meditat. ad jus. publ. fasc. I, Prob. III.
x) Actum anno Dom. MCCL quinto in octava S. Martini.
y) Actum anno Dom. Milles. CC quinquagesimo octavo mense Augusto.
z) Datum anno Dom. MCCLXVIII. XVI. Kal. Januarii.
a) *Gudenus* Cod. diplom. Tom. IV, pag. 931.
b) *Senkenberg* Medit. fasc. I. Prob. IV.

Im J. 1288 die Wittib Johanns Edelknechts genannt
Aße, ihre Güter an den Gränzen des Dorfes Heimersheim c). Fünf Jahre darnach vermachten Konrad Edelknecht mit seiner Frau und ihrem Sohn Jakob die Hälfte ihrer Güter zu Offenheim d). Herdegen Edelknecht von Uffinheim genannt Busch, seine Vettern, die Gebrüder Heinrich von Busch, und
Werner von Dirmstein, genannt Busch, verkauften
alle ihre Güter zu Uffinheim dem Kloster Syon;
Philipps von Bolanden aber, von welchem sie die
Vogtei des Dörflins zu Lehen trugen, entledigte
das Kloster im Jahr 1295 von allen auf solchen Gütern haftenden Dienstbarkeiten, ausser dem Recht,
wornach des Klosters Eingesessene daselbst, welche
man Halbwerthin nennet, jährlich ein Huhn, und
ein Malter Haber zu verreichen hatten e). Durch
das Testament Wolframs von Lewenstein des Kleinen
vom J. 1296, worin er seine Ruhestätte in der Gruft
seiner Voraltern zu Syon verordnet hat, bekam das
Kloster verschiedene Gefälle in dem Dorfe Heppenheim f). Im J. 1303 verkauften auch die beiden
Gebrüder Heinriche, genannt die Buschen von Uffinheim, ihr Gut zu Offenheim und Bechenheim,
nebst dem halben Gericht in jenem Dorfe, welches
sie mit obgedachtem Herdegen in Gemeinschaft zu Lehen getragen, um 700 Pfund Häller, wozu im
folgenden Jahre Dieterich von Randecken, Rudolph
von Ansinbruch, und Eberhard von Randecken, Ritter, als Vormänder Antons von Dalburc, von

---

c) Actum Moguntiae anno Domini MCCLXXXVIII. nonis De-
cembris.
d) Acta sunt anno Dom. MCCXC tertio, in octava beati Ste-
phani protomartyris.
e) Datum per manum notarii anno Dom. MCC nonagesimo V. crastino inventionis S. Crucis.
f) Ditze Brif wart gegebin do man zaidej nach Goblis Geburt Dusint Jar unde druhundert u. dru Jar an S.
Bartholome.

welchem sie das Gut zu Lehen gehabt, gegen Ausweisung des Werthes von 24 Mark, dergestalt einwilligten, daß wenn dem Kloster dieser Betrag nicht gewähret würde, sie dafür Bürge seyn, und ein jeder mit einem Knechte samt Pferde zu Alzei so lang Dienst leisten sollte, bis das Kloster befriediget seyn würde g). Im J. 1309 wurde das Kloster auch von Konrad Raugrafen von Boinburg, Aleydis, gebohrner Gräfin von Sayn, dessen Ehegattin, dann ihrem Sohn Heinrich Raugrafen mit dem Pfarrsaz zu Mauchenheim begabt h), und im J. 1318 vermachte Heinrich, ein Edelknecht von Steden, 30 Malter Korn Gült Wormser Masung auf seinen Gütern zu Morsheim, nebst 6 Malter, welche das Kloster Marienthal jährlich abgeben muste, dem Kloster Syon zu einem Seelgeraid. Im J. 1330 verschrieben sich auch Hermann und Werner, Gebrüder von Hoinvels, samt ihrer Schwester Julle, Wittib ihres Vetters Heinrichs von Hoinvels, besagtes Kloster Syon an jenen erkauften Morsheimer Gütern nicht zu irren noch zu hindern.

Die Pfalzgrafen Rudolph und Ruprecht Gebrüder gestatteten dem Kloster dürres, liegendes und stehendes Brennholz aus dem Wald Fürholz genannt, ausführen zu dörfen i).

Im J. 1362 verkaufte die Aebtissin Agnes, und der Konvent des Klosters zu Deimbach, einigen Nonnen zu Syon ein ewig Malter Häller Geldes, das auf dem Hofe, und Gut zu Rode gehaftet, vorhin aber Emerich von Randeck, und seiner Ehegattin Ludrat gehöret hatte. Endlich verliehe auch die Wittib Richards von Lewenstein Irmgard mit ihren Söh-

---

g) Dise Brif wart gegebln nach Goddis Geburt do man zalte busint brühundirt vun sir Jar an Sante Remigiss Tage.

h) Sonkenberg Medit. fasc. I, Prob. XI.

i) Der geben ist zeber Nuwenstatt do man zalt ic. des Montags nach Sant Margreben Dag.

nen, **Esterich** und **Henne**, im Jahre 1379 dem Kloster drei Malter Korn Geldes auf ihr Gut zu Heimersheim abzulösen.

Dieses Kloster Eyon ist im J. 1566 von Kurf. Friedrich III aufgehoben, und zur geistlichen Verwaltung gezogen worden. Unter den Aebtissinnen, welche demselben vorgestanden, finden sich folgende in Urkunden: 1277 Gertrudis. 1318 Lysa. 1350 Albeidis. 1356 Isengard. 1434 Elisabeth von Rüdesheim. 1446 Margareth. 1473 Margaretha von Lewenstein, welche das Dorf Offenheim verkauft hat. 1522 Margaretha Kephunin k). 1541 Katharina Blikin von Lichtenberg l).

Das halbe Dorf Mauchenheim und etliche eigene Leuthe verpfändete König Ruprecht im J. 1404 an Diez von Wachenheim; das Pfandrecht aber kam hernach an Hademar von Labern und seine Ehefrau Walburg, die solches im J. 1419 Pfalzgrafen Ludwig III zu lösen gaben m). Diese Hälfte ist den Ulnern von Dieburg zu Lehen begeben worden; die andere aber war aus der Bolandischen Erbschaft schon vorhin an die Grafen von Nassau gekommen, welche solche durch den mit Kurf. Ludwig VI im J. 1579 wegen den Herrschaften Kirchheim und Stauf getroffenen Austausch an die Pfalz abgetretten haben n). Die Ulnerische Hälfte fiel nach zwanzig Jahren ebenfalls der Kur heim.

Neben dem Dorfe fließt die nächst dem Nassauischen Ort Orbis entspringende Sels vorbei, und treibt zwo Mühlen.

Voriges Jahr wurden 98 Familien, 485 Seelen,

---

k) *Würdtwein* Dioeces. Mog. pag. 325.
l) *Humbracht* Tab. 99. b.
m) Hiernach sind in den Act. Compromiss p. 94, lin. 22, pag. 131, lin. 42. und p. 132, lin. 7 zu ergänzen und zu verbessern.
n) Der Austausch-Receß stehet auszüglich in Justini Coronae Palat. pag. 62.

69 Häuſer; 1 Kirche und Schule dahier gezählet. Die Gemarkung enthält 1520 Morgen Aecker, 67 M. Wieſen, 15 M. Gärten, und 2 M. Wald. Darunter ſind die beträchtlichen Höfe des Kloſters Eyon, die Fürſtlich-Naſſauiſche oder Kirchheimer- die ſogenannte Saal- die Oppenheimer Hoſpital- und die Pfarr-Wittums Güter.

Die Kirche war ehmals dem heil. Remigius geweihet, in das Erzdiakonat des Probſten zu St. Viktor, und das Kirchheimer Landkapitel einſchlägig, mit zwei Kaplaneien o). In der Kirchentheilung fiel ſolche in das Loos der Reformirten, welche einen eigenen Prediger daſelbſt haben, der unter die Inſpektion der Alzeier Klaſſe gehöret, und zugleich das Filial Weinheim zu verſehen hat. Die Katholiſchen ſind nach gedachtem Weinheim, die Lutheriſchen aber nach Alzei eingepfarret.

Den groſen Zehnten beziehet die geiſtliche Verwaltung, den kleinen aber der Reform. Pfarrer.

54) **Offenheim** liegt eine Stunde von Alzei weſtwärts, und kommt ſchon im VIII Jahrhundert in den Lorſcher Schankungsbriefen unter ſolchem Namen vor p).

Der Ort ſelbſt gehörte zur Raugrafſchaft, und von dieſer kam die Vogtei an die Herren von Bolanden, welche damit das Geſchlecht der Buſchen von Offenheim belehnten. Als im J. 1295 Konrad Edelknecht von Dürincheim alle ſeine Güter zu Offenheim dem Kloſter Eyon zum Eigentum verkaufte, gaben ſeine Vettern von Offenheim genannt Buſchen ihre Einwilligung dazu, und Philipps von Bolanden that auch Verzicht auf alle Dienſtbarkeiten, wel-

---

o) *Würdtwein* Dioeceſ. Mogunt. in Archidiacon. diſtinct. pag. 325 & 345.

p) Cod. Lauresh. Tom. II, num. 985 & ſq. Tom. III, num. 3660.

he er von diesen Gütern zu fordern berechtiget gewesen q). Im J. 1303 verkauften die Gebrüder Heinrich Bosch von Offenheim all ihr Gut, Eigen und Erb, im Felde und im Dorfe, auch das Gericht zu Offenheim halb, welches sie mit ihrem Vettern Herbegen in Gemeinschaft hatten, um 700 Pfund Häller, und weil ein Theil des Guts nebst dem Gerichte, Lehen gewesen, versprachen sie solches von ihrem Herrn, von welchem es zu Lehen rührte, eigen zu machen r) Einen andern Theil solcher Güter trugen jene Gebrüder Bosche von Offenheim von dem Dalbergischen Geschlechte zu Lehen. Um nun diesen Verband abzulösen, und dem Kloster Syon das Eigentum zu gewähren, verschrieben sich im J. 1304 Dieterich Randecker, Rudolph von Ansinbruch, und Eberhard von Randecken, Ritter, als Vormünder des edelen Kindes Antonii von Dalburc, daß der Verkauf mit ihrem Willen geschehen, und die Gebrüder Boschen dafür den Werth von 24 Mark auf andere Güter zu Lehen bewiesen haben s). Auf solche Weise kam also nicht nur der gröseste Theil von Gütern, sondern auch die Hälfte des Gerichts zu Offenheim an das Kloster Syon, welches auch solang im Besize geblieben, bis die Aebtissin und der Konvent all ihr Recht im J. 1473 an Kurf. Friedrich I abgetretten t).

---

q) In der Urkunde hievon, geben craftino inventionis S. Crucis, heiset es: Ph. de Bolandia &c. quod nec nos nec Heredegenus prefatus aut fui &c. qui a nobis jus advocatie prefate viluile possident titulo feodali.

r) „ Und wande des Gudis eyn Deil, und das Gerethe
„ beide im Durfe, und in Felde len ist unsir, und
„ unsirs Federin Hern Herdenen, und auch sine Kint ꝛc.
„ Dirre Brif wart gegebin do man zalde nach Godis
„ Geburte dusent Jar unde dru hundert und dru Jar an
„ S. Bartolome.

s) Sieh hievon oben die 172 Seite.

t) Kremers Geschichte Kurf. Friedrich I pag. 647.

In dem Dorfe entstehet aus Brunnquellen ein Bächlein, welches der Fluthgraben heiset, und gegen Ost nach Weinheim in die Selse flieset.

Südwärts des Ortes liegt der Hof Ebersfeld, welcher der geistlichen Verwaltung gehöret.

Es sind 2 Kirchen und Schulen, in diesem aus 66 Häusern bestehenden Dorfe. Die Gemarkung enthält 1354 Morgen Acker, 5 M. Wingert, 49 M. Wiesen, 20 M. Gärten, und 4 M. Wald. Die zum Kloster Spon gehörige Hof- und die Pfarrgüter sind sehr beträchtlich.

Die Kirche des Ortes gehörte unter das Erzbiakonat des Probsten zu St. Viktor, und in das Kirchheimer Landkapitel, der Pfarrsaz aber den Grafen von Leiningen, die solchen wieder zu Lehen gegeben. Es entstund aber zwischen Johann von Randeck, und Wilhelm genannt Lettho von Alzei über dieses von beiden Theilen angesprochene Recht ein Streit, zu dessen Entscheidung sie Wernhern genannt Winter von Alzei zum Richter gewählet. Dieser erkannte im J. 1295 daß solcher Pfarrsaz dem von Randeck gebühre. Im J. 1323 übergab endlich Eberhard von Randeck und Ida seine Hausfrau mit Bewilligung des Grafen von Leiningen sein Recht dem Abt und Konvente des Klosters Otterburg, welches der Erzbischof zu Mainz und der Probst zu St. Viktor, Werner von Bolanden, bestättigten. Im J. 1339 machte zwar das Cisterzer Nonnenkloster zum Paradeis in Mauchenheim auf dieses Patronatrecht einen Anspruch, aber der Official des Probsten zu St. Viktor erkannte, daß solches, dem Kloster Otterburg zuständig sey. In dieser Kirche befanden sich zwo Altarpfründen, welche der Abt zu Otterburg ebenfalls zu verleihen hatte u). In der Kirchentheilung fiel solche

in

---

o) *Würdtwein* Dioecas. Mogunt. Comment. III, pag. 325 & 327 &c.

in das Loos der Reformirten, die einem eigenen Prediger daran bestellet, der das Filial Bechenheim mit zu versehen hat. Im J. 1756 haben sich die Katholischen auch ein Kirchlein erbauet, solches dem heil. Martin geweihet, und als ein Filial der Pfarrei Weinheim untergeben.

Den Zehnten beziehet die geistliche Verwaltung wegen des Klosters Otterburg mit den von Reigersberg und von Ketschau, dem Hospital zu Alzei, und dem Reformirten Pfarrer.

Das Dorfgericht ist nur mit einem Anwaltschultheißen und zween Schöffen bestellet.

55) **Weinheim.** Ein großes Dorf, nur drei viertel Stunde von der Oberamtsstadt westwärts entlegen, kommt im J. 767 mit dem Namen Wiginheim im Wormsgau vor. Vier Jahre darnach gab ein sicherer Erembert und sein Bruder Salcho dem heil. Nazarius die Hälfte eines Wingerts auf dem Berg, Wizenberc genannt x). In einer Urkunde K. Otto I vom J. 962 für das Kloster St. Maximin bei Trier, wird einer Kirche zu Wienheim im Nahegaue gedacht, welche Pfalzgraf Godefrid von Calbe sich zugeeignet, K. Heinrich V aber im J. 1125 dem Kloster wiederum eingeräumet hat y). Zum Unterschied anderer Oerter gleichen Namens wird dieses Weinheim bei Alzei genennet. Nach einer vorhandenen Archival-Rubrik ist im J. 1277 zwischen Pfalz und etlichen vom Adel, unter andern aber den Truchsessen von Alzei, eine Rachtung aufgerichtet worden, wonach gedachter Adel dem Pfalzgr. Lud-

---

x) Cod. Lauresh. Tom. II, num. 1323 & 24. — Dieses Wigenheim wird zwar in A&. Acad. Palat. Tom. I, pag. 272 für das zwischen Mainz und Bingen am Rhein gelegene Dorf Freiweinheim gehalten, es befindet sich aber dort gar kein Berg.

y) *Hontheim* hist. Trevir. Tom. I, p. 293, 513 & 544.

wig allen zugefügten Schaden ersezen, und um wieder in Gnaden zu kommen, den Ort Weinheim, welcher dem Wildgrafen Konrad zuvor zugestanden hatte, übergeben mußten. Durch die an Heinrich I Grafen von Spanheim vermählte Kunigund von Bolanden kam ein Theil davon zu Ende des XIII Jahrhunderts an jenes gräfliche Geschlecht, folglich durch Erbschaft an den aus dieser Ehe erzeugten Philipp Grafen von Spanheim, genannt von Bolanden. Von diesem fiel Weinheim auf seine erstlich an den Raugrafen Wilhelm von Altenbaumberg, und hernach an Grafen Ludwig von Rineck vermählte Tochter Kunigund, welche im J. 1373 dem Pfalzgrafen Ruprechten I das Oefnungsrecht in dortiger Burg einraumte z). Durch die unter den Söhnen K. Ruprechts im J. 1410 vorgegangene Erbtheilung ward dieses Weinheim nebst der Veste Ruprechtseck, und dem Dorf Bibelnheim zum Theil des Herzogs Stephan geschlagen, von diesem aber seinem jüngern Sohn, Pfalzgrafen Ludwig dem Schwarzen, der die Zweibrückische Linie gestiftet, ausgeschieden. Als dieser hernach mit seinem Vetter, Kurf. Friedrich dem siegreichen in Fehde und Irrung gerieth, ward dieses Dorf Wynheim von den Pfälzern feindlich behandelt, worüber gedachter Herzog Ludwig sich im J. 1455 sehr beschwehrte a). Im J. 1470 eroberte Kurf. Friedrich die Veste Ruprechtseck, und behielt solche samt den Dörfern Weinheim und Bibelnheim im Besize. Durch den zwischen Kurf. Philipps, und den Herzogen von Zweibrücken, Kaspar und Alexander, im J. 1489 errichteten Vertrag haben beide leztere vollkommen darauf verziehen, wobei es auch bis jezo verblieben ist.

---

z) Acta Comprom. in causa Praetens. Aurel. pag. 124, &
Tolner addit. pag. 74.
a) Kremers Geschichte Kurf. Friedrich I, pag. 67. und
im Urkundenbuche num. XLII.

Durch das Dorf lauft die zu Offenheim entspringende Steinbach, treibt die sogenannten Würz- und Obermühlen, und ergieset sich in die eine halbe viertel Stunde davon fliesende Selse, welche die Kameral neue *b*) und die Knebelische Poppenmühlen treibt.

Auf der westlichen Seite gegen Offenheim finden sich noch die Trümmer der Burg Windberg auf einer Anhöhe, welche 9 Morgen, 29 Ruthen Landes enthält, und jezo der geistlichen Verwaltung zugehöret. In dieser Burg hat die Spanheimische Gräfin Kunigund dem Pfalzgrafen Ruprecht das Oeffnungsrecht gestattet. Wer solche hernach im Besize gehabt, um welche Zeit sie verstöhret worden, und wie der dazu gehörige Bezirk an die geistliche Verwaltung gekommen, weis ich nicht. Wahrscheinlich aber hat solchen das nächst gelegene Frauenkloster Spon an sich gebracht, und die Burg selbst das Geschlecht von Löwenstein oder von Randeck zu Lehen getragen.

Das Dorf bestehet aus 3 Kirchen, 3 Schulen und 112 burgerlichen Häusern, welche 140 Familien bewohnen. Die Gemarkung enthält 1423 Morgen Aecker, 18 M. Wingert, 51 M. Wiesen, 10 M. Gärten, 5 M. Wald.

Hierunter gehören jene Güter, welche das Antoniterhaus zu Alzei vormals besessen, und jezt der Kurf. Hofkammer zuständig sind *c*); ferner das vor-

---

b) Diese Mühle trugen die Ritter von Handschuchsheim, nebst 8 Malter Korn Gült auf Kernbards Acker, wie der Lehenbrief vom J. 1582 besaget, zu Lehen, und wurde hernach eingezogen.

c) Noch im J. 1341 verliehe dieses Haus einen Theil davon um 30 Malter Korn Gült. Die Urkunde darüber fängt an: Petrus filius Hartelmanni de Wihenheim & Osperna mea legitima &c. de bonis quidem, agris, vineis, pratis & dimidia majoris curie ville *Wihenheim &c.* datum anno Domini MCCCXLI, in vigilia nativitatis Domini.

besagte Windberger Gut, die Deutschordens- Oppenheimer Hospital- Pfarr- die Cunzmannische, Knebelische und Gagernische Freigüter. Die Sittig von Berlepsch trugen eine Gült von 40 Malter Korn, und 20 Malter Haber, welche hernach dem von Zachmann verliehen worden.

Die alte Kirche, deren schon im X Jahrhundert gedacht wird, war dem heil. Gallus geweihet. Sie gehörte in das Erzdiakonat des Probsten zu St. Viktor in Mainz, und zum Kirchheimer Landkapitel. Dabei waren zwo Kaplaneien, eine auf dem Altare des heil. Nikolaus, und die andere auf dem Altare der heil. Katharina d). In der Kirchentheilung fiel solche in das Loos der Katholischen, die sie nun durch einen Kapuziner von Alzei versehen lassen. Die Reformirten haben auch eine Bethstube errichtet, ein Filial ihrer Pfarrei zu Mauchenheim. Die Lutherischen sind nach Alzei eingepfarret.

Bereits im J. 1400 kaufte Pfalzgraf Ruprecht I von Heinrich Bock von Lamsheim einen ganzen Zehnten im Weinheimer Felde jenseits der Strase, gab aber solchen an Brendel und Ensel von Riedenheim zu rechtem Mannlehen e). Dermalen beziehen die Reigersbergische Erben sieben, und der Kath. Pfarrer einen achten Theil davon. Auf dem Windberg und an der Holzstrase wird solcher zwischen gedachten Reigersbergischen Erben, und der geistlichen Verwaltung getheilet. Den Glockenzehnten genieset der Schulmeister allein.

Das Dorfgericht führet im Siegel einen Abt (vermuthlich den heil. Gallus) mit dem Krumstabe. Unter dem Abt liegt ein von oben herab gespaltener Herzschild, dessen rechtes Feld ein Kreuz enthält; das linke aber quer durchschnitten ist. Im obern

---

d) *Würdtwein* Dioec. Mog. in Archidiacon. distinct: Tom. I, Comment. III, pag. 323. 26 & 28.
e) Act. Comprom. pag. 93 & 126.

Theil stehet man den Pfälzischen Löwen, im untern einen Weintrauben.

56) **Heimersheim.** Ein ansehnliches Dorf, von 133 Haushaltungen, eine kleine Stunde von der Oberamtsstadt nordwestwärts gelegen, wird in den Lorscher Urkunden Heimradesheim, Hemradesheim, Heimridisheim, und Heidmarsheim genannt f). Nach dem alten Saalbuche wurde Heimersheim unter diejenigen Dörfer gezählet, welche zu allen Geboten auf die Burg Alzei dienen mußten. Das seltsamste ist, daß der Pfarrsaz samt dem grosen Zehnten, und einem Hofgut ein Gülichisches Mannlehen ist g). Das Kloster Syon erhielt im J. 1288 von der Wittib eines Edelknechts, genannt Johann Aze, ihre Güter zu Heimersheim als eine Aussteuer für ihre in besagtes Kloster eingetrettene Tochter Hildegund, und im J. 1379 stiftete die Wittib Richarts von Lewenstein, Irmengart, mit ihren beiden Söhnen, Emerich und Henne, ein Seel-Gerait auf ihr Gut zu Heimersheim. Dieses Lewensteinische Hofgut war ein Pfälzisches Lehen, und wurde von Kurf. Karl Ludwig im J. 1657 eingezogen h).

Oberhalb des Dorfes gegen Süd entspringet die sogenannte Engbach, lauft nach Albig, und fällt bei Bechtolsheim in die Selse.

Die Gemarkung enthält 1485 Morgen Aecker, 48 M. Wingert, 42 M. Wiesen ꝛc. Dahin gehören nebst dem zur Kollektur Alzei gehörigen Präsenzhof, auch die Höfe des ehemaligen Klosters Sommersheim, die Freigüter des von Reuschmann, und des geheimen Staatsrathes von Stengel, dann die Pfarr- und Schulgüter.

---

f) Cod. Luresh. Tom. I, num. 1107, 87, & sq. 1393, 1817, Tom. III, 3660.
g) Man vergleiche damit Hr. Kremers Vorlesung de Comitatu nemoris, in Act. Acad. Palat. Tom. III, p. 284.
h) Acta Comprom. in causa Aurel. pag. 111.

Die Kirche zu Heimersheim ist dem heil. Mauritius geweihet, und in der Kirchentheilung den Katholischen heimgefallen. Sie ward im J. 1729 wieder neu erbauet, auch mit einen eigenen Pfarrer bestellt, der unter das Landkapitel Alzei gehöret, und die Dörfer Albig, Bermersheim und Lonsheim mit besorget. Auch die Reformirten haben eine eigene Kirche erbauet, die ein Filial der nächst gelegenen Pfarrei Albig ist.

Sieben Neuntel am grosen, und zwei Drittel am kleinen Zehnten trugen vormals die Hund von Saulheim, jezo aber der Kurpfälzische geheime Staatsrath, Johann Georg von Stengel, zu Lehen. Die übrigen zwei Neuntel am grosen, und ein Drittel am kleinen, geniesset der Kath. Pfarrer.

57) **Lonsheim**, ein geringes Dorf, eine Stunde von Alzei nordwärts entlegen, wird in den Lorscher Urkunden des VIII Jahrhunderts Laonisheim und Lonesheim genannt, unter welch lezter Benennung es auch in einer Urkunde der Abtei Fulda vom J. 857 vorkömmt i). Es gehörte ursprünglich zur Wildgraffschaft. Im J. 1368 verpfändete Wildgraf Friedrich von Kyrburg seinen Theil an den Dörfern Flonheim, Uffhoven und Lonsheim an Pfalzgrafen Ruprecht I auf Wiederlösung um 1000 Pfund Häller Mainzer Währung k). Nachgehends ward der halbe Theil des Dorfes Lontzheim und der Hof daselbst um eine jährliche Gülte von 80 Gulden an Herbord von Udenheim abermals versezt. Der Wild- und Rheingraf Johannes aber übertrug im J. 1411 das Losungsrecht an Kurf. Ludwig III für 1160 fl.

---

i) Cod. Tradit. Lauresh. Tom. II, num. 1192 & 1322. und *Schannat* Corp. Tradit. Fuld. num. 484.

k) Beurkundeter Inhalt der Salmischen Revis. Libellen 2c. §. 80 und die Urkunde in der Verwandschaft und Nähe des Grades adj. num. 3.

Mainzer Währung, und bemerkte in dem darüber ausgestellten Briefe, daß einiges dieser Unterpfänder von der Pfalz zu Lehen rühre *l*). Den fünften Theil des Dorfes hingegen trugen die Grafen von Spanheim als ein Erzbischöflich-Köllnisches Lehen. Weil nun bekanntlich drei Fünftel der vordern Grafschaft Spanheim im Anfange des XV Jahrhunderts an Kurpfalz gekommen, wozu jener Theil an Lonsheim gehörig war, so wird auch solcher noch wirklich als ein Köllnisches Lehen erkannt.

Die übrigen Theile hat vermuthlich das Wild- und Rheingräfliche Haus wieder eingelöset. Denn Rheingraf Otto suchte noch im J. 1601 bei Kurf. Friedrich IV an, daß er ihm gegen Abtrettung aller Rechte zu Werstatt, die Kurpfälzische Leibeigene zu Flonheim, Bornheim, Uffhofen und Lonsheim überlassen, und zu Lehen geben möchte *m*). Als hernach die Rheingrafen sich in den bekannten Streit über das Pfälzische Wildfangsrecht eingelassen hatten, und die ganze Sache durch den Heilbronnischen Ausspruch beigelegt ward, muste es sich gefallen lassen die Kurpfälzische Ungnade durch gänzliche Abtrettung der Dörfer Lonsheim und Schierfeld an Kurf. Karl Ludwig im Jahre 1679 abzuwenden *n*). Auf solche Weise kam also das ganze Dorf an Kurpfalz, bei der es auch bisher verblieben ist.

In dem Orte siehet man noch das alte Gemäuer einer vormals daselbst gestandenen Burg mit einem darauf befindlichen runden Thurn, welcher dem Freiherrn Schüz von Holzhausen zuständig ist.

An Gebäuden sind 1 Kirche, 2 Schulen, 42 bürgerliche und Gemeindshäuser vorhanden. In der

---

l) In gedachtem Inhalte der Salmischen Revis. Libellen unter den Beilagen num. VII.
m) Justit. Causae Palat. Cap. IV, §. 25, pag. 50.
n) Kurzgefaßte Geschichte des Wild- und Rheingräflichen Hauses I Theil, §. XLIV, pag. 155.

Gemarkung aber 1054 M. Aecker, 30 M. Wingert, 55 M. Wiesen, 8 M. Gärten, und 17 M. Wald. Von diesen Feldgründen machen die Schäzische Güter samt denen des Waisenhauses zu Mainz, und des ehemaligen Nonnenklosters Deimbach einen beträchtlichen Theil aus.

Die Kirche des Ortes soll vormals der heil. Margaretha geweihet gewesen seyn. Als das Dorf an Kurpfalz abgetretten worden, hatten die Evang. Lutherischen dieselbe allein im Beßze; die Reformirten bedienten sich hernach ebenfalls derselben, und diesem Beispiele folgten endlich die Katholischen nach. Katholischer Seits ist sie ein Filial der Pfarrei Heimersheim, jedoch aber zum sonn- und feiertägigen Gottesdienst eine besondere Pfründe gestiftet, die der Pfarrer zu Freimersheim genieset. Reformirter Seits ist dieselbe ein Filial von Albig. Hingegen haben die Lutherischen einen eigenen Pfarrer daselbst, welcher die Filialkirche in dem Rheingräflichen Dorfe Bornheim zugleich versiehet.

Am Zehnten beziehet die geistliche Verwaltung 4 Zehntel, das Kollegiatstift zu St Alban in Mainz auch soviel o), der Kathol. und Luth. Pfarrer aber das übrige.

58) **Wonsheim.** Ein mittelmäsiges Dorf, von 75 Häusern, dritthalb Stunden von Alzei westwärts entfernet. Im J. 800 verliehen Herting und Udalpracht alles Eigentum, welches sie in dem Dorfe Duanesheim gehabt, der Abtei Fulda p). Es soll auch das Kloster Weisenburg zu der Karolinger Zeiten zu Wanesheim im Wormsgaue Lehen-Leute gehabt haben q). Ursprünglich gehörte dieser Ort zur Rau- und Wildgraffschaft, welche beide bekanntlich alte

---

o) *Joannis* rer. Mog. Script. Tom. II, pag. 925.
p) *Schannat* Corp. Tradit. Fuld. num. CXLIV & CLXVI.
q) A&. Acad. Palat. Tom. I, pag. 279.

Herzoglich-Rheinfränkische, und hernach Pfalzgräfliche Lehen gewesen. Nebst diesen beiden Häusern hatten auch die Herren von Bolanden verschiedene Gerechtsame und Besitzungen darin, ja es führte ein adeliches Geschlecht seinen Beinamen davon. Der Wildgraf Konrad, seine Söhne Emich und Gozzo gaben im J. 1257 ihren Zehnten zu Wanesheim an Godelmann von Wanesheim, Ritter, und seine Ehefrau Kunigunde zu einem Pfandlehen auf zwei Jahre, und im Falle nicht erfolgender Einlösung machten sie es gar zum Erblehen *r*). Als Wildgraf Friedrich seiner Gemahlin Agnes, einer gebohrnen von Schöneck, 2000 Mark Köllnisch zur Heyrathsgab verschrieb, bewilligte Pfalzgraf Rudolph I im J. 1309 solche auf die von ihm zu Lehen rührende Besitzungen zu versichern, worunter Wansheim mit begriffen war *s*). Graf Philipp von Spanheim genannt Bolanden muß auch einen Theil an diesem Dorfe gehabt haben. Denn er bewies seiner an Raugrafen Wilhelm zu Altenbaumburg verehelichten Tochter Kunigund im J. 1346 eine Gülte von jährlichen 600 Pfund auf Alten- und Neuen-Baumburg, die Dörfer Wonsheim und Wildenstein *t*). Jedoch mußte Wonsheim vermög des Alzeier Saal- und Lagerbuches vom J. 1429 den Pfalzgrafen zu allen Gebothen auf die Burg zu Alzei dienen.

Im J. 1431 verpfändete der Raugraf Otto seinen vierten Theil daran dem Pfalzgrafen Ludwig IV. Im J. 1538 wurden die zwischen Kurf. Ludwig V und dem Grafen Wirich von Falkenstein entstandene Irrungen gütlich beigelegt, und dahin verglichen, daß zwar gedachtem Grafen die Huldigung zum vier-

---

r) Beurkundeter Inhalt der Salmischen Revis. Libellen adj. num. XLI.
s) *Senkenberg* in Meditat. ad jus public. &c. fasc. I, Prob XXII..
t) Kremers diplomatische Beiträge II Stück, p. 212.

ten Theil seiner Obrigkeit von den Unterthanen geleistet werden, das Halsgericht, Jagen und andere hohe Gerichtbarkeit aber der Pfalz, wie vorher allein zustehen und verbleiben solle u). Als dieses gräfliche Haus in seinem Mannsstamm erloschen war, fiel dessen Theil ebenfalls an die Pfalz, und da schon durch den mit den Grafen von Nassau im J. 1579 getroffenen Austausch die Alt-Bolandischen Leibeigene abgetretten, auch die Lehengüter der ausgestorbenen von Wonsheim im Jahr 1674 eingezogen werden x), so kam das hohe Kurhaus zum alleinigen Besitze sämtlicher Rechte dieses Dorfes.

Durch den Ort fliesset das zu Steinbockenheim entspringende und bei Wellstein in die Appel sich ergiesende Dunzenbächlein.

Die Gemarkung enthält 1300 Morgen Aecker, 15 M. Wingert, 56 M. Wiesen, 33 M. Gärten, und 729 M. Wald.

Darin sind begütert die Kurfürstl. Hofkammer, die geistliche Verwaltung wegen der Klöster Dissibodenberg und Marien-Pfort, dann wegen des Kreuzaltars; die hohe Schule zu Heidelberg wegen des Klosters Deimbach; die Freiherren von der Heeß mit den adelich Wonsheimischen Besitzungen; der Fürst von Nassau-Weilburg mit den Bolandischen; endlich die Freiherren von Plittersdorf, von Dalberg und von Erthal mit eigentümlichen freien Höfen und Gründen.

Der Wald liegt zum Theil oberhalb des Dorfes Mörsfeld, und gehöret in die Hut des Kurfürstlichen Försters daselbst. Er ist zwischen den beiden Gemeinden Wonsheim und Steinbockenheim gemein. Die Kurfürstl. Hofkammer besitzet darin einen Bezirk, Wildhag genannt, von 13 Morgen.

Die Kirche war dem heil. Lambert geweihet, ge-

---

u) Geben zu Heidelberg Derstags nach Bartholomäi.
x) Act. Comprom. in causa praetens. Aurel. &c. pag. 110.

hörte unter das Erzdiakonat des Domprobsten zu Mainz, und in das ehemalige Landkapitel Münsterappel. In der Kirchentheilung fiel dieselbe in das Loos der Reformirten, die einem eigenen Prediger bestellet, der unter die Inspektion Odernheim gehöret, zugleich auch die beiden Rheingräflichen Dörfer Uffhofen und Volxheim als Filialisten zu bedienen hat. Ferner haben die Katholischen unter dem Rathhause eine Kapelle, die der Kurmainzischen Pfarrei Wellstein untergeben, und in das Algesheimer Landkapitel gehörig ist.

Am grosen = hnten beziehet das Rheingräfliche Gesamt-Haus vier, der Freiherr von der Heeß eines, und der Reformirte Pfarrer nebst dem ganzen Lambertus Zehnten ein Sechstel; am kleinen aber jeder derselben ein Drittel, und den Glockenzehnten der Reformirte Schulmeister.

59) **Münster.** Ein mittelmäsiger Flecken auf dem linken Ufer der Nahe oberhalb Bingen gelegen, wird zum Unterschiede anderer Oerter dieses Namens Münster bei Bingen zugenannt. Er scheinet seine dermalige Benennung von der grosen und schönen Kirche, die vor Alters daselbst gewesen seyn solle, angenommen zu haben. Der Erzbischof Konrad I von Mainz vertauschte im J. 1189 die Kirche zu Münstere und Brezzenheim gegen jene zu Alzei, an das Kollegiatstift zu St. Stephan in Mainz, und Pfalzgraf Konrad, der mit dem Pfarrsaz belehnt gewesen, tratt solchen dem Erzbischof auf sein Verlangen ab y).

Der Ort selbst gehörte zur alten Grafschaft des Nahgaues und zum gemeinschaftlichen Landgericht der Rau- und Wildgrafen. Dieses war ein Herzoglich-Rheinfränkisches, hernach aber Pfalzgräfliches Lehen. Denn Pfalzgraf Rudolph I zählet das Dorf

---

y) Joannis rer. Mog. Script. Tom II, pag. 522, & Gudeni Cod. diplom. Tom. III, p. 853.

Monster bei Bingen in seinem dem Wildgrafen
Friedrich zu Bewidmung seiner Gemahlin im Jahr
1309 ertheilten Bewilligungsbriefe ausdrücklich un-
ter dessen Zugehörungen z). Pfalzgraf Ruprecht I
verliehe auch im J. 1351 gedachtem Wildgrafen die
Gerichte zu Münster, hohe und niedere, mit allen
Angehörungen a) Inzwischen verpfändeten Raugraf Wilhelm von Altenbaumberg, und seine Gemahlin Kunegund, Tochter des Grafen Philipps von
Spanheim genannt Bolanden, ihren Antheil des
Dorfes Monster by Bingen im J. 1355 an eben
gedachten Wildgrafen Friedrich von Kyrburg um 100
Malter Korns Bingner Masung h). Als aber K.
Ruprecht auf Abgang des lezten Wildgrafen zu Kyrburg Otto die dadurch der Pfalz beimgefallene Lehen
im J. 1409 dem mit der Wildgräfin Adelheid vermählten Rheingrafen Johann III aus neuen Gnaden
verliehen, behielt er sich den halben Theil an der Vogtei, an dem Dorfe und Gericht zu Münster mit allen
Gerechtigkeiten vor c). In dem Alzeier Saal- und
Lagerbuche von 1429 heißet es: „Münster by Bingen
„ist mins gnedigen Herrn des Pfalzgrafen und der
„halp Teyle den hant die Ryngreven von der Pfalz
„zu Lehen nach Lude der Briffe.„

Im J. 1493 kaufte Kurf. Philipps einen halben
Theil am Dorf und Markt zu Münster an der Nohe,
so von Pfalz zu Lehen gegangen, von Johann V
Wildgrafen um 4000 fl. welche ihm aus der Pfalz
Kammer mit jährlichen 200 verzinset und zu Mann-

---

z) *Senkenberg* Medit. in jus Publ. fascic. I, Prob. XXII,
pag. 95.

a) Gründliche Ausführung des Rheingräfl. Grumbach-
und Rheingrafensteinischen Erbfolgs-Recht ꝛc. adj.
Lit. u.

b) Kremers diplomat. Beiträge zur deutschen Geschicht
kunde 2 St. Beilage num. XX.

c) Gründl. Ausführung ꝛc. Beil. lit. w und im beurk.
Inhalt ꝛc. Beil. num. XXII.

leben dergestalt bestimmet worden, daß, wenn ihm das Hauptgeld abgelöset werden sollte, er solches wieder anlegen und gleicher Gestalt zu Lehen tragen sollte. Gedachter Kurfürst hatte die Absicht durch diese Erwerbung auf dem Nahfluß und dem Rheinstrohme die Handlung zu befördern. Er verlegte daher den Wochenmarkt zu Bingen nach Münster, und ließ solchen drei Jahre lang nach einander alle Donnerstag an der Nahe halten, so daß von seinen Unterthanen keiner etwas nach Bingen verkaufen durfte; wodurch daselbst ein Mangel an Lebensmitteln entstund d). Die Sache ward zwar durch einen Vergleich beigelegt, und der Markt wieder zu Bingen gehalten, allein der Erzbischof Berthold und das Domkapitel zu Mainz konnten diesen Streich nicht vergessen, und ihre Unterthanen am Rheinstrohm verübten allerlei Ausschweifungen wider die Pfälzer. Der Kurfürst Philipps ließ daher zu Beschützung seiner Lande einen neuen Thurn in dem Ort Münster bauen, und nannte solchen Truzbingen. Der Erzbischof hingegen suchte alles hervor, einige Ansprüche auf Münster geltend zu machen e). Da nun der Kurf. während der Baierischen Fehde von allen Seiten überfallen wurde, bemächtigte sich der Landgraf von Hessen unter andern auch dieses Dorfes, und ließ solches samt der schönen Kirche in Brand stecken, wofür er von der Stadt Bingen sehr freundlich aufgenommen wurde f).

In der Belehnung, welche Kurf. Ludwig V dem Rheingrafen Johann VII im J. 1215 ertheilet, ward die auf 200 fl. bestimmte Lebengült nur mit 150 fl. ausgedruckt. Die Nassau-Bolandische Leibeigene wur-

---

d) *Trithemius* Chron. Sponh. ad annum 1491, edit. *Freher.* pag. 303.
e) Ibid. ad annum 1504, pag. 420.
f) Idem hist. belli Bav. in *Freheri* Script. rer. Germ. Tom. III, pag. 126.

den 1579 an Kurpfalz abgetretten. Währendem dreißigjährigen Kriege verpfändete Kaiser Ferdinand II im J. 1630 die beiden Dörfer Münster und Sponsheim mit hoher und niederer Obrigkeit an Heinrich Brömser von Rüdesheim um 25000 Schock Meißnisch, ließ ihm auch im J. 1636 den Besitz davon einraumen, und machte beide Dörfer zu einem Pfandlehen g). In dem Westphälischen Friedensschlusse ward dieses zwar auch bestättiget, jedoch daß der Brömser diese Dörfer von der Pfalz zu Lehen tragen sollte h). Da aber derselbe schon im J. 1668 sein Geschlecht beschlossen hatte, fiel alles wieder der Pfalz anheim. Endlich ward durch den im J. 1698 mit den Rheingrafen errichteten Austausch auch die bestimmte jährliche Abgabe der 150 fl. gänzlich aufgehoben i).

Die Nahe fließet vorbei, durch das Dorf aber die im Büdesheimer Walde entspringende Krebsbach, wie auch ausserhalb desselben die sogenannte Trollmühlbach, welche leztere die obere und untere Trollmühlen betreibet. Durch den Ort ziehet die von Bingen nach Kreuznach führende Landstrase, und wird darin der Zoll erhoben.

Nicht nur der oben bemerkte veste Thurn Trozbingen, sondern auch der sogenannte alte Thurn befinfinden sich noch in gutem Stande.

An Gebäuden finden sich 2 Kirchen, 2 Schulhäuser, 68 burgerliche und Gemeindshäuser nebst den Mühlen. Die Gemarkung enthält 296 Morgen Aecker, 104 M. Wingert, 16 M. Wiesen, 4 M. Gärten, 340 M. Wald und 46 M. Weide. Es sollen sich keine freie Güter darin befinden, wiewohl das ehemalige

---

g) Mosers Erläuterung des Westphälischen Friedens ꝛc. ud Art. IV, p. 178.
h) Instrum. Pacis Osnabrug. Art. IV, § 18 & Monast. Art. V, §. 26.
i) In der obangezogenen gründlichen Ausführung, Beil. Lit. C, pag. 26.

Benediktinerkloster St. Alban zu Mainz im J. 1325 einen Hof daselbst besessen hat *k*).

Die Kirche ist den heil. Aposteln Peter und Paul geweihet, und in der Kirchentheilung den Katholischen zugefallen, dermalen auch mit einem eigenen Pfarrer bestellet, der zum Algesheimer Landkapitel gehöret, und nebst den Kurpfälzischen Dörfern Laubenheim, Dorsheim und Grolsheim, im Oberamt Stromberg, auch das Kurmainzische Lebendorf Sarmsheim mit zu bedienen hat. Die Reformirten und Lutherischen pfarren nach Laubenheim.

Den Zehnten beziehet das St. Stephansstift, und von Neubrüchen die Kurpfälzische Hofkammer.

Das Gericht ist mit einem Ober- und Unterschultheißen, dann vier Schöffen und einem Gerichtschreiber bestellet. Nachfolgende zwei Dörfer gehören unter die Oberschultheißerei Münster.

60) **Sponsheim** oder besser Spansheim, ein geringes Dorf von etwa 40 Häusern, oberhalb des vorhergehenden auf der rechten Seite der Nahe gelegen. Kurf. Ludwig III soll es im J. 1431 an Heinrich Wolf von Spanheim verpfändet haben *l*). Ob und wie lang diese Pfandschaft gewähret, ist nicht bekannt. Jedoch ward Sponsheim noch im J. 1577 unter die Pfälzischen Ausdörfer gerechnet *m*). Währendem dreißigjährigen Kriege verpfändete K. Ferdinand II im J. 1630 die beiden Dörfer Münster und Sponsheim an Heinrich Brömser von Rüdesheim, wie bei erstem Dorfe schon angeführet worden *n*).

Die Nahe, die eine viertel Stunde weit von dem

---

k) *Wurdtwein* Subsid. diplom. Tom. I, pag. 267.
l) Acta Comprom. apud *Chlingensperg* pag. 132 es heißet zwar daselbst Spanheim, wahrscheinlich aber soll es Sponsheim bedeuten.
m) Justit. Causae Palat. Lib. I, Cap. V, pag. 82.
n) Joh. Jak. Moser in seiner Einleitung zum Kurpfälzischen Staatsrecht p. 669 redet von dem Dorf Gauls-

Dorfe vorbei fließet, treibt allda die sogenannte Wackenmühle. Die Landstrasen von Alzei und Kreuznach nach Bingen ziehen durch den Ort, in welchem der Zoll erhoben wird. Die Gemarkung enthält 724 Morgen Aecker, 4 M. Wingert, 31 M. Wiesen, 3 M. Gärten.

Unter den Feldgründen ist begriffen der sogenannte Herrenhof oder das Arnoldische Kameralgut von 146 M. Aecker, und 3 M. Wiesen; ferner die zur Pfarrei, Schule und dem Kloster Rupertsberg gehörige Güter.

Von der Kirche des Ortes findet sich in dem geistlichen Lebenbuche des Kurf. Philipps folgende Nachricht: „Item die Pastory zu Spansheym hat myn „gnedigster Her Pfalzgrave zu lyhen, und der Pa„stor daselbst heißt Her Johann Kirchheym von „Crutznach, hat es in Besess gehabt vierzig Jar, „und hat den Zehnden halb daselbst rc." Die Kirche ist dem heil. Georg geweihet, und vormals in das Erzdiakonat des Probsten zu U. L. F. im Feld oder zu Heiligkreuz einschlägig gewesen o). In der Kirchentheilung erhielten sie die Katholischen, wurde aber erst im J. 1726 wieder hergestellet, und zwanzig Jahre darnach zu einer Pfarrkirche erhoben. Die Kapelle zu Aspizheim ist ihr als ein Filial einverleibt. Sie gehöret jezo unter das Landkapitel Algesheim. Die Reformirten und Lutherischen sind beiderseits nach Laubenheim Stromberger Oberamts eingepfarret.

Am grosen Zehnten beziehet die Kurfürstl. Hofkam-

---

helm als einem Güllichischen Erblehen, vielleicht hatte es mit Sponsheim die nämliche Beschaffenheit.

o) Nach besagtem geistlichen Lehenbuche: presentatus est praeposito Ecclesie beate Marie virginis in Campis extra muros Moguntinenses &c. ad Ecclesiam parochialem in *Spansheim* Mogunt. Dioeces. Sebastianus Henais de Genningen &c. Heidelberg 12 Septembris 1499.

kammer eine, und der Rath. Pfarrer die andere Hälfte, ben kleinen aber der leztere allein.

Das Dorfgericht ist mit einem Schultheise und vier Schöffen bestellt, jedoch der Oberschultheiseret Münster untergeben.

61) **Aspisheim.** Ein mittelmäsiges Dorf von 83 Häusern, fünf Stunden von Alzei nordwestwärts entlegen, hat gegen Süd das Baadische Dorf Sprendlingen; gegen West Horweiler, Gensingen, Sponsheim; gegen Nord die Kurmainzische Orte Dromersheim, Ockenheim ꝛc. zu Nachbaren.

In dem Alzeier Saal- und Lagerbuche vom J. 1429 heiset es: „Aspisheim hat sine Sture an Geld, „an Wyn, und an Korn viel Jar gein Alzei geben, „das fellet nun geyn Crutznach.„ Jedoch soll erst im J. 1430 Friedrich von Montfort dem Pfalzgrafen Ludwig III das Dorf Aspesheim ganz, und das Dorf Wolfsheim halb, wie solche von Pfalz zu Lehen rührten, um 40 fl. Gülten und 800 fl. Hauptgeldes verkaufet haben *p*). Von dieser Zeit an scheinet das Dorf stets bei der Pfalz geblieben zu seyn. Wenigstens wird solches in den Saalbüchern von 1494 und 1577 nicht mehr unter die sogenannten Ausdörfer gerechnet.

Die Gemarkung enthält 982 Morgen Aecker, 166 M. Wingert, 27 M. Wiesen, 3 M. Gärten, 231 M. Wald oder Hecken, die einigen Inwohnern eigen sind.

Das Domkapitel, die Domküsterei, beide Kollegiatstifter zu St. Johann und St. Stephan in Mainz *q*), die Freiherren von Greiffenklau, und

---

p) In Actis Compromiss. pag. 127 wird der Ort irrig Alsbezlheim genannt, und die Summe auf 8000 fl. gesezet.

q) Diese Güter hat der Scholaster Strumpel oder Finte dem Stift im J. 1363 vermacht. Vid. *Joannis* rer. Mog. Script. Tom. II, pag. 561.

von Dalberg r), der Reformirte Pfarrer und Schulmeister besitzen hier gewisse Freigüter.

Die Kirche war dem heil. Martin geweihet, und gehörte in das Erzdiakonat des Probsten zu U. L. F. im Felde ausserhalb Mainz. Im J. 1236 verliehe der Probst zu St. Johann das Patronatrecht zu Aspensheim den Chorherren seines Stiftes zu Verbesserung ihrer Pfründen s). Es war eine Frühmesserei dabei und eine Pfründe auf dem Altar der heil. Katharina t). In der Kirchentheilung fiel solche in das Loos der Reformirten, ist aber nur ein Filial der Pfarrei Horweiler Stromberger Oberamts. Die Katholischen haben auf ihrem Schulhause eine Kapelle errichtet, wozu ein Reformirter Burger im J. 1730 seine Wohnung gegen 300 fl. baar und lebenslängliche Abgabe von dritthalb Malter Korn vermacht hat. Sie ward im J. 1756 der Pfarrei Sponsheim als ein Filial einverleibt. Die Lutherischen gehen nach Gensingen im Oberamt Kreuznach zur Kirche.

Den grosen und kleinen Zehnten in der Hauptgemarkung beziehet das Kollegiatstift St. Johann in Mainz; von einer Gewande aber das Stift St. Stephan daselbst, und von einer andern die Herren von Reipoltskirchen.

62) **Wolfsheim**, ein dem vorhergehenden gleichmäsiges Dorf, vier Stunden von Alzei nordwärts, gränzet gegen Ost an das den Freiherren von Wallbrunn und von Wambold gehörige Dorf Partenheim, gegen Süd an Nieder-Weinheim, gegen West an das Vorder-Spanheimische jezt Baadische Dorf Sprendlingen, und gegen Nord an Ober-Hilbers-

---

r) Diese hat Dieterich Kämmerer und Gubechin seine Ehefrau eingetauschet. *Gudenus* Codex diplom. Tom. V. pag. 706.
s) *Joannis* l. c. p. 699. *Gaden.* l. c. Tom. III, p. 862, und *Würdtwein* Dioec. Mog. Tom. I, pag. 238.
t) *Würdtwein* l. c. pag. 294.

heim, das zum Oberamt Kreuznach gehörig ist. In den Lorscher Urkunden vom J. 791 kommt ein Ort im Wormsgau unter dem Namen Gozolvesheim vor *), welches für gegenwärtiges Wolfsheim gehalten wird x). In einer St. Mariminischen Url. des K. Otto des grosen vom J. 962, wird einer Kirche zu Gozolvesheim im Nahegowe gedacht. Als solche Pfalzgraf Godefrid von Kalve mit andern Orten in Besiz genommen und zu Lehen begeben hatte, befahl K. Heinrich V im J. 1125 alles wieder zu erstatten; daher auch dieser Kirche in einer vom Pabst Inno‍zenz II über die Maximinische Besizungen ertheilten Bestättigung vom J. 1140 gedacht wird y).

Das Dorf selbst gehörte mit andern dieser Ge‍gend unter die Raugräfliche Gerichtbarkeit, und war mit Vorbehalt der landesherrlichen Oberbotbmäsigkeit zu Lehen begeben. Denn in dem Alzeier Saal- und Lagerbuche vom J. 1429 heiset es: „Dies sint die „Dörfer die dienent und gebent alle Jar minem „gnedigen Herrn Herzog Ludwig Zinns, Bede, Stu‍„re und anders, als sie herkommen sint off die Burg „zu Alzei x. Item. Wolfsheim das Dorf gibt alle „Jar 36 fl. Azung x. ,, Daß Friedrich von Mont‍fort das Dorf Wolfsheim halb an Pfalzgrafen Lud‍wig III im J. 1430 verkaufet habe, ist so eben bei Aspisheim gesagt worden.

Die Landstrase von Worms nach Bingen ziehet durch den Ort, in welchem auch der Zoll erhoben wird. Die Gemarkung enthält 887 Morgen Aecker, 73 M. Wingert, 19 M. Wiesen x.

Die Kirche war dem heil. Martin geweihet, und gehörte unter das Erzdiakonat des Probsten U. L. F. auf dem Felde. Es war eine Pfarrei, und dabei

---

*) Cod. Lauresh. Tom. II, num. 1237 sq. sodann Tom. III, num. 3660.
x) Act. Acad. Palat. Tom. I, pag. 275.
y) *Hontheim* hist. Trevir. Tom. I, pag. 293, 513 & 544.

eine Pfründe auf dem Altare U. L. F. z). Gegen Osten im sogenannten Oberfeld findet man die Ueberbleibsel einer Kirche oder Kapelle zu St. Katharine auf einem Berge, welche der gemeinen aber ungewissen Sage nach für ein ehemaliges Nonnenkloster gehalten wird. Jene Kirche fiel in das Loos der Reformirten, und ist mit einem eigenen Prediger bestellt, der unter dem Inspektor der Klasse Obernheim stehet, und das Ritterschaftliche Dorf Vendersheim nebst Nieder-Weinheim zugleich bedienet. Die Katholischen haben vor ungefähr 50 Jahren eine Kapelle erbauet, die zur Pfarrei Nieder-Weinheim gehöret.

Den grosen Zehnten beziehet die Kurfürstl. Hofkammer, und den kleinen der zeitliche Oberschultheis zur Besoldung, unter welchem auch die zwei nächstfolgende Dörfer stehen.

63) **Nieder-Weinheim.** Ein mittelmäsiges Dorf von 63 Häusern, drei Stunden von Alzei nordwärts gelegen, wird zum Unterschied von andern im Wormsgau gelegenen Orten gleiches Namens auch Gau-Weinheim, und Weinheim bei Wallertheim, an welches Gräfl. Leiningisches Dorf es gegen Süd gränzet, zugenannt. In einem Fuldischen Schankungsbriefe vom J. 772 kommt Wihinheim mit Truthmaresheim (jezo Dromersheim) und Sulziheim (dermalen Sulzheim) vor a). In Anbetracht dieser dabei gelegenen Orte kann es wohl kein anderes, als das gegenwärtige Weinheim seyn b). Vielleicht ist es auch das in einer Urkunde des Klosters Lorsch vom J. 774 genannte Dorf Gauzwinesheim c).

Es scheinet hernach der Burg Stromberg beigezählt worden zu seyn. Denn, als Pfalzgraf Ru-

---

z) *Würdtwein* Dioeces. Mog. Tom. I, pag. 249 & 294.
a) *Schannat* Corp. Tradit. Fuld. num. XXXV.
b) Act. Acad. Palat. Tom. I, pag. 275.
c) Cod. Lauresh. Tom. II, num. 1253.

dolph I gedachtes Stromberg im J. 1311 an Grafen Simon III von Spanheim mit aller Zugehör verpfändete, waren auch die Dörfer Schymelsheim und Wychenheim darunter begriffen d). Wie diese beide von Stromberg getrennet, und dem Oberamt Alzei einverleibet worden, habe ich nicht entdecken können.

Das Gräfliche Haus Nassau hatte wegen der Bolandischen Erbschaft auch einige Leibeigene zu Weinheim hergebracht, die aber durch den öfters angezogenen Austausch im J. 1579 an Pfalz abgetretten worden sind.

Die Gemarkung enthält 847 Morgen Aecker, 90 M. Wingert, und 27 M. Wiesen.

Ausser dem Pfarr-Wittum und 15 M. Aecker, welche dem Rheingräflichen Hause gehören, sind keine Freigüter vorhanden.

Die Kirche zu Weinheim ist der heil. Katharine geweihet. Sie hat vormals in das Erzdiakonat des Probstes zu U. L. F. auf dem Felde und der Pfarrsaz dem Kollegiatstift U. L. F. auf den Staffeln in Mainz gehöret. Dabei waren zwo besondere Pfründen, eine auf dem St. Niklaus und die andere auf U. L. F. Altare e). Bei der Kirchentheilung fiel solche in das Loos der Katholischen, die einen eigenen Pfarrer daselbst haben, der unter dem Alzeier Landkapitel steht, und das Gräflich-Leiningische Dorf Wallertheim mit zu versehen hat. Eine andere Kirche haben die Reformirten für sich erbauet, die von der Pfarrei Wolfsheim abhangt. Die Lutherischen gehen nach Wallertheim zur Kirche.

Am grosen Frucht- und Weinzehnten beziehet besagtes Kollegiatstift U. L. F. in Mainz zwei, und

---

d) *Abhandlungen der Kurbaierischen Akademie der Wissenschaften* Tom. III, pag. 119.
e) *Wurdtwein* Dioeces. Mog. Tom. I, Comment. II, pag. 250 & 294.

das Stift St. Johann allba das übrige Drittel. Am kleinen hat der Kath. Pfarrer zwei, und gedachtes Stift St. Johann ebenfalls ein Drittel.

64) **Schimsheim.** Ein geringes Dörflein von 20 Häusern, 2 Stunden von der Oberamtsstadt nordwärts entlegen, gränzet gegen Ost an das Rheingräfliche Dorf Eichenloch, gegen Süd an Armsheim, gegen West an das nach Mainz gehörige Dorf Gaubödelheim, gegen Nord an das Leiningische Wallertheim. Von dessen ehmaligen Verbindung mit der Burg Stromberg ist so eben bei Nieder-Weinheim geredet worden.

Neben diesem Dörflein fliesset die von Armsheim kommende Wiß- oder Kriesbach, vor Alters Wiza genannt, und fällt bei Gensingen oberhalb Bingen in die Nahe.

Die Gemarkung bestehet in 525 M. Aecker, 24 M. Wingert, 29 M. Wiesen ꝛc.

In dieser Gemarkung befindet sich ein Hof, welcher dem ehmaligen Cisterzer Nonnenkloster Rosenthal bei Stauf zuständig war, und das Reformirte Pfarrgut.

Die Kirche des Ortes war dem heil. Martin geweihet, und gehörte in das Erzdiakonat des Dompropstes zu Mainz, und zum Landkapitel Münsterappel. Im J. 1259 übergab Erzbischof Gerhard dem Augustinerkloster zu Schwabenheim den Pfarrsaz zu Schemsheim gegen Entrichtung jährlicher sechs Pfund Wachs f). In der Kirchentheilung fiel solche in das Loos der Reformirten; sie war aber damals schon verfallen, und ist bisher nicht wieder aufgebauet worden. Die Inwohner sind Filialisten der Pfarrei Armsheim, ausgenommen die Katholischen, welche nach Spiesheim gehören.

---

f) *Gudenus* Cod. diplom. Tom. I, pag. 663. und *Würdtwein* Dioecef. Mog. Tom. I, pag. 97.

Den grosen und kleinen Zehnten beziehen der Reformirte Pfarrer und Schuldiener zu Armsheim.

Das Dorfgericht, das mit einem Schultheise und zween Schöffen bestellet ist, stehet unter dem Oberschultheise zu Wolfsheim.

65) **Armsheim.** Ein schöner Marktflecken, zwo Stunden von Alzei nordwärts, wird in einer Urkunde des Klosters Lorsch vom J. 775 Aribimesheim genannt g). Der Ort soll ursprünglich zum Erzstift Mainz gehöret haben, und nebst der dortigen Burg den Grafen von Veldenz zu Lehen gegeben worden seyn. Diese bekamen auch einen Hof Syon genannt, von dem Erzstift Trier zu Lehen h). Nach Ableben des lezten Grafen kam Armsheim an den mit dessen Tochter Anna vermählten Pfalzgrafen Stephan, welcher mit seinem Schwiegervatter Friedrich über sämtliche sowohl Pfälzische und Zweibrückische, als Spanheimische und Veldenzische Lande unter seinen weltlichen Söhnen im J. 1444 eine förmliche Erbordnung errichtet, nach welcher Armsheim, Burg und Stadt, dem jüngern Sohne, Herzog Ludwig dem schwarzen, zu seinem Theil geschlagen worden i). Dieser ließ die Burg wohl bevestigen. Als er aber seinen Vetter, Pfalzgrafen Friedrich I, in allen Gelegenheiten feindlich behandelte, und dieser ihn in der Stadt Meissenheim belagert hatte, verglichen sich beide im J. 1461 unter Vermittelung des Marggrafen von Baden dahin, daß der Herzog die Veste Lichtenberg von der Pfalz zu Lehen empfangen, dafür aber unter andern auch Armsein zum Pfand einsezen sollte k).

---

g) Cod. Lauresh. Tom. II, num. 1322.
h) Sieh Act. Acad. Palat. Tom. II, pag. 245, und in Tom. IV die Belehnungsurkunde vom J. 1352, pag. 372, Beil. num XVI.
i) Gründliche Gegenableinung in der Veldenz. Succession, Beil. num. III.
k) Kremers Geschichte Kurf. Friedrichs I. pag. 220.

Nachdem aber Herzog Ludwig abermals sich in der Fehde mit der Stadt Weisenburg gegen den Kurfürsten gebrauchen lassen, überfiel dieser seine in der Pfalz gehabte Besizungen. Armsheim ward für die vesteste Stadt auf dem Gaue gehalten. Der Kurf. belagerte sie im Brachmonate 1470, und die Besazung des Herzogs ergab sich schon den lezten Tag des Monates. Der siegende Friedrich ließ darauf alle Mauern und Thürme niederreissen. Im folgenden Jahre kam der Friede zu Stande, worin unter andern auch die Stadt Armsheim dem Kurfürsten überlassen wurde. In seiner Verordnung vom J. 1472 ward ausdrücklich bestimmt, daß diese Stadt zur Pfalz gehören solle *l*), wobei es auch, nach dem des Herzogs Ludwig Söhne im J. 1489 gänzlich Verzicht darauf gethan, stets geblieben ist.

Währender Baierischen Fehde bemächtigte sich Landgraf Wilhelm von Hessen dieses Ortes im J. 1504, und zündete ihn an, so daß er samt der darin gestandenen prächtigen Kirche eingeäschert, und erbärmlich zu Grunde gerichtet worden *m*).

Durch den Flecken lauft die von Flonheim kommende Wißbach (Wiza) und treibt drei Mahlmühlen.

In dem Orte befindet sich auch die sogenannte Honsteinische Burg, welche den Herren von Beineburg zu Honstein gehöret. Heinrich von Beimelberg hat sie von Herzog Ludwig dem schwarzen, dessen Marschalk er gewesen *n*), zu Lehen empfangen. Ob es die alte Burg, oder der Trierische Hof Syon sei, dessen vorhin Erwähnung geschehen, davon habe ich keine Nachricht.

Der Flecken bestehet dermalen aus 2 Kirchen, 2 Schulen, 103 andern Häusern, nebst 3 Mühlen: die

---

l) Ibid. pag. 437, 470 &c.
m) Trithem. Chronic. Sponh. edit. Freher. p. 420.
n) In der angeführten Geschichte Kurf. Friedrichs I. pag. 448.

Gemarkung aus 1482 Morgen Aecker, 115 M. Wingert, 11 M. Wiesen ꝛc.

Hierunter sind das Kammeral-Baugut, die Güter des Freiherrn von Boineburg, das Hospital zu Bingen, der Reformirten Pfarrei, und des Klosters St. Jakobsberg in Mainz o) begriffen. Die alte Kirche soll ursprünglich dem heil. Remigius und hernach zu sonderbarer Ehre des Fronleichnams U. H. J. C. im J. 1431 eingeweihet p) worden seyn. Von ihrer Zerstörung in der Baierischen Fehde habe ich so eben Meldung gethan q). In der Kirchentheilung fiel solche in das Loos der Reformirten, deren Prediger zur Inspektion Odernheim gehöret, und die Dörfer Spiesheim und Schimsheim zu Filialisten hat. Die Katholischen haben eine Kapelle auf dem Rathhause errichtet, die mit der Pfarrei Spiesheim verbunden ist. Die Lutherischen bedienen sich der Kirche im Rheingräfl. Dorfe Bornheim.

Den Zehnten in der Gemarkung beziehen die Kurfürstl. Hofkammer und der Reformirte Pfarrer, mit den Freiherren von Dalberg und Boineburg.

Das Gericht ist, wie in den Dörfern, mit einem Schultheise, vier Schöffen, und einem Gerichtschreiber bestellt.

66) **Albich.** Ein grosses und ansehnliches Dorf nur eine Stunde von Alzei, hat Bibenheim und die Stadt Odernheim gegen Ost, Alzei gegen Süd, Heimersheim und das dem adelichen Frauenkloster Ei-

---

o) Dieses Hofes wird in einer Urkunde Philipps von Hohenfels im J. 1263 bei *Gudenus* in Cod. dipl. Tom. I, pag. 697. sodann einiger Güter des Klosters St. Alban im J. 1325 bei *Wurdtwein* in Subsid. diplom. Tom. I, p. 267 gedacht.

p) Bürtinghausen Beiträge zur Pfälzischen Geschichte I St. pag. 64 sq.

q) Sieh auch hievon *Trithemii* histor. belli Bavarici in *Freheri* Script. rer. Germ. Tom. III, pag. 124.

bingen zuständige Dorf Vermersheim gegen Weſt, Spiesheim und das zum Oberamt Stromberg gehörige Dorf Ensheim gegen Nord zu Nachbaren.

Im J. 768 erhielt das Kloſter Lorſch zu Albucha im Wormsgaue einen Hof, Wingert, und dreißig Morgen Aecker, wozu in kurzer Zeit ein beträchtlicher Zuwachs gekommen r). Die Abtei St. Maximin bei Trier hatte ebenfalls verſchiedene Güter und Gerechtſame daſelbſt. Beſonders aber wird in der Beſtättigungsurkunde K. Otto I vom J. 962 über deſſelben Beſizungen im Nahegaue bereits der Kirche zu Albucha gedacht s). Als K Heinrich II von gedachter Abtei 6656 Höfe in verſchiedenen Gauen empfieng, die er unter andern an den Pfalzgrafen Ezzo im J. 1023 zu Lehen gab, wurden die Güter zu Albucha der Abtei ausdrücklich vorbehalten t). In den folgenden Beſtättigungen der Kaiſer und der Päbſte wird der Kirche zu Albucha öfters gedacht u). Als daher die Gebrüder Godefrid und Heinrich von Schevelena auf das Patronatrecht gedachter Kirche einen Anſpruch machten, entſchied der Erzbiſchof zu Mainz Konrad die Sache im J. 1191 zu Gunſten des Kloſters x). Dem ungeachtet muß dieſes Recht bald hernach entweder getheilet oder anderwärts zu Lehen gegeben, vielleicht aber von der Abtei St. Maximin gar veräuſſert worden ſeyn Denn Philipp und Gerhard Truch'eſſen von Alzei erklärten im J. 1272, daß die Söhne Lufrids, eines Edelknechts, Peter und Gozo, welche ihre Burgmänner geweſen, auf den von den Edeln Gozo nnd Johann von Randeck ihnen zum Lehen verwilligten Kirchenſaz zu Al-

---

r) Cod. Lauresh. Tom. II, num. 1838 bis 1850, & Tom. III, num. 3660.
s) *Hontheim* hiſtor. Trevir. Tom. I, pag. 293.
t) In Act. Acad. Palat. Tom. III, pag. 105.
u) Ibidem pag. 513 & 544. und bei *Gudenus* Cod. diplom. Tom. III, p. 1041.
x) Idem *Gudenus* l. c. pag. 1072.

deck Verzicht gethan hätten y). Endlich schenkte Dietherich von Randeck, Schultheis zu Oppenheim, dieses Recht dem Cisterzerkloster Otterburg, und der Erzbischof Matthias bestättigte solches im J. 1324 z).

Die Vogtei und Gerichtbarkeit über das Dorf hat zur Raugraffschaft gehöret, und ist damaliger Gewohnheit nach wieder zu Lehen begeben gewesen. Davon führte ein eigenes Geschlecht den Namen, dessen Stammvatter Herbord von Albich im XII Jahrhundert gewesen seyn soll a). Es ist gewiß, daß die Truchsessen von Alzei das Dorf und Gericht zu Albich im Besitze gehabt, und solche nebst 60 Malter Korn Geltes im J. 1357 an Pfalzgr. Ruprecht I übergeben haben. Vermög des Alzeier Saal- und Lagerbuches vom J. 1429 gehörte dieses Albich unter diejenigen Orte, welche zu allen Gebothen auf die Burg zu Alzei dienen musten.

Nach der gemeinen Sage soll die Grundmauer der alten Burg Hammerstein vor ungefähr 20 Jahren in einem Weinberge entdecket worden seyn, der von undenklichen Zeiten her den Namen davon führet. Wahrscheinlich ist diese Burg von den ehemaligen Wetterauischen Gaugrafen, die ihren Siz auf der unterhalb Koblenz am Rhein gelegenen Burg Hammerstein gehabt, im XII Jahrhundert erbauet worden. Ob das dermalen dem adelichen Geschlechte von Erthal zuständige Schlößlein, in dem Dorfe gelegen, mit jener alten Burg Hammerstein eine Verbindung habe, ist mir unbekannt.

Durch das Dorf fließt die oberhalb Heimersheim entspringende Engbach, treibt eine dem Freiherrn von Erthal zuständige Mühle und lauft nach Biebelnheim, woselbst solche den Namen Offenterbach an-

---

y) Ibidem pag. 1072.
z) Datum Oppenheim Kalendis Aprilis, anno Domini MCCCXXIIII.
a) Humbracht höchste Zierde Deutschlandes Tab. 238.

nimmt, und sich bei Bechtolsheim in die Selse ergießet.

Dermalen bestehet dieser Ort in 2 Kirchen, 3 Schulen, 128 burgerlichen und Gemeindshäusern. Die Gemarkung aber aus 1758 Morgen Aecker, 75 M. Wingert, 68 M. Wiesen, und 3 M. Gärten.

Freigüter besitzen die Kurfürstl. Hofkammer wegen des Antoniter-Hauses zu Alzei, die geistliche Verwaltung wegen der Kirche, der Freiherr von Erthal wegen des Schlosses, und endlich der Freiherr von Dalberg *b*).

Ungeachtet die Kirche zu Albich schon im X Jahrhundert bestanden hat, so finden sich doch keine Nachrichten davon, als daß sie zum Erzdiakonat des Probstes zu St. Viktor zu Mainz gehöret haben solle. Es waren drei Pfründen oder Kaplaneien dabei auf den Altären zu Allerheiligen, St. Nikolaus und U. L. F. Der Kirchensaz ist, wie oben angeführet worden, im J. 1324 an das Kloster Otterburg gekommen. Dennoch hat der Abt zu St. Maximin im J. 1491 die Pfründe auf U. L. F. Altar noch zu verleihen gehabt *c*). Die Kirche fiel in der Theilung zum Lose der Reformirten, und ist mit einem besondern Prediger bestellet, der unter die Inspektion Alzei gehöret, auch Bermersheim, Heimersheim und Lonsheim zu versehen hat. In dieser Kirche befindet sich der Grabstein Werners von Albich, der Burggraf zu Alzei gewesen, und im J. 1440 verstorben ist *d*). Die Katholischen haben eine Kapelle unter dem Rathhause, die ein Filial der Pfarrei Heimersheim ist. Die Lutherischen sind nach Alzei eingepfarret.

Der Zehnten ist in acht Lose abgetheilt. Daran

---

b) Vormals hatte das Kloster St. Alban auch beträchtliche Güter zu Albeche. S. *Joannis* rer. Mog. Script. Tom. II, pag. 746 & 751.
c) *Würdtwein* Dioecef. Mog. Tom. I, pag. 353, 54 & 55.
d) Büttinghausen Beiträge zur Pfälzischen Geschichte II B. I Stück, p. 99.

beziehet die geistliche Verwaltung wegen des Klosters Otterberg die Hälfte, und wegen des Klosters St. Johann ein Viertel; das übrige Viertel die Kurf. Hofkammer wegen der Burg Alzei, und die Freiherren von Erthal; von einigen Gewanden aber der Reformirte Pfarrer und Schuldiener.

Unteramt Freinsheim.

Der Siz dieses Unteramts ist das Städtlein, von welchem es den Namen führet, und von welchem sogleich ausführlich wird gehandelt werden. Dieses gehörte anfänglich, als es zur Kurpfalz gebracht worden, zum Oberamt Neustadt, und blieb lange Zeit dabei. Als Kurf. Friedrich III dieses Oberamt seinem jüngern Sohne, Johann Kasimir, im J. 1576 zum Genuße aussezte, ward Freinsheim auch darunter begriffen. Es war aber damals noch kein besonderes Amt, sondern die dazu gehörigen Dorfschaften waren theils den Oberämtern Alzei und Neustadt, theils dem mit dem Bistum Worms gemeinschaftlich gewesenen Amt Dirmstein untergeben. Nachdem aber Dirmstein gänzlich an Worms abgetreten worden, so erhielt Freinsheim die Ehre ein besonderes Oberamt zu seyn, welches aber bald in ein von Alzei abhangendes Unteramt verwandelt worden; dabei es auch bis auf den heutigen Tag verblieben ist.

1) **Freinsheim.** Ein artiges Landstädtlein an dem aufsteigenden Gebirge, 4 Stunden von Mann-

heim und 7 Stunden von der Oberamtsstadt Alzei entlegen. Es wird dessen in den Lorscher Urkunden des VIII Jahrhunderts unter diesem Namen schon gedacht e). Mit der Gerichtbarkeit war es der Grafschaft Leiningen und dem Landgericht auf dem Stalbohel untergeben. Bei dem Orte befand sich eine Burg, und an dem Vogteigerichte waren mehrere vom Adel berechtiget. Gerhard von Meckenheim, Amtmann zu Lautern, trug seinen Theil an dem Garten vor der Burg zu Freinsheim K. Ruprecht zu Lehen auf. In dem darüber ausgefertigtem Lehenbriefe (Geben zu Heidelberg 1406 am nechsten Dienstag vor Allerheiligen Tage) heiset es: „der sin fry „eigen was, und uns uffgeben als ein Burglehen „zu Lutern enphangen worden, und solang die „Pfantschaft zu Lutern wert, und darnach von un„sern Nachkommen rc. Pfalzgrafen enphangen sol„le." Eben dieser K. Ruprecht kaufte damals jenem Gerharden von Meckenheim f), hernach auch dem Kämmerer Heinrich von Worms, und Johann von Wittenmüle, jedem die Hälfte seines Theiles ab. Friedrich von Meckenheim der alte, Ritter, stellte im J. 1409 ein Zeugniß und Kundschaft aus, daß er und seine Mitgemeiner des Dorfes Freinsheim vor 60 Jahren oder darüber sich mit der Gemeinde daselbst verglichen, daß die Unterthanen von derselben Zeit an für Bethe, Steuer, Azung, Frohn- und andere Diensten jährlich zwei hundert Pfund Häller Wormser Währung, und weiter keine Beschwehrden reichen und leisten sollen.

Dieses Gemeinschafts-Recht, welches K. Ruprecht erworben hatte, ward in der unter seinen Söhnen im J. 1410 vorgegangenen Erbtheilung zum Loose des Pfalzgrafen Stephans geschlagen. Kurf. Lud-

---

e) Cod. Lauresh. Tom. II, num. 1503, & Tom. III, num. 3659.

f) Joannis Miscella hist. Palat. pag. 31.

wig III kaufte aber im J. 1411 erstlich von Dieterich Kolben von Bopparten, Rittern, Amtmann zu Caub, und Christine von Mecenheim seiner ehelichen Hausfrau, einen Theil am Dorfe, Vogtei und Gericht zu Freinsheim um 1600 guter Rheinischer Gulden; zweitens von Hermann Hund von Saulheim, und Ennel von Mecenheim, seiner Hausfrau, auch einen Theil um 1200 guter Rhein. Gulden. Im J. 1412 verkauften leztere Eheleute auch ihren andern Theil um abermalige 1200 fl. Rheinisch, und im folgenden Johann Bremser, Ritter, Irland seine Hausfrau, Heinrich von der Sparre, Heinrich von Wingerter, Adam von Bach, Demut und Else Geschwister von Wingarten einen Theil ebenfalls um 1200 fl. Endlich im J. 1424 Enchin von Zeiskeim und Wolf von Mecenheim, ihr Sohn, einen gleichmäsigen Theil um 1500 fl. an gedachten Kurf. Ludwig III, behielten sich aber das Bürglein, so auswendig Freinsheim gelegen, mit seinen zugehörigen Gütern, Zinsen und und Gülten vor.

Pfalzgraf Stephan verkaufte zwar in eben diesem J. 1424 seinem ältesten Bruder Ludwig seinen Theil am Dorf und Gericht, nebst dem Bürglein bei Freinsheim, wie bei der Stadt Ogersheim schon gemeldet worden g), auf eine Wiederlöse, allein bald hernach vermehrte er seinen bereits durch Erbschaft erhaltenen Theil, da er im J. 1437 von Heinrich Kämmerer von Worms seine übrige Hälfte, dann 1429 von Henne von Lewenstein genannt Randeck, und Elisabeth von Lewenstein, Johannsen von Hunoltstein Wittib, Bertolf von Lewenstein, Johann, Friedrich und Heinrich von Sötern Gebrüdern, und endlich auch im nämlichen Jahre von Johann von Mezenhausen dem jüngern ihre Theile an sich gekaufet. Solchemnach hatten beide Pfalzgrafen, nämlich Ludwig III Kurfürst, und Stephan zu Zweibrücken und Simmern,

g) Im 2 Theile dieses Werks, S. 356.

Theile an Freinsheim. Es gab aber schon im J. 1417 einige Irrungen wegen dieser Gemeinschaft *h*), und zehen Jahre darnach ordnete der Kurfürst in seinem Testament, daß die Pfandschaft daran jederzeit bei der Kur verbleiben solle *i*). Dagegen bestimmte Pfalzgraf Stephan in der mit seinem Schwiegervater, Grafen von Veldenz, errichteten Erbordnung vom J. 1444 die Theile zu Freinsheim seinem ältesten Sohne, Pfalzgrafen Friedrich zu Simmern *k*). Nun hat dieser seinen Antheil wegen des darauf haftenden schwehren Pfandschillings seinem Bruder, Herzog Ludwig dem Schwarzen zu Zweibrücken, im J. 1464 überlassen *l*), Kurf. Friedrich I aber solches ihm mit Lamsheim im J. 1471 abgenommen *m*), und durch seine im J. 1474 errichtete lezte Willensmeinung verordnet, daß es stets bei der Pfalz bleiben solle. Unter welchem Kurfürst der Ort die städtische Freiheiten erhalten, weis ich nicht. Es scheint im XV Jahrhundert geschehen zu seyn. Denn bei dem bekannten Bauernkriege hielten es die Freinsheimer mit den aufrührischen Bauern; daher Kurf. Ludwig V und seine Bundesgenossen, als sie das Städtlein mit den Waffen zum Gehorsam gebracht, selbiges seiner Freiheiten beraubet haben *n*).

Aus verschiedenen Brunnquellen entstehet in der Gemarkung die **Schleifbach**, lauft neben dem Städtlein

---

h) In Statu Cauſae wegen der Zweibrückiſchen Succeſſion ꝛc. Beil. Lit. Tt.

i) Ibid. Beil. Lit. Ii, p. 52.

k) Ibid. in der rechtlichen Ausführung Beil. num. XXVII, pag. 55.

l) *Tolner* hiſtor. Palat. pag. 73. und *Zeiler* in Topographꝫ Palat. p. 30.

m) Kremers Geschichte Kurf. Friedrichs I. pag. 163 & 196. und in den Beil. pag. 501.

n) *Petri Criniti* (vulgo Harret) hiſtoria Ruſticorum Tumultuum, in *Freberi* Script. rer. Germanic. Tom. III, p. 276, cap. XC.

lein vorbei, treibt eine Mühle, und fällt bei Lamsheim in die Fuchsbach.

Ausserhalb befindet sich noch die ehemalige Burg, welche in jüngern Zeiten das adeliche Geschlecht von Geispizheim besessen, das aber solche an den gewesenen Forstmeister Schäz zu Moßbach verkaufet hat. Sie ist dermalen in gutem Stande, und mit einem Graben umgeben. Nahe dabei ist ein Brunn, dessen Wasser verschiedene gute Wirkungen zugeschrieben werden.

Die Bevölkerung des Städtleins bestehet in 278 Familien, welche bei 1200 Seelen ausmachen. An Gebäuden finden sich 3 Kirchen, 3 Schulen, 200 adeliche und gemeine Häuser. Die Gemarkung enthält 1762 Morgen Aecker, 301 M. Wingert, 151 M. Wiesen, 22 M. Gärten, 1500 M. Wald, und 54 M. Weide.

Unter diesen Feldgründen sind Dirmsteinisch- Elzische, jezo Buschische, das Schäzische und das Karmelitengut. Sodann besizet die geistliche Verwaltung Güter, welche vormals den Klöstern Limburg, Enkenbach und Hochheim ꝛc. gehöret hatten. Auch haben der Reformirte Pfarrer und Schulmeister besondere Güter zu geniesen.

Die alte Kirche war dem heil. Petrus geweihet, und der Pfarrsaz gehörte den Herren von Bolanden. Werner von Bolanden, Kaiserlicher Hoftruchseß, und sein Bruder Philipp von Falkenstein verschenkten aber dieses Recht im J. 1257 an das Prämonstratenser Nonnenkloster Enkenbach, und dieses verkaufte es im J. 1278 dem Domstift Worms o). Die Kirche fiel in der Theilung zum Loose der Reformirten, welche einen Prediger daran bestellet und ihm die Kirche zu Dackenheim als ein Filial untergeben haben.

---

o) Schannat histor. Episcopat. Wormat. P. I, pag. 21, & in Cod. Prob. pag. 124, num. CXXXIX.

Seit dem die Gemeinschaft an Dirmstein dem Domstift Worms abgetretten, ist die dortige Inspektion nach Freinsheim verlegt worden. Die Katholischen haben anfänglich in dem Hofgebäude, welches der ehemalige Kurpfälzische General, Graf von Effern, den beiden Karmelitenklöstern zu Mannheim und Heidelberg vermacht, eine Kapelle errichtet, und darin lange Jahr hindurch den Gottesdienst gehalten, seit kurzem aber eine neue Pfarrkirche erbauet, und solche wieder dem heil. Petrus zu Ehren einweihen lassen. Sie gehöret zum Landkapitel Dirmstein, und hat zu Filialen Weisenheim am Sande und Erpolzheim. Ferner haben sich auch die Evangelisch-Lutherischen eine Kirche aus gesammelten Beiträgen erbauet, deren Prediger besagtes Weisenheim am Sande zugleich besorget.

Am grosen Frucht- und Weinzehnten beziehet das Domstift Worms die Hälfte, das Stift Neuhausen aber und die Grafschaft Falkenstein das übrige. Am kleinen geniesset der Reformirte Pfarrer einen Theil.

In dem Städtlein ist eine Kurfürstliche Kellerei, welche der Beamte bewohnet, der nebst dem Amtschreiber und Ausfauth die Gerichtbarkeit im ganzen Amt, wie auch die Kurfürstliche Gefälle zu verwalten hat. Es ist auch ein Heerfauth, und ein Zollbereiter daselbst angestellet. Ferner hat die geistliche Verwaltung wegen der zu Freinsheim gestandenen Probstei des Klosters Enkenbach einen eigenen Schaffner dahier.

Der Stadtrath bestehet aus einem Oberschultheise, welcher zugleich die Stadtschreiberei verstehet, sodann einem Unterschultheise und vier Rathsverwandten.

Die Stadt führet in ihrem Wappen und Siegel einen quer gespaltenen Herzschild, in dessen obern Theile der halbe aufwärts gerichtete und mit einer Krone bedeckte Pfälzische Löwe im blauen Felde, im untern Theile aber zwischen zween Weintrauben ein F im silbernen Felde ersichtlich ist.

2) **Dackenheim.** Ein mittelmäßiges Dorf von 40 bis 50 Häusern, eine halbe Stunde von Freinsheim gegen West gelegen, gränzet gegen Süd an das Leiningen Hartenburgische Dorf Herrheim, gegen West an Weisenheim am Berg, gegen Nord an Kirchheim an der Eck und Bissersheim, sämtliche Leiningischen Gebiets.

In einer Lorscher Urkunde vom J. 768 kommt **Degastisheim**, gleich nach Weisenheim, Karlbach und andern nächst gelegenen Oertern vor *p*), so daß es das dermalige Dackenheim zu seyn scheinet. Deutlicher aber wird desselben in der Bestättigungsurkunde K. Konrads II über die Besitzungen des im IX Jahrhundert gestifteten Klosters Münsterdreisen gedacht, als worin drei Güter zu Dackenheim angegeben werden *q*). Dieses Dorf gehörte unter die Bothmäßigkeit der Grafen von Leiningen, welche, da sie zu Anfang des XII Jahrhunderts ein Augustinerkloster zu Hanne, oder Hegene, jezo gemeiniglich Höningen, in dem Leininger Thal stifteten, verliehen sie demselben die Kirche mit andern Gütern daselbst *r*), behielten sich aber die Schirm- und Kastenvogtei über dasselbe vor *s*). Als die beiden Grafen Friedrich, der alte und junge, alle zum Hause Madenberg gehörigen Güter im J. 1361 dem Bischoffe von Speier verpfändeten, wurden die Güter und Beeth zu Dackenheim darunter begriffen *t*).

Nach Ableben des Landgrafen Hesso von Leiningen war das Dorf Dackenheim auch unter denjenigen begriffen, welche desselben an Graf Rheinhard von Westerburg verehelichte Schwester Margaretha an Kurf. Friedrich I von der Pfalz zur Halbscheid über-

---

p) Cod. Lauresh. Tom. II, num. 1141.
q) In Act. Acad. Palat. Tom. I, pag. 298.
r) *Senkenberg* Meditat. fasc. IV, inedit. IV.
s) Ibid. adj. num. II und in der Leiningen-Dachsburgischen gründlichen Deduktion adj. num. 2
t) *Gudenus* Cod. dipl. Tom. V, pag. 647.

laſſen hat. Es heißt in dem Auszuge des Mannbuches, wornach die Dörfer und eigene Leute im J. 1467 die gemeinſchaftliche Huldigung abgelegt haben u): „Dackenheim: haben gemeinſchaftlich ge-
„ ſchwohren ꝛc. und iſt ein Theil Naſſauiſch, und
„ doch das oberſte Gericht, und Gebott und Verbott
„ Graf Heſſen geweſt ꝛc.

Dieſer Naſſauiſche Theil rührte von den Dynaſten von Bolanden her, und mag in der Folge wohl zu verſchiedenen Irrungen Anlaß gegeben haben. Denn es errichtete Kurf. Philipps mit den Grafen Philipps und Johann Ludwig zu Naſſau-Saarbrücken im J. 1485 einen Vertrag, vermög deſſen zwiſchen beiden eine Gemeinſchaft darin errichtet worden, weil gedachte Grafen viele eigene Leute allda ſitzen, und ſieben Hubhöfe, nebſt einem Schultheiſe und Hubgericht in dem Dorfe hergebracht hatten x). Wie aber im J. 1481 das Leiningen-Weſterburgiſche Antheil käuflich an die Pfalz gekommen, ſo wurde auch das Naſſauiſche durch Tauſch und Vergleich endlich vollkommen damit vereiniget.

Auſſerhalb des Dorfes liegt der ſogenannte Mönchhof, welcher vormals dem Kloſter Höningen gehörig geweſen, und dermalen dem Domſtift Speier zuſtändig iſt.

Die Gemarkung enthält 661 Morgen Aecker, 51 M. Wingert, und 71 M. Wieſen.

Die zu obgedachtem Mönchhofe, zu den Kameral-Höfen, und zum Pfarr-Wittum gehörige Güter machen den beträchtlichſten Theil dieſer Gemarkung aus.

Die alte Kirche zu U. L. F. hat das Kloſter Höningen aus einer dem Patronatrecht anklebigen Schuldigkeit erbauet. Es befand ſich ein Siechenhaus da-

---

u) Leiningen-Weſterb. rechtliche Auszüge, im Anhange num. 29.
x) Datum auf Dinſtag nach unſers Herrn Frohnleichnams Tage 1485.

bei, welchem im J. 1492 einige Güter, die das Geschlecht der Rothaften von Merenberg zu Lehen getragen, einverleibt worden y). Nach der Reformation zog Kurf. Friedrich III die Gefälle ein, und machte daraus eine Kirchenschaffnerei, die noch bestehet. Die Kirche bekamen die Katholischen in der Theilung, und bestellten solche mit einem eigenen Pfarrer, der zum Landkapitel Dirmstein gehöret. Die Reformirten sowohl als die Lutherischen haben auch eine eigene Kirche gebauet: erstere ist ein Filial der Pfarrei Freinsheim, die andere aber von Groskarlbach.

Den grosen Zehnten beziehet das Domstift Speier, den kleinen der Katholische Pfarrer.

3) **Groskarlbach.** Ein Dorf von 100 Häusern, 4 Stunden nordwestwärts von Mannheim gelegen, und gegen Süd an die Stadt Freinsheim, gegen West an das Gräflich-Leiningische Dorf Bissersheim 2c. angränzend. Es hat seine Benennung von der durchfliesenden Bach, an welcher auch weiter oben das Fürstl. Leiningische Kleinkarlbach lieget. In den Lorscher Urkunden heiset es Carlobach z). Der Bach sowohl als der beiden Dörfer wird zu Anfang des XI Jahrhunderts in einer Verordnung des Bischoffes Burkard I von Worms ausdrücklich gedacht a). Kleinkarlbach trugen die Grafen von Leiningen von der Abtei Murbach zu Lehen b), Groskarlbach aber war eigen. Im J. 1453 verpfändeten Friedrich Graf zu Leiningen, Hesse und Friedrich

---
y) *Schannat* histor. Episcopat. Wormat. pag. 14.
z) Cod. Lauresh. Tom. I, num. 505 & Tom. II, num. 1073 bis 77.
a) *Schannat* histor. Episcop. Wormat. Tom. I, pag. 212.
b) In den Leiningen-Hartenburgischen schließlichen Einreden Beil. Lit. C. 2, pag. 96, wo es Karlsbach superius heiset.

Gebrüder, Grafen und Söhne zu Leiningen, an Friedrich Wilhelm von Spiesheim sechszig Gulden Celts auf die Beethen, Gülten und Zinsen, die sie fallen hatten in ihren Dörfern und Gerichten zu Groskarlbach, Heßheim und Wyßheim ꝛc. *c*) Nach des Landgrafen Hesso Tode überließ dessen Schwester Margaretha von Westerburg selbiges zum halben Theil an Kurf. Friedrich I. In der im J. 1467 errichteten Huldigungsurkunde heißet es *d*): „Groskarlen-„bach haben gemeiniglich geschworen meinem gnä-„digen Herrn, und der Frauen als obsteth, und „ganz Graf Hossen seel gewest.„ Endlich kam durch den zwischen Kurf. Philipps und Graf Reinhard von Leiningen-Westerburg im J. 1481 vorgegangenen Kauf über des leztern Theil auch dieses Dorf gänzlich an die Pfalz.

Die oberhalb Altleiningen entspringende Karlbach treibt hier in und ausser dem Dorfe sechs Mahlmühlen, und fließet sodann nach Laumersheim, Dirmstein ꝛc.

Die Gemarkung enthält 1062 Morgen Aecker, 149 M. Wingert, 33 M. Wiesen, drittehalb M. Gärten.

Darunter befinden sich mehrere freie Güter. Einen zum Kloster Otterberg vormals gehörigen Bauhof und Mühle hat die geistliche Verwaltung gegen die Obersteinische Güter zu Offstein vertauschet. Der Erwerber baute darauf ein Schlößlein, welches er Mühlenthal nannte, und das jezo der Freiherr von Geispizheim besizet. Zur Kirche gehöret das sogenannte Brenngut, die übrigen aber dem Kloster Marien-Münster bei Worms. K. Ruprecht belehnte im J. 1401 zu Heidelberg Dienstags nach Petri ad Vincula Konrad Kolben von Wartenberg mit der grosen

---

c) Geben uf Donnerstag nach des heillg Creuzes Tag Inventionis zu Latin genannt.
d) Leiningen-Westerburgische rechtliche Auszüge, in den Beil. num. 29.

Wiese in Karlbacher Mark, und dem Wäldlein oben daran. Item mit zween Manns-Mattwiesen in Lumersheimer Mark ꝛc. Auch haben die Freiherrn von Dalberg, vormals die von der Hauben, und die von Langen, der Pfarrer und Schulmeister ihre besondere Freigüter.

Die Gemeinde ist gleich den umliegenden Ortschaften berechtiget sich in dem grosen Hinterwald des Klosters Limburg zu beholzigen.

Die alte Kirche des Dorfes war dem heil. Jakob geweihet, und soll vor der Reformation nur ein Filial der Pfarrei auf dem Berg Haselbach gewesen seyn *e*). Bei der Kirchentheilung fiel solche in das Loos der Reformirten, und ward mit einem eigenen Prediger bestellet, der unter die Inspektion Freinsheim gehöret. Die Katholischen und Lutherischen haben sich auch eine eigene Kirche erbauet. Erstere haben die ihrige dem alten Patron St. Jakob eingeweihet. Sie stehet übrigens unter dem Landkapitel Dirmstein. Alle drei Geistliche versehen zugleich das Dorf Obersulzen als ein Filial. Vor etwa drei hundert Jahren hat eine Kapelle in dieser Gegend gestanden, nach dem geistlichen Lehenbuche des Kurf. Philipps, worin es unter andern heiset: „Im Dirm„steiner Ampt, Groskarlebach. Item, so ist eine „Clausse in Kircheymer Gewarken über Groskarlen„bach gelegen, die Balthasar von Wiler hat heisen „abbrechen, die mit aller Gerechtigkeit myn gne„digsten Herren zustunde, seint die Zinssen und „Gut in dem Spital zu Dirmstein ꝛc. Der Clusner „ist mym gnedigsten Herrn, und mit Lyb und Gut „verfallen gewesen, un solt man all wuchen ein Meß „in derselben Clusen han gehalten ꝛc.

Den grosen Frucht- und Weinzehnten beziehet das Kloster Marienmünster bei Worms; ausgenom-

---

e) *Schannat* histor. Episcopat. Wormat. pag. 26.

men einige Gewanden, worin der Reformirte Pfarrer dazu berechtiget ist. Der kleine Zehnten gehöret der Gemeinde.

4) **Weisenheim am Sand.** Ein ansehnliches Dorf von mehr als 150 Häusern, zwischen Freinsheim und Lamsheim, hat seinen Beinamen zum Unterschiede des zur Grafschaft Leiningen gehörigen und gegen West gelegenen Weisenheim am Berge. In den Lorscher Urkunden kommt Wizenheim und Wizzinheim vor *f*).

Nächst dem Dorfe fließt die von Freinsheim kommende Schleifbach südwärts vorbei, und wird dahier die Röserbach genannt; sie fällt unterhalb Lamsheim in die sogenannte Fuchsbach.

Zwischen Weisenheim und der Stadt Lamsheim hat vor Zeiten ein besonderes Dörflein Egersheim gestanden. Vielleicht war es das in den Lorscher Urkunden vorkommende Agrisheim *g*). Schon im XII Jahrhundert wird einer Kirche zu Egersheim gedacht, welche in das Erzdiakonat des Dompropsten zu Worms einschlägig war. Der Pfarrsaz gehörte damals dem Pfalzgrafen Heinrich, und den Gebrüdern Werner und Philipps von Bolanden, die solchen dem Nonnenkloster Enkenbach im J. 1221 zum bessern Unterhalt überlassen haben *h*). Dieses Dörflein ist aber schon längst eingegangen, und ausser einer Mühle nebst einem dem Freiherrn von Hallberg gehörigen Hofgut und der Gemarkung, die zum Weisenheimer Gebiete geschlagen worden, nichts mehr davon übrig.

---

f) Cod. Lauresh. Tom. II, num. 952 & 1140.
g) Ibid. num. 1077. Agresheim wird zwar für Ogersheim gehalten. Weil es aber mit Karlbach vorkommt, so kann das gegenwärtige Egersheim auch darunter verstanden werden.
h) *Schannat* histor. Episcopat. Wormat. Cod. Prob. p. 105, num. CXI.

Beide Gemarkungen also zusammen genommen, enthalten 3219 Morgen Aecker, 747 Morg. Wingert, 553 M. Wiesen, 28 M. Gärten, 130 M. Weide, und 1560 M. Wald.

Das sogenannte Mönchgut, welches vorhin zu dem im Westrich gelegenen Cisterzerkloster Wernerswiller gehöret, ist schon längst der Gemeinde verkauft worden. Die geistliche Verwaltung besizet die Güter der Klöster Otterburg und Enkenbach; der Deutsche Orden, das grose und kleine Kommendurgut; sodann sind der Johanniterorden, das Kollegiatstift St. Paul in Worms, und die Karmeliten zu Mannheim alda begütert. Ein geringes Wäldlein gehöret dem Freiherrn von Hacke, ein anderes aber der Gemeinde, die mit andern Ganerben in den Dürkheimer Vorderwald berechtiget ist.

Die alte Kirche des Ortes war zur Ehre des heil. Kreuzes und des heil. Cyriak geweihet. Der Pfarrsaz gehörte dem Domdechant und Kapitel zu Worms. Dieses aber tratt solches Recht im J. 1379 mit anklebenden Gefällen dem Kollegiatstift zu Neuhausen ab i). Bei der Theilung fiel diese Kirche in das Loos der Reformirten, und ward mit einem eigenen Prediger bestellt, der anfänglich die an der Primm gelegene Dörfer Zell, Harxheim und Niefernheim zugleich versehen mußte, bis sie nach der Hand der Pfarrei Heppenheim auf der Wiese einverleibet worden. Der Pfarrer stehet unter der Inspektion Freinsheim. Die Katholischen und Lutherischen haben sich auch eigene Kirchen gebauet, welche beide aber von ihrer Pfarrei zu Freinsheim abhangen. Erstere ist dem heil. Lorenz geweihet.

Den grosen Zehnten in der Weisenheimer Gemarkung beziehet das Stift Neuhaus als eine Zugehör des Patronatrechts; den kleinen aber der Reformirte

---

i) *Schannat l. c. Tom. I, pag. 58.*

Pfarrer. In der Eigersheimer Gemarkung hat die geistliche Verwaltung Namens des Klosters Enkenbach allen Zehnten allein.

Das Dorfgericht ist mit einem Oberschultheis, Anwalt, 4 Schöffen und einem Gerichtschreiber bestellt. Es führet im Siegel den heil. Laurentius mit vor sich haltendem Roost.

5) **Gerolsheim.** Ein vogteiliches Dorf, zwischen Lamsheim und Dirmstein, von welchem in ältern Zeiten nicht die mindeste Nachricht sich findet. Im XIII Jahrhundert kommt zwar in den Urkunden des Klosters Schönau ein Geroldesheim vor, welches aber allen Umständen nach auf der rechten Seite des Rheins gelegen war. Vielleicht ist solches durch den geänderten Lauf des Rheins verschlungen, die Inwohner sich jenseit dieses Flusses zu retten gezwungen, und das gegenwärtige Dorf Gerolsheim zu erbauen veranlaßt worden. Das Dorf heißt eigentlich Gerolsheim am Palmberge. Im J. 1401 belehnte K. Ruprecht Johann von Wartenberg mit 6 Morgen Wiesen; Anthis Engelmar von Dirmstein mit 36 Morgen Aecker, 2 und einem halben Morgen Wingert, und einer Hofstatt; sodann Konrad Kolb von Wartenberg mit 30 Morgen Ackers und zwei Häusern in Gerolsheim dem Dorfe und dessen Gemarkung. Das Dorf selbst besassen die von Ingelheim, die sich mit dem Bischoffe von Strasburg verstanden haben sollen, selbiges als Lehen von ihm zu erkennen. Von dem Ingelheimischen Geschlechte kam es an die von Dalberg, Helmstatt und Knebel, welche es viele Jahre hindurch von gedachtem Hochstift Strasburg als ein mit 500 Gulden ablösliches Pfandlehen getragen, und noch im J. 1665 vermög ihres ausgestellten Reverses erkläret haben, daß sie gegen Empfang jenes Pfandschillings dem Stifte Strasburg, oder wem es das Stift gönnen werde, das Dorf Gerolsheim mit aller Gerechtigkeit wieder

abtretten wollten. Weil nun schon mehr als 200 Jahre vorher der Bischof alles Recht, so er auf dergleichen Pfandschaften gehabt, dem Kurfürsten von der Pfalz übergeben, und die Stiftische Vasallen an selbigen verwiesen hatte k), so machte Kurf. Karl Ludwig diese Befugniß auf einmal rege, kündigte den Ganerben die Wiederlosung an, und weil sie sich in Güte nicht dazu bequemen wollten, so ließ er den Pfandschilling bei der Reichsstadt Speier hinterlegen, und im J. 1671 Gerolsheim wirklich in Besitz nehmen. Kurf. Johann Wilhelm belehnte aber im J. 1699 Johann Georg Freiherrn von der Hauben mit der Vogtei dieses Dorfes aus neuen Gnaden, und weil die Dalbergische Familie noch Ansprüche darauf machte, so ertheilte gedachter Kurf. im Jahr 1711 dem Wolf Eberhard Kämmerer zu Worms, Freiherrn von Dalberg, die vorläufige Anwartschaft auf das Lehen, das auch nach Erlöschung des alten Geschlechts von der Hauben wirklich an seine Familie gekommen ist. Zu Verwaltung der vogteilichen Gerichtbarkeit ist ein eigener Beamter angeordnet.

6) **Heßheim.** Ein mittelmäßiges Dorf von 69 Häusern, nur eine halbe Stunde von Frankenthal westwärts entlegen, wird in den Lorscher Urkunden des VIII Jahrhunderts Hessenheim genannt l). Es ist ausser Zweifel, daß dieser Ort ehmals zur Grafschaft Leiningen, und zwar zum Landgericht auf dem Stalbohel gehöret, nach Ableben des Landgrafen Hesso aber, wie andere in dieser Gegend, an Kurpfalz

---

k) Vermuthlich hat dieses einen Bezug auf die Einung, welche Kurfürst Friedrich I mit seinem Bruder Ruprecht, Bischof von Strasburg, zu Zabern auf den Sonntag Invocavit im J. 1456 errichtet hat. Siehe Kremers Geschichte von diesem Kurfürsten, unter den Beilagen num. XLIII, p. 119.
l) Cod. Laures. Tom. II, num. 1231 sq.

gekommen sei. In dem Auszuge des Mannbuches, und Verzeichniß der zur Huldigung gezogenen Oerter heiset es: „Heßheim haben gemeiniglich geschwoh„ren, ist ganz Graf Hessen gewesen „ m). Seitdem ist es immer bei der Pfalz verblieben.

Durch das Dorf ziehet die von Worms nach Landau führende gemeine Strase, und wird ein Landzoll darin erhoben. Die Gemarkung enthält 1518 Morgen Aecker, 27 M. Wingert, 28 M. Wiesen, und 94 M. Weide.

Darunter sind Güter der geistlichen Verwaltung wegen des Klosters Enkenbach, dann der Kirchen zu Freinsheim und Dackenheim. Auch besizet das Domkapitel und das Vikariat zu Worms, mit dem Domstift Speier dergleichen freie Güter in der Gemarkung. Die Unterthanen sind mit andern Gemeinden in den Kloster-Limburger Hinterwald, Heydenfeld genannt, berechtigt.

Die Kirche des Orts war dem heil. Martin geweihet, und der Pfarrsaz gehörte dem Domkapitel zu Worms. Es soll noch im J. 1401 ein eigenes Landkapitel in Heßheim gewesen seyn n). Zu Ende des nämlichen Jahrhunderts aber wird diese Kirche schon unter das Dirmsteiner Landkapitel gerechnet. Bei der Kirchentheilung fiel solche ins Loos der Katholischen, wobei es aber verglichen wurde, daß der Mitgebrauch den Reformirten so lang, bis sie sich eine eigene Kirche erbauet haben würden, gestattet seyn solle. Sie ist also noch zur Zeit beiden Religionstheilen gemein. Katholischer Seits ist sie mit einem Pfarrer bestellet, der die beiden Mittesheim mit zu versehen hat. Reformirter Seits stehet der Prediger unter der Inspektion Freinsheim, und hat die

---

m) Leiningen-Westerburgische rechtliche Auszüge, im Anhange Beilage num. 29.
n) *Schannat* histor. Episcopat. Wormat. pag. 29.

Dörfer Beinersheim, Flomersheim und Eppstein zu Filialen

Den grosen Zehnten beziehet das Domkapitel zu Worms, den kleinen aber der Reform. Pfarrer.

7) Flomersheim ist ein gemeines Dorf von 55 Häusern nächst Frankenthal sudwärts gelegen. In einer Urkunde vom J. 765 hat der Bischof zu Metz der Abtei Gorze einige im Wormsgau gelegene Güter, und unter solchen auch die zur Ehre des heil. Gorgonius geweihete Kirche zu Flamersheim mit einem Herrenhof, Haus und andern Gebäuden, übertragen. In gedachtem Herrenhofe zu Flamersheim sollte ein Gefängniß oder Stock und Block errichtet, und jährlich drei ungeboden Ding gehalten werden u. s. w o).

Entweder zu Flamersheim selbst, oder auf dem nächst gelegenen Hofe Ormsheim war das mallum publicum, für die umliegende Gegend des Wormsgaues, und derjenige Stalbühel, welchen in folgender Zeit die Grafen von Leiningen unter dem Namen des Landgerichts auf dem Stalbuel zwischen Worms und Frankenthal von der Pfalz zu Lehen getragen haben p).

Die Abtei Gorze hatte auf dem St Georgienberg zu Pfedersheim eine besondere Probstei errichtet, und die Güter zu Flamersheim dazu geschlagen. Der Probst Arnold von Geispizheim verkaufte aber die davon fällige 70 Malter Korn Gült im J. 1451 der Kirche zu Freinsheim um 500 fl. Wormser Währung q).

---

o) *Calmer* histoire de Lorraine Tom. I. Preuv. colum. 281 & sq. Die Urkunde ist sonderbar, wegen der seltenen Diensten, welche die Bauern zu leisten schuldig waren, merkwürdig.

p) Sieh hievon meine Abhandlung von den Stalbühelm im zwölften Hefte der Rheinischen Beiträgen vom J. 1778, S. 427.

q) In die Annunciationis sanctæ Mariæ virginis.

Ein anderer Theil der Güter rührte von der Pfalzgrafschaft zu Lehen, so daß eine zwischen Anna von Sickingen und Hanns Morsheimer wegen eines Hubhofs zu Flamersheim im J. 1434 vorgegangene Beredung von Kurf. Ludwig III als Lehenherrn bestätiget werden muste.

Nach Ableben des Landgrafen Hesso von Leiningen kam das Dorf selbst nebst der Gerichtbarkeit in den gemeinschaftlichen Besiz der Kurpfalz und der Gräfin Margareth von Westerburg r), und im J. 1481 kaufte Kurf. Philipps den Leiningischen Antheil und brachte das ganze Eigentum an die Pfalz.

Durch den südlichen Theil der Gemarkung fließet die von Eppstein kommende Holzbach, und durch den nördlichen die von Lamsheim kommende Fuchsbach, welche beide nach der Stadt Frankenthal und in den daselbst angelegten neuen Kanal ablaufen.

Die Gemarkung enthält 1504 Morgen Aecker und 50 M. Weide.

Dazu gehören 5 Freihöfe, wovon die geistliche Verwaltung denjenigen besizet, welchen, wie obgedacht, die Kirche zu Freinsheim erkaufet hat; sodann einen andern Hof mit 265 M. Landes, den die Herren von Wonsheim ehedessen gehabt, und der Graf von der Mark im J. 1733 an besagte Verwaltung käuflich überlassen hat. Die übrigen drei Höfe gehören den Herren von Dalberg, von Erthal, und dem Grafen von Degenfeld.

Die Kirche hat anfänglich mit der Hauptkirche des heil. Gorgonius in dem Kloster Gorze bei Mez einerlei Patronen gehabt. Hernach ist sie dem heil. Stephan geweihet worden, und die Kapelle zu Ormsheim bei Frankenthal war ihr Filial s). In den Zeiten der Religionsänderung ward diese Kirche zu der

---

r) S. Leiningen-Westerburgische rechtliche Auszüge, Anhang num. 29.
s) Schannat histor. Episcopat. Wormat. pag. 20.

Pfarrei Heßheim und Beintersheim gezogen, in welcher Verfassung sie auch noch den Reformirten zuständig ist. Die Katholischen sind im J. 1716 an die Pfarrei Eppstein gewiesen worden.

Den grosen Zehnten beziehet die Kurfürstl. Hofkammer Namens der eingezogenen Probstei St. Georgiberg, samt zwei Drittel am kleinen. Das übrige Drittel geniesset der Ref. Pfarrer.

8) **Gros-Rittesheim.** Ein ansehnliches Dorf von 74 Häusern, gränzet gegen Sud an Heßheim; gegen West an Heuchelheim, gegen Nord an Heppenheim auf der Wiese, und Klein-Rittesheim. Es scheinet mit dem dabei gelegenen Utelnheim, jetzo Klein-Rittesheim, wo nicht einerlei gewesen zu seyn, doch im engsten Verbande gestanden zu haben. Wenigstens hat es mit selbigem, so viel man weis, stets die nämlichen Besitzer gehabt, und ist auch von selbigen zu gleicher Zeit an die Pfalz gekommen, wie sogleich gezeiget werden soll.

An den Gränzen der Gemarkung lauft die Karlbach vorbei, und die Landstrase von Worms nach Dürkheim ziehet durch das Dorf, worin der Zoll erhoben wird

Die Gemarkung enthält 913 Morgen Aecker, 86 M. Wingert, und 40 M. Weide.

Darunter ist das Kurf. Grosherrengut von 348 M., das Domstift Speierische Kammergut von 30 M. und das Lutherische Pfarrgut von 17 M. Landes begriffen.

Die Kirche war dem heil. Petrus geweihet, und soll schon im XIII Jahrhundert zur Domprobstei Worms gehöret haben t). Nach der Reformation ward der Lutherische Gottesdienst darin eingeführt, und weil beide Dörfer Rittesheim bei der Kirchentheilung zur Grafschaft Falkenstein gehörten, so konn-

---

t) *Schannat* histor. Episcopat. Wormat. pag. 43.

te weiter niemand einen Anspruch darauf machen. Auch nach dem erfolgten Austausch blieb es beim vorigen bis auf den heutigen Tag. Die Katholischen sind Filialisten der Pfarrei Heßheim, die Reformirten aber haben keinen bestimmten Kirchengang.

Am Zehnten trug vormals das adeliche Geschlecht von Guntheim zween Theile von der Abtei Fulda zu Lehen. Im J. 1315 verkauften David und Sigelo, Gebrüder von Guntheim, diese zween Theile am grosen und kleinen Zehnten in dem Dorfe Nithensheim Wormser Bistums mit allen Rechten und Zugehörungen an das Cisterzer Nonnenkloster Rosenthal u). Die Aebtissin und der Konvent gedachten Klosters haben im J. 1335 verschiedene Güter und Gefälle dem Domkapitel zu Worms käuflich überlassen x); worunter jene zween Theile des Zehnten auch begriffen gewesen seyn müssen, da besagtes Domkapitel noch wirklich vier, die Kurfürstl. Hoffammer zwei, und der Lutherische Pfarrer des Orts drei Neuntel vom ganzen Zehnten beziehet.

9) **Klein-Nittesheim.** Ein mittelmäsiges Dorf von 54 Häusern, in der Nähe des vorhergehenden nordwärts gelegen, hat vor Alters Uzelnheim geheisen. Darin hatten die Herren von Dune verschiedene Rechte und Gefälle, die hernach durch Heyrath an die Grafen von Virneburg zur Hälfte gelanget sind. Das Kollegiatstift zum heil. Andreas in Worms hatte aber auch einige Gerechtsamen daselbst. Im J. 1331 verliehen desselben Dechant und Kapitel ihren Schuz zu Uzelnsheim an Johann Kemmerer, Gerhart Kemmerers Bruder, mit allem Rechte zu nuzen, und was dazu gehörte ꝛc. y). Wilhelm Graf von

---

u) *Schannat* Clientela Fuld. beneficiaria Prob. num. CCCVIII.
x) Id. histor. Episcopat. Worm. pag. 188.
y) *Gudenus* Cod. diplom. Tom. V, in Syllog. Chart. inedit.

von Virneburg, und Franziska von Robenmachern Eheleute an einem, Wirich von Dune, Herr zu Oberstein, und Margaretha Gräfin von Leiningen seine Frau am andern Theile errichteten im J. 1456 eine Heyrathsabrede zwischen ihren Kindern, nämlich Melchior von Dune und Irmgard von Virneburg, nach welcher der leztern Vatter gedachtem jungen von Dune das Schloß Falkenstein und das Thal darunter am Donnersberg mit allen Mannen und Burgmannen, auch andern Dörfern, besonders aber Nitzelsheim verschrieben hat z). Solchemnach scheinet der alte Namen Uzelnheim sich anfänglich in Nitzelsheim, und zulezt in Nittesheim verwandelt zu haben a). Endlich ist auch die dermalige Unterscheidung der beiden bei einander gelegenen Gros- und Klein-Nittesheim entstanden.

Nachdem Kaiser Friedrich III die Herrschaft Falkenstein zu einer unmittelbaren Reichsgraffschaft erhoben, und das obere Eigentum davon im J. 1458 den Herzogen von Lotharingen zu Leben gegeben, so mußten die Grafen von Falkenstein solche als ein Lotharingisches Afterlehen erkennen. Wegen der Erbfolge gab es in abgewichenem Jarhunderte mancherlei Händel. Endlich kaufte Herzog Karl III von Lotharingen den Grafen von Falkenstein Broichischer Linie im J. 1660 ihr Recht auf diese Graffschaft ab, und gab solche seinem Sohne, dem Prinzen Karl Heinrich von Vaudemont b). Als nun Kurf. Karl Ludwig das althergebrachte Wildfangsrecht in den zu ge-

---

z) *Senkenberg* Select. jur. Publ. Tom. II, pag. 699, num. XLV. In dieser Urkunde wird gemeldet, daß der Pfalzgraf unter andern auch auf benanntes Dorf damals ein Pfandrecht gehabt.

a) Dergleichen Namensveränderungen haben sich im alten Wormsgau mehrere zugetragen. Denn so hieß Landstuhl vor Alters Nannenstul, Laubenheim Nubenheim ꝛc.

b) *Schwederi* Theatrum praetensionum Lib. VI, Sect. XVII Cap. IV.

Pf. Geographie. III Th.   P

dachter Grafschaft Falkenstein gehörigen Orten aus-
üben wollte, verband sich der Herzog von Lotharingen mit den übrigen mißvergnügten Fürsten und der
Ritterschaft, hauptsächlich deswegen, weil in beiden
Dörfern Gros- und Klein-Nittesheim schier alle Einwohner als Kurpfälzische Leibeigene angesehen werden wollten c). Durch den bekannten Heilbrunner
Schiedsspruch wurde Kurpfalz in seiner klar erwie-
senen Befugniß bestättiget, und dieses gab Gelegenheit, daß Kaiser Franz, als damaliger Herzog von
Lotharingen, sich mit weil. Kurfürst Karl Philipp im
J. 1733 verglichen, und beide obige Dörfer gegen
Verzicht auf alle Wildfangsgerechtigkeit an Kurpfalz
auf ewig abgetretten hat.

Ums J. 1750 wurden zwar besagte beide Dörfer
dem Kurköllnischen geheimen Rathe von Stepfue mit
der vogteilichen Gerichtbarkeit und sämtlichen Kame-
ralgefällen zu Lehen gegeben, aber auch bald wieder
zuruck gezogen, und dem Unteramt Freinsheim aufs
neue einverleibet.

Die von Dirmstein kommende Karlbach, welche
auch die Alt-Leininger und Schenkelbach genannt
wird, scheidet beide Gemarkungen von einander.

In Klein-Nittesheim befindet sich ein Schlößlein
des Freiherrn von Gagern, sodann ein anders adeliches Wohnhaus des Freiherrn von Berg.

Dessen Gemarkung enthält 1206 Morgen Aecker,
140 M. Wingert, 1 M. Wiesen, und 2 M Gärten.

Die zu besagten adelichen Höfen gehörige Güter
betragen über 200 M. Landes. In einer Urkunde
des Klosters Himmelskrone bei Hochheim vom J.
1282 wird eines Guts von 100 M. Aecker und Wiesen im Dorfe Uzelnsheim gedacht, welches Dorolf
Ritter von Worms, und seine Ehefrau Agnes dem

---

c) Justit. Causae Palat. Cap. X, pag. 293.

Kapellan des gedachten Klosters zum Unterhalt angewiesen hatten d).

Die Kirche zu Uzelnheim war dem heil. Severin geweihet. Den Pfarrsaz daselbst trugen Gerbod und Godefried von Moro von dem Domstift Worms zu Lehen, übergaben aber dieses Recht mit Bewilligung des Bischofs Eberhard im J. 1270 dem Dechant und Kapitel des Stiftes zu St. Andreas in Worms e). Da die Franzosen im J. 1684 den Katholischen Gottesdienst darin eingeführet hatten, so wurde bei erfolgter Abtrettung des Dorfes an Kurpfalz bedungen, daß solche zwischen den Katholischen und Lutherischen gemeinschaftlich bleiben solle. Katholischer Seits gehöret sie als ein Filial nach Heßheim; anderer Seits aber ist sie mit einem eigenen Prediger versehen.

Den grosen Fruchtzehnten beziehet das St. Andreasstift allein; am Weinzehnten aber nur zwei, und die Kurfürstl. Hofkammer ein Drittel. Den kleinen Zehnten geniesset der Lutherische Pfarrer.

10) Heppenheim auf der Wiese ist eines der schönsten und grösesten Dörfer an der Eisbach, und hat zu Nachbaren gegen Ost Horchheim, gegen Süd Dirmstein, gegen West Offstein, und gegen Nord die Stadt Pfedersheim. Es wird in den alten Urkunden des Klosters Lorsch Hepphenheim geschrieben. Dieses Kloster hat unter K. Pipin und K. Karl dem grosen so viele Güter daselbst empfangen, daß beinahe die halbe Gemarkung darunter begriffen gewesen seyn mag. Funfzehn ganze Bauerngüter mit Gebäuden und Scheuern, 20 Morgen Wingert, und 260 M. urbare Aecker werden in 40 Briefen nach ein-

---

d) Datum & actum Wormatiae anno Dom. CCLXXX secundo sexta feria ante Dominicam Quasimodogeniti.
e) *Schannat* histor. Episcopat. Wormat. pag. 282.

ander bemerket *f*). Nachher gehörte der Ort unter diejenigen, welche nach der Verordnung des Bischofs Burkard I zum Bau und Unterhalt der Stadtmauern zu Worms vom St. Andreas bis zum St. Martinsthor beitragen musten, indem alle Ortschaften auf beiden Seiten der Eisbach bis an das Dorf Mertesheim dazu angewiesen waren *g*). Als die alte Regimentsverfassung im deutschen Reiche eine Veränderung erlitten, so scheinet dieses Dorf von den Pfalzgrafen als Erbherzogen des Rheinischen Frankens eingezogen worden zu seyn. In dem oft angezogenen Mannbuche, das nach Ableben des Landgrafen Hesso von Leiningen über dessen Verlassenschaft verfertiget worden, heiset es im J. 1467: „Hep„penheim uff der Wiesen ist meines gnedigen Herrn. „ Sind des Graf Hessen eigene Leuthe daselbst ꝛc. *h*). Mithin gehörte das Dorf und Gericht damals schon zur Pfalz, welche das Leiningische Leibeigenschaftsrecht durch den Kauf vom J. 1481 damit verbunden hat. Den Beinamen auf der Wiese hat dieses Dorf von dem mit vielen Obstbäumen bepflanzten grosen Wiesengrunde angenommen, um sich von zween andern Heppenheim, davon eines nahe bei Alzei oder im Loch, das andere aber an der Bergstrase liegen, zu unterscheiden. Kurf. Philipps verliehe diesem Dorfe, welches in der Fehde mit dem Erzbischof zu Mainz ꝛc. im J. 1460 verbrannt worden *i*), verschiedene Freiheiten.

Durch dasselbe fließt die von Offstein kommende Eisbach, und treibt drei beträchtliche Mahlmühlen.

Es bestehet aus 3 Kirchen, 2 Schulen, 169 burgerlichen und gemeinen Häusern: die Gemarkung aber

---

f) Cod. Lauresh. Tom. II, num. 858 bis 897.
g) *Schannat* histor. Episcopat. Wormat. Tom. I, pag. 211.
h) Leiningen-Westerburg. rechtliche Auszüge, im Anhang num. 29.
i) Kremers Geschichte Kurf. Friedrichs I pag. 162.

Unteramt Freinsheim.

aus 2772 Morgen Aecker, 82 M. Wingert, 97 M. Wiesen, 90 M. Weide, und 1 M. Wald.

Darunter sind viele Freigüter begriffen. Von K. Ruprecht empfieng (uff den Samstag nach Peter und Pauli 1401) „Henne Wolthub von Worms, ein „Gut in dem Dorfe zu Heppenheim, daz man nen= „net uff der Wiesen, daz er verlühen hat um 5 „Malter Korn Gelts, und etlich Wingert die darzu „gehören, um zwei Malter Korn Gelts ꝛc. daz von „dem Ryche zu Lehen rüret.„ Die Kurfürstliche Hofkammer besizet die zur ehemaligen Probstei des St. Georgibergs bei Pfedersheim gehörige, dann die von dem Geschlechte der edeln von Morsheim im J. 1664 heimgefallene Lehengüter k): die geistliche Verwaltung aber die von den Klöstern Hochheim, Liebenau und Enkenbach herkommende, ferner die hernach gekaufte Obersteinische oder Mühlenthalische, die Pfarr- Schul- und die Kriegsheimer Kirchengü= ter: das Domkapitel zu Worms einen Hof l). An= dere gehören den Kollegiatstiftern St. Paul, U. L. F. und St. Andreas, dem Richardskonvent zu Worms, dem Hospital zum heil. Geist in Heidelberg, der Kir= che zu Hohen-Sülzen, dem Wormser Gut-Leuth= Hause, der elenden Bruderschaft zu Horchheim, der Pfarrei daselbst, endlich dem Freiherren von Wam= bold, und von Hagern.

Schon zu Ende des VIII Jahrhunderts schenkte ein Priester Namens Gromonolf die Kirche zu Hepp= benheim dem Kloster Lorsch m). Diese muß aber im XII Jahrhundert den Bischöffen von Worms zustän= dig gewesen seyn, weil im J. 1204 solche Bischof Lu=

---

k) Acta Comprom. pag. 111.
l) Der Domdechant Burkhard vermachte dem Kapitel schon im J. 1259 seinen Hof zu Heppenheim, den er für sein eigen Geld erworben hatte. *Schannat* hist. Episc. Worm. Lib. I, p. 79.
m) Cod. Lauresh. Tom. II, num. 878.

pold seinem Domkapitel, und dieses dreißig Jahre
darnach sowohl den Pfarrsaz als Zehnten dem zeitlichen Dompropsten übergeben hat n); wobei es auch
verblieben ist. Sie war dem heil. Petrus geweihet,
und gehörte zum Dirmsteiner Landkapitel. Bei der
Kirchentheilung fiel solche ins Loos der Reformirten,
und ward mit einem eigenen Prediger bestellt, der
die Kirche zu Ofstein mit versiehet. Die Katholischen
haben im J. 1759 einen Theil des Rathhauses zu Erbauung einer Kirche verwendet, und solche dem heil.
Laurentius weihen lassen. Sie ist ein Filial der Pfarrei Ofstein, und hat nur alle 14 Tage Gottesdienst.
Auch die Evang. Lutherischen haben eine eigene Kirche mit einem Prediger, dem das Filial Ofstein zugegeben ist.

Am grosen Zehnten beziehet die Dompropstei
Worms sechs, und der Reformirte Pfarrer, nebst
dem kleinen Zehnten, das übrige Siebentel.

Zwischen Heppenheim und Pfedersheim ist im
Ackerfeld ein altes Gemäuer entdecket worden, allwo
eine Burg gestanden zu haben scheinet, weil einige
Wiesen noch wirklich die Burgwiesen genannt werden.

Das Gericht ist mit einem Ober- und einem Unterschultheise nebst sechs Schöffen bestellt. Ersterer
versiehet zugleich die Gerichtschreiberei.

11) *Offstein*, dem vorhergehenden westwärts
auch an der Eisbach gelegen, ist schon seit dem VIII
Jahrhundert bekannt, und wurde damals *Offenstein*
genannt. Im J. 770 schenkte einer Namens Odolfried dem Kloster Lorsch eine Mühle und 10 Morgen
Landes zwischen *Landrisheim* und *Offenstein* o).
Diese beiden Orte kommen einige mal mit einander
vor, wovon das erstere auch *Lendricheshem* benennet wird. Es ist aber eingegangen, und die da-

---

n) *Schannat* histor. Episcopat. Wormat. Tom. I, pag. 28.
o) Cod. Lauresh. Tom. II, num. 987, 1000, 1262 sq.

zu gehörigen Güter sind der Offsteiner Gemarkung einverleibet worden. Noch ist die Gegend unter dem Namen Lindesheim bekannt.

Offstein selbst mit der Vogtei mögen die alten Herren von Lichtenberg im Unter-Elsaß ursprünglich zu Lehen gehabt, und wieder an andere zu Afterlehen übergeben haben. Denn die von Oberstein erkannten es wenigstens zu Ende des XV Jahrhunderts von den Grafen von Hanau, als Miterben der Herrschaft Lichtenberg, zu Lehen. Jenes adeliche Geschlecht von Oberstein trug aber auch von Kurpfalz viele Aecker und Wingert zu Mannlehen. Als nun solches im J. 1661 mit Georg Anton Christoph von Oberstein erloschen, zogen sowohl Kurf. Karl Ludwig, als die Grafen von Hanau Lichtenberg ihre verfallene Lehen ein, trafen aber hernach einen Tausch, wodurch das Dorf Offstein gegen die Schaffnerei Hagenau ganz an die Pfalz abgetretten worden.

Das abgegangene Dorf Lindesheim aber trugen die Grafen von Zweibrücken von dem Domstift Worms zu Lehen. Graf Eberhard von Zweibrücken und Bitsch, Agnes seine Gemahlin, Walram sein Bruder, Heinrich und Simon seine Söhne verkauften ihr Dorf Lydrichesheim mit dem Gerichte im J. 1298 an das Kloster Nonnenmünster bei Worms, und sezten dagegen Gillenheim zum Lehen, und das Dorf Kuttenheim zum Unterpfand ein *p*). Als aber Lindesheim gänzlich eingegangen, zerfiel auch das Gericht, und kam mit Offstein zulezt an die Pfalz. Die Altpfälzischen Lehenstücke zu Offstein sind im J. 1703 dem Kriegsrath und General-Leib-Adjutanten Grafen von Lechrain mit andern Obersteinischen Lehen aus neuen Gnaden verliehen, und von diesem zwei Jahre darnach dem Freiherrn von Hundheim verkaufet worden *q*).

---

p) Schannat histor. Episcopat. Wormat. pag. 241.
q) Sieh hievon bei Epstein im 2 Bande, S. 351.

Die Eisbach, die neben dem Dorfe vorbei flieset, treibt in selbigem eine, und unterhalb zwo andere Mahl- und Oelmühlen.

In der Gemarkung liegt eine alte Burg Oberstein genannt, welche die geistliche Verwaltung mit zugehörigen Gütern käuflich an sich gebracht hat. Sie ist dermalen als ein Hofgut in Bestand verliehen.

Die Bevölkerung bestehet in 98 Familien, 555 Seelen: die Gebäude in 3 Kirchen, 1 Schule, 86 bürgerlichen und Gemeindshäusern. Die Gemarkung enthält 1495 Morgen Aecker, 66 M. Wingert, 8 M. Wiesen, und 15 M. Weide.

Die geistliche Verwaltung hat nebst den zur Burg Oberstein gehörigen Feldgründen noch mehrere Güter dahier. Im J. 1332 that die Meisterin und der Konvent zu Marienthal Verzicht auf alle Ansprüche, die sie an ein Gut des Klosters Himmelskron zu Offstein hatten r). Auch besizet dieselbe das sogenannte Backhaus und das St. Jakobs Altargut, welche sämtlich der Kellerei des Klosters Schönau in der Reichsstadt Worms einverleibet sind. Ferner sind das Richardskonvent zu Worms, die Freiherren von Hoheneck und von Sturmfeder, die Riesmännische Erben ɔc in dieser Gemarkung begütert. Durch einen mit dem Fürstlichen Hause Nassau vorgegangenen Austausch erhielt die Kurfürstl. Hofkammer in der zu Offstein gehörigen Lindesheimer Gemarkung eine Korngült nebst 13 Morgen Feld, wovon der Zehnten dem Kloster Rosenthal entrichtet wird.

Die Kirche zu Lidrichesheim soll schon im XI Jahrhundert gestanden haben. Wegen des Pfarrsazes daselbst entstund zwischen dem Kapitel und Probste des St. Andreasstifts zu Worms ein Streit. Der Probst Konrad tratt im J. 1208 sein Recht dem Ka-

---

r) Gegeben do man zalte vun Godes Geburte dusint dru hundirt vnde zwei vnde drizic Jare, an Sante Lauren cien Dage.

pitel ab, daß solches hernach dem zeitlichen Dechant zueignete s). Nunmehro ist weder von dem Dorfe noch von der Kirche etwas übrig.

Die Kirche zu Offstein war dem heil. Martin geweihet, und gehörte zum Landkapitel Neu-Leiningen t). Im J. 1212 tratt der Probst zu Neuhaus, Heinrich Graf von Saarbrück, das Patronatrecht darüber seinem Kapitel freiwillig ab u). Bei der Kirchentheilung fiel diese Kirche in das Loos der Katholischen, und wurde mit einem Pfarrer besetzt, welcher unter das Landkapitel Dirmstein gehöret, und Heppenheim als ein Filial zu versehen hat. Auch die Reformirten und Lutherischen haben eigene Kirchen erbauet, die beiderseits unter ihren Pfarreien zu Heppenheim stehen.

Den großen und kleinen Zehnten beziehet das Stift Neuhaus, als eine Zugehör des ehemaligen Patronatrechtes; von einigen Bezirken aber in der Lindesheimer Gemarkung das Fürstliche Haus Nassau, wegen des Klosters Rosenthal.

12) **Ober-Sülzen.** Ein mittelmäßiges Dorf von etwan 60 Wohnungen zwischen Dirmstein und Grünstadt. Nebst diesem Sulzheim ist ein anderes bei der Reichsstadt Worms, und ein drittes unterhalb Alzei. Daher läßt sich nicht wohl bestimmen, welches unter diesen drei das alte Sulzheim seyn möge, welches in den Lorscher Urkunden vorkommt x). Dasjenige, wovon hier die Rede ist, wird zum Unterschied Ober-Sülzen, das andere bei Worms Hohen-Sülzen genannt; welcher Unterschied aber in den ältern Nachrichten selten beobachtet worden. Im J. 1234 verkaufte der Abt Ernst des Klosters Hirsau

---

s) *Schannat* histor. Episcopat. Wormat. pag. 38.
t) Ibid. p. 51, wo es aber Uffstein genennet wird.
u) *Gudenus* Cod. diplom. Tom. I, pag. 422.
x) Cod. Lauresh. Tom. II, num. 1088 sq.

seine Güter zu Sülzin an einen Burger zu Worms, um sein Kloster von den schwehren und wucherlichen Abgaben der Römer zu befreien; worüber der Domprobst Nibelung mit vielen Zeugen einen Gewährschaftsbrief ausgestellet hat y). Im J. 1266 gab Godelmann von Meze und Gertrud seine Hausfrau mit Bewilligung ihrer Blutsverwandten, Volmars von Meze, Johannsen von Scharpfened, Eberzo von Worms, und Heinrichs genannt von Heichilnheim ihre Güter zu Hoe-Sülzen dem Abt und Konvent zu Otterburg. Hingegen heiset es in einer andern Urkunde vom J. 1363 ausdrücklich: „Ich Johann
„Kemmerer von Worms Ritter, den man nennet
„von Boparten, dun kunt solich Gut, als ich em-
„pfangen und ingenommen han, von minem Her-
„ren Graue Friederich und auch Graue Friederich
„Greuen zu Liningen, daz da gelegen ist zu Sulze bei
„Grundestar, im Dorf und Marke, das doch min
„Schwager Her Heinrich von Erlichem Vizdum zu
„Heidelberg verpfändet solte han — das doch abe
„ist gangen ꝛc. z).

Das Dorf selbst samt der Gerichtbarkeit gehörte also zu der Grafschaft Leiningen. In der Theilung zwischen den Gebrüdern Friedrich und Jofrid Graven von Leiningen, vom J. 1318, fiel Suelzen dem erstern und seiner Linie zu a). Nach Ableben des Landgrafen Hesso kam es in die Gemeinschaft, welche deßelben Schwester und Erbin mit Kurfürsten Friedrich I errichtet hat, und durch einen im J. 1481 von Kurf. Philipps gethanen Kauf gänzlich mit dem vollen Eigentum an Kurpfalz.

Die Gemarkung enthält 899 Morgen Aecker, 38

---

y) Acta sunt haec anno Domini MCCXXXIIII. festo Simonis & Judae.
z) *Gudenus* Cod. diplom. Tom. V, pag. 655.
a) Leiningen-Westerburg. rechtliche Auszüge, Beilage num. 5.

M. Wingert, 6 M. Wiesen, 3 M. Gärten, und 11 M. Weide.

Die Kurfürstl. Hofkammer hat hieselbst das grose und kleine Pfarrgut; die geistliche Verwaltung das Enkenbacher Nonnengut. Andere freie Güter gehören dem Stift Neuhaus, und dem St. Andreasstift, dem Frauenkloster auf dem Andreasberg, dem ehmaligen Jesuiten-Collegium, und dem Dominikanerkloster in Worms ꝛc.

Die Kirche zu Sülzen soll schon im J. 1141 bestanden haben, und derselben Pfarrsaz dem Probst des St. Andreasstifts in Worms zuständig gewesen, hernach aber von dem Probst Konrad im J. 1208 dem Kapitel abgetreten worden seyn. Sie war dem heil. Mauriz geweihet, und dem Landkapitel Neuleiningen einverleibet b). In der Theilung fiel diese Kirche in das Loos der Reformirten, und ward vor ungefähr 20 Jahren von dem Stift Neuhaus wieder neu gebauet, ist aber dermalen ein Filial der Pfarrei Gros-Karlbach, wohin auch die Katholischen und Lutherischen gehören. Doch haben erstere auf dem Rathhause eine Kapelle für den sonn- und festtäglichen Gottesdienst.

Den grosen Fruchtzehnten beziehet das Stift Neuhaus, den Weinzehnten die geistliche Verwaltung, den kleinen der Ref. Pfarrer, und den Blodenzehnten der Ref. Schulmeister.

13) Rodenbach. Ein geringes Dorf von 27 Häusern, 2 gute Stunden von Freinsheim nordwestwärts zwischen Leiningen-Westerburzischen und Nassau-Weilburgischen Orten gelegen, dessen schon im VIII Jahrhundert mit dem Namen Rodunbach ꝛc. Meldung geschiehet c). Der Ort selbst gehörte zu den

---

b) Schannat histor. Episcopat. Wormat. pag. 52.
c) Cod. Lauresh. Tom. II, num. 839, 1054, 93, 1199, 1214 &c.

Stiftungsgütern der Domkirche zu Worms, die Bothmäßigkeit aber deſſelben zur Grafſchaft Leiningen, und zu dem Landgericht auf dem Stolen, zwiſchen Stauf und Alſenborn, bis nach Abſterben des Landgrafen Heſſo ſelbiger mit mehrern andern Dörfern an die Pfalz gekommen. In dem Auszuge des Mannbuches vom J. 1467 heiſet es: „Rotenbach „eigen Leute. Item Hemmings Henne der Schult„heis Graf Heſſen ſeelig ꝛc. d).

In dem nämlichen Jahre, wo Pfalzgraf Philipps dem Grafen Rheinhard ſeine Hälfte an den aus der Heſſoniſchen Verlaſſenſchaft in Gemeinſchaft beſeſſenen Orten abkaufte, übergab auch das Domkapitel zu Worms der Pfalz einen halben Theil am Dorfe, Gericht und Markt zu Rodenbach zu eigen. Dem ungeachtet wagte das Domſtift bei den wegen des Pfälziſchen Wildfangrechts in vorigem Jahrhundert entſtandenen Beſchwehrden auf dieſe Hälfte einen Anſpruch e), der aber durch den Austauſch-Vertrag vom J. 1705 vollends abgethan worden.

Neben dem Dorfe lauft das aus einem zum ehmaligen Kloſter Roſenthal gehörigen Weyer abflieſſende Rodenbächlein, treibt gegen Oſt die Kronenmühle, und fällt am Ende der Gemarkung in die Eisbach.

Die Gemarkung enthält 371 Morgen Aecker, 73 M. Wieſen, 8 M. Gärten, und 48 M. Weide.

Freie Güter beſitzen die Kurfürſtl. Hofkammer, die geiſtliche Verwaltung wegen des Kloſters Otterberg, das Domſtift Worms wegen des Kloſters Ramſee, und der Reformirte Pfarrer.

Die Kirche war vormals der heil. Brigitta geweihet, und gehörte zum Wormſiſchen Landkapitel Neu-

---

d) Leiningen-Weſterburgiſche rechtliche Auszüge, im Anhang num. 5.
e) Juſtitia Cauſae Palat. in Act. Comprom. p. 33.

Leiningen; der Pfarrsaz aber zur Domprobstei *f*). In der Kirchentheilung fiel solche in das Los der Reformirten, und stund anfänglich unter dem Inspektor der Klasse Dirmstein, jezt aber unter der von Freinsheim, und ist ein Filial der Pfarrei Grosbodenheim. Die Katholischen haben auf dem Rathhause eine Kapelle zur Ehre der heil. Barbara, welche die Kapuziner zu Grünstatt besorgen.

Am Zehnten beziehet das Domstift Worms zwei, und der Reformirte Pfarrer ein Drittel, den Glockenzehnten aber der Schulmeister.

14) **Ottersheim und Immesheim.** Diese beiden Dörflein liegen im Primmer oder Zeller Thal, bei Harxheim, eine viertel Stunde weit von einander, machen aber nur eine Gemeinde aus. In den Lorscher Urkunden des VIII Jahrhunderts wird ersteres Authmaresheim, Othmaresheim, Orresheim, auch Autersheim, lezteres aber Imminisheim genannt *g*).

Beide Dörflein gehörten vormals zur Grafschaft Leiningen, unter das Landgericht auf dem Kaldenberg an der Primme. Nach Ableben des Landgrafen Hesso kam Kurf. Friedrich I mit dessen Schwester, Margaretha von Westerburg, in Gemeinschaft. In dem Auszuge des Mannbuches vom J 1467 über die Lehen, welche Landgraf Hesso zu begeben gehabt, heiset es: „Ottersheim und Immesheim ist ein Ge-
„richt, Eigenthum im Prymerthal, haben gelobt,
„und geschworen gemeiniglich, und sind dies Graf
„Hessen seel. eigen Leuthe ꝛc. *h*).

Im J. 1481 kamen beide Dörflein ganz mit ihrer

---

f) *Schannat* histor. Episcopat. Wormat. pag. 48.
g) Cod. Lauresh. Tom. II, num. 951, 1102, 1171 bis 74, 1279 &c.
h) Leiningen-Westerburgische rechtliche Auszüge, in dem Anhange num. 29, pag. 5.

Gerichtbarkeit käuflich an Kurpfalz, und sind bishero auch unverändert dabei geblieben.

Nächst Ottersheim fliesset die in den Büdesheimer Wiesen entspringende Ammelbach südwärts vorbei, treibt die Kammeral-Seifenmühle und fällt zu Harxheim in die Primm. Bei Immesheim aber lauft die Primm nordwärts vorbei, und treibt die zu dortigen Stiftshöfen gehörige Kleinmühle.

In beiden Dörflein zusammen zählte man voriges Jahr 52 Fam. 256 Seelen, 1 Kirche, 1 Kapelle, 2 Schulen, 34 bürgerliche Meyer- und Gemeindshäuser. In beiden Gemarkungen 1490 Morgen Aecker, 102 M. Wiesen, und 2 M. Wald.

Daran sind betheiligt die Kurfürstliche Hofkammer, die geistliche Verwaltung *i*), das Domstift Worms, die Bischöfliche Hofkammer daselbst, der Maltheser-Orden, und die Karmeliten zu Worms.

Die Kirche zu Ottersheim ist dem heil. Amandus geweihet, und die Kapelle zu Immesheim dazu gehörig. Im XV Jahrhundert werden sie sowohl zum Mainzischen Landkapitel Kirchheim *k*), als zu dem Wormsischen Landkapitel Neu-Leiningen gerechnet *l*). In der Theilung fiel die Kirche und Kapelle den Katholischen zu, die einen eigenen Pfarrer darauf angestellet haben, der die Kirche zu Bubenheim zugleich versiehet, und unter das Landkapitel Dalsheim, mithin zur Wormser Diöces gezählet wird.

Den grosen Zehnten beziehet das Kollegiatstift zu St. Paul. *m*), den kleinen aber der Pfarrer.

---

i) Adelruth von Hochheim vermachte im J. 1276 dem dortigen Nonnenkloster 70 Morgen Ackers zu Otersheim.

k) *Würdtwein* Dioec. Mog. Tom. I, pag. 324 & 26.

l) In *Lunig* Spicil. Ecclel. Contin. 3 wird Ottersheim als ein Filial von Quirnheim, und in *Schannat* histor. Episc. Wormat. p. 52, als ein Filial von Stetten angegeben. Beldes ist aber ein handgreiflicher Irrthum.

m) Als eine Zugehör des Patronatrechts, welches der Probst Gerhard II, gebohrner Raugraf, mit Bewilligung seines

Das Dorfgericht führet in seinem Siegel den heil. Bischof Amandus, mit der Umschrift: Amandus Patron von Ottersheim und Imsheim.

15) **Bubenheim.** Ein geringes Dorf auch im Zeller Thal zwischen Harzheim, Kindenheim, Ottersheim und Immesheim gelegen, von welchem das in dem Ingelheimer Grunde gelegene beträchtlichere Dorf Bubenheim wohl zu unterscheiden ist. Um die Mitte des XII Jahrhunderts haben Ludwig Graf von Arnstein und seine Ehefrau Guda von Bomeneburg, als selbige ihre Burg Arnstein an der Lahn in ein Prämonstratenserkloster verwandelt hatten; das gegenwärtige Bubinheim samt der Kirche, und allen dazu gehörigen Leuten, den Geistlichen daselbst als ein Stiftungstheil übergeben n). Dieses Kloster Arnstein hatte dahero alle des Orts Güter, und übte darüber die niedere Gerichtbarkeit aus, blieb auch über 400 Jahre lang in derselben Besize, bis der Abt Friedrich alles mit dem Zehnten und Pfarrsaz im J. 1478 an das Kapitel des Kollegiatstiftes zu St. Martin in Worms abgetreten hat o).

Von dieser Zeit an gehöret Bubenheim das Dorf mit der vogteilichen Gerichtbarkeit gedachtem Stift, stehet aber jederzeit unter Kurpfälzischer Oberbothmäßigkeit, und wird unter die sogenannten Ausdörfer gezählet.

Neben dem Dorfe lauft die Ammelbach vorbei, treibt die Dorf- und Neumühle, und fällt eine halbe Stunde vom Orte bei Harzheim in die Primm.

Die Gemarkung soll 710 Morgen Landes enthal-

Bruders, des Bischoffen Eberhard, schon im J. 1270 dem Kapitel des Stiftes einverleibet hat. Worüber gedachter Schannat am angezogenen Ort pag. 123 nachzusehen.
n) *Hontheim* hist. Trevir. Tom. I, pag. 549, 53 & 76. und *Gudenus* Cod. diplom. Tom. II, p. 10 & sq.
o) *Schannat* histor. Episcopat. Wormat. pag. 13.

ten, wovon fünf Hofgüter dem St. Martinsſtift gehören, welche erbbeſtändlich verliehen ſind.

Die Kirche zu Bubenheim iſt dem heil. Petrus geweihet, und gehörte als eine beſondere Pfarrkirche zum Landkapitel Neu-Leiningen. Nach erfolgter Reformation ließ Kurpfalz darin den Reformirten Gottesdienſt einführen p), durch den Ryswickiſchen Frieden aber muſte ſie dem St. Martinsſtift wieder eingeraumet werden. Deswegen kam ſie nicht in die Kirchentheilung, ſondern blieb bei den Katholiſchen ohne weitern Anſpruch. Sie iſt nun ein Filial der Pfarrei Ottersheim.

Den Zehnten beziehet mehrgedachtes Stift. Kurpfalz hat darin ſeinen beſondern Fauth wohnen. Das Dorfgericht aber wird von dem Stift beſtellet.

Unteramt Erbesbüdesheim.

Erbesbüdesheim. Der Hauptort dieſes Amtes, von welchem es den Namen führet, iſt ein groſes Dorf oder Marktflecken anderthalb Stunden von der Oberamtsſtadt Alzei weſtwärts entlegen. In dem Karolingiſchen Zeitalter wird er ohne Beiſaz Botinesheim und Bütinisheim genannt. Das Kloſter Lorſch bekam ſchon unter K. Pipin und Karl dem groſen eine Menge Güter, unter andern auch eine zur Ehre des heil. Michaels geweihte Kirche daſelbſt q). Drei beſondere Dörflein oder Höfe, Rade oder Roth, Aulheim oder Ulenheim und Eiche waren ehmals dabei gelegen und ſind mit dem Dorfe Büdesheim vereinbaret worden. Da aber drei Bü-
desheim

---

p) Struve Pfälziſche Kirchenhiſtorie pag. 804.
q) Cod. Lauresh. Tom. II, num. 1807, 1890 bis 1901.

desheim, nämlich gegenwärtiges Erbesbüdesheim, Rübenbüdesheim und Büdesheim bei Bingen, im alten Wormsgaue vorkommen, so fällt es schwehr zu bestimmen, auf welches die nur von Büdesheim überhaupt redende Nachrichten zu deuten seyen. Von solcher Gattung ist eine Urkunde des Erzbischofs Konrad von Mainz über einen Tausch der Abtei St. Alban mit der Probstei Flanheim vom J. 1186, wodurch erstere den Zehnten zu Büdensheim erhielt r). Im J. 1333 bewilligte Graf Friedrich von Leiningen und Jutta seine Ehefrau, daß Godfried von Randeck die von ihm zu Lehen rührende Güter in den Dörfen und Marken, wie man sie nennet zu Büdesheim, zu Rode, zu Ulnheim, und zu Nache, von dem Edlen Herrn Johann Grafen zu Spanheim und seinen Erben empfangen möge s). Drei Jahre darnach wurde gedachter Godfried von Randeck und Schonette von Flersheim, seine eheliche Hausfrau, „ mit „ dem Hove und Dorf Münchwilre, Erweisbü- „ dinsheim, Ulenheim, Nacti und Rade, und „ was darzu gehöret, „ nachdem sie solche Stücke ernanntem Grafen aufgetragen hatten, wiederum belehnet t) Aber auch die Wildgrafen hatten verschiedene Güter daselbst. Wildgraf Otto belehnte im J. 1373 Dieterich von Morsheim mit einem burgerlichen

---

r) *Senkenberg* Medit. in jus publ. fasc. I. p. 62, Prob. II. Da das Stift St. Alban dermalen keinen Theil am Zehnten zu Erbesbüdesheim, wohl aber zu Büdesheim bei Bingen den Pfarrsaz hat, (*Würdtwein* Dioec. Mog. Tom. I, Comment. II, pag. 217 sq.) so wird wohl leztres dahier zu verstehen seyn.

s) Leiningen-Westerburgische rechtliche Auszüge ꝛc. im Anhange Beil. num. 31, wo aber statt Büdesheim irrig Rüdesheim stehet.

t) *Kremer* diplomatische Beiträge ꝛc. 3 Stück, in den Urk. num. XXXII.

Pf. Geographie III. Th.

Hause und der Mühle zu Erbesbüdesheim u). Jene Spanheimischen Gerechtsame blieben nach Ableben des leztern Grafen Johann V zwischen seinen Erben, Friedrich Grafen von Veldenz, und Bernhard Marggrafen von Baden, dergestalt in Gemeinschaft, daß die Lehen von dem Aeltesten empfangen werden musten. Deswegen belehnte gedachter Graf von Veldenz im J. 1438, als der älteste, Godfried von Randeck und seinen Bruder Philipps mit „solchem Gut, „das sie dan nzunt hant im Dorf und Marken zu „Büdesheim, zu Rode, zu Uvelnheim und zu „Nacke, off Inhalt des Briefes, den er von dem „Wohlgebohrnen Grave Friedrich zu Lyningen und „Jutten siner Hußfrauen indatte x).

Das Patronatrecht der Kirche zu Eyche trugen die Edeln von Nackheim als ein Gelderisches Lehen. Denn als Franko von Nackheim und Demuth, seine Hausfrau, mit Bewilligung ihrer Kinder Simon, Johann, Peter, Demuth und Elisabeth dieses Recht dem Kollegiatstift zu St. Peter bei Mainz überlassen, willigte Arnold, Herzog von Geldern und Gülich, darein, in einer darüber ausgefertigten Urkunde vom J. 1448, worin es heiset: „daß wir ꝛc. den Kirchensaz „und die Kirche zu Eyche gelegen zuschen Erbesbü„desheim und Wendelsheim mit aller siner Zuge„börung und Herkommen ꝛc. gegeben, dem Stift „Sant Peter gelegen uswendig der Stadt zu Men„ze y).

Die oberste landesherrliche Bothmäßigkeit hatte jedoch von jeher dem Kurhause Pfalz zugestanden. Denn als Pfalzgraf Johann II von Simmern, als Graf von Spanheim, verschiedene Rechte, die der Oberlandesherrlichkeit allein anklebig sind, in An-

---

u) Kurzgefaßte Geschichte des Wild- und Rheingr. Hauses, pag. 58.
x) Gudenus Cod. diplom. Tom. IV. pag. 244.
y) Joannis rer. Mog. Script. Tom II. pag. 485.

Unteramt Erbesbüdesheim.

spruch nahm, und darüber mit Kurf. Ludwig V in Irrung gerieth, verglichen sich beide Theile im J. 1537 mit einander, so daß die Unterthanen zu Erbesbüdesheim wegen des hergebrachten Kurpfälzischen Erb- Schuz- und Schirmrechtes, jährlich 50 Malter Schirmhaber nach Alzei liefern, sie auch bei erfodernder Nothdurft Kurpfalz allein, und sonst niemand die Frohnen zu leisten, Reise- Folge- und Schazungsgebühren dahin zu entrichten schuldig, und dem zeitlichen Burggrafen unterworfen seyn sollten z).

Als Pfalzgraf Friedrich von Simmern nach Ableben Kurf. Ottheinrichs zur Kur gelangte, verglich er sich mit seinem im Herzogthum Simmern nachfolgenden Bruder, Pfalzgrafen Georg, im J. 1559, und nach dessen Tode auch mit seinem jüngern Bruder, Pfalzgrafen Richard, im J. 1570; als welcher er unter andern das Dorf Erbesbüdesheim gegen das Amt Beckelnheim zum Simmerischen Landestheil abgetretten, jedoch aber die in den Hof zu Worms gehörige Fruchtgefälle sich vorbehalten hat. a). Dieses Dorf blieb also bei der Simmerischen Linie, bis solche im J. 1598 zum erstenmal erloschen ist. Als hernach Kurf. Friedrich IV seinem jüngsten Prinzen Ludwig Philipp diesen Landestheil abermals zum Lose bestimmte, ward auch Erbesbüdesheim dazu geschlagen, und dabei solang gelassen, bis mit Herzog Ludwig Heinrich im J. 1673 diese neue Simmerische Linie ebenfalls erloschen, und dessen Landestheil mit der Kur wieder vereiniget worden ist. Von dieser Zeit an ward also Erbesbüdesheim zu einem besondern Unteramt gemacht, und die nachfolgenden Orte dazu gezogen.

---

z) Datum auf Samstag Conceptionis Mariae, anno Domini 1537.

a) Ex adj. ad notamina super Struvii formul. Success. Pal. Lit. L & M.

Aus einigen Brunnquellen zu Aulheim und sonst entspringen zwei geringe Bächlein, wovon jedes zwo geringe Mühlen treibt, und sich bei Wendelsheim mit der Griesbach vereiniget. Die neue Landstraße von Alzei auf Kreuznach ziehet durch den Ort, und wird darin der Zoll erhoben.

Von den eingegangenen Dörflein oder Weilern Roth, Aulheim und Eiche ist weiter nichts mehr vorhanden. Der gemeinen Sage nach soll zu Aulheim in ältesten Zeiten ein Kloster, zu Eiche aber eine Kirche gewesen seyn.

In dem Flecken befindet sich noch die sogenannte Weise Burg, und an dem Dorfgraben westwärts die Rothe Burg. Beide besaß vormals das adeliche Geschlecht von Morsheim samt dazu gehörigen Gütern als ein Wildgräfliches Lehen. Solche kamen mit Anna Elisabeth von Morsheim im J. 1640 an ihren Ehmann, Wolf Adolph von Karben, und von diesem an Samuel Friedrich von Rochau, der auch im J. 1727 darin verstorben ist *b*). Dessen Söhne verkauften beide Burgen mit aller Zugehör im J. 1729 an Ludomilla verwittibte von Laroche, Edle von Starkenfels.

Voriges Jahr wurden in dem Orte 183 Familien, 726 Seelen, 2 Kirchen, 4 Schulen, 140 bürgerliche und Gemeindshäuser gezählet: in der Gemarkung aber 3205 Morgen Aecker, 15 M. Wingert, 85 M. Wiesen, 20 M. Gärten, und 361 M. Wald.

Unter diese Feldgründe gehöret das beträchtliche Larochische Schloßgut, so allein über fünfthalbhundert Morgen Landes ausmacht; der sogenannte Probsteihof, welcher vor Zeiten der Probstei Ravengiersburg zuständig gewesen, von dieser aber an das Prämonstratenserkloster Hayn unter Bolanden gekommen, und nachher zur geistlichen Güterverwaltung

---

b) Siehe Gauhens Abels Lexicon pag. 1908.

Unteramt Erbesbüdesheim.

gezogen worden ist; ferner der Weibaser Hof, welchen die Kurfürstl. Hofkammer besitzet, sodann die Freiherrlich-Hunoltsteinische Güter.

Von besagter Waldung gehöret das sogenannte Eicher oder Büdesheimer Wäldlein verschiedenen Unterthanen eigenthümlich, die übrigen vier Bezirke aber der Gemeinde.

Unter diesen leztern ist ein Distrikt, der tiefe Graben genannt, worin nächst dem Hunoltsteinischen Dorfe Nack Queckfilbererz gegraben wird. Die Grube heißt Karlsglück, und hat im J. 1774. 355 Pfund 12 Loth reines Queckfilber Ausbeut gegeben d). Wahrscheinlich ist es das nämliche Werk, welches schon vor drei hundert Jahren im Baue gestanden. Denn Kurf. Philipp hat im J. 1486: „Luzen Rephun ge„nannt Rechenberger, seinem Amtmann zu Gemon„den, und Meister Jörgen Bernbeck von Fryfingen „ein Yfenerz und Bergwerk bi Erwisbüdesheim „und in derselben Gemarkung an dem Berg uff der „Blatten genannt, an Wendelsheimer Mark stoßend, „verliehen e).

Von der alten St. Michaelskirche, die dem Kloster Lorsch übertragen gewesen, finden sich in folgenden Zeiten keine weitere Nachrichten. Vielleicht war es die vorhin angeführte Kirche zu Eiche.

Das Patronatrecht der Kirche zu Erbesbüdesheim war Pfälzisch, und Kurf. Friedrich I hat solches noch im J. 1463 ausgeübet f). Die Kirche ist dem

---

d) Johann Jakob Ferbers Bergmännische Nachrichten, (Mietau 1776) p. 61.

e) Datum Heidelberg uff Laurenzi Martlerstag.

f) In dem geistlichen Lehenbuche heißet es davon: Praesentatus est Wernherus Franck Praeposito maj. Ecclesie in Diocesi Mag. ad pastoriam seu Ecclesiam parochialem in Erbesbudesheym. Datum in Oppido nostro Heidelberg die Mercurii tertio mensis Augusti anno 1463.

heil. Bartholomäus geweihet. In der Kirchentheilung ward solche als überschießend ausgesezt. Weil
aber die Katholischen schon zuvor im Besitze gewesen,
so wurde sie ihnen auch gelassen. Sie gehöret dermalen zum Alzeier Landkapitel, und ist mit einem
eigenen Seelsorger bestellt, der zugleich das Rheingräfliche Dorf Wendelsheim als ein Filial besorget.
Die Reformirten haben auch eine eigene Kirche erbauet, die ihrer Pfarrei zu Ensheim im Oberamt
Stromberg untergeben ist. Die Lutherischen bedienen sich der Kirchen in den nächstgelegenen Rheingräflichen und Ritterschaftlichen Orten.

Am Zehnten in der Hauptgemarkung beziehet die
Graffschaft Falkenstein fünf, der Herr von Laroche
sieben, das Kollegiatstift zu St. Peter in Mainz drei,
und der Kath. Pfarrer eben soviel Achtzehntel. Die
Kirche zu Flonheim genießet den Fasel- der Schulmeister den Glocken- und der Johanniterhof den Baier-
forster Zehnten g).

In dem Orte wohnet der Unterbeamte, welcher
nebst der Gerichtbarkeit auch den Empfang der Kam-
meralgefälle, und die zur geistlichen Verwaltung gehörige Schaffnerei des ehmaligen Klosters Hayn unter Bolanden zu versehen hat. Sonst ist das ordentliche Gericht mit einem Schultheise, vier Schöffen,
und einem Gerichtschreiber bestellet.

2) Bechenheim. Ein Dorf von etwan 50 Häusern, nur eine Stunde südwestwärts von dem vorigen entfernt, kommt im IX Jahrhundert mit dem
Namen Vechenheim vor. Es hat nämlich der

---

g) Was dieses für ein Johanniterhof sei, und ob nicht die
Urkunde in *Gudenus* Cod. diplom. Tom. IV, p. 872, wornach Ebebert Schenk von Elbenstein seine Zinsen von dem
Deutschordens Hofe zu Bufensheim mit Bewilligung
des Pfalzgrafen Otten im J. 1229 gedachtem Ritterorden
überlassen hat, hieher gezogen werden möge, beruhet auf
einer nähern Untersuchung.

Steuereinnehmer des Königl. Pallastes zu Ingelheim einen Hof und 74 Morgen Ackerfeldes im Jahr 853 zu Bechenheim im Wormsgau dem Kloster Prümm vertauschet *h*). Im J. 1303 haben zween Gebrüder genannt die Boschen von Offenheim ihr Gut daselbst und zu Bechirheim dem Kloster Spon um 700 Pfund Häller verkauft *i*).

Die vogteiliche Gerichtbarkeit war anfänglich ein Reichsleben. K. Ruprecht belehnte im J. 1401 Heinrich Wissen von sein und seiner Ganerben wegen, zu einem Theile, und Kunzen von Speier von sein und seiner Ganerben wegen zu ihrem Theile ꝛc. mit dem Gericht des Dorfs Bechenheim und Zugehörungen, wie sie solches vormals von dem heil. Reiche zu Lehen getragen haben *k*). Ein anderer Theil gehörte zur Raugrafschaft, und kam vermuthlich durch Theilungen an das Geschlecht von Bolanden, hernach durch Heyrathen an die Grafen von Spanheim und Hohenlohe, zuletzt aber auf eben solche Weise an die Grafen von Nassau-Weilburg, bei welchen er zwei hundert Jahre lang geblieben, bis die Grafen Albert und Philipp durch den mit Kurf. Ludwig VI im J. 1579 geschlossenen Austausch unter andern vielen Stücken und Gerechtigkeiten auch das ganze Dorf Bechenheim der Pfalz überlassen *l*).

Die Gemarkung enthält 403 Morgen Aecker, 22 M. Wiesen, und 64 M. Wald, welche der Gemeinde gehören, und unter der Hute des Försters zu Offenheim stehen.

Die Kirche des Ortes ist dem heil. Alban geweihet, und in der Kirchentheilung als überschiesend

---

h) Vid. Act. Acad. Palat. Tom. I, pag. 277, und die daselbst bemerkte Urkunde.
i) Die davon handelnde ungedruckte Urkunde ist bei Offenheim S. 175 angeführet.
k) Datum Moguntie tertia feria ante festum Jo. Bapt.
l) Sieh oben bei dem Dorfe Eptesheim S. 48.

ausgesezt geblieben, nachgehends aber zum gemeinschaftlichen Gebrauch für alle drei Religionen angewiesen, und im J. 1755 wieder neu erbauet worden. Jedoch haben die Katholischen den Chor allein, und sind Filialisten der Pfarrei Weinheim. Reformirter Seits ist solche ein Filial von Offenheim. Die Lutherischen sind nach Alzei eingepfarret.

Am Zehnten beziehet die Kurfürstliche Hofkammer eine Hälfte, und die geistliche Verwaltung Namens des Klosters Spon die andere.

3) **Mersfeld.** Ein geringes Dorf von 34 Häusern, 2 Stunden von Erbesbüdesheim westwärts gelegen, ist eine Zugehör der Raugraffschaft gewesen. Im J. 1381 war das Gericht daselbst verpfändet m). Kurf. Ludwig III lösete aber von wegen gedachter Raugraffschaft Dorf und Gericht im J. 1426 zur Pfalz wieder ein n). Daher wird solches auch nach dem alten Saal- und Lagerbuche vom J. 1429 unter diejenigen Dörfer gesezt, die zu allen Gebothen auf die Burg zu Alzei dienstbar gewesen.

Eine viertel Stunde von dem Dorfe gegen Ost lag vormals das Cisterzer Nonnenkloster Drimbach, von dessen Ursprung uns nichts bekannt ist. Im J. 1296 hat Wolfram von Lewenstein, genannt der kleine, selbigem durch sein Testament einige Gefälle vermacht o). Es scheint in bedürftigen Umständen gewesen zu seyn. Denn Agnes die Aebtissin und der Konvent verkauften im J. 1362 an Lubrat, und ihre zwo Schwestern, Nonnen zu Spon: „ein ewig Mal„der Haler Gelds, das sie hatten zu Rodre auf „dem Hove und dem Gude, die hievor waren Hern

---

m) Acta Comprom. in causa Praetens. Aurel. pag. 131.

n) Ibid. pag. 132.

o) Datum & Actum anno Dom. MCCXCVI. Kal. Aug.

„ Emeriches und Lubrat sinre ehelich Frauen von
„ Randecken p).

Im J. 1499 ließ Erzbischof Berthold von Mainz
durch den Abt Johann von Disibodenberg eine Untersuchung darin vornehmen, und die verfallene Klosterzucht in die gebührende Ordnung herstellen q).
Allein es kam dennoch wieder in Verfall, und Kurf.
Friedrich II erwirkte bei dem Pabst, daß es im J.
1551 der hohen Schule zu Heidelberg mit noch andern Klöstern zu Verbesserung dortiger Lehrstühle einverleibet, auch bei dem hernach mit Kurf. Friedrich
III im J. 1563 getroffenen Austausch derselben überlassen worden. Es ist dermalen in einen Meyerhof
verwandelt, welchen die hohe Schule in Erbbestand
begeben hat.

Unweit dieses Klosters befand sich schon vor mehrern Jahren ein ergiebiges Quecksilber-Bergwerk,
welches K. Ruprecht im J. 1403 an Konrad Sommer
zum bauen verliehen. Während den mit Erzbischofen Diether von Mainz entstandenen Irrungen machte dieser auf die Landeshoheit einen Anspruch. Kurf.
Friedrich I bewies aber durch zwo in den Jahren
1459 und 1460 aufgerichtete Kundschaften, daß
Deimbach das Kloster in Pfälzischer Ober- und Herrlichkeit gelegen, auch das Geleit, und der Wildbann dazu gehörig seyen. Als nun beide Fürsten sich
endlich wieder verglichen hatten, verschrieb sich Erzbischof Diether im J. 1461, daß die Pfalz das Bergwerk zu Deimbach zu ihrem Besten und Nothdurft
bauen lassen, auch sonst verleihen oder selbst benutzen
möge. Kurf. Friedrich befreite hernach dieses Berg-

---

p) Datum anno Domini MCCCLXII, feria sexta post Reminiscere.

q) Joannis Spicil. Tabul. vet. pag. 146. und Oliverii Legipontii Monasticum Mogunt. p. 19.

werk r), und ernannte Jakob Bargsteiner zum Obermeister, Bergvogt und Bereuter aller Bergwerke in den Aemtern Alzei, Kreuznach, Sobernheim, Koppenstein und Gemünde s), verliehe ihm auch die Grube an dem Richenberge zu Daimbach insbesondere t). Kurf. Ludwig V errichtete darüber eine förmliche Bergordnung u), und Kurf. Friedrich III befahl seinem Schultheiße zu Alzei, Georg von Kellenbach, sich zu erkundigen, wie das Bergwerk zu Daimbach gebauet werde x).

Dermalen wird dieses Werk, die alte Grube genannt, seit mehrern Jahren mit Zubusen gebauet. Eben so verhält es sich jezt mit einem andern neuern Werke, der Karl Theodors und Elisabethen Grube, das im J. 1774 eine Ausbeute von 20099 Pfund Quecksilber geliefert hat y). Solches befindet sich in den zwischen den Rheingräflichen Dorffschaften Flonheim, Uffhofen und Wendelsheim gemeinschaftlichen Waldungen.

In dem Dorfe sammlet sich ein Bächlein, treibt die Weisensteiner Mahlmühle und fällt in die Kriegsbach.

Die Gemarkung bestehet aus 830 Morgen Aecker, 46 M. Wiesen, 70 M. Wald, und 166 M. Weide.

Den Kammeral Schartenhof hat die Gemeine gegen eine beständige Korngült zu geniesen. Die übri-

---

r) Datum Heidelberg uff Dinstach nach Margaretentag anno Dom. MCCCCLXXII.
s) Datum Heidelberg uff Dornstag nach St. Michelstag anno Domini millesimo, quadringentesimo septuagesimo secundo.
t) Datum Heidelberg uff Dinstag vor St. Michels des heil. Erzengelstag anno Dom. MCCCCLXXVII.
u) Actum Heidelberg uff Sonntag nach Kiliani anno MD siebenzehen.
x) Datum Lorbach den 4ten Februarii 1564.
y) Von der Eigenschaft dieser Erze sind Ferbers Bergmannische Nachrichten ꝛc. Miet. von 1776, pag. 51 & sq. nachzulesen.

Unteramt Erbesbüdesheim.

gen freie Güter gehören den Freiherren von Dalberg, und der hohen Schule als eine Zugehör des Klosters Deimbach.

Nebst obiger Waldung sind 1437 mit den Rheingräflichen Gemeinden Wendelsheim, Uffhofen und Flonheim gemeinschaftliche Morgen, und die sogenannte fünf Wildhäge von 12 Morgen der Kurfürstl. Hofkammer zuständig. Ueber alle diese Waldungen ist ein besonderer Kurfürstl. Förster gesezt, der in Mersfeld seine Wohnung hat.

In jenem gemeinschaftlichen grosen Walde liegt die zerstöhrte Burg Wissenstein, die vormals dem adelichen Geschlechte von Randeck gehörte, davon ein Zweig den Beinamen geführet hat. Johann von Wizenstein kömmt im J. 1331, und 10 Jahre darnach Margareth Winterin von Alzei, Johannsen von Randecke, den man nannte von Wisenstein, hinterlassene Wittib, mit ihrem Sohn Godfried vor z).

In dem Mainzer Synodalregister wird eines Kapellans zu St. Antoni und eines Altarpfründners von Deimbach erwähnet, welche zum Erzdiakonat des Dompropsten, und zum Landkapitel Münsterappel gehörig waren a). Die Kirche zu Mersfeld ist in der Theilung den Reformirten zugefallen, die sie ihrer Pfarrei zu Kriegsfeld untergeben haben. Die Katholischen sind gleichfalls dahin eingepfarret, und haben im J. 1722 unter dem Rathhause eine Kapelle zur Ehre des heil. Michaels errichtet.

Am grosen Zehnten beziehet die Abtei St. Maximin bei Trier zwei, und der Reformirte Pfarrer ein Drittel; den kleinen aber die Gemeinde.

4) **Kriegsfeld**, ein ansehnliches Dorf von mehr als 100 Häusern, beiläufig eine Stunde von dem vorhergehenden südwärts entlegen. Es scheinet das in

---

z) *Gudenus* Cod. diplom. Tom. III, pag. 276 & 316.
a) *Würdtwein* Dioec. Mog. Tom. I, pag. 91.

den Lorscher Urkunden nach dem Dorfe Freimersheim vorkommende Regingisesfelde zu seyn, wo die
Abtei im J. 788 einen Theil des Waldes erhalten
hat b). Ursprünglich gehörte es zur Raugrafschaft,
und ein Theil davon kam in der Folge an die Herren
von Bolanden. Nach dem alten Saal- und Lagerbuche aber vom J. 1429 war es schon damals zu allen Gebothen auf die Burg Alzei zu dienen schuldig.
Im J. 1431 verpfändete Raugraf Ott seinen Theil
am Dorf und Gericht zu Kriegsfeld an Hermann von
Udenheim für 200 fl. auf Wiederlösung. Da nun
im J. 1457 gedachter Raugraf alle seine Mannlehen
und Pfandschaften an Kurf. Friedrich I verkaufte,
so kam auch sein Theil von Kriegsfeld an die Pfalz.
Das Bolandische ward schon vorher durch die an
Graf Heinrich von Spanheim vermählte Kunegund
von Bolanden auf dieses gräfliche Geschlecht, hernach an die von Hohenlohe, und endlich an die Grafen von Nassau vererbet worden. Durch den mit
Kurf. Ludwig VI im J. 1579 zu Stand gekommenen
Austausch wurde dieser Theil ebenfalls an die Pfalz
abgetretten, und so das volle Eigenthum erworben.

Unterhalb des Dorfes entspringt die Kriegsbach, und im Wiesengrunde das Wasenbächlein.
Beide vereinigen sich mit der von Oberwiesen her-
kommenden Wisbach, nnd treiben in der Gemarkung die sogenannte Schiffenberger Mühle. Durch
den Ort ziehet die von Alzei nach Meisenheim führende Landstrase, und wird darin der Zoll erhoben.

Die Gemarkung enthält 1481 Morgen Aecker, 242
M. Wiesen, 10 M. Gärten, 50 M. Weide, und 133
M. Wald.

In dem Bezirke dieser Gemarkung liegen verschiedene in neuern Zeiten entstandene Meyerhöfe,
und zwar erstens, Wasenbach, welcher ursprünglich

---

b) Cod. Tradit. Lauresh. Tom. II, num. 1755. und Act.
Acad. Palat. Tom. I, pag. 285.

dem Cisterzer Nonnenkloster Weidas bei Dautenheim gehöret hat. Es wird insgemein dafür gehalten, daß es ein Kloster gewesen; allein in einer Urkunde von Pfalzgr. Rudolph I im J. 1306 wird Wasenbach ausdrücklich ein Hof genannt c). Er wurde mit dem Kloster Weidas der hohen Schule zu Heidelberg einverleibt, hernach aber von Kurf. Friedrich III gegen andere Gefälle eingetauschet, und ist dermalen erblich verliehen.

Zweitens, Schrifftenberg mit der oben bemerkten Mühle, drei viertel Stunden von Kriegsfeld. An diesem Hofe haben die Edeln von Morsheim einen Theil von Kurpfalz zu Lehen getragen, welcher im J. 1464 heimgefallen ist d). Das übrige soll schon vorher an die Vögte von Hunoltstein verkauft worden seyn, welche auch den Hof und die Mühle noch wirklich im Besitze haben.

Drittens der Lindenbühl oder Landbeckenhof, welcher von der Kurfürstlichen Hofkammer in Erbbestand verliehen ist.

Viertens die zween Neidbecker Höfe, ungefähr 100 Morgen Landes stark, liegen eine halbe Stunde von Kriegsfeld, und gehören der geistlichen Verwaltung.

Fünftens die Strutwiese, eine Stunde vom Dorfe im Wald, gehöret der Kurfürstlichen Hofkammer.

Sechstens das Hannsen Häusgen, und die Holzhauers Hütte auf dem Schwarzen Graben, nur eine halbe Stunde entlegen, ebenfalls im Walde.

Ueber obbesagte der Gemeine zuständige Waldungen haben die Kurf. Hofkammer, die geistliche

---

c) Rudolphus Com. Palat. Rh. mandat advocato suo in Alzei, ut religiosas Dominas, Abbatissam & Conventum Sanctimonialium Fontis S. Marie in *Weydas* Ord. Cisterc. in Curia sua *Wasenbach* manutenere debeat. Datum 1306.

d) Acta Comprom. apud *Chlingensperg* pag. 111.

Verwaltung und der Freiherr von Hunoltstein, weit mehrere im Besitze. Darüber ist ein besonderer Kurfürstlicher Forstmeister gesetzet, der alle Waldungen der beiden Oberämter Alzei und Oppenheim zu besorgen, und in Kriegsfeld seine Wohnung hat.

In dem Kammeralwald ist ein Bezirk, Spitzenberg genannt, worin Quecksilber- und Zinnober-Erz, auch Berg-Pech und Schwefelkies gefunden worden. Dieses Bergwerk wird annoch mit 7 Arbeitern betrieben.

Die Kirche des Ortes war nebst dem ordentlichen Pfarrer auch mit einem Kaplan bestellet, und gehörte in das Erzdiakonat des Dompropsten zu Mainz, und in das Landkapitel Münsterappel e). In der Theilung fiel solche in das Loos der Reformirten, deren Prediger zugleich das Filial Mersfeld versiehet, und zur Inspektion Alzei gehöret. Die Katholischen giengen anfänglich nach Erbesbüdesheim zur Kirche, hernach wurden die geistlichen Verrichtungen eine zeitlang durch einen Franziskaner aus Kreuznach versehen, bis endlich im Jahr 1759 eine besondere Pfarrei errichtet worden, zu welcher Mersfeld und Niederwiesen nebst sämtlichen Höfen gezogen worden sind. Jedoch ist keine Kirche dazu vorhanden, sondern der Gottesdienst wird in einer Kurfürstl. Hauskapelle der Forstmeisterei Wohnung gehalten. Der Pfarrer ist ein Kapuziner aus Alzei, und gehöret in dortiges Landkapitel. Die Lutherischen haben auch ein eigenes Kirchlein dahier, dessen sich die Dörfer Alsenz, Mersfeld und Oberndorf zugleich bedienen.

Am grosen Zehnten beziehet die Kurfürstl. Hofkammer zwei Drittel, die vorhin die von Lewenstein, und die von Morsheim zu Lehen getragen haben. Das übrige Drittel samt dem kleinen Zehnten beziehet der Reformirte Pfarrer.

---

e) *Würdtwein* Dioeces. Mog. Tom. I. p. 89 & 91.

5) **Oberndorf.** Ein mittelmäßiges Dorf von 38 Häusern an der Alsenz, 4 Stunde von Erbesbüdesheim westwärts entlegen, kömmt zum erstenmal vor in der Bestättigungsurkunde des Erzbischofs Adelbert von Mainz, welche er dem damaligen Benediktinerkloster Disibodenberg über seine Besitzungen im J. 1128 ertheilet hat. Darin wird einer sichern Adelheid und ihres Ehemanns Adalbero Gut zu Oberndorf, die Kirche mit dem Zehnten, Leibeigenen, Aeckern, Wäldern und Wiesen dem Altar des heil. Distbods angewiesen *f*).

Der Ort selbst gehörte zur Raugrafschaft, und war von dieser zu Lehen begeben. In der Theilung unter Eberhards von Randeck Söhnen im J. 1327 wird des Zehnten zu Oberndorf gedacht, den sie im Besize hatten *g*). Als hernach alle Raugräfliche Besitzungen und Lehenschaften an die Pfalz verkaufet worden, kam auch besagtes Dorf an dieselbe, und Kurf. Friedrich I verliehe im J. 1458 einen Theil des Gerichts zu Obirndorf an Konrad Marschalk von Waldeck zu Mannlehen, wobei es heißt, daß gedachter Konrad dieses Lehen mit seinem Bruder Adam in rechter Gemeinschaft besizen solle, wie sie und ihre Aeltern es vormals von Raugraf Otte zu Mannlehen getragen hatten *h*). Gegen die Mitte des XVI Jahrhunderts erlosch das Geschlecht der Marschalken von Waldeck. Das heimgefallene Lehen ward aber wieder vergeben, bis Kurf. Karl Ludwig im J. 1660 das Dorf Oberndorf von einem Herrn von Landsberg gegen andere Güter eingetauschet hat *i*).

Die vorbei fliesende Alsenz treibet in des Ortes Gebiete zwo Mahlmühlen.

Die Gemarkung enthält 313 Morgen Aecker, 36

---

f) *Joannis* Spicil. Tabul. veter. pag. 110.
g) *Gudenus* Cod. diplom. Tom. III, pag. 254.
h) *Senkenberg* Medit. in jus publ. fasc. I, Prob. 17, pag. 80.
i) Acta Comprom. &c. pag. 98.

M. Wingert, 44 M. Wiesen, 9 M. Gärten, und 138 M. Wald.

Die Waldung liegt eigentlich im Pfalzzweibrücklischen Gebiete, und ist der Gemeinde gegen einen Waldzins in Erbbestand verliehen.

Vormals ward allda ein Quecksilber-Bergwerk betrieben, welches die Elisabethen Grube heißt. Man hat vor einigen Jahren auf dem Plaz wieder zu schurfen angefangen, aber ohne Erfolg.

Von der Kirche ist schon oben angeführet worden, daß solche anfänglich zum Kloster Disibodenberg gehöret habe. In dem Mainzer Synodalregister über das Erzdiakonat des Dompropsten und Landkapitels Münsterappel vom J. 1401 wird ein Pastor und ein Pleban, wie auch zween Altarpfründner, einer zu St. Katharine, der andere zu U. L. F. angeführt k). Bei der Kirchentheilung fiel sie in das Loos der Reformirten. Sie liegt unten am Berg, und war ehmals dem heil. Valentin geweihet. Der Prediger stehet unter der Inspektion Alzei und hat das Dorf Mannweiler im Unteramt Rockenhausen mit zu versehen. So haben die Katholischen auch eine eigene Kirche und Pfarrei, welche zum Alzeier Landkapitel gehörig ist.

Am Wein- und Fruchtzehnten beziehen die Reigersbergische Erben zu Randeck eine, und der Reformirte Pfarrer die andere Hälfte.

6) **Schiersfeld**, ein Weiler oder geringes Dörflein, eine Stunde von dem vorigen westwärts gelegen, scheinet ehedessen beträchtlicher gewesen zu seyn, wenn es anders das Scerringesfeld ist, welches in einer von K. Otto I der Abtei St. Maximin ertheilten Urkunde über derselben Besizungen im Nahgaue

im

---

k) *Würdtwein* Dioeces. Mogunt. In Archidiac. dist. Tom. I, pag. 89 & 91.

im J. 962 vorkömmt *l*). In dem Mainzer Synodalbuche von 1401 wird unter dem Erzdiakonat des Domprobsten im Landkapitel Münsterappel noch ein Pfarrer zu Scheringesfelt angegeben *m*). In der Folge muß ein Theil der Feldgründe zu andern Dörfern gezogen worden seyn.

Der Ort an sich selbst war zwischen mehrern gemein. Ein Theil gehörte ursprünglich zur Grafschaft Veldenz, und kam hernach an die Pfalzgrafen zu Zweibrücken. Einen andern hatten die Wildgrafen im Besize, von welchen es wieder zu Lehen gegeben worden. Der lezte Träger war Johann Wolfgang von Lewenstein, mit dessen Tode das Lehen heimgefallen ist. Im J 1660 aber verkauften die Wildgrafen Georg Friedrich und Johann zu Daun ihren halben Theil an Schiersfeld und Niederkirchen an den Herzog Friedrich Ludwig zu Pfalzzweibrücken um 2000 fl. Bazen *n*). Die andere Linie der Wild- und Rheingrafen hatte darin Leibeigene, welche im J. 1679 an Kurpfalz abgetretten worden *o*).

Ein gleiches geschahe 100 Jahre hernach mit der Hälfte an Niederkirchen, aber in Schiersfeld ist Pfalz-Zweibrücken bis auf den heutigen Tag noch im Besize seiner vorigen Rechte *p*).

7) **Rupertseck**, ein geringes Dörflein, hinter dem Nassauischen Dannenfels, hat seinen Ursprung und Namen von der oberhalb in ihren Trümmern

---

l) *Hontheim* hist. Trevir. Tom. I, p. 293 & 544. Sieh auch die Bestättigungsurkunde K. Heinrichs II vom J. 1023 in Act. Acad. Tom. III, p. 105.
m) *Wurdtwein* Dioeces. Mog. Tom. I, pag. 89.
n) Wild- und Rheingräfliche Deduktion die Gemeinschaft, Beil. num. XVIII, pag. 519.
o) Kurzgefaßte Geschichte des Wild- und Rheingräfl. Hauses, 1 Theil, pag. 155.
p) Mehrers davon findet sich in Bachmanns Pfalzzweibrückischen Staatsrecht, pag. 327, §. 234.

noch sichtbaren alten Burg, die von einem der Raugrafen Ruprechten im XIII Jahrhundert erbauet und
vor dem Pavischen Vertrag an die Pfalz gekommen
zu seyn scheinet. In K. Karls IV Entscheid über die
Landestheilung zwischen den Pfalzgrafen Ruprechten, dem ältern und jüngern, vom J. 1353 heißet es
ausdrücklich: „darnach soll der obgedachte Ruprecht
„der älter, demselben seines Bruders Sohn seinen
„Theil, der von seines Vetters wegen, Herzogen
„Adolphs seligen, gevalen soll, ... gänzlich ge-
„ben, als derselbe Theil hernach beschrieben stehet ꝛc.
„Item Rupreckseck ꝛc. soll man ihm lediglich ant-
„worten ꝛc. „ q). Gedachter Pfalzgraf Ruprecht
I kaufte im J. 1390 von Emmerich und Seifried von
Lewenstein 12 Morgen Wiesen und 8 M. Ackers bei
der Veste Ruprechtseck in Gerbacher Gemarkung
um 133 fl. r).

In der Haupttheilung unter K. Ruprechts Söhnen fiel diese Burg im J. 1410 an Pfalzgrafen Stephan, und in der Erbfolgsordnung desselben vom J.
1444 ward sie seinem zweiten Sohne, dem Herzog Ludwig, als eine Zugehör der Graffschaft Veldenz ausgeschieden. Als aber dieser sich hernach mit Kurf. Friedrich
I entzweiete, ruckte lezterer im J. 1470 vor gedachtes Schloß Ruprechtseck, eroberte es am 15 Oktob.
machte den Raugrafen Rheinhard und Hanns von
Landeck nebst zwölf Edeln und 43 reisigen Knechten
zu Kriegsgefangenen, ließ es ausplündern, abbren-
nen, und gänzlich schleifen. In seiner Verordnung
vom J. 1472 befahl er zwar, daß Ruprechtseck mit
seiner Zugehör forthin bei der Pfalz bleiben solle.
Jedoch in seinen dem Kaiser im J. 1474 überschick-
ten Vereinigungsvorschlägen, erboth er sich solches

---

q) Notam. super *Struvii* formulam Succeff. Dom. Palat.
Beilage Lit. C.
r) Acta Comprom. pag. 126. wo aber der Ausdruck: Comi-
tes de Lowenstein, fehlerhaft ist.

Unteramt Erbesbüdesheim.

dem Herzog Ludwig unter dem Bedinge wieder einzuraumen, daß es nicht wieder aufgebauet werden sollte s). Es erfolgte aber keine Antwort, und so wurde dieses alte Schloß mit seiner Zugehör, wie ein anderes Kurfürstliches Kammergut benuzet. Ja in dem mit Kurf. Philipps im J. 1489 errichteten Vertrage haben die Söhne Ludwigs, Herz. Kaspar und Alexander zu Zweibrücken, förmlichen Verzicht darauf gethan. In dem Alzeier Zinsbuche vom J. 1429 kommen Reynfrid und Albrecht von Ymswyler als Burgmänner vor, die jedoch zugleich auf die Burg Alzei zu dienen schuldig gewesen sind t).

Das Dörflein bestehet in 2 Schulen, 33 bürgerlichen und Gemeindshäusern. Die Gemarkung in 301 Morgen Aecker, 46 M Wiesen, und 95 M. Wald.

Dazu gehören eigentlich auch die beiden Höfe Thierwasen und das sogenannte Forstgut.

Die Katholischen Inwohner gehen nach Rockenhausen zur Kirche, die Reformirten und Lutherischen aber, wohin sie wollen

Die Kurfürstl. Hofkammer hat eine, und die geistliche Verwaltung die andere Hälfte des Zehnten.

8) **Standenböhl**, ein Dörflein von 29 Häusern, fünf Stunden von Alzei südwestwärts, hinter dem Nassau-Weilburgischen Dorfe Dreisen gelegen, von dem es uns an Nachrichten aus ältern Zeiten gänzlich fehlet, auser daß es in dem Alzeier Saalbuche vom J. 1494 Steintenböhl genannt, und unter die Kurpfälzischen Ausdörfer gezählet wird u). Vielleicht hatte das dabei gelegene Prämonstratenserkloster Münsterdreisen, und das Benediktinerkloster Limburg wegen ihren dortigen Besizungen eine Art

---

s) Kremers Geschichte Kurf. Friedrichs I pag. 21, 443 501. sodann in den Beilagen p. 456 & 503.
t) Sieh oben S. 26.
u) Justitia Causae Palat. Libr. I, Cap. V, pag. 81.

der vogteilichen Gerichtbarkeit über ihre Beständer, die erst mit Einziehung beider Klöstern erloschen ist.

Nächst dem Dorfe fliesset die eine Stunde davon entspringende Primm vorbei, nimmt das vom Donnersberg herablaufende Steinbächlein auf, treibt zwo Mühlen, und sezet seinen Lauf nach Dreisen u. s. w. fort. Durch den Ort ziehet die von Alzei nach Lautern und in das Westrich führende Landstrase.

Gegen Nord liegt der Oberweilerhof, welcher dem Kloster Limburg zuständig war. Solchen trug das Geschlecht der Edeln von Oberstein zu Lehen, und nach dessen Erlöschung ist er im J. 1664 eingezogen worden x).

Die Gemarkung enthält 225 Morgen Aecker, 80 M. Wiesen, und 319 M. Wald.

Von diesen Feldgründen besizet die Kurfürstl. Hofkammer bei 18 Morgen, die geistliche Verwaltung Namens des Klosters Limburg 26, der Fürst von Nassau-Weilburg wegen des ihm abgetretenen Klosters Münsterdreisen 114 M. Aecker und 20 M. Wiesen, der Fürst von Leiningen 2 M., und die von Bozheim ein geringes Stuck.

Von dem Wald aber gehören 139 M. der Kurf. Hofkammer, die übrigen 180 M. der Wamboldischen Gemeinde Weitersweiler. Es ist ein besonderer Förster darüber gesezet, der in Standeböhl wohnet.

Die Katholischen haben eine Kapelle auf dem Rathhause, die der Pfarrei Weitersweiler Mainzer Bistums und Alzeier Landkapitels untergeben ist. Die Reformirten gehen nach Einseltheim zur Kirche.

Sowohl den grosen als kleinen Zehnten beziehet die Kurfürstl. Hofkammer allein.

---

x) Acta Comprom. &c. pag. 114.

Oberamt Oppenheim.

Vorbericht.

Dieses Oberamt ist zwar von mittelmäſiger Gröſe, jedoch in vielem Betracht einer besondern Aufmerksamkeit würdig. Es liegt eigentlich im alten Wormsgaue, und hanget nicht zusammen, sondern ist zum Theil mit einem andern Gebiete vermischt und unterbrochen.

Es wird aber also eingetheilt: Erstlich in die Stadt Oppenheim, den Marktflecken Nierstein, mit den Dörfern Dexheim und Schwabsburg, zwischen Mainz und Worms. Zweitens in den Ingelheimer Grund, bestehend aus den drei Marktflecken Ober- und Nieder-Ingelheim, wozu das bei Stromberg gelegene Dorf Darweiler gehöret, und Gros-Winternheim, sodann die Dörfer Wackernheim, Frei-Weinheim, Sauer-Schwabenheim, Bubenheim und Elsheim, zwischen Mainz und Bingen. Drittens in das Amt Stadecken, welches aus dem Orte gleichen Namens, und dem Dorfe Esenheim bestehet, in eben besagtem Ingelheimer Grunde.

Seine Benennung hat es von der Stadt Oppenheim, auf welche sich die ganze Geschichte desselben beziehet. Hier ist also nur voraus zu bemerken, daß sowohl diese Stadt mit den Orten

Nierſtein, Derheim und Schwabsburg, als der ganze Ingelheimer Grund ehmals unmittelbar vom Kaiſer und Reiche abgehangen, und jeder Theil ſeine beſondere Verfaſſung gehabt habe. Nach öftern Pfandſchaften kamen ſie endlich durch Einlöſung unter Kurf. Ruprecht I an die Pfalz, von welchem Zeitpunkte an das Oberamt ſeine dermalige Verfaſſung erhalten hat. Vorhin hatten die Kaiſer ihre Gerichtbarkeit vornämlich einem Amtmann, Schultheiſe, und den Burgmännern zu Oppenheim und Ingelheim überlaſſen. In jedem Hauptorte war ein Reichsſchultheis den Rittergerichten, die aus den adelichen Burgmännern gezogen worden, vorgeſezet.

Dieſe Rittergerichte machten unter ſich Geſeze, nach welchen ſie Recht zu ſprechen hatten, und beſtimmten, was ſowohl an ſie als an den Kaiſerlichen Amtmann und die Reichsſchultheiſen gewieſen werden muſte. Es findet ſich noch ein Bruchſtück von dergleichen Sazung oder Weisthum, worin es heiſet: „Dis ſint der Burgmann Urtel,
„wanne die Reitmeiſter die virte Klag von der
„Burgmann wegen getan, ſo fragen ſie, wie
„ſie im Porter mit Recht nachgehen ſollen. So
„weißen Schultheis und Schöffen, daß die Reit-
„meiſter ſizen ſollen über acht Tage, und unter
„vierzehen Tage brei Tage, und vor Gericht be-
„namen, und wer alsdan ſin Geld nit entricht,
„den mögen ſie frönen, als vor Alters herkom-
„men iſt. Item iſt vor Alters herkommen, wel-
„cher das alſo ſchuldig war, und auf den erſten
„und andern Tag bis Mittag nit keme, und ge-

„ horſam were, an der Bezalnng, der verleurt
„ drei Tornes, und wer den britten Tag auch
„ ausbleibt, den mag man auch fröhnen. Item
„ wer alſo gefröhnet wird, der verleurt von des
„ Zinuß wegen, 3 Pfund Häller. Item wer
„ Hüner gibt in die Kelter, und die auch nicht
„ gäbe, wie vorgeſchrieben ſteet, ſo verleurt er auch
„ 3 Pfand Häller, und wenn einer ſeine Güter
„ als verloren hätte und gefröhnet wurde, welcher
„ dan kommet in Jar und Tag, und bringet die
„ Poen mit Koſten und Schaden daruf von Ge-
„ richts wegen ergangen, in einer und die Gült
„ in der anderen Hande, dem ſoll man ſein ge-
„ fröhndet Gut wieder zu ſeinen Handen kommen
„ laſſen. Welches Gut aber alſo verbleibt in der
„ Frohnung über Jar und Tag, und nicht ge-
„ löſt wurde, wie vorgeſchrieben ſteet, das iſt
„ eben dem Burgmann verfallen von Rechts
„ wegen ꝛc.

Die Botbmäſigkeit dieſer Gerichte erſtreckte ſich nicht allein über die Stadt Oppenheim und ſämtliche Reichsdörfer, ſondern auch über die in der Gegend anſäſſig geweſene Leibeigene und ſogenannte Königsleute, die noch im J. 152: in zwölf Hüner-Fautheien eingetheilet worden, nämlich zu Ingelheim, Finten, Bubesheim, Jugenheim, Heidelsheim, Eſenheim, Weiſenau, Heidesheim, Nackheim, Bodenheim, Momernheim und Selſen; wozu 112 ſogenannte Ausdörfer gehöret haben, welche ihre Leibsbeeth, Hüner, Schazung und andere dergleichen Dienſtbarkeiten an die Hüner-Fauthen abliefern, dieſer aber den Ausleuten und Leibeigenen vorgehen, ihnen bei vorkommenden Beschwehrden Beistand leisten, ihre Klagen vor Gerichte anbringen, und sich Bescheids erholen mußten. In Folge der Zeit sind diese Gerechtsame meistentheils dem Oberamt Alzei zu vertretten heimgewiesen, und zulezt durch erfolgte Vergleiche vieles daran abgeändert worden.

Das Oberamt Oppenheim ward also lediglich auf die Bothmäsigkeit der von den Kaisern Karl, Wenzel und Ruprecht an Kurpfalz pfandweis überlassenen Stadt und Reichsdörfer beschränkt; wozu erst in gegenwärtigem Jahrhundert das kleine Amt Stadecken durch einen mit dem Pfalzgräflichen Hause Zweibrücken geschehenen Vergleich gekommen ist.

Die Fruchtbarkeit dieses Landbezirkes stehet fast durchgehends mit dem angränzenden Oberamt Alzei in gleichem Verhältniß. Nur hat der zu Nierstein wachsende Wein den Vorzug unter allen in der ganzen Gegend berühmten Rheinweinen. Der Getraidbau, der Wieswachs, und die Viehzucht sind nicht minder beträchtlich, aber die Walduugen nicht hinreichend, Bau- und Brandholz-Nothdurft daraus zu bestreiten.

Im vorigen Jahre zählte man in der Stadt und in sämtlichen Orten des Oberamts 2272 Familien, worunter eine von Mennonisten, und 25 von Juden begriffen gewesen. Sie machten zusammen 10334 Seelen aus. An Gebäuden fanden sich 31 Kirchen und Schulen, 1859 burgerliche und gemeine Häuser, nebst 37 Mühlen. An liegenden Gründen enthält das Oberamt beinahe

10800 Morgen Aecker, ungefähr 2000 M. Wingert, 2500 M. Wiesen, 914 M. Weide, über 4000 M. Wald ꝛc.

Es ist oben schon bemerket worden, daß die Kaiser und Könige vormals einen Reichsamtmann zu Verwaltung ihrer obersten Gerichtbarkeit gehabt. Diese Benennung wurde auch nach geschehener Verpfändung von den Pfalzgrafen beibehalten. Sowohl von diesen Kaiserlichen als Pfälzischen Amtleuten trift man folgende unvollständige Reihe in Urkunden und glaubwürdigen Nachrichten.

1269 Philipps Herr von Bolanden, wird Burgermeister genannt a).

1277 Eberhard Graf von Kazenelnbogen, Amtmann, ward b) unter König Adolph im J. 1292 seines Dienstes entlassen.

1332 Godfried Herr zu Eppenstein, Amtmann c).

1350 Heinz zum Jungen genannt zum alten Schwaben d).

1370 Heinz zum Jungen genannt zum Frosche e).

Da um diese Zeit die Pfalzgräfliche Pfandschaft ihren Anfang genommen, so scheinet auch die Amtmannsstelle schon damals von dieser Seite besezet worden zu seyn, wiewohl sich noch zur Zeit keiner namentlich vorgefunden hat.

---

a) Humbracht höchste Zierde Deutschlandes Tab. 243.
b) Vermög der geschriebenen Oppenheimer Chronik.
c) Joannis rer. Mog. Script. Tom. II, pag. 606.
d) Gedachter Humbracht und in Lehmanns Speierischer Chronik p. 715.
e) Am angezogenem Orte pag. 723.

1402 Johann Kämmerer von Worms, ward nach Frankreich gesandt *f*).
1405 Thomas Knebel von Kazenelnbogen, war zuvor Schultheiß *g*).
1420 Wiprecht von Helmstatt, Amtmann *h*).
1452 Philipps von Ubenheim.
1460 Johann Boos von Waldeck *i*).
1484 Hanns von Cronenberg, Amtmann *k*).
1503 Wigand von Dienheim, Amtmann *l*).
1507 Siegfried von Dienheim, Rath und Amtmann *m*).
1510 Philipps von Cronenberg aus dem Flügelstamme *n*).
1511 Hartmann von Cronenberg.
1515 Veltin Schenk von Erpach.
1516 Michael Haberkorn von Zellingen.
1522 Thomas Knebel von Kazenelnbogen.
1531 Friedrich Kämmerer von Worms.
1542 Thomas Knebel von Kazenelnbogen *o*).
1550 Johann Stumpf von Waldeck *p*).
1555 Eberhard von Graenrod *q*).

---

f) Vid. Act. Acad. Palat. Tom. II, pag. 212.
g) Vermög geschriebener Nachrichten.
h) Humbracht am angezogenen Orte Tab. 226.
i) Kremers Geschichte Kurf. Friedrichs I. pag. 42 & 643.
k) *Burgermeister* Biblioth. Equestris Tom. I, pag. 258.
l) War bei dem Bunde der Kreisstände, nach Hirschens Münz-Archive, Tom. I, pag. 209.
m) Humbracht Tab. 17.
n) Idem Tab. 12.
o) Alle vermög Kurf. Ludwigs V Diener-Buches.
p) Kommt auch in einem Dingtags Protokoll vom J. 1553 vor.
q) Er war auf den Reichstägen von 1555 und 1557. Vid. Koch Sammlung.

1558 Friedrich Kämmerer von Worms genannt von Dalberg r).
1560 Niklaus Schenk von Schmidtburg.
1563 Dietherich Kämmerer von Worms s).
1569 Dieterich Freitag, Amtmann t).
1578 Wiprecht von Helmstatt, Amtmann u).
1588 Heinrich von Wnttenau, Amtmann x).
1605 Georg Konrad von Helmstatt zu Leuters-
hausen y).
1613 Johann Friedrich von Stockheim, wurde
Faut zu Germersheim z).
1614 Johann Konrad Blarer von Gelersberg.
1626 Antonio Franzisko, ward von den Spa-
niern, und
1632 Ernst Fuchs von Lemniz, von den Schweden, sodann
1633 Ludwig von Obentraut, von Pfalzgr. Ludwig Philipp bestellet a).
1649 Emanuel Koz von Mezenhoven.
1667 Robert Rockwood von Stanniqfieldt.
1674 Johann Georg von Donborf b).

---

r) Humbracht Tab. 15, Lit. E.
s) Beide vermög Kurf. Friedrichs III Diener-Buches.
t) Er war bei dem Reichsabschied v. J. 1569. Vid. Koch Tom. III, pag, 285.
u) Humbracht Tab. 227.
x) Nach des Administrators Pfalzgr. Johann Kasimirs Diener-Buche.
y) Nach der Oppenheimer Landschreiberei Rechnung.
z) Kommt vor in Beschreibung der Heimführung des Kurf. Friedrichs V Gemahlin.
a) Vermög einer geschriebenen Nachricht von der Stadt Oppenheim.
b) Diese sind aus Kurf. Karl Ludwigs Dienerbuche, die folgenden aber aus Rechnungen und andern ächten Nachrichten gezogen.

1681 Christoph Andreas von Wollzogen.
1682 Moritz Johann Bertram von der Reck zu Horst.
1689 Franz Freiherr von Sickingen, war zugleich Kammerpräsident.
1691 Friedrich Eberhard Freiherr von Venningen.
1710 Karl Freiherr von Venningen, des vorigen Sohn.
1717 Veit Georg Christoph Freiherr von Arzt.
1722 Wolf Eberhard Freiherr von Dalberg, war der erste Oberamtmann.
1743 Franz Heinrich Kämmerer von Worms Freiherr von Dalberg.
1776 Theodor Freiherr von Hallberg.

Dermalen bestehet die zu Verwaltung der hohen Gerichtbarkeit angeordnete Dienerschaft aus obgedachtem Oberamtmann, und in dessen Abwesenheit aus dem Landschreiber, mit einem Amtschreiber. Da die Stadt Oppenheim und die ehmaligen Reichsdörfer die Waisen-Fauthei hergebracht haben, ist dahier nicht, wie in andern Oberämtern, ein besonderer Aus- und Waisen-Fauth angeordnet, und zu Einsammlung der Leibeigenschafts- oder Wildfangsgefälle ist lediglich noch die Fauthei Ingelheim übrig. Indessen hat das Oberamt seinen besondern Physicum, zween Advokaten, auch Amtsreiter und Bothen.

Stadt Oppenheim.

Sie liegt am linken Ufer des Rheins, zwischen Worms und Mainz, und hat zu Nachbaren gegen Ost den vollen Rheinstrohm, und jenseit desselben das zwischen dem Mainzer Kloster St. Jakobsberg, und dem Fürstlichen Haus Isenburg gemeinschaftliche Dorf Geinsheim, gegen Süd Dienheim, zum Oberamt Alzei gehörig, gegen West Dexheim, gegen Nord Nierstein und Schwabsburg.

Die Erbauung wird den Sueven nach Vertreibung der Vangionen unter dem Namen Bonconica zugeschrieben. Da der Römische Feldherr Drusus funfzig Schlösser am Rheinstrohme angeleget, soll unter andern auch bei Oppenheim die Burg Ruffiana darunter begriffen gewesen seyn. Mehrere andere dergleichen ungewisse Erzählungen sind von andern weitläufig angeführet worden c). Meine Absicht ist nur die Geschichte dieses wahrhaft merkwürdigen Ortes von den Karolingischen Zeiten an aus ächten Quellen in der Zeitordnung zu erläutern. Die Jahrbücher und Urkunden des Klosters Lorsch geben davon die verläßigste Nachrichten. Denn eben diese Abtei erhielt nicht nur im J. 764, dem ersten seiner Stiftung, einige Wingerte, die in folgenden Zeiten mit einer grosen Menge von andern Gütern vermehret worden, sondern K. Karl der grose schenkte sogar im J. 774 das Dorf Obbenheim im Wormsgaue und am Rhein gelegen, mit allem was dazu gehörte, an Inwohnern, Leibeigenen, Weingärten, Wäldern, Feldern, Wiesen, Weiden, Inseln, Wässern, beweglich und unbeweglich, besonders auch ein zu Thechidesheim gelegenes Gut, so von Alters her zu der Kirche in Obbenheim gehöret hatte, gedachtem Kloster d), woraus von selbst erhellet, daß der Ort damals noch ein Dorf gewesen sey. Ferner schenkte

---

c) Bei dem Magistrat der Stadt Oppenheim wird eine geschriebene alte Chronik verwahrt, worin dergleichen Nachrichten ausführlich enthalten sind. In des Herrn Rektors *Andreae* Comment. histor. de Oppenhemio, so im J. 1778 ans Licht getretten, ist davon mehrers enthalten.
d) Cod. dipl. Lauresh. Tom. I, num. 7, & Tom. II, num. 1048, 1414, 1527 bis 1592.

K. Ludwig I im J. 814 der Abtei Fulda auch einen Hof und Haus im Dorfe Oppenheim e), und im J. 865 ließ der Abt von Lorsch die Kirche zu Obbenheim, wozu viele Gerechtsame gehörten, von Grunde aus neu erbauen f). Im J. 1008 verliehe K. Heinrich II dem Abt Boppo von Lorsch das Recht zu Oppenheim im Gaue Wormsveld einen Markt aufzurichten, und alle Samstag öffentliches Gewerb alda treiben zu lassen g), welches der Anfang der städtischen Freiheiten gewesen seyn mag. Wenn es richtig ist, wie dafür gehalten wird, daß K. Heinrich IV die jenseit des Rheins gelegene berühmte Stadt Trebur samt dem Königlichen Pallast gegen das Ende des XI Jahrhunderts wegen Empörung dortiger Bürger verstöhren lassen, so dörfte auch nicht ungegründet seyn, daß der Kaiser ihre Freiheiten samt den Steinen, womit Trebur gebauet gewesen, dem Dorfe Oppenheim übertragen, und damit den eigentlichen Grund der neuen Stadt gelegt habe h). Im J. 1076 hielten die Stände einen Reichstag zu Oppenheim, und nöthigten den Kaiser zu einem nicht gar rühmlichen Vergleich i).

Inzwischen gerieth das reiche Kloster Lorsch in Schulden, und konnte die zur Königlichen Kammer jährlich zu zahlende hundert Pfund nicht mehr aufbringen, deswegen vertauschte im J. 1147 der Abt Folknand die drei Höfe Oppenheim, Singen und Wibelingen an K Konrad III mit allen Gerechtig-

---

e) *Schannat* Corp. Tradit. Fuld. num. 271.
f) Cod. Lauresh. pag. 67. Die Oppenheimer Chronik meldet, daß die St. Sebastianskirche im J. 803, und das Kloster Marienkrone im J. 814 erbauet worden, ein Beweis, wie wenig derselben zu trauen sey.
g) Cod. Lauresh. Tom. I, num. LXXXXI.
h) Die Oppenheimer Chronik bestimmt das Jahr 1085, worin Trebur verstöhret worden seyn solle.
i) *Bruns* hist. belli Saxon. in *Freheri* Script. rer. Germ. Tom. I, pag. 210. *Trithemii* Chron. Hirsaug. ad annum 1077.

keiten, und behielt sich nur dasjenige vor, was des Klosters Vasallen von Alters her lehenweis im Besitz gehabt k).

Unter den folgenden Kaisern erhielt der Ort immer mehrere Freiheiten, und scheinet mit Anfang des XIII Jahrhunderts in eine ordentliche Reichsstadt erwachsen zu seyn. Denn schon im J. 1226 beschwehrte sich der Erzbischof zu Mainz, daß einige seiner Leute in der Stadt Oppenheim aufgenommen worden. Deswegen verordnete König Heinrich, daß alle Mainzische Dienst- und Burgmänner, auch übrige Angehörige dem Erzbischoffe zurück gegeben, und künftig keine mehr zu Oppenheim aufgenommen werden sollten l).

K. Friedrich II ertheilte im Sept. 1234 den Bürgern daselbst eben die Freiheiten, welche die Stadt Frankfurt zu geniesen hatte, und befahl dem Reichsschultheise, daß er die Stadt bei ihren Rechten und Gewohnheiten zu Wasser und zu Lande schirmen solle.

Im J. 1244 begnadigte dessen Sohn, König Konrad IV die Burgmänner, daß sie, ihre Weiber und eheliche Leibserben, solang sie leben und dem Reiche getreu seyn würden, alle Gebäude, die sie in der Burg zu Oppenheim errichten würden, von dem Reiche zu Burglehen ewiglich behalten und besitzen sollten; ein Recht, welches im folgenden Jahre von K. Friedrich selbst bestättiget worden ist.

Im J. 1252 verpfändete der gegen K. Konrad IV erwählte Wilhelm von Holland dem Erzbischof Gerhard zu Mainz die Stadt Oppenheim und die Burg daselbst mit allen Zugehörungen ꝛc. um 2000 Mark Silbers, zu dem Ende, daß er gedachte Stadt und andere widerwärtige Reichsunterthanen nach allen Kräften bekämpfen sollte m). Im J. 1259 ver-

---

k) Cod. Lauresh. Tom. I, pag. 244 sq. num. CL.
l) Gudenus Cod. dipl. Tom. I, pag. 493 sq.
m) Ibidem Tom. II, pag. 103 & 104. Die Chronik meldet

banden sich Marquard der Schultheiß, die Ritter, Schöffen und Bürger zu Oppenheim mit gemeinem Rath bei ihrem Eide „daß ein jegliche Geschicht und
„ Schade ir aller Geschicht und Schad seyn soll ꝛc.
„ Also, daß nit die Ritter für sich, und die Burger
„ für sich etwas großes versuchen, sondern die 9 De-
„ putirten die Reichsgüllen von iren Gütern zu
„ Nierstein und Dexheim zu Burglehen einzewinnen
„ sollen. „

Zehen Jahre hernach machte König Richard eine Rachtung „daß die Ritter, und ihre Söhne ewiglich
„ von allerhand Uffhebung, Schazung und Gebung
„ frei und ledig seyn sollen, ausgenommen, daß sie
„ mit den Bürgern, die ihr Viehe zur Weyde schi-
„ cken, den Vieheweeg auswendig der inneren Brü-
„ cken nach der Stadt zu, jeder nach Anzale seines
„ Viehes, nach Rath des Ruths zu Oppenheim wie-
„ der machen helfen sollen. „

Als das Reich durch zwiespaltige Wahlen sehr zerrüttet war, so verbanden sich die Städte Mainz, Worms, Oppenheim, Frankfurt, Friedberg, Wezlar und Gelnhausen keinen König zu erkennen oder anzunehmen, der nicht von den sämtlichen Kurfürsten einmütig erwählet seyn würde n). Dieses geschahe im Hornung 1273, und also kurz vor der Wahl K. Rudolphs von Habspurg, der drei Jahre hernach verordnete, daß keiner die Burg zu Oppenheim verwahren noch regieren dörfe, der nicht Kaiserlicher Amt- oder Burgmann daselbst wäre, versprach auch „fürbaß, keinen Fürsten, Graven, Edeln,
„ und dergleichen, den Burgmännern ohne ihr Wis-
„ sen und Willen in die Burgmannschaft oder Burglehen

---

weiter, daß K. Wilhelm im J. 1254 die städtische Privilegia bestättiget, und im J. 1255 das Recht zu Münzen ertheilet habe.

n) Gudenus Sylloge var. diplom. pag. 476.

„ lehen aufbringen zu wollen. „ Damals ward Eberhard Graf von Kazenelnbogen gegen 500 Mark Silbers zum Burgmann aufgenommen, und dessen Burglehen mit 30 Mark Pfenning oder einem Juder Wein
auf den Zehnten zu Nierstein neun Jahre darnach
vermehrt o).

Im J. 1277 gab K. Rudolph I Hertwin von Albig funfzig Mark Aachner Pfenning auf der Juden-
steuer zu Oppenheim zu Vermehrung seines Burglehens, mit der Auflage, daß er solche an ein liegend
Gut verwenden solle. Ferner ertheilte dieser Kaiser
im J. 1282 der Stadt die Freiheit, daß niemand als
ihre Burger das wollene Tuch daselbst schneiden,
und mit der Ehle verkaufen, auch auser ihnen niemand Wein zum Zapfen, mit der Mase ausschenken,
sondern in ganzen Fässern oder Juder verkaufen
solle.

Im J. 1285 begnadigte er auch die Burgmänner,
Ritter und Edele, daß, wenn ihrer einer mit jemand
auswendig der Stadt Zwietracht und Irrung hätte,
und die Bürger keine Hülfe leisten wärden, sie freien
Gewalt haben sollten zu und aufzuthun, aus und
einzugeben, „ wider alle ihre Feinde und Widersa-
„ cher ihr Recht zu beschirmen, ohne alle Wider-
„ rede der Burger, jedoch auch ohne derselben
„ Schaden.

Im J. 1287 machte oftgedachter Kaiser eine Sazung, nach welcher sechszehen Burger, mit sechszehen Rittern sich des Rathamts gebrauchen, und aus
solchen fürbaß sieben Ritter und sieben Burger der
Schöffen Amt vertretten sollten. An der abgegangenen Ritter statt sollten die Ritter, Rathleute und
Schöffen Macht haben, andere Ritter, die Burgmänner sind, und an der abgegangenen Bürger statt

---

o) Wenk Hessische Landesgeschichte im Urkundenbuche
pag. 43, num. LXIII. & pag. 52, num. LXXV.

andere Bürger zu kiesen ꝛc. Darauf folgte im J. 1290 eine andere Kaiserliche Begnadigung, daß wenn ein Burgmann mit Tode abgienge und Kinder verliese, seine Wittib, solang sie sich anderwärts nicht verheurathet, die Burglehen ruhiglich nuzen und geniesen möge; nach ihrem Tode aber, wenn sie Söhne verliese, solche auf den ältesten Sohn, und wenn keiner vorhanden, auf die älteste Tochter fallen sollten ꝛc.

Bei damaligen verwirrten Zeiten ward K. Adolph seinem Oheim, Grafen Eberhard von Kazenelnbogen für den ihm in Thüringen geleisteten Beistand 3500 Mark Silbers schuldig, weshalben er ihm 300 Mark Köllnischer Pfenning auf die Steuer, die Judenschaft und das Ungelt zu Oppenheim, sodann das Dorf Nierstein mit aller Zugehöre und Rechten, besonders dem Zehnten von Wein und Korn, wie solche von denen von Hohenfels an das Reich ruckgebracht worden, verschrieben hat p).

Im J. 1308 nahm die Stadt den Grafen Johann von Spanheim gegen ein jährliches Schirmgeld von 200 Mark Köllnischer Groschen zu ihrem Schuzherrn auf q), und im folgenden machte K. Heinrich VII Eberharden von Randeck mit dem Beding zum Burgmann, daß er, wie bei den übrigen gebräuchlich, alle Jahre drei Monate lang in der Burg sich persönlich aufhalten, auch darin ein Wohnhaus erbauen sollte r). K. Ludwig IV bestättigte bald nach seiner Wahl den Burgmännern und Edeln zu Oppenheim alle und jegliche ihre Rechte, Freiheiten und Gnaden, die ihnen von Römischen Kaisern und Königen ertheilet worden, wie auch ihre andere herge-

---

p) Wenk Hessische Landesgeschichte, im Urkundenbuche pag. 66, num. C.
q) Kremers diplomatische Beiträge ꝛc. 3tes Stück, pag. 288.
r) *Gudenus* Cod. diplom. Tom. III, pag. 54. Datum Spyre, jdus Marcii 1309.

brachten Gebräuche und Gewohnheiten. Hingegen verpfändete er im J. 1315 die Stadt und Burg samt Odernheim, Schwabsburg, Ingelheim und Nierstein mit ihren Rechten und Gerechtigkeiten ꝛc. an den Erzbischoffen Peter von Mainz um 10020 Pfund Häller, mit dem Zusaz, daß diese Städte, Burgen und Dörfer nicht eher ausgelöset werden sollten, als der Erzbischof in dem vollen Besize der ihm verschriebenen Burg Lindenfels seyn würde s).

Der König bestimmte auch gedachtem Erzbischoffe drei hundert Pfund Häller zum Unterhalt der Burg und Stadt Oppenheim, Odernheim, Schwabsburg, t) und befahl ihm alle Güter und Gerechtsame, die der Burg und Stadt entrissen worden, wieder beizubringen u); erklärte auch alle Burgmänner zu Oppenheim, die ihm wider seine Feinde bei Speier zu dienen verweigert, und ungehorsam gewesen, ihrer Burglehen verlustig x).

Inzwischen verschrieben sich die Erzbischöffe von Mainz nach einander, die Burgmänner zu Oppenheim bei obgedachten ihren Freiheiten zu schüzen und zu handhaben.

Bei den damaligen kriegerischen Auftritten machte die Stadt mit Strasburg, Speier, Worms und Mainz im J. 1325 einen Bund zur allgemeinen Landessicherheit, wozu sie den Graf Johann von Spanheim als Hauptmann bestellten, und anfänglich den Bischof Emich zu Speier, wie auch den Erzbischof Mathias auf ihre Seite brachten y). Sie zogen un-

---

s) Guden. l. c. pag. 111. Datum Wormatiæ XVII Kal. Febr. 1315.
t) Ibid. pag. 118. Datum in Castris apud Spiram nonas Marcii.
u) Ibid. pag. 119. Datum in Castris apud Spiram XV Kal. Aprilis.
x) Ibid. pag. 120. Datum apud Wimpinam VIII Kalend. Aprilis.
y) Lehmanns Speierische Chronik, Lib. VII, p. 774.

ter andern gegen den Wildgraf Hartard von Dhaun und die Burg Rheingrafenstein los, verglichen sich aber mit ihm im J. 1328 z). Die Stadt Oppenheim half endlich auch die zwischen der Burgerschaft und dem Adel zu Speier entstandene Strittigkeiten beilegen a). Im J. 1330 ertheilte K. Ludwig der Stadt annoch die Freiheit, anstatt der Steuer, dem Reiche mehr nicht als 200 Mark, je 3 Häller für einen Köllnischen Pfenning gerechnet, zu geben; ferner für sich, ihre Erben und Nachkommen, das Ungeld von allen Dingen zu nehmen, und in der Stadt Nuzen zu verwenden ꝛc.

Im J. 1333 gab der Kaiser Godfrieden von Eppenstein die Versicherung, daß, wenn er seinen und des Reichszoll zu Oppenheim anderwärts verlegen würde, ihm dennoch seine drei Schillinge verbleiben sollten b). Er befahl auch im J. 1340 in der Stadt keine Pfahlbürger zu halten c). Endlich gab Erzbischof Gerlach die seinem Domstift bishero verpfändet gewesene Städte Oppenheim und Obernheim Kraft eines Vergleichs im J. 1353 dem Kaiser und Reiche zuruck, zählte die Bürger auf öffentlichem Kirchhofe ihrer Pflichten los, und die Gemeine legte dem Kaiser und Reich die Huldigung ab d). Darauf gab K. Karl IV der Stadt das Recht, daß die Ritter und der Rath sämtliche Rathleute kiesen, und wenn die Ritter solches nicht mit den Bürgern thun wollten, es die Burger allein zu thun, Macht haben sollten.

Nichts desto weniger verpfändete gedachter Kaiser abermals obgenannte Burgen, Städte und Dör-

---

z) In der Rheingräflichen Deduktion die Gemeinschaft ꝛc. pag. 445.
a) Lehmann in angeführter Chronik, Lib. VI, Cap. VI, pag. 603.
b) *Senkenberg* Sel. jur. publ. Tom. II, pag. 614.
c) Ibid. p. 622. Geben zu Spire.
d) *Joannis* rer. Mog. Script. Tom. I, pag. 669.

fer nebst sechszehen grosen Turnosen auf dem Zoll zu Oppenheim, halb der Stadt Mainz um 33000 kleiner Goldgulden von Florenz, und stellte derselben frei, auch den beiden Reichsstädten Worms und Speier Theil daran zu geben e). Im J. 1357 verschrieb der Kaiser dem Pfalzgrafen Ruprecht dem jüngern, zween Turnosen obwendig Oppenheim, an statt der zu Udenheim und Germersheim, empfangen zu können, erneuerte auch der Stadt das Ungelt und verordnete, daß niemand, er sey Edler, Pfaff oder Ley, so Wein oder Bier vom Zapfen schenkt, davon befreiet seyn solle.

Im J. 1360 verschrieb K. Karl dem Edlen Eberhard vom Eppenstein 6000 kleine Gulden auf die Zölle zu Oppenheim und Gernsheim f), wie auch im J. 1365 dem Pfalzgrafen Ruprecht dem jüngern 5000 Gulden auf den Zöllen zu Mainz und Oppenheim, mit der Freiheit, weil er ihm noch weitere 4000 Gulden schuldig gewesen, jene Zölle, welche andere Leute allda gehabt, aufzuheben. Bald darauf benachrichtigte er dem Burgermeister, Rath und Burgerschaft zu Oppenheim, daß sein Sohn Wenzeslaus und Erzbischof Gerlach sie von der Stadt Mainz eingelöset, folglich sie diesen Gehorsam zu leisten haben g). Allein im J. 1375 ertheilte er auch erwähntem Pfalzgrafen die Vollmacht, alle der Burgerschaft zu Mainz verpfändete Orte, mit Namen Oppenheim, Odernheim, Schwabsburg, Nierstein, beide Ingelheim, Winternheim und Lautern einzulösen h); wie denn schon im folgenden Jahre dem Pfalzgrafen die Pfandschaft mit dem Bedinge, die Stadt bei ihren Freiheiten zu lassen, eingerau-

---

e) *Lehmann* Chron. Spir. Lib. VII, Cap. 50. und aus selbigem *Tolner* Cod. diplom. p. 110.
f) *Senkenberg* Sel. jur. publ. Tom. II, pag. 661.
g) *Gudenus* Cod. diplom. Tom. III, pag. 479.
h) *Oehlingensperg* in Act. Comprom. pag. 130.

met worden seyn solle *i*). Soviel ist gewiß, daß der Kaiser im J. 1378 den Burgmännern, Amtleuten, Rittern, Knechten, Landsassen, Burgermeistern und Räthen obgedachter Burgen, Städte und Dörfer befohlen habe, dem Herzog Ruprecht dem ältern zu huldigen, und gehorsam zu seyn, auch im nämlichen Jahre Herzog Ruprecht den jüngern dieser Pfandschaft theilhaftig gemacht habe *k*). Die Huldigung erfolgte im J. 1379, wobei zween Uebergabsbriefe Kaisers Karl und Königs Wenzeslaus vorgezeiget worden.

Im J. 1389 gerieth die Reichsstadt Worms mit dem Rath zu Oppenheim in einen Streit, und beide Theile beklagten sich über unrechtmäßige Gefangenhaltung ihrer Bürger. Die Stadt Worms suchte bei dem Pfälzischen Hauptmann Wilhelm von Waldeck, auch andern Rittern und Knechten zu Alzei ihr Verfahren zu rechtfertigen. Der Handel ward durch Grafen Heinrich von Spanheim und Heinrich zum Jungen dahin entschieden, daß die Wormser den Oppenheimern für den ihnen zugefügten Schaden 300 fl. ersezen, und eine Ehrenerklärung abgeben mußten *l*). Im J. 1401 bestättigte König Ruprecht der Stadt ihre Freiheiten, verpfändete aber auch im folgenden Oppenheim, und übrige dazu geschlagene Ortschaften, mit allen Nuzungen, Zöllen, und andern Zugehörungen aufs neue seinem ältesten Sohne, Pfalzgrafen Ludwig dem Bärtigen, um hundert tausend Rheinische Goldgulden, und zwar mit Bewilligung des Erzbischofs Johann von Mainz, wor-

---

i) Dieses bestimmet die Oppenheimer Chronik, wie auch Zeiler in Topograph. Palat. Tolner in hist. Palat. und Joannis in Miscellan. Die Urkunde aber findet sich nirgends.

k) Die Urkunde in Act. Acad. Palat. Tom. I, pag. 74. beziehet sich auf vordere dem Pfalzgr. Ruprecht I geschehene Verpfändungen.

l) Senkenberg Sel. jur. publ. Tom. II, p. 677 & 685.

Oppenheim.

auf die Stadt im J. 1407 gedachtem Pfalzgrafen gehuldiget hat *m*).

Den 18 Mai 1410 verschied dahier König Ruprecht, und im J. 1418 errichteten vierzehn Ritter mit ein und dreißig andern Adelichen ein feierliches Weisthum ihrer althergebrachten Rechte und Gewohnheiten.

Kurf. Ludwig III sezte in seinem Testament vom J. 1427 die Stadt Oppenheim mit allen übrigen zu dieser Pfandschaft gehörigen Landesstücken seinem ältesten Sohne, Herzog Ludwig, voraus zum Erbtheil aus *n*). Im J. 1436 brachte die Stadt 14000 Gulden für gedachten Kurf. auf, und zahlte solche aus ihren Mitteln *o*). Im nämlichen Jahre verkauften die Grafen von Kazenelnbogen der Stadt hundert Gulden jährlicher Gülten auf einen Wiederkauf um 2000 Gulden Hauptgut, und verpfändeten dafür ihre Stadt Gerau. Folgendes Jahr befahl der Kurfürst dem Rath und Burgern, seinem ältesten Sohn Ludwig zu huldigen, welches auch bald hernach geschehen ist.

Im J. 1452 huldigte die Stadt dem Kurf. Friedrich I, unter dessen Regierung verschiedene Zusammenkünfte von Fürsten, Grafen und Herren zu Oppenheim gehalten worden *p*). Burgermeister und Rath gaben bald hernach dem Kurfürsten 4000 Gulden Hauptgeld freiwillig.

Nach Ableben dieses Kurfürsten errichtete sein

---

m) Man vergleiche damit Büttinghausens Beiträge zur Pfälzischen Geschichte, II Band, I St. pag. 10 bis 13. und *Joannis* rer. Mog. Script. Tom. I, p. 721.

n) Das Testament stehet in Statu Causae, oder rechtliche Ausführung Pfalzgr. Christian III auf das Herzogthum Zweibrücken, in den Beilagen Lit. li.

o) Ein gleiches geschahe im J. 1439, da wieder 5000 fl. vorgeschossen worden sind.

p) Kremers Geschichte Kurf. Friedrichs I, pag. 47, 257 321, 31, 45 & 500.

Nachfolger Philipps im J. 1477 mit der Stadt einen Vertrag, wegen der Fisch- und Eiswässer, Wörthen, Salmengründen ꝛc. wegen des Hags bei Dienheim und des Geleits der Stadt, wegen ihrer Zollfreiheit ꝛc. worauf die Burgerschaft die Huldigungspflicht ablegte. In der Baierischen Fehde hat Landgraf Wilhelm die Stadt belagert und von solcher 10 tausend Thaler erpresset. Sie blieb noch eine zeitlang bei ihrer alten Verfassung, bis die adelichen Rathsglieder nach und nach abgestorben sind.

Nachgehends hat die Stadt und Burg sowohl in dem dreißigjährigen als in dem Orleanischen Erbfolgskriege grofes Ungemach mit der ganzen Pfalz ertragen müssen, wie dann im Jahr 1689 die Stadt ebenfalls ein Raub der Flammen, die Burg aber samt allen Vestungswerken gesprenget worden ist. Viele Geschichtschreiber können ihre vorherige Herrlichkeit nicht genug anpreisen. Sie soll drei grofe Vorstädte gehabt haben, und mit 16 hohen Thürmen bevestiget, die aus 600 Burgern bestandene Inwohnerschaft aber in XI Zünften eingetheilt gewesen seyn. Man hat sogar Oppenheim mit der Stadt Jerusalem verglichen, da das Schloß Landskron für die Burg Davids oder Syon, die Kirche zur heil. Katharina für den Tempel Salomons, andere Gebäude für Häuser des Pilatus, Caiphas, Herodes ꝛc. angesehen worden.

Die durch die alten Ringmauern mit der Stadt verbundene Burg lag oben auf dem Berge und wurde von ihrer Lage Landskron genannt. Ihre Besatzung hat ehmals in vielen Rittern und Edelknechten bestanden, die man Burgmänner hies. Diese waren verbunden wechselweis in gewisser Zeit des Jahrs die Burghut persönlich oder durch ihre Edelknechte zu versehen. Sie genossen dafür gewisse Güter oder Einkünfte, die ihnen anfänglich von den Kaisern und dem Reiche, hernach aber von den Pfandinhabern zu Lehen gegeben worden. Merkwürdig ist die Art ihrer jeweiligen Veräusserung. Als im J. 1333 Ida von Nach und Gotfried von Randeck, ihr Sohn, das vom Reiche gehabte Burglehen zu Oppenheim an Nikolaus von Scharfenstein und Agnes seine Ehegattin verkauften, musten die Hausgenossen und Burgmänner dafür die Gewährschaft leisten, und weil damals die Burg und Stadt dem Erzstift Mainz verpfändet gewesen, die Verkäufer auch von desselben Erzbischof Baldewin die Einwilligung einholen. Gleichwohl sezte im J. 1342 K. Ludwig IV gedachten Claus von Scharfenstein und Dieter Kämmerer in die Gemeinschaft solcher Reichslehen. Im J. 1346 aber bestättigte K. Karl IV nicht nur jenen Verkauf und bewilligte dabei, daß nach des von Scharfenstein Tod seine Ehefrau, Nese von dem Silberberg, darin lebenslänglich sizen bleiben durfte, sondern er gestattete auch im J. 1354 die Gemeinschaft zwischen gedachtem Claus von Scharfenstein und Dieter Kämmerer q).

In dem Reichslehenregister K. Ruprechts kommen verschiedene Belehnungen vor, woraus man die damalige Burgmänner kann kennen lernen. Es wird nicht mißfallen solche hier anzuführen.

1401 Sonntag nach Petri und Pauli zu Mainz hat Eleme, Knappe seel. Wittib von Sauwelnheim empfangen ein Burglehen zu Oppenheim, nämlich vier Mark Gelts, die alle Jar auf Sant Martins-

---

q) Die hievon handelnde Urkunden stehen in Gudenus Cod. diplom. Tom. V, pag. 615, 16 sq. 20 & 631. In der ersten heisset es: Vers erste ward hiebei Her Johan von
„ Basinheim, Schultheis zu Oppenheim, Her Pilipps
„ der Vizdum in dem Ringgow, Her Eberhard sin Bruder, Her Peter von Lirwilre, Her Rynk sin Bruder,
„ Her Arnolt von Lorch, Her Thomas von Sawelnheim, Her Konrad von Rüdesheim, Her Schillinge,
„ Her Eberhard von Sluttern, Her Hermann Hirte,
„ Her Heinrich von Lorche und Her Burkard von Welsekelen ꝛc.

tage von den Juden daselbs fallen. Item ein Theil des Hauses, Hof und der Güter zu Oberingelnheim, darin er sizet in Gemeinschaft mit Hirten von Gauwelnheim und Damen Knebel dem jungen.

Item zu Heidelberg auf Dinstag nach St. Jakobstage hat Rauen Rode von Alzei empfangen ein Sechsteil an dem Zehnten zu Derheim, Wein und Korn. Item an demselben Zehnten an den anderen fünf Teilen hat er ein Zweiteil. Item den Zehnten an vierzig Morgen in demselben Felde zu Derheim sonderlich.

1402 Item empfangt Konrad Rabenolt von Dieppurg zwölf Malter Korns Wormser Maas zu Fretsenheim zum Burglehen in Oppenheim.

1403 Item feria tertia ante Mariä Magdalenä zu Alzei hat empfangen Johann Esel zu Busesheim einen Hof in dem Dorf Derheim bey Oppenheim gelegen. Item zween Morgen Wingert, die an demselben Hof gelegen sint, und andere Eckere und Wiesen, und alles das zu demselben Hof gehöret, als die Cunrat der alte, und Cunrat der junge von Rüdensheim Rittere seiner Zeit ingehabt ꝛc.

Item Gerhard Menzhorn von Spanheim nimmt seinen Tochtermann Henne von Odenheim, den man nennet Helseweck, in Gemeinschaft sines Burglehens zu Oppenheim, das ist neun Gulden auf den Juden daselbst. Item ein Burglehen zu Alzei 12 Morgen Ackers von der Pfalz lehenbar.

Item Eberhard Vetzer, empfangt zehen Gulden auf den Juden zu Odernheim.

Item Henne von Hentschusheim, Dietbers Son, das Burglehen auf den Juden zu Oppenheim, so durch Tod Hermanns von Eppelborn erledigt ist.

1405 Item zu Heidelberg, die b. Fabiani & Sebast. empfängt Wilhelm von Waldeck, Burggrafe zu Stalecke, in Gemeinschaft mit Philipps Flachen von Schwarzenberg, seiner Schwester Sohn, ein Burglehen zu Oppenheim, mit Namen ein Fuder

Weingelts von dem Berge ober Oppenheim, genannt der Galgenberg, und zehen Malter Korn Gelts von dem Zehnten zu Ulversheim.

Item zu Heidelberg uff Dienstag nach St. Erhardstag haben Hanns von Hirzhorn Ritter und Ibam Knebel Marschalk ihre Burglehen zu Oppenheim aufgesagt.

Item auff Montag nach dem heil. Pfingsttag hat Johann Kemmerer von Worms Ritter, den man nennet von Dalburg, für sich, seine Söhne und Töchter, empfangen die Burglehen zu Oppenheim, und darzu zwo Fleischscharen, und die Wingert in der Stegen zu rechtem Lehen, und als K. Karl seel. vormals Philipps von Wunenberg, etwan des egenanten Johann Kemmerers Sweher, und Emerich von Prunheim seligen ihr Lehen gebessert 2c.

Item zu Germersheim auff den Fritag vor Allerheiligen hat Heinrich Ring von Bechtolsheim mit Friederich von der Huben in Gemeinschaft empfangen die Lehen zu Alsheim, die von Peter Burggrafen von Bechtolsheim seel. auf gedachten Ring verstorben sint.

1406 Item zu Heidelberg in die Dominica ante convers. sancti Pauli Apost. hat Eberhard von Hirzhorn sein Burglehen zu Oppenheim auffgesagt.

Item zu Germersheim in vigilia beati Johannis Baptistae hat Ring von Bechtolsheim, den man nennt von Alsheim, sinen Mag Gobel Kranchen in Gemeinschaft des Burglehens zu Oppenheim gesezt, mit Namen das Ortehuß mit seinem Hoffe und Begriffe gegen der Mezlergasse zu Oppenheim gelegen, neben Jedel von Albich.

Item Metze von Scharffenstein, Burkhards von Nadheim seel. Wittwe, empfängt ihren Teil an dem Zehnten zu Wolfskele, das ein Erblehen und ein Burglehen zu Oppenheim ist. Datum Heidelberg Sabbatho ante beate Lucie virg.

Item Cune von Alheim hat empfangen ein Burglehen zu Oppenheim mit Namen zwanzig Malter Korn und ein Fuder Wein zu Osthoven, so die Johannes-Herren reichen, und dem Ryche verfallen sint wegen Druhsels von Wachenheim.

1407 Item zu Heidelberg Dominica ante festum beati Johannis Bapt. hat Johann von Lewenstein Ritter der junge empfangen ein Burglehen zu Oppenheim, mit Namen, sechs Mark Gelts, die Gefallen von den Juden baselbst, und das von dem Riche ledig worden von Tods wegen Cunen seeligen von Guntheim ꝛc.

Die Domherren zu Worms genossen vor Alters auch das Burgmannsrecht zu Oppenheim. Weil sie aber ihre Dienste persönlich nicht leisten durften, musten sie einen Burghüter bestellen. Im J. 1356 hatten sie den Ritter Brendel von Osthoven und seine Erben um jährliche 25 Malter Korn gedungen, daß er sie und das Domstift vermannen und zu Oppenheim verwesen solle r). Nachdem aber die Burg samt der Stadt an die Kurfürsten von Pfalz verpfändet gewesen, musten auch die Lehen bei selbigen empfangen und vermannet werden. Im J. 1441 verliehe Herzog Otto von Moßbach, als der Pfalz Vormund, seinem Amtmann zu Lautern, Friederichen von Flersheim, eine Wein- und Korngült auf dem Zehnten zu Abenheim, die von Todes wegen Schotten von Wachenheim ledig geworden, und im J. 1452 Kurf. Friedrich I genanntem von Flersheim eine zu Nierstein fallende Gült, die vormals Ludwig Knebel gehabt, zu Burglehen in Oppenheim. Die Burg selbst liegt seit der Französischen Verwüstung in ihren Trümmern. Von den Burglehen sind innerhalb 200 Jahren viele heimgefallen und eingezogen, ver-

---

r) *Schannat* histor. Episcopat. Wormat. Cap. III, pag. 70. Dieses Burgmannsrecht hat noch K. Wenzel im J. 1396 den Domherrn bestättigt.

schiedene aber auch bis auf gegenwärtige Zeit vererbet worden.

Der Rhein ströhmt auf der östlichen Seite der
Stadt vorbei, über welchen eine fliegende Brücke zur
Ueberfahrt angelegt ist. Auf dem Strohme selbst ste-
hen zwo Schiffmühlen.

Die von Mannheim und Worms nach Mainz führende erhobene Landstrafe ziehet durch die Stadt, und
in derselben wird der Landzoll des Oberamts erhoben. Ausserhalb derselben ist die Rheinzollstätte.
Beider Zoll gehörte vormals zu den Königlichen Kam-
mergefällen, ward aber mit der Stadt überhaupt,
zuweilen auch nur zu sichern Theilen von den Kaisern
verpfändet, wie schon oben von Godfried Herrn von
Eppenstein gesagt worden. Dergleichen Theile waren mit alten Pfandschillingen bestricket, die aber
Kurf. Friedrich I und Kurf. Philipps nach und nach
eingelöset und die sämtliche Zollgefälle zur Kurpfälzischen Kammer eingezogen haben. Kurf. Friedrich
III wollte zwar zu Oppenheim das Stappelrecht einführen; allein die Reichsstadt Speier beschwerte sich
dagegen und bezog sich auf ihre Privilegien, fand
auch Gehör und Kurpfalz stand wieder davon ab s).

Die Stadt hatte jederzeit auch die peinliche Gerichtbarkeit in ihrem Gebiete; die Richtstätte aber
befindet sich in der Niersteiner Gemarkung, und ist
zwischen Oppenheim, Nierstein, Dexheim und
Schwabsburg gemeinschaftlich.

Zu Verwaltung sowohl dieser peinlichen als burgerlichen Gerichtbarkeit hatten zwar nach oben angezogenen Freiheiten die Burgermeister und Schöffen
die Befugniß. Die Kaiser setzten aber daneben jedesmal einen besondern Reichsschultheis aus den
Rittern und Burgmännern, wovon noch folgende in
Urkunden angetroffen werden.

---

s) *Gyllmann* Symphor. Tom. II, Part. 3, Tit. 18, fol. 338
& sqq. und *Wehner* Observ. pract. verbo Staffelrecht.

1230 Herbodus Scultetus in Oppenheim *s*).
1259 Marquard Schultheis.
1276 Wernherus miles Scultetus in Oppenheim *u*).
1284 Werner Winter von Alzei *x*).
1299 Werner von Düttelsheim *y*).
1300 Hartmannus Scultetus in einem Vermächtniß für das Antoniter Haus.
1310 Eberhard von Randeck *z*).
1322 Diether von Randeck *a*).
1333 Johann von Busensheim *b*).
1349 Herbord Ring, Ritter *c*).
1355 Philipp von Bolanden *d*).
1368 Tham Knebel. Pfalzgr. Ruprecht nennt ihn seinen Schultheis zu Oppenheim *e*).
1376 Heinrich zum Jungen *f*).
1396 Tham Knebel der Junge *g*).

Nach dieser Zeit findet man auſſer im J. 1526 Philipp von Werſtatt, keinen beſondern Schultheiſen mehr, ſondern es waren, wie in der Einleitung bemerket worden, die Amtmänner meiſtentheils auch Oberſchultheiſen, und als der Ritterrath gänzlich in Abgang gekommen, ſcheinet auch die Beſtellung der adelichen Schultheiſen aufgehöret zu haben.

Die Bevölkerung der Stadt beſtehet dermalen in 300 Familien; die Gebäude in 3 Kirchen, 2 Kapellen, 1 Kloſter, 4 Pfarr- und 5 Schulhäuſern, 2

---

s) Vid. Act. Acad. Palat. Tom. III, pag. 101.
u) *Gudenus* Cod. diplom. Tom. I, pag. 758.
x) Ibid. Tom. IV, pag. 447.
y) *Humbracht* Tab. 260.
z) Ibidem Tab. 289.
a) Ibidem.
b) *Gudenus* Cod. diplom. Tom. V, pag. 615.
c) *Würdtwein* Subſid. diplom. Tom. VI, pag. 270.
d) *Schännat* hiſtor. Epiſcopat. Wormat. pag. 176.
e) Jn dem ausführlichen Unterricht wegen Wiederlöſe der Stadt Kaiſerswerth, Beil. num. II, p. 13.
f) Jn *Lehmanns* Chronic. Spir. Lib. 7, Cap. 54.
g) *Gudenus* Cod. diplom. Tom. III, pag. 615.

Kurfürstlichen, 3 der geistlichen Verwaltung zuständigen Wohnungen, einem Hospital und Rathhaus, 9 adelichen Höfen, und 254 burgerlichen Häusern. Die Gemarkung enthält 625 Morgen Aecker, 110 M. Wingert, 133 M. Wiesen, 214 M. Gärten, 400 M. Weide, und 52 M. Wald.

Das städtische Gebiet erstreckt sich auch über den Rhein. Freie Güter besizen dermalen die von Sparr, von Dalberg, von Schmidtburg, von Gemmingen, von Dienheim, von Cunzmann, das Kollegiatstift zu St. Stephan in Mainz, die Abtei Eberbach, das Burgerhospital, und die geistliche Verwaltung sämtliche vorhin zu dem Stift, Klöstern und Kirchen gehörig gewesene Gründe.

Von den Waldungen liegt ein Theil auf der rechten, und ein Theil auf der linken Seite des Rheins. Das übrige bestehet aus Inseln und Anlagen. Zur erstern Gattung gehöret die Knoblochs-Aue, die vormals die Edeln zum Jungen, vermuthlich als ein Kaiserliches Burglehen besessen. Heinrich zum Jungen, Schultheiß zu Oppenheim, erhielt von K. Karl IV verschiedene Freiheiten, und sowohl diese als die dabei gelegene Aue, das Pfalzgraven-Wörth genannt, hiesen daher Schultheisen-Auen. Im J. 1469 verkaufte sie ein anderer Heinrich zum Jungen an Heinrich Gelthans zum Jungen Abend, und von diesem fiel solche auf seine nachgelassene Witib Gertrud, Werners von Knoblauch Tochter Im J. 1518 errichtete Kurf. Ludwig V mit gedachter Gertrud Knoblochin einen Vertrag, wodurch sie und ihre Erben diesen Wörth mit den neuen Rheinanlagen behielten, gegen den Erlag von 125 fl. Aber Kurf. Friedrich II brachte diese Aue von ihren nachgelassenen Töchtern im J. 1549 an sich, und zog solche zur Kammer h). Sie begreift den Pfalzgrafen-Wörth,

---

h) Act. Comprom. in causa praetens. Aurel. pag. 97. Nach diesem ist zu ergänzen und zu verbessern, was wegen

das Rauenthal und den Pfannenstiel, welche mit einander 306 Morgen Landes enthalten. Ferner besizet die Hofkammer auf der rechten Seite des Rheins mit Hessen-Darmstadt drei Bezirke von 146 Morgen, und mit der Stadt Oppenheim den in 38 Morgen bestehenden Haderwörth. Unter jenen ist der sogenannte Hanensandt deswegen merkwürdig, weil gegen Ende des XIV Jahrhunderts Diether von Bickenbach ein Viertel davon an Bobe von Geispizheim, eben soviel an Henne Koppe von Sawelnheim, und die andere Hälfte an Beltult von Flanburne zu Lehen gegeben hatte i). Der Stadt Oppenheim gehören der grose und kleine Geißwörth, und die mitten im Rhein gelegene Elisabethen- und Schusterwörthe. Ueber alle solche Waldungen ist ein besonderer Kurfürstl. Förster bestellet, der auf der Knoblochsaue wohnet. Der Sergeanten-Wörth liegt auf der linken Seite, und gehöret als ein Kammeral-Erbbestand den Erben des ehmaligen Forstmeisters Bäumen. Auf eben dieser Seite liegt auch die Kuhkopfsaue, die aber unter die Aufsicht des Försters zu Gimsheim gehöret.

Unter den übrigen Merkwürdigkeiten der Stadt selbst und ihres vorigen blühenden Zustandes ist auch das Andenken der daselbst bestandenen Münzstätte durch die von den Pfalzgrafen Ruprecht I und Ludwig III daselbst geprägte Goldgülden, und der über ein Jahrhundert allda ausgeübten Buchdruckerkunst durch mehrere ansehnliche Werke der Nachwelt aufbehalten worden k).

Als

---

dieser Knoblochsaue in Wenk Hessischer Landesgeschichte p. 648, not. g gesagt wird.

i) Schneiders Erbachische Historie, Urkunden zum 2ten Saz num. VI, Cap. I.

k) Von den Münzen ist des Herrn Prof. Exters Versuch

Oppenheim.

Als K. Karl der Grose das Dorf Obbenheim dem Kloster Lorsch übergab, ward schon einer Kirche daselbst und ihrer Zugehörung gedacht. Der Lorscher Abt Theodrich, welcher im J. 865 zu seiner Würde gelanget, hat dieselbe von Grunde aus neu erbauet *l*). Man hält dafür, daß es die in der sogenannten alten Stadt bestandene St. Sebastianskirche und die ordentliche Pfarrei gewesen sei. Sie gehörte noch in die Wormser Diöces, und das Patronatrecht hatten sich die Kaiser selbst vorbehalten *m*). Nach erfolgter Reformation ward sowohl in dieser als der St. Katharinen-Stiftskirche bald die Lutherische, bald die Reformirte Glaubenslehre geprediget, und innerhalb achtzig Jahren öftere Veränderungen damit vorgenommen *n*). Jedoch behaupteten die Augspurgischen Conf. Verwandten den vorzüglichen Besitz dieser alten Pfarrkirche, die ihnen auch durch den Westphälischen Frieden gänzlich überlassen worden. Es sind zween Prediger dabei angestellt, wovon der eine die nahgelegene Dörfer Dienheim und Deyheim mit zu versehen hat. Die andere Pfarrei bestand vormals in der St. Katharinenkirche, von der man weis, daß, als auf Verordnung K. Richards die Stadt Oppenheim im J. 1258 zweierlei Bistümern untergeben, und der südliche Theil bei der Wormser Diöces gelassen, der nordliche aber zur Mainzer geschlagen worden, sie der Erzbischof Gerhard I im

---

such seiner Pfälzischen Münzsammlung 1 Theil pag 21, und 2 Theil pag. 276, 349, 579 & 581 nachzulesen Von der Buchdruckerei aber hat Herr Büttinghausen Incunabula Typographiae Oppenhem. geliefert.

l) Cod. diplom. Lauresh. Tom. I, num. 67.

m) Schannat histor. Episcopat. Wormat. pag. 45. Welches auch meldet, daß dabei eine Kapelle zu St. Anna, und eine andere in dem Siechenhause zu St. Nikolaus befindlich gewesen.

n) In Struvens Kurpfälzischen Kirchenhistorie können die weiteren Umstände davon nachgelesen werden.

Pf. Geographie. III Th.   T

nämlichen Jahre zu einer Pfarrei geordnet habe o). Der Erzbischof Peter erhob solche 1315 zu einer Stiftskirche, und sezte den Probst zu St. Viktor in Mainz, in dessen Erzdiakonat die Pfarrei lag, auch zum Probst dieses neuen Kapitels in Oppenheim. K. Ludwig IV gab dem Probst Rüdiger eine Anwartschaft auf die zu seiner Verleihung ledig werdende Präbende in der Stiftskirche St. Andreas zu Kölln p). Im J. 1357 wurde diese Probstei dem Kapitel gegen Abgabe jährlicher zwei Pfund Wachs an die Domkirche zu Mainz einverleibt, und blos ein Dechant zum Vorstande beibehalten q). Nach der Oppenheimer Chronik, und andern geschriebenen Nachrichten soll diese Kirche eine der prächtigsten in Deutschland gewesen, derselben Bau im J. 1262 angefangen, nnd im J. 1317 vollendet worden seyn. Sie hatte zween Chöre, einen östlichen und westlichen. In ersterm waren nebst dem Hohenaltar zween Nebenaltäre, einer zur heil. Dreifaltigkeit, der andere zu St. Katharine, wie auch eine Kapelle zu St. Nikolaus. In dem westlichen oder neuen Chore waren ausser dem Hohenaltar noch sechs Kapellen; im Langhause aber befanden sich fünf Altäre und Kapellen r).

Wie die Ernennung des Probstes, solang diese Würde bestand, ein Vorbehalt der Kaiser gewesen, also hatten auch verschiedene Burgmänner das Recht die Altarpfründen zu verleihen, wovon noch einige

---

o) Die Urkunde darüber stehet in *Trithemii* Chron. Sponh. p. 283. und in *Schannat* hist. Episc. Worm. p. 45, womit *Joannis* rer. Mogunt. Script. Tom. I, pag. 610 zu vergleichen.

p) Libell. primar. precum Ludov. Caesar. in *Oefelii* Script. rer. Boic. Tom. I, p. 740.

q) Gedachter Abt *Trithemius* in Chron. Hirsaug. edit. S. Gall. Tom. II, pag. 147, und *Joannis* am angezogenen Orte p. 642.

r) Herr Rektor *Andreas* hat in seiner Commentatione de Oppenhemio den ganzen Inhalt der geschriebenen Chronik eingeschaltet.

Beispiele übrig sind s). Durch die Reformation nahm die ganze Verfassung ein Ende. Die Güter und Gefälle wurden eingezogen, die Kirche aber nach Willkühr der Regenten bald diesem bald jenem Religionstheil eingeraumt. Währendem dreissigjährigen Kriege verschenkte der Kaiser die Probstei an Johann Hermann von Samere, der deswegen im J. 1635 ein Befehlschreiben an den König in Hungarn, und den Kurfürsten zu Mainz erhielt. Lezterer verlangte zugleich die Stadt Oppenheim samt dem Ingelheimer Grunde für sich, vermög Kaiserlicher Verleihung vom J. 1629 t). Alles dieses zernichtete der Osnabrukische Friedensschluß, durch welchen die St. Katharinenkirche den Reformirten wieder zugestellet, und auch bei der bekannten Kirchentheilung allein überlassen worden. Der Pfarrer, der zugleich Inspektor ist, hat einen Diakon zur Aushilfe.

Die Katholischen sind durch erwähnte Kirchentheilung mit der Franziskanerkirche abgefertiget worden. Das dabei befindliche Kloster soll schon auf Befehl K. Otto IV im J. 1211 zu bauen angefangen worden, und mit Minoriten anfänglich besezt gewesen seyn. Im J. 1469 aber wurde die strengere Regel dieses Ordens darin eingeführt, und die dazu gestiftete Güter den Hospitälern beigelegt u). Dieses Kloster soll im J. 1622 und 1689 eingeäschert worden seyn. Kurf. Philipp Wilhelm berufte aber die Franziskaner wieder dahin, und seitdem haben sie die Katholischen Pfarrdienste in der Stadt allein zu versehen. Ausser der Stadt sind die Höfe Schmidthausen, der Ruhekopf, und Kälberreich, wie auch das zum Oberamt Alzei gehörige Dorf Dien-

---

s) *Würdtwein* Dioeces. Mog. Tom. I, pag. 370 & seqq.
t) J. J. Mosers Erläuterung des Westphälischen Friedens ad Art. IV, §. 1, p. 154.
u) *Schannat* histor. Episcopat. Wormat. pag. 189.

heim, die Knoblochsaue und der Hof auf der Platte dahin eingepfarrt.

Das Nonnenkloster MarienKron lag unterhalb der Stadt gegen Mainz zu, und soll unter K. Ludwig dem Frommen im J. 814 erbauet, und mit Nonnen des Benediktinerordens besezet worden seyn. Ungefähr im XII Jahrhundert wurde die Regel des heil. Bernhards darin eingeführt. Die dazu gehörige Kirche war der heil. Anna geweihet, und hatte verschiedene besonders gestiftete Altarpfründen, wovon noch eine zu St. Katharine, Barbara und Dorothea, drei andere aber zu St. Georg, St. Johann und den zehen tausend Martyrer im Andenken sind. Von dessen Aebtissinnen sind uns nur noch folgende bekannt.

Im J. 1382 Agnes von Flersheim x).
1395 Elisabeth von Stralenberg.
1453 Margareth von Frankenstein.
1497 Margareth Hilchin von Lorch.
1518 Margareth von Lorch, eine Nichte der vorigen,
   † im J. 1547 y).
1547 Agnes von Dienheim, † 1568.

Unter welcher leztern dieses adeliche Frauenkloster von Kurf. Friedrich III eingezogen worden ist z).

Das Antoniter Haus lag vor der sogenannten Gaupforte, und soll unter K. Rudolph I im J. 1287 errichtet worden seyn. Im J. 1300 hat Werner, Ritter zu Oppenheim, genannt von Sauwilnheim, für sich und seine verstorbene Ehefrau, eine Korngülte der Kapelle zu St. Anthoni bei Oppenheim zum Seelegerath vermacht. Solches stand mit dem Antoniter Hause zu Alzei in der engesten Verbindung,

---

x) Humbracht höchste Zierde Deutschlandes Tab. I.
y) *Wurdtwein* in Dioecef. Mog. Tom. I, pag. 380 sq.
z) Burk. Goth. Struve Pfälzische Kirchenhistorie, pag. 260.

Oppenheim.

wie schon oben bemerket worden ist a), und scheinet gewisser Masen von lezterm abgehangen zu haben. Die Gefälle beider Stiftungen sind mit Bewilligung des Pabsts anfänglich der hohen Schule zu Heidelberg einverleibt, hernach gegen andere Gefälle der Kurfürstl. Kammer abgetretten worden.

Hinter der Stiftskirche war die St. Michaelskapelle, die im J. 1017 erbauet worden, mithin älter als diese Hauptkirche selbst seyn soll; das Mauerwerk ist noch in gutem Stande. In der Stadt am sogenannten Fischerthor war die St. Anna Kapelle vom nämlichen Alter, davon aber nichts mehr übrig ist. Der Plaz, worauf solche gestanden, ist mit Weingärten angepflanzet.

Das Hospital zum heil. Geist ist von K. Friedrich II im J. 1230 nächst dem Rheinthor erbauet worden. Die Kirche hatte einen besondern Pfarrer und Kaplan. Im J. 1280 wurde der Aebtissin zu Marienkron das Patronatrecht zuerkannt. Der mit einem Kaplan gestiftete Nebenaltar war dem heil. Valentin geweihet, und noch im J. 1518 hat Hanso Kämmerer von Worms, genannt von Dalberg, diese Pfründe verliehen b). In jüngern Zeiten wurde das Gebäu verkauft, und dafür der sogenannte Tempel- oder Dienheimer Hof erworben. Die Kapelle aber stehet noch auf dem alten Plaz, und ist durch gesammeltes Allmosen wieder so gestiftet worden, daß wochentlich zwo Messen darin gelesen werden müssen.

Das Siechen- oder Gut-Leuthaus samt der dazu gehörigen St. Ulrichskapelle lag an der Dienheimer Straße, und ist im dreißigjährigen Kriege eingegangen. Jedoch werden die Einkünfte besagter beiden Armen- und Krankenhäuser annoch ihrer ersten

---
a) Seite 28.
b) *Würdtwein* Dioeces. Mog. Tom. I, p. 380.

Bestimmung gemäs von einem besondern Schaffner verwaltet.

Es soll vormals ein Haus der Tempelherren in der Stadt gestanden haben, welches hernach an die Edeln von Dienheim gekommen, und endlich in den dermaligen Hospital verwandelt worden seyn soll. Auch der Deutsche Ritterorden hatte einen Hof, der in dem vorigen Jahrhundert noch unweit der St. Sebastianskirche gestanden hat c).

Der Zehnten in der Gemarkung wird nach einer besondern Abtheilung der Feldgewanden entrichtet. Von den Gründen, welche gegen Dienheim und Dexheim liegen, wird er Pfezer-Zehnten genannt, und hieran beziehet die geistliche Verwaltung wegen des Klosters Marienkron zwei, und wegen des St. Katharinenstifts ein Drittel; auch Namens des leztern den ganzen Pforten-Zehnten. Von den andern Gewanden, die unterhalb Dexheim und gegen Nierstein liegen, geniesset das Burgerhospital zwei, und der Freiherr von Dienheim drei Fünftel.

Zu Verwaltung der Kammeraleinkünfte, und zwar für die Erhebung des Rheinzolles ist ein Zoll- und ein Gegenschreiber, ein Beseher und Nachgänger; für die Steuern ein Obereinnehmer, für die übrigen Renten aber ein Gefällverweser, nebst einem Zollbereuter angeordnet. Für die Gefälle des St. Katharinenstifts sowohl als des Klosters Marienkrone hält die geistliche Verwaltung zween besondere Schaffner hieselbst.

Von dem Fuldischen Lehen der Stadt in dem Dorfe Dienheim ist oben schon gehandelt worden d).

Der Magistrat zu Oppenheim bestehet jezt in einem Schultheisen, einem Anwalt-Schultheisen, einem Stadtschreiber und sechs Rathsverwandten,

---

c) Dieses Haus findet sich auf dem Prospekt der Stadt in Zeilers Topographie vorgestellet.
d) Seite 60 sq.

welchen ein Rentmeister, ein Hospital-Schaffner, Wacht- und Marktmeister ꝛc. zugegeben sind.

Vor Alters führte die Stadt in ihrem grosen Siegel den auf dem Thron in seiner Majestät sitzenden Kaiser, mit der Umschrift: Sigillum Burgensium Civitatis Oppenheim. Das Wappen aber bestehet in einem schwarzen einköpfigen Reichsadler mit einer rothen Zunge im goldenen Felde, und über demselben ein silbernes Band *e*).

2) Nierstein. Dieser merkwürdige Ort am Rhein, eine halbe Stunde unterhalb der Stadt Oppenheim gelegen, kann unter die ältesten Oerter dieser Gegend gezählet werden. Schon vor der Mitte des VIII Jahrhunderts schenkte der Fränkische Fürst Karlemann, des Königs Pipin Bruder, die Kirche U. L. F. zu Nerstein im Wormsgaue dem Bistum Wirzburg *f*).

Unter den Besitzungen der Königlichen Kapelle zu Frankfurt nennet König Ludwig der jüngere in der darüber ausgefertigten Urkunde vom J. 880 auch eine Kapelle zu Nerenstein, die vorhin ein sicherer Aaron zu Lehen getragen hatte *g*), und dessen Bruder Kaiser Karl der Dicke zählet in seinem dem St. Bartholomäistift zu Frankfurt ertheilten Stiftungsbriefe vom J. 882 Neristein unter die Königlichen Dörfer *h*). Es muß gar ein Königlicher Palast daselbst gewesen seyn, dessen wenigstens in einer Urkunde gedacht wird, die K. Otto III im J. 991 darin ausgefertiget hat *i*). Es sind mehrere Spuhren davon

---

e) Siehe die Abbildung in Zeilers Topograph. Pal. p. 68.
f) Fries hist. Episcop. Wirceb. p. 394. & Eccard. rer. Franc. Or. Tom. I, p. 391.
g) Hontheim histor. Trevir. dipl. Tom. I, pag. 219.
h) Gudenus Cod. diplom. Tom. I, pag. 2.
i) Actum publice in Palatio Neristein. Mabillon de re dipl. Lib. VI, p. 577.

bis zum J. 1021 vorhanden *k*). Im J. 993 schenkte gedachter K. Otto sieben Güter im Dorfe Nerstein dem von seiner Grosmutter Adelheid errichteten Kloster Sels im Elsaß *l*). Auch verordnete er im folgenden Jahre, daß der Hof, welchen König Ludwig seiner Mutter Uda daselbst zum lebenslänglichen Genusse angewiesen hatte, der Domkirche zu Mainz wieder erstattet werden sollte *m*).

Die Vogtei dieses Orts war den Herren von Minzenberg als ein Reichslehen übergeben. In einem Vertrage, den K. Heinrich VI im J. 1196 mit Cuno von Minzenberg deswegen gemacht hat, wird Nierstein eine Stadt (Civitas) genannt *n*). Unter K. Friedrich II bekamen die Herren von Hohenfels auch verschiedene Lehen und Gerechtigkeiten daselbst, wie unten bei dem Kirchenwesen angeführet werden soll. Im J. 1253 erwarb sich Philipp von Hohenfels einen Hof zu Nierstein, den er gegen einen andern zu Morsheim von dem Deutschen Ritterorden eingetauscht hat *o*).

Nach der Hand stund der Ort mit dem nächstgelegenen Oppenheim in einer engen Verbindung, und hatte beinahe einerlei Schicksale mit demselbigen. Denn K. Ludwig IV verpfändete ihn ebenfalls im J. 1315 an seinen Beförderer, den Erzbischoffen Peter von Mainz *p*). Wie hernach diese Pfandschaft an andere, und endlich an die Pfalz gekommen, ist bei der Stadt Oppenheim umständlich angeführet worden. Im J. 1376 huldigten also der Schultheis, die Schöffen und die Gemeinde zu Nierstein und Derheim dem Pfalzgrafen Ruprecht; von welcher Zeit

---
k) Vid. Chron. Gottwic. Part. II, Lib. III, p. 495 sq.
l) *Schöpflini* Alsat. diplom. Tom. I, p. 138, num. CLXXIII.
m) *Gudenus* Cod. diplom. Tom. I, pag. 367.
n) Die Urkunde hievon stehet in Grüners diplom. Beitr. 3 St. p. 144.
o) *Guden.* l. c. Tom. II, pag. 482.
p) Ibid. Tom. III, pag. 111.

an Nierstein, wie andere verpfändete Reichsorte, stets bei der Kur verblieben ist.

Neben dem Flecken fließt eine Bach vorbei, welche fünf Mahlmühlen betreibet, und unterhalb des Ortes in den Rhein fällt, auf welchem Strohme sich auch zwo Schiffmühlen befinden.

Die Bevölkerung bestehet in 264 Familien, welche ungefähr 1100 Selen ausmachen. Die Gebäude in 3 Kirchen und Schulen, 198 Häusern. Die Gemarkung enthält 2156 Morgen Ackerfeld, 409 M. Wingert, 371 M. Wiesen, 25 M. Gärten, und 568 M. Wald.

Diese Gemarkung liegt theils auf der rechten, theils aber auf der linken Seite des Rheins. Auf beiden Seiten finden sich beträchtliche freie und Rittergüter. Die Kurfürstliche Hofkammer besitzet drei zur Burg Schwabsburg gehörige Erbbestände, nebst dem Castilien- und sogenannten Dienstgute: die geistliche Verwaltung drei zum St. Katharinenstift, fünf zum Kloster Marienkrone, und eben soviel zu den Kirchengefällen gehörige Güter, nebst einigen Morgen Pfarr- und Schuläckern. Eben dergleichen besitzen auch verschiedene Dom- und Kollegiatstifter, Klöster und Altäre zu Mainz; die ritterlichen Geschlechter von Dalberg, Dienheim, Frankenstein, Gemmingen, die Grafen von der Ley und von Metternich, die Edeln von Harthausen, Zedtwiz, Knebel und von Geismar, der Kurpfälzische geheime Staatsrath von Cunzmann 2c.

Die Waldung liegt jenseit des Rheins, und ist mit der Weide zwischen den drei Orten Nierstein, Dexheim und Schwabsburg gemeinschaftlich.

In dem mittlern Zeitalter waren zwo Pfarrkirchen dahier, eine zu St. Kilian auf dem Berg, die andere zu St. Martin unten im Orte. Jene hatte zwo Pfründen oder Kaplaneien, diese aber vier nebst einer Frühemesserei, welche die ritterlichen Geschlechter zu verleihen hatten q). Beide gehörten unter das Erzdiakonat des Probsten zu St. Viktor in Mainz, von welchem ein ganzes Landkapitel seinen Sitz zu Nierstein hatte. Das Patronatrecht gehörte vormals dem Kaiser und Reich. Hermann von Hohenfels und seine Ehefrau Kunegund verschenkten es mit Bewilligung des Kaisers im J. 1330 an das Kloster Otterburg r). Nach eingeführter Reformation wurde die St. Kilianskirche nicht viel gebraucht, und lag bei der Kirchentheilung in ihren Trümmern. Die Katholischen bauten solche wieder auf, und besetzten sie mit einem eigenen Seelsorger. Allein im J. 1767 ward sie durch einen Donnerschlag gänzlich verzehret, ist aber seitdem völlig hergestellet, und gegen dergleichen traurige Zufälle bestens verwahret worden. Der Pfarrer gehöret unter das Landkapitel Ulm, und hat die beiden Dörfer Dexheim und Schwabsburg mit zu bedienen. Die St. Martinskirche, welche in der Theilung den Reformirten zugefallen, mußte vor einigen Jahren Alters halben abgebrochen werden, und ist wirklich noch nicht ganz vollendet. An dem Chor in der Mauer fand sich eine alte Lateinische Steinschrift, nach welcher der Grundstein dieser Kirche oder Chors den 22 Apr. 1360 geleget worden war. Fabrikmeister waren Gerhard Smutzel und Jakob Rubo. Die Kirche zu Schwabsburg ist jetzt ein Filial derselben. Ferner haben sich die Ev. Luth. aus einer Harthausischen Vermächtniß und andern milden Beiträgen auch eine eigene Kirche erbauet, die mit einem Prediger bestellet ist. Nebst diesen drei Kirchen befindet sich eine dem heil. Petrus geweihte Kapelle, die ums J. 1730 von einigen Gutthätern errichtet worden, und worin durch einen Franziskaner aus Oppenheim die Frühemesse gehalten wird.

---

q) *Wurdtwein* Dioecef. Mogunt. Tom. I, Comment. III, pag. 368.

r) Datum anno Domini MCCCXXX, in die beati Georgii martyris.

Oppenheim.

Von dem grosen Frucht- und Weinzehnten beziehet die Kurfürstl. Hofkammer drei, die geistliche
Verwaltung zwei, und die verwittibte Freifrau von
Bedtwiz, anstatt der ehmaligen Karthaus bei Mainz,
ein Sechstel. Aus der halben Gewande des Dom-
thals und auf dem Ehrenberg beziehen solchen gedachte Freifrau, der Freiherr von Dalberg, und der
Reformirte Pfarrer; den übrigen Weinzehnten aber
die Kurfürstliche Hofkammer allein, und aus einem
geringen Bezirke, die Pitsch genannt, der Freiherr
von Geismar. Sodann haben der Reformirte Pfarrer und der Katholische Glöckner besondere kleine
Zehnten zu geniesen s).

Nierstein hat dem allda wachsenden köstlichen Weine, der mit Recht unter die besten Rheinweine gezählet wird, seinen Ruhm und Aufnahme hauptsächlich
zu verdanken. Zu demselben haben die oberhalb gelegene Dörfer Dexheim und Schwabsburg von den
ältesten Zeiten her gehöret, so daß sie zusammen nur
ein Gericht hatten, welches anfänglich vom Kaiser
und Reiche bestellt gewesen, nachgehends aber, als
sie an Kurpfalz gekommen waren, dem Oberamt Oppenheim untergeben worden ist. Es bestund aus einem Schultheise und mehreren Schöffen, die aus
dem allda angesessenen Reichsadel und Burgmännern
zu Schwabsburg gewählet worden. Von den Schultheisen, die selbigem bis in das vorige Jahrhundert
vorgestanden, sind noch folgende im Andenken.

1215 Hugo de Starkinburc Scultetus in Neristein.
So nennet ihn K. Friedrich II in seinem Schuz-
briefe für die Kollegiatkirche zu Frankfurt t).

1234 Henricus Stroluz, in einer Urkunde, welche Phi-

---

s) In einer bei *Gudenus* Cod. diplom. Tom. I, pag. 531.
befindlichen Urkunde vom J. 1293 bezeuget Philipp von
Hohenfels, daß der Weinzehnten zu Nierstein mit zween
Theilen dem S. Gereonsstift in Köln, und mit einem
Theil der Kirche zu Nacheim zuständig gewesen.
t) Bei *Wurdtwein* Dioec. Mog. Tom. II, pag. 420.

lipps von Hohenfels für die Kirche zu Nierstein ausgefertiget hat *u*).

1338 Konrad Füllschlüssel, fertigte auch eine Urkunde aus *x*).

1350 Heinz zum Jungen, genannt zum alten Schwaben, der auch Amtmann zu Oppenheim gewesen *y*).

1444 Henne Rabenold von Zimmern verkaufte Kurf. Ludwig IV einige Wiesen auf einer Aue in dem Rhein.

1515 Heinrich von Mauchenheim genannt Bechtolsheim.

1535 Caspar Erlenhaupt von Sauwelnheim.

1551 Heinrich Moßbach von Lindenfels.

1574 Conrad Breder von Hoenstein.

1586 Rudolph von Ottera.

1652 Philipp Wilhelm Schenk von Schmidtburg.

1661 Philipp Adam von Dienheim *z*).

Bei der durch den leidigen Orleanischen Erbfolgkrieg erfolgten allgemeinen Verheerung muß diese adeliche Stelle eingegangen seyn.

3) Dexheim ist eine halbe Stunde oberhalb Oppenheim westwärts gelegen, und seit 774 mit dem Namen Thechidesheim bekannt, wie bei Oppenheim gezeiget worden ist *a*). Die Kirche im Dorfe Dechidestein gab K. Arnolf mit Gebäuden, Insassen und Leibeigenen im J. 889 der Abtei Fulda *b*). Der Ort hatte nachher mit Oppenheim und Nierstein ei-

---

u) Bei *Gudenus* Cod. diplom. Tom. I, pag. 531.
x) Ibidem Tom. III, p. 940.
y) Humbracht Tab. 47.
z) Kommen sämtliche theils in den Dienerbüchern der Kurfürsten Ludwigs V, Friedrichs III, Johann Kassimirs und Karl Ludwigs, theils in den alten Archivalregistern und in einem Dingtags Protokoll als Schultheißen zu Nierstein, Derheim und Schwabsburg vor.
a) Oben Seite 269.
b) *Schannat* Corp. Tradit. Fuld. num. 531.

nerlei Schickfale, und die meiſten Güter beſaß der Adel entweder als Eigenthum oder als Lehen, weswegen auch ein Zweig des Geſchlechts von Albich den Beinamen Deyheimer geführet.

Durch das Dorf ziehet die von Oppenheim nach Alzei führende Straſe, und wird darin der Zoll erhoben. Er enthält dermalen 69 Familien, die 354 Seelen ausmachen; 1 Kirche, 2 Schulen, 53 bürgerliche und Gemeindshäuſer: die Gemarkung aber 1542 Morgen Aecker, 20 M. Wingert, 89 M. Wieſen, 30 M. Gärten, und 60 M. Wald.

Unter den Gebäuden ſind einige Freihöfe des Domkapitels zu Mainz, der adelichen Geſchlechter von Geiſpizheim, Schmidtburg, Gemmingen, Dienheim ꝛc. Freigüter beſizet die Kurfürſtl. Hofkammer eilf, die geiſtliche Verwaltung wegen des St. Katharinenſtifts und des Kloſters Marienkrone, even ſoviel, das St. Morizſtift, der geh. Staatsrath von Cunzmann, die Buſchiſche Erben, der Reformirte Pfarrer und Schuldiener.

Den Wald und die Weide jenſeit Rheins hat die Gemeinde mit Nierſtein und Schwabsburg gemein.

Das Patronatrecht der Kirche hatten die daſelbſt begüterten Burgmänner, von welchen Baldemar von Zalbach, Hermann von Saulheim und Jakob Mende von Lörzwilre ſolches im J. 1314 ausgeübet haben c). Im J. 1340 verliehen es Peter Freund von Nirſtein, Hermann und Peter Jring von Deyheim, Hermann und Philipp Hirten von Samelnheim, Peter zum Weidenhove, mit Bewilligung Gerlachs Grafen von Naſſau, von dem ſie es zu Lehen getragen, dem Dechant und Kapitel des Stiftes zu St. Johann in Mainz d). Es befanden ſich zwo Kaplaneien dabei, deren Verleihung von dem Pfarrer und

---

c) *Gudenus* Cod. diplom. Tom. III, pag. 989.
d) Ibidem pag. 887 ſq.

Kirchengeschwohrnen abhieng e). Diese Kirche fiel bei der Theilung in das Loos der Reformirten, die sie anfänglich als ein Filial von Oppenheim, seit 1774 aber mit einem eigenen Prediger versehen haben. Die Katholischen sind nach Nierstein, und die Lutherischen nach Oppenheim eingepfarret.

Den grosen Zehnten in der Hauptgemarkung beziehet das St. Johannsstift, die Freiherren von Dienheim, von Hundheim, und die Estenbergerische Erben in Mainz; von einigen Bezirken vorlezte beide allein, und der Reformirte Pfarrer ebenfalls von einigen Gewanden; auf einem Berge aber hat die Kurfürstl. Hofkammer den Weinzehnten.

4) **Schwabsburg** liegt hinter Nierstein auf einer Anhöhe, und hat sein Entstehen sowohl als Namen von der oberhalb gelegenen Burg, woselbst Philipp von Hohenfels der ältere im J. 1274 eine Urkunde ausgefertiget hat f). Vermuthlich diente diese Burg zu mehrerer Beschützung der Stadt Oppenheim und darüber gelegener Veste Landskron, wie auch zu Bedeckung der Schifffahrt auf dem Rheine. Sie hatte ihre eigene Burgmänner, welche die dabei befindlichen Güter besasen, übrigens aber mit dem Adel in den andern Reichsdörfern in engster Verbindung stunden, so daß das meiste, was wir von der Stadt Oppenheim und dem Dorfe Nierstein gesagt haben, auch auf Schwabsburg gezogen werden muß.

Die bei Nierstein bemerkte Bach fliesset durch den Ort, und treibt zwo Mahlmühlen. Sie wird bald **Flügelbach**, bald Schecherbach genannt.

In dem Dorfe zählet man 92 Fam. 432 Seelen; 1 Kirche, 2 Schulen, 85 burgerliche und gemeine

---

e) *Würdtwein* Dioeces. Mogunt. Tom. I, Comment. III, pag. 381.
f) *Gudenus* Cod. diplom. Tom. II, pag. 197.

Häuser. Die Gemarkung enthält 1073 Morgen Aecker, 94 M. Wingert, 103 M. Wiesen, 92 M. Wald.

Von den Feldgründen besitzet die Kurfürstliche Hofkammer alle zur Burg gehörige, und die geistliche Verwaltung die Güter des Katharinenstifts, des Klosters Marienkrone, und der Kirchen zu Nierstein, Dexheim und Schwabsburg. Das der ehmaligen Karthaus zu Mainz zuständig gewesene Hofgut hat jezt die Freifrau von Zedtwiz, ein anderes freies Gut die von Gemmingen ꝛc.

Vormals war zu Schwabsburg die Kapelle dem heil. Pankraz geweihet. In der Kirchentheilung behielten solche die Reformirten als ein Filial ihrer Pfarrei zu Nierstein.

Der Zehnten hat die nämlichen Theilhaber, wie zu Nierstein.

Ingelheimer Grund.

1) **Nieder-Ingelheim**, einer der merkwürdigsten Ortschaften der Rheinischen Pfalz, sechs Stunden von der Oberamtsstadt Oppenheim westnordwärts, zwischen Mainz und Bingen gelegen, wird in den alten Urkunden Engilonheim, Hingilenheim, Ingulunheim ꝛc. meistens aber Ingilenheim genannt g). In neuern Zeiten haben wir zwei Orte dieses Namens, welche durch den Beisaz Ober und Nieder unterschieden werden. Lezteres verdienet aber den Vorzug, da es mit einem Königlichen Palast K. Karls des Grosen versehen gewesen. Ob dieser Kaiser auch daselbst gebohren sey, wie von vielen angegeben wird h), ist eine andere noch un-

---

g) Chron. Gottwic. Part. II, Lib. III, pag. 484. Cod. dipl. Lauresh. Tom. I, num. 59, 80 & 141.
h) Solche führt *Tolner* in hist. Palat. Cap. II, pag. 51 umständlich an.

entschiedene Frage. Merkwürdig und sonderbar ist das Zeugniß Kaisers Karl IV, in der für die Augustiner-Chorherren zu Ingelheim ausgefertigten Stiftungsurkunde für diesen Ort, als die Geburtsstätte Karls des Grosen i). Dem sey nun wie ihm wolle, so ist es auffer allem Zweifel, daß gedachter K. Karl der Grose zwischen den Jahren 768 und 774 einen prächtigen Palast von gehauenen Steinen dahier aufgeführet, und zu seinem öftern Wohnsitz bestimmet habe. Ein Geschichtschreiber unter K. Ludwig dem Frommen, der diesen Palast selbst gesehen hat, kann den Pracht und die Herrlichkeit desselben nicht genug anrühmen. Der Palast soll mit hundert Säulen, die von Rom und Ravenna hieher gebracht worden, ausgeziert gewesen seyn. Dieses wahrhaft Königliche Gebäu dauerte mehrere Jahrhunderte, und ist durch vielfältige darin gehaltene Kirchen- und Reichsversammlungen der Nachwelt merkwürdig geblieben. Selbst K. Karl der Grose hielt schon ums J. 774 einen dahin ausgeschriebenen feierlichen Reichstag. Der Baierische Herzog Thassilo ward im J. 788 zu Ingelheim des Lasters der beleidigten Majestät angeklagt, und zum Klosterleben verurtheilt. K. Ludwig der Fromme wurde im J. 791 daselbst mit Umgürtung des Schwerdes wehrhaft gemacht. Im J. 807 hielt hier Kaiser Karl die zweite Kirchenversammlung, worinnen er den Bischöffen, Grafen und übrigen Unterthanen die Gerechtigkeit, Fried und Eintracht anempfohlen hat. K. Ludwig der Fromme empfieng daselbst im J. 817 die Abgesandten des morgenländischen Kaisers Leo; und bald hernach hielt er sein Beilager, bei welchem Aufenthalt verschiedene Urkunden in dem Palast zu Ingelheim ausgefertiget worden. Ungefähr im Brachmonate des J. 826 kam gedachter Kaiser von Achen wieder dahin, um
einer

---

i) *Gudenus* Cod. diplom. Tom. III. pag. 377.

einer ausgeschriebenen Reichsversammlung beizuwohnen, und die allenthalben her gekommene Abgesandten anzuhören. König Harold von Dännemark kam damals mit seiner Gemahlin und Kindern aus Norden den Rhein herauf, um dem Kaiser einen Besuch abzustatten. Auf Zureden desselben bekannte er sich in dasiger Kirche zum christlichen Glauben, wobei der Bischof von Wirzburg als Pfarrer dieser Kirche die Taufhandlung verrichtete *k*).

Im J. 831 war abermals eine Reichsversammlung daselbst, und acht Jahre hernach empfieng er noch allda die prächtige Gesandschaft des Kaisers Theophilus aus Konstantinopel, die ihm viele und reichliche Geschenke mitbrachte. Als er aber die Abnahme seiner Kräfte je länger je mehr verspührte, ließ er sich im J. 840 auf einer nächst Ingelheim gelegenen Rheininsel seine Sommer-Residenz zurichten, wohnte vierzig Tage lang darauf, und verschied endlich im Brachmonate desselben Jahrs.

Sein Nachfolger im Reiche, K. Lothar, schrieb alsobald einen Reichstag nach Ingelheim aus, und sezte den vor 15 Jahren des Erzbistums Rheims entsezten Ebbo in seine vorige Würde wieder ein.

Daß die folgenden Könige und Kaiser, Ludwig der Deutsche, Karl der Dicke, Arnulf und Ludwig das Kind, sich auch von Zeit zu Zeit in dem Palast zu Ingelheim eingefunden und aufgehalten haben, bezeugen mehrere von ihnen daselbst unterzeichnete Urkunden.

K. Otto der Große ließ in den Jahren 948, 958 und 971 Kirchenversammlungen allda halten, und ein gleiches that K. Otto II im J. 979. Unter den

---

k) Von allen diesen und folgenden Umständen hat der verdienstvolle Herr Schöpflin eine Abhandlung, Dissertatio de Caesareo Ingelheimensi Palatio, geliefert, welche in den Act. Academ. Pal. Tom. I, pag. 300 sqq. nachgelesen werden kann.

Salischen Kaisern hat sich Heinrich III im J. 1039 die Tochter Wilhelms von Poitou zu Ingelheim ehelich beigelegt, und K. Heinrich IV mußte daselbst im J. 1106 das Reich abdanken.

K. Friedrich I hat im J. 1154 den Palast wieder herstellen lassen. Im J. 1249 belagerte und eroberte der wider K. Friedrich II und seinen Sohn König Konrad IV erwählte Wilhelm, Graf von Holland, den Ort Ingelheim, und belehnte daselbst den Burggrafen von Nürnberg. K. Richard, dem in damaligen grosen Zwistigkeiten der Zugang verweigert worden, soll den Ort verbrannt haben. Nachgehends ist jedoch im J. 1337 ein Turnier von Fürsten, Grafen und Herren daselbst gehalten worden *l*).

K. Karl IV war wohl der lezte, der diesen alten Palast mit seiner Gegenwart beehret, als er im J. 1354 eine neue Kapelle in dessen Umfang bauen lies, und solche mit Chorherren aus dem Königlichen Stift zu Prag besezte. Zwei Jahre darnach verpfändete er dieses Ingelheim mit andern Reichsorten, und so kam es bald an die Pfalz, welcher die Schultheisen und Schöffen der Gemeinden zu Ober- und Nieder-Ingelheim, Winternheim und anderer zugehörigen Dörfer im J. 1376 den Eid der Treue abgeleget haben. Von dieser Zeit an sind dieselben der Stadt Oppenheim gleich gehalten, folglich im J. 1402 von K. Ruprecht seinem Sohn Ludwig aufs neue verschrieben worden.

Als nun Kurf. Friedrich I mit dem Erzbischoffe Adolph von Mainz in einen Krieg verwickelt wurde, rückten die Mainzer mit ihren Bundesgenossen von Veldenz und Leiningen vor Nieder-Ingelheim, und stürmten den sogenannten Saal, worin die Einwohner Sicherheit gesuchet hatten. Bei annäherndem Entsaz steckten sie den Ort in Brand, und zogen eil-

---

l) S. Rüxners Turnirbuch, und aus solchem *Burgermeistere Biblioth. Equest.* Tom. II, p. 186.

fertig davon m). Gleiches Ungemach hatten diese Oerter in der Baierischen Fehde, dem Bauern und dreisigjährigen Kriege auszustehen. Endlich wurden solche im J. 1689 durch die Franzosen abermals eingeäschert. So gieng jene Zierde des Altertums vollends zu Grunde, und blieb von dem Kaiserl. Palaste nichts als ein Theil des Mauerwerks übrig, welches durch eine genaue Abzeichnung der Nachwelt zum Andenken aufbehalten wird n).

Dieser ehemalige Palast wird noch wirklich der Saal genennet, und begreift einen grosen an der nordöstlichen Seite des Fleckens gelegenen Bezirk, der rundum mit einem Graben umgeben ist. In dem Vorhofe ist eine neue Wohnung für den Empfänger der Kloster- und Kirchengefälle erbauet. Vornen am Eingange des grosen Thors stehet noch ein Stuck der gegossenen alten Säulen, über welchem auf einer steinernen Platte folgende Schrift eingehauen ist: „Vor 800 Jahren ist dieser Saal des Kaysers Carlen, nach ihme Ludwig des milden Kaysers, Carlen Sohn, im J. 1044 aber Kayser Henrichs, und im J. 1360 Kaysers Carlen, Königs in Böhmen, Palast gewesen, und hat Kayser Carlen der grose neben anderen gegossenen Seylen diese Seyle aus Italien von Ravenna anhero in diesen Palast führen lassen, welche man bey Regierung Ferdinand des zweiten, und König in Hispanien Philipp des vierten, auch derer verordneter hochlöblicher Regierung in der untern Pfalz den 6 April anno 1628, als der Catholische Glauben wieder eingeführt worden ist, aufgerichtet."

Die übrigen Säulen soll Kurf. Philipps als ein Denkmal der alten Giesskunst nach Heidelberg haben

---
m) Kremers Geschichte Kurf. Friedrichs I. pag. 47 & 170.
n) In der oben bemerkten Akademischen Abhandlung des Herrn Schöpflins.

verbringen lassen, wovon alles in den verderblichen Kriegszeiten verlohren gegangen ist o).

Auf der westlichen Seite fließt die von Ober-Ingelheim herabkommende Selzbach vorbei, und treibt die sogenannte Neumühle, nimmt hernach die aus dem Saalgraben und einigen Brunnquellen ablaufende und gleichfalls eine Mahlmühle treibende Wäschbach auf, und ergießet sich oberhalb Freiweinheim in den Rhein. Die von Mainz nach Bingen führende Hauptstraße ziehet durch den Flecken, in welchem der Zoll erhoben wird.

Darin wurden voriges Jahr 242 Familien, 1122 Seelen, 2 Kirchen und Schulen, 203 bürgerliche und Gemeindshäuser gezählet. Die Gemarkung enthält 2562 Morgen Ackerfeld, 144 M. Wingert, 573 M. Wiesen, 300 M. Weide ꝛc.

In dem Flecken selbst sind zween adeliche Höfe, wovon der eine vormals den Edlen von Horneck gehöret hat, der aber endlich an einen sichern von Lorang gekommen ist. Der andere rührt von dem adelichen Geschlechte Harthausen her, und gehört jezo den Ulnerischen Erben.

Zur Ingelheimer Gemarkung wird auch der sogenannte Sporkenheimer Hof gerechnet, welcher 344 M. Ackerfeld nebst 189 M. Wiesen enthält. Es findet sich, daß der Mainzische Erzbischof Adelbert von der an einen Marggrafen Rudolph vermählten Gräfin Richarda und ihrem Sohne Udo praedium quoddam in *Spurkenheym* erkauft, und im J. 1128 seinem Domstift übergeben habe p). Der Hof liegt fünf Viertel Stunde von dem Flecken westwärts, nicht

---

o) Sebastian Münster, der im J. 1489 zu Nieder-Ingelheim gebohren worden, und im J. 1552 zu Basel gestorben ist, meldet in seiner Cosmographie, dritten Buches 178ten Kapitel, daß noch bei seiner Zeit 5 oder 6 Säulen in der Probstei gestanden, welche Kurf. Philipp nach Heidelberg habe verführen lassen.

p) *Gudenus* Cod. diplom. Tom. I, pag. 77.

weit vom Rhein, und gehöret dermalen dem gräflichen Geschlechte von Ingelheim, als ein Kurpfälzisches Lehen. Ferner besizen die Freiherren von Hartshausen den sogenannten Häuser-Hof, welcher eine Stunde weit entfernet ist, und über 200 M. Landes beträgt, worauf annoch das Gemäuer einer alten Kirche ersichtlich ist.

Die übrigen in der Gemarkung gelegenen Freigüter gehören der Kurfürstlichen Hofkammer, der geistlichen Verwaltung, den Freiherrn von Walbrunn, von Erthal, von Horneck, dem St. Stephansstift, dem Katholischen Pfarrer und Schulmeister ꝛc.

Beide Flecken, Ober- und Nieder-Ingelheim, haben zu Darweiler im Oberamt Stromberg einen gemeinschaftlichen grosen Wald, wie auch einen Heckenbusch von ungefähr 150 Morgen. Die übrigen am Rhein und auf den Inseln desselben liegende Waldbezirke werden bei dem Dorfe Freiweinheim angeführet werden.

Daß zu Nieder-Ingelheim in ältesten Zeiten eine Kirche gewesen, bezeugen viele Urkunden. K. Ludwig der Fromme bestätigte im J. 823 dem Bistum Wirzburg die von seines Grosvaters Bruder Karolomann empfangene Einkünfte, woselbst es unter andern heiset: Ecclesiam S. Remigii in Villa Engilonheim q). In dem Chor derselben liegt ein alter Grabstein, welchen K. Karl der Grose seiner Gemahlin Hildegard als ein Denkmal errichtet zu haben scheinet. Sie war also dem heil. Remigius geweihet, und der Pfarrsaz dem Domstift Wirzburg zuständig. Im J. 1270 aber verkauften Berthold von Starenberg, Dechant, Manegold von Nuwenburg, Probst des Haugsstiftes, Otto von Lobdeburg, Küster, und das ganze Domkapitel daselbst alle ihr Güter zu Nieder-Ingelheim, nämlich einen Hof, Aecker, Wingert

---

q) Eckard rer. Franc. Script. Tom. II, p. 882. 893 & 896.

und Zehnten samt dem anklebigen Patronatrecht dem Kollegiatstifte St. Stephan zu Mainz um 200 Mark guter Köllnischer Pfenninge, wozu auch der Bischof Berthold im folgenden Jahre seine Einwilligung gegeben r).

Gedachte Kirche fiel bei der Theilung in das Loos der Katholischen, die solche mit einem eigenen Pfarrer bestellet haben, der nunmehro zum Landkapitel Algesheim gehöret, und die Kirchen zu Freiweinheim und Wackernheim, wie auch die nächstgelegenen Höfe und Auen zugleich besorget. Die Reformirten haben die im Saal stehende alte Kirche nach der Theilung in Besiz genommen, und solche zu ihrem Gottesdienst eingerichtet, auch einen eigenen Prediger daran bestellt, der unter dem Inspektor der Klasse Oppenheim stehet, und ausser der Kirche zu Wackernheim kein Filial zu bedienen hat. Die Augsp. Conf. Verwandten sind nach Ober-Ingelheim eingepfarrt.

Unweit der Kath. Kirche befinden sich die Gebäude der Kurpfälzischen Mission, welche der General Anton Otto Freiherr von Cloß im J. 1737 für drei Priester und einen Bruder der ehmaligen Gesellschaft Jesu gestiftet hat. Dazu gehören über hundert Morgen Aecker, Wingert und Wiesen.

In dem Saale selbst hat vor der Reformation ein kleines Kloster gestanden. Kaiser Karl IV ließ nämlich darin eine Kapelle zur Ehre unsers Heilands und zum Gedächtnisse des heil. Wenzeslaus, Patronen von Böhmen, und des heil. Karls, Römischen Kaisers, mit Bewilligung des Erzbischoffes von Mainz errichten. Auch verordnete er in einer zu Anfange des Jahres 1354 ausgefertigten Stiftungsurkunde, daß vier Priester der regulirten Chorherren des heil. Augustins, gebohrene Böhmen, den

---

r) *Joannis* rer. Mog. Script. Tom. II, pag. 539. und in des Herrn *Würdtwein* Dioec. Mog. Tom. I, p. 156.

Gottesdienst darin halten, von dem Abte des Klosters ihres Ordens auf dem sogenannten Karlshof in der Neustadt Prag bestellet werden, und von diesem durchgehends abhängig seyn sollten s). Weswegen gedachter Abt den Titel eines immer währenden Visitators der Probstei der regulirten Lateranischen Chorherren am Rhein zu Unter-Ingelheim noch heutigen Tages führet. Diese Kaiserliche Stiftung dauerte bis auf Kurf. Friedrich III, welcher bekanntlich alle Stifter und Klöster der Pfalz aufgehoben hat Dieses Schicksal betraf die Probstei zu Nieder-Ingelheim im J. 1576 t), da zu Verwaltung der Gefälle ein besonderer Schaffner angeordnet wurde. Die geistliche Verwaltung lies hernach in dem alten Königlichen Saale eine Wohnung für die Empfänger aufbauen, und die von K. Karl IV errichtete Kapelle in einen Getraidspeicher verwandeln.

Den grosen Frucht- und kleinen Zehnten beziehet das Stift St. Stephan zu Mainz. Von dem Weinzehnten aber ist der Ort ganz frei. Vormals hatte das Kollegiatstift zum heil. Bartholomäus in Frankfurt auch den Neuntel von sichern Gütern zu Nieder-Ingelheim. Erzbischof Werner zu Mainz gab demselbigen im J. 1275 einen Schuzbrief wider die Beamten und ihre Diener, welche es in seinem Besize gestöhret hatten. Noch im J. 1341 war dieser Neuntel dem Deutschen Ordenshause in Mainz verpfachtet u). An wenn hernach diese Gefälle gekommen sind, davon findet sich keine Nachricht.

Der Flecken hat nicht nur sein eigenes burgerliches, sondern auch ein besonderes peinliches oder Zentgericht, und zwar lezteres mit Ober-Ingelheim

---

s) Datum in Nieder-Ingelnheim anno Domini MCCC quinquagesimo quarto, XIX. Kal. Febr.
t) *Burkh. Goth. Strurens* Bericht von der Kurpfälz. Kirchenhistorie, pag. 160.
u) *Wurdtwein* Subsid. diplom. Tom. II, pag. 427 sq.

gemeinschaftlich. Der Richtplatz befindet sich noch in Nieder-Ingelheimer Gemarkung. Von dem alten Rittergericht wird bei Ober-Ingelheim einiges angeführet werden. Das gemeine burgerliche Gericht ist mit einem Schultheise, vier Schöffen und einem Gerichtschreiber bestellt.

Das Wappen und Siegel von Nieder-Ingelheim bestehet in einem quer getheilten Herzschilde, in dessen untern Theil eine Mauer, im obern aber der halbe einfache Reichsadler vorgestellet wird.

2) **Ober-Ingelheim.** Ein schöner Marktflecken, nur eine halbe Stunde subwärts von Nieder-Ingelheim entlegen, mit dem es in Absicht auf die vormalige unmittelbare Abhängigkeit von dem Reiche und dessen Verpfändung an Kurpfalz einerlei Schicksale gehabt.

Durch den Flecken fliesset die von Groswinternheim kommende Selzbach und treibt 5 Mahlmühlen.

Man zählet über 300 Haushaltungen, und über 1500 Seelen; 3 Kirchen und 229 Häuser darin. In der Gemarkung aber 2220 Morgen Aecker, 305 M. Wingert, 326 M. Wiesen, 31 M. Gärten, nebst 360 M. Wald.

An dieser Waldung hat der Freiherr von Horneck 175 M., der Graf von Ingelheim 85 M., und der Freiherr von Walbrunn 115 Morgen.

Adeliche Höfe nebst den dazu gehörigen Feldgründen besizen die Grafen von Ingelheim, die Freiherren von Geismar, von Nagel, von Walbrunn, von Buseck, von Horneck, und die Dompräsenz zu Mainz. Ferner der Graf von Ingelheim einen nur eine viertel Stunde vom Orte gelegenen Hof, Westerhaus genannt, den er von Kurpfalz zu Lehen trägt.

Auf dem Rathhause wird ein groser Turniersattel gezeigt, wovon die gemeine Sage ist, daß sich dessen K. Karl der Grose bedient haben solle.

Von der alten Kirche zu Ober-Ingelheim und ihrer anfänglichen Erbauung findet sich nichts. Sie soll vorlängst dem Kloster Hersfeld samt dem Pfarrsaz verliehen gewesen seyn, bis der Abt Heinrich dieses Recht im J. 1296 dem Domkapitel zu Mainz übertragen hat *x*). In dieser Kirche befanden sich mehrere Altäre, und ausserhalb des Fleckens eine Kapelle zur Ehre des heil. Kreuzes. Die Ritter, Johann von Ingelheim und Heinrich Wolf von Spanheim, bewirkten, daß solche mit ihrer anklebenden Pfründe in die Pfarrkirche versezet worden. Der Erzbischof Adolph II zu Mainz bewilligte solches, und verordnete zugleich im J. 1469, daß in gedachter Pfarrkirche ein besonderer Altar zur Ehre des heil. Kreuzes errichtet, und der in jener Kapelle gestiftete Gottesdienst wie vorhin ordentlich gehalten werden solle *y*). Nicht weit von gedachter heil. Kreuzkapelle soll auch eine andere zur Ehre des heil. Justus gestanden haben, wovon noch das zerfallene alte Gemäuer sichtbar ist. Bei der Kirchentheilung ist die Hauptkirche in das Loos der Reformirten gefallen, die solche mit einem Prediger bestellet, und ihm das Filial Freiweinheim zugegeben haben. Die Katholischen haben im J. 1721 sich aus gesammelten Beiträgen auch eine Kirche erbauet, und zur Ehre der allerheiligsten Dreieinigkeit weihen lassen. Sie war anfänglich ein Filial der Pfarrei Nieder-Ingelheim, ist aber im J. 1765 zu einer Pfarrkirche erhoben, und mit einem eigenen Seelsorger versehen worden, der zum Algesheimer Landkapitel gehöret. Desgleichen besizen die Lutherischen eine aus milden Beiträgen erbaute Kirche mit einem eigenen Prediger, wel-

---

x) *Gudenus* Cod. diplom. Tom. II, pag. 739. wo es heißet, jus Patronatus Ecclesie inferioris Ingelheim. Bei Herrn *Hundtwein* in Dioeces. Mog. Tom. I, p. 162. heißet es, in Ingelheim superiori.

y) *Joannis* rer. Mog. Script. Tom I, pag. 785. & *Gudenus* Cod. diplom. Tom. IV, pag. 408.

chem nicht nur sämtliche Oerter des Ingelheimer Grundes, sondern auch die zum Oberamt Stromberg gehörigen Dörfer Nieder-Hilbersheim und Engelstadt anvertrauet sind.

Vor Alters waren auch zwei Weiberklöster, eines in dem Umfange des Orts, und das andere in der Gemarkung. Ersteres hies Engelthal, dessen in dem Testament Erzbischofs Peter von Mainz im J. 1319 gedacht wird z). Nach der Reformation soll auf das Gemäuer dieses Klosters eine herrschaftliche Wohnung erbauet, diese aber darauf in eine Mahlmühle verändert worden seyn, die eine Zeitlang zu Lehen gegeben, im J. 1665 aber samt den dazu gehörigen Aeckern und Wiesen eingezogen worden a). Das andere Kloster hies Ingelheimerhausen, und lag oben auf dem sogenannten Oppenheimer Berge, an den Gränzen der Elsheimer und Engelstatter Gemarkungen, weswegen es auch bisweilen zu einem oder dem andern dieser Dörfer gerechnet wird. Dessen geschiehet Meldung in einem Vergleich, welchen das St. Mauritiusstift zu Mainz und der Konvent zu Hausen, wegen eines Zehnten zu Elsheim ꝛc. im J. 1225 errichtet b). Es kommt auch in obangezogenem Erzbischöflichen Testament vor. Im J. 1367 verkauften Petrissa Meisterin, Greda Priorin und der ganze Konvent zu Ingelheimerhusen im Mainzer Bistum St. Augustins Ordens 400 Morg. des besten

---

z) *Gudenus* dict. Cod. diplom. Tom. III, pag. 163. Sieh auch *Wurdtwein* l. c. pag. 293. Sodann heiset es in Libello primariarum precum Ludov. IV Imp. in *Oefelii* Script. rer. Boic. Tom. I, p. 735 ad an. 1322. Item Abbatissae & Conventui in *Engeltal* Mog. Dioec. pro Chunigunde strenui viri Friderici de Carben filia, praebenda.

a) Acta Comprom. apud *Chlingensperg* pag. 109. wo es heiset: „1665 Freytag feudum haereditarium continet „Monasterium de *Ingelthale* in Oberingelheim situm cum „pertinentibus 94. jug. agrorum & 5 1/2 jug. pratorum.

b) *Gudenus* Tom. III. pag. 953.

Ackers, der um das Kloster und nächst des dazu gehörigen Waldes gelegen, samt 30 Malter ewiger Korngült Mainzer Masung und 12 Pfund Häller jährlicher Gült zu einer ewigen Messe in der St. Katharinenkirche des Spitals zu Vilzbach c). Dabei war eine Kapelle, die den heil. eilf tausend Jungfrauen geweihet gewesen, und scheint die nämliche zu seyn, die Hermann Ritter, genannt Keppechin von Samelnheim, im Jahr 1338 zu Husen gestiftet hat. Vermuthlich kam solche mit dem von den Ursulinerinnen zu Köln im J. 1454 an Kurf. Friedrich I verkauften Dorf Engelstatt an die Pfalz. Denn in den Jahren 1494, 1502 und 1507 übte Kurf. Philipps das Verleihungsrecht nicht nur der Pfründe auf dem Altare der eilf tausend Jungfrauen, sondern auch des St. Niklausaltars zu Engelsheimbusen aus d). Es sollen nebst diesen beiden noch zween andere Altäre darin gewesen seyn e).

Am grosen Frucht- und Weinzehnten beziehet die Kurfürstl. Hofkammer eines, und der Freiherr von Geismar zwei Drittel. Jenes Antheil geniesst der Reformirte Pfarrer.

Weil beide Flecken, Ober- und Nieder-Ingelheim, in einer vollkommenen Gemeinschaft mit einander stunden, hatten sie auch nur ein einziges Ritter- und Zentgericht. Von diesem ist bei Nieder-Ingelheim schon Erwähnung geschehen; zu jenem aber

---

c) *Würdtwein* Dioec. Mog. Tom. I, pag. 41. und *Gudenus* l. c. pag. 420.

d) Anno 1494 feria quinta post Joannis Chrisostomi praesent. est D. Bernardus Volz Domino praeposito Eccles. S. Marie in Campis &c. ad altare Undecim millium virginum in *Engelsemerhusen*. Anno 1507 per resignationem Sebast. Volz ad idem altare Petrus Winheim de Heidelberg, und anno 1495 ad altare S. Nicolai in Capella undecim millium virginum apud *Tlsheim* per obitum Johannis Hexamer vacans Johannes Braun.

e) *Würdtwein* l. c.

waren vormals besondere Reichsschultheisen bestellet, davon wir folgende hier anführen können.

1225 Herbordus Scultetus in Ingelheim, als Zeug in dem obbesagten Vergleich zwischen dem St. Morizstift zu Mainz und dem Kloster Hausen.

1350 Heinz zum Jungen uud Alten Schwaben, des Reichs-Schultheis zu Ober- und Nieder-Ingelheim.

1393 Philipps von Ingelheim Gemeiner zur Leyen, Ritterschultheis zu Ingelheim.

1407 Wernher Busser von Ingelheim, Schultheis zu Ober-Ingelheim *f*).

1467 Emmerich von Ingelstadt, Schultheis zu Ingelheim, in einem Entscheid des Kurf. Friedrichs I über dessen mit Burgermeister und Rath gehabten Irrungen *g*).

1497 Karl von Ingelheim, Schultheis zu Ober-Ingelheim *h*).

1553 Johann Flach von Schwarzenberg, Schultheis zu Nieder-Ingelheim, war bei dem gehaltenen ungebotten Dingtag.

1558 Michel Haberkorn von Zellingen, Schultheis zu Ober-Ingelheim, bei eben dergleichen Dingtage.

1580 Marsilius von Ingelheim, Oberschultheis zu Ingelheim *i*).

1653 Heinrich von Obentraut, Schultheis zu Ingelheim, vermög Kurfürst Karl Ludwigs Diener-Buches.

Dieses Rittergericht ist zu Ende des lezten Jahrhunderts aufgehoben, und desselben Gerichtbarkeit dem Oberamt Oppenheim unmittelbar übergeben wor-

---

f) Bei Humbracht in seiner höchsten Zierde Deutschlandes Tab. 43, 44 & 47.
g) Büttinghausen Beiträge zur Pfälzischen Geschichte, IV St. pag. 392.
h) Humbracht l. c.
i) Ibidem.

den. Jedoch bestehet noch der Rath des ganzen Ingelheimer Grundes, aus mehrern von sämtlichen Orten gewählten Beisitzern, welcher sich jährlich in Ober-Ingelheim auf dem Rathhause versammelt.

Das gemeine bürgerliche Gericht ist mit einem Ober- und Unterschultheise, vier Rathsschöffen, und einem Rathsschreiber bestellet. In seinem Wappen und Siegel führt Ober-Ingelheim auch den einfachen Reichsadler.

3) **Freiweinheim.** Ein mittelmäßiges Dorf am Rhein, eine Stunde von Nieder-Ingelheim, dessen Inwohner sich meistens mit dem Fischfange und der Schifferei ernähren. Oberhalb vereiniget sich die Selzbach mit dem Rheine. Dieses Weinheim wird für das Wigenheim gehalten, welches in Lorscher Urkunden vom J. 771 und 777 vorkommt k). Aber es ist wahrscheinlicher, daß das Dorf Weinheim bei Alzei *l*) darunter zu verstehen sey. Vielleicht ist das in einer Urkunde der Abtei Fulda vom J. 772 mit Dromersheim und Sulzanheim vorkommende Wibinheim *m*) hieher zu ziehen, wenn es nicht Gauweinheim im Oberamt Alzei seyn sollte. Das gegenwärtige wird insgemein Freyweinheim genennet, vermuthlich weil es mit den übrigen zum Kaiserlichen Palast in Ingelheim gehörig gewesenen Reichsdörfern gleiche Freiheiten zu geniesen gehabt hat.

Von dessen besondern Geschichte ist uns nichts bekannt, ausser des vormals daselbst gestandenen Krahnens, wovon das Grundgemäuer am Gestade des Rheins noch sichtbar ist. Das Recht diesen Krahnen für die Schiffahrt und den Handel auf dem Rheinstrohme zu unterhalten, scheinet von Wichtigkeit, zugleich aber auch den mit gleichem Rechte be-

---

k) Act. Acad. Palat. Tom. I, pag. 272.
l) Davon sieh oben S. 177.
m) *Schannat* Corp. Tradit. Fuld. num. XXXV.

gabten Städten Mainz und Bingen ein Dorn in den Augen gewesen zu seyn. Denn es wurde bereits unter Kurf. Friedrich I eine feierliche Kundschaft im J. 1454 errichtet, um dieses Recht zu beweisen. Die Rubric davon lautet, „Kundschaft über den Sta-
„ben des Rheins uf der Seite do Ingelheim liegt,
„durch Heissesheim, Wyhenheim, Sporken-
„heim und Gawelsheimer Gemarken. Daß der
„Staden des Rheins in ihre Gemarken und des
„Reichs Gericht gehe, von Heissersheimer Gemar-
„ken an den Staden des Rheins herab, bis an
„Wyhenheimer Gemark und durch dieselbe am Sta-
„den des Reichs herab bis an Sporkenheimer Ge-
„mark, und durch die Sporkenheimer Gemark den
„Staden des Rheins herab, bis an Gawelsheimer
„Gemark, und hinter Gawelsheim herab bis an den
„Graben obwendig Kembden ꝛc. daß auch niemand
„anders an denselben Staden und Werden, die
„darzu gehörig, bis an den Rhein zu gebieten, noch
„verbieten, dann ein Römischer Kaiser oder König,
„und der ihretwegen die Pflege Ingelnheim, und
„was darzu gehöret, in Handen habe, wie auch
„nichts bei den bemeldeten Bezirken gelegen, an-
„ders dan am Nieder-Ingelheimer Gericht uf ge-
„ben, auch niemand den andern, er hab denn einen
„Büttel von Nieder-Ingelheim, mit Recht us hal-
„ten könne ").

Dem ungeachtet ist dieser Krahnen in Folge der Zeit eingegangen, und obschon dessen Wiederherstellung mehrmale in Vorschlag gebracht worden, dennoch bis jezo nicht zu Stande gekommen. Es befindet sich also dermalen nichts als eine Ueberfahrt in das jenseitige Rheingau an dessen Stelle, welches die Gemeinde als ein Theil jenes Rechtes bis auf den heutigen Tag ausübet.

") Geben unter des Dorfes Nieder-Ingelheim Insigel *Samstag post trium Regum* anno 1454.

Die Bevölkerung beläuft sich auf 50 Familien, 220 Seelen. An Gebäuden sind 2 Kirchen, 2 Schulen, und 40 bürgerliche Häuser vorhanden. Die Gemarkung beträgt 489 Morgen Aecker, 3 M. Wingert, 146 M. Wiesen, und 14 M. Weide, und 32 M. Wald.

In dieser Gemarkung besitzet der Freiherr von Greiffenklau zu Volrats, das Benediktiner Kloster auf dem Jakobsberg in Mainz, und das Nonnenkloster Gottesthal im Rheingaue freie Güter.

Auch liegen 13 Auen oder Inseln theils in dem Rheine, theils auf dessen linken Ufer, welche über 400 Morgen Landes betragen o). Sie gehören fast alle Kurpfalz mit dem Ober-Eigenthume, der Forst- und Jagdgerechtigkeit. Es sind aber verschiedene Stücke davon zu Lehen gegeben. Ueber sämtliche darauf stehende Waldungen, wie auch über die übrigen zu Nieder- und Ober-Ingelheim, Wackernheim, und Sporkenheim, ist ein eigener Förster bestellet, der zu Freiweinheim wohnet.

Die alte Kirche des Orts ist dem heil. Michael geweihet, und bei der Theilung in das Loos der Katholischen als ein Filial der Pfarrei zu Nieder-Ingelnheim gefallen. Die Reformirten haben sich auch eine Kirche erbauet, die als ein Filial zur Pfarrei Ober-Ingelheim gehöret, wohin auch die Lutherischen eingepfarret sind. Den Zehnten in der Gemarkung beziehet der Kath. Pfarrer als einen Besoldungstheil.

4) **Wackernheim**, ein ansehnliches Dorf, eine Stunde von Nieder-Ingelheim ostwärts entlegen, kömmt schon in den ältesten Zeiten vor. Denn die Abtei Fulda erhielt bereits unter K. Pipin und K.

---

o) Eine dergleichen Insel trug Wernher von Boland von dem Erzstift Mainz zu Lehen. Im J. 1219 gab er solche auf, und Erzbischof Sifrid schenkte sie dem Kloster Eberbach. Gudenus Cod. diplom. Tom. I, pag. 460.

Karl verschiedene Schankungen zu Wackarenheim p). Der Ort gehörte von Anbeginn unter das Kaiserliche Gericht zu Ingelheim, und ward folglich auch jedesmal mit selbigem verpfändet.

In dem südöstlichen Theile der Gemarkung sammelt sich von verschiedenen Brunnquellen eine geringe Bach, die durch das Dorf lauft, in und ausserhalb desselben fünf Mahlmühlen treibet, und sich unterhalb des Kurmainzischen Dorfes Hedesheim in den Rhein ergiesset. Oberhalb ziehet die von Mainz nach Ingelheim und Bingen führende Landstrase vorbei.

Die Inwohner beliefen sich voriges Jahr auf 91 Familien, 365 Seelen; die Gebäude auf 2 Kirchen, 1 Schule, 75 burgerliche Häuser. Die Gemarkung enthält 1053 Morgen Aecker, 50 M. Wingert, eben soviel Wiesen, und 197 M. Wald. Zween freiadeliche Höfe gehören dem Freiherren von Jungenfeld.

Zu dieser Gemarkung wird auch ein auf der Ingelheimer Heide gelegener Wald von 215 Morgen gerechnet, woran die Freiherren von Harthausen mit 100 M., das Kloster Eberbach mit 73 M., die Herren von Jungenfeld mit 27 M., ferner die Freiherren von Erthal, Euler, Horneck, Walbrunn und von Buseck betheiliget sind.

An der Kirche zu Wackernheim erhielt die Abtei Fulda im J. 800 einen Theil q), woraus ihr Alter genugsam erhellet. In den Synodalregistern des XIV und XV Jahrhunderts werden der dazu gehörigen Pfründe und Einkünfte mit wenigem gedacht r). Diese Kirche kam in der Theilung an die Reformirten, die solche der Pfarrei Nieder-Ingelheim als ein Filial zugegeben haben. Die Katholischen haben eine aus Almosen erbaute Kapelle zur Ehre aller Heiligen,

die

---

p) *Schannat* Corp. Tradit. Fuld. num. 5, 8 sq. 24, 36, 42.
q) Ibid. l. c. num. 143.
r) *Wurdwein* Dioecel. Mog. Tom. I, pag. 155.

die ebenfalls ein Filial der Kirche zu Nieder-Ingelheim ist.

Am Frucht- und Weinzehnten beziehet der Domprobst zu Mainz die Hälfte, das Hospital zu Nieder-Ingelheim, und die Herren von Jungenfeld jedes ein Viertel, lezterer auch von dem sogenannten Linsenberg allein.

5) **Gros-Winternheim**, ein mittelmäßiger Marktflecken von 95 Häusern an der Selzbach, hat gegen Ost das Kurmainzische Dorf Finten, gegen Sud Sauerschwabenheim, und gegen Nord Ober-Ingelheim zu Nachbaren. In dem nicht weit davon entfernten Kurmainzischen Amte Ulm ist ein anderes Winternheim, welches zum Unterschied **Klein-Winternheim** genannt wird. Das unserige muß von den ältesten Zeiten her ein unmittelbares Reichsdorf gewesen seyn, und zum Königlichen Saale Ingelheim gehöret haben. Wenigstens wird dessen in der Urkunde K. Karl IV über die Verpfändung der Stadt Oppenheim mit andern Orten vom J. 1356 namentlich gedacht, und von dieser Zeit an kommt es auch stets mit beiden Ingelheim vor, mit welchen es an die Pfalz als eine Reichs-Pfandschaft gelanget ist.

Die Selzbach fließt auf der nördlichen Seite des Fleckens, treibt die dem Domkapitel zu Speier gehörige Selzenmühle, und lauft nach Ober-Ingelheim fort.

Die Gemarkung enthält 1458 Morgen Aecker, 142 M. Wingert, 61 M. Wiesen ꝛc.

Freie Güter haben das Domkapitel zu Speier, die Freiherren von Erthal, Euler, Walbrunn ꝛc. und die geistliche Verwaltung. Gedachtem Domkapitel zu Speier gehöret der sogenannte Bockstein von ungefähr 6 Morgen Landes, welcher darum merkwürdig ist, weil der darauf wachsende Wein dem besten Rheingauer gleich gehalten wird.

Nebst der Pfarrkirche, darin zween Altäre gestanden, deren einen der Abt zu St. Maximin zu verleihen gehabt, waren auch zwo Kapellen, eine zum heil. Kreuz, und die andere zum heil. Michael daselbst s). Die Kirche ist St. Johann dem Evangelisten geweihet, und bei der Theilung den Katholischen zugefallen. Sie wird von einem Benediktiner aus der Probstei Sauerschwabenheim versehen, der als Pfarrer unter dem Landkapitel Gau-Algesheim stehet, und die Kapellen zu Bubenheim, Stadecken und Esenheim zugleich bedienet. Die Reformirten haben auch eine eigene Kirche mit einem Prediger, der unter die Inspektion Oppenheim gehöret.

Der Zehnten in der Gemarkung gehörte ursprünglich der Abtei St. Maximin, dermalen aber beziehet ihre Probstei zu Sauerschwabenheim davon nur ein Viertel; das zweite trägt der Kurpfälzische geheime Staatsrath von Cunzmann zu Lehen; das dritte ist dem Kath. Pfarrer angewiesen, und das übrige der Gemeinde gegen gewisse Obliegenheiten überlassen worden.

Das Gericht sowohl zu Groswinternheim als zu Sauerschwabenheim hatte vormals adeliche Reichsschultheisen. Im J. 1459 überlies Dieter Knebel von Kazenelnbogen sein Burglehen zu Bacharach dem Pfalzgrafen Friedrich I gegen Einraumung des Schultheisenamts zu Winternheim. Dieses Amt besasen hernach im J. 1508 Georg Flach von Schwarzenburg; 1512 Philipp Flach von Schwarzenburg; 1541 Hilgart von Obentraut; 1574 Dieterich Knebel von Kazenelnbogen; 1653 Heinrich von Obentraut t).

6) **Sauer-Schwabenheim**, ein grofes Dorf an der Sezlbach, nahe bei dem vorigen sudwärts gele-

---

s) *Würdtwein* Dioeces. Mog. Comment. III, pag. 163 & 293.
t) Alle diese sind aus den Dienerbüchern der Kurfürsten Ludwigs V, Friedrichs III, und Karl Ludwigs gezogen.

gen. In den Lorscher Urkunden kommt ein Suaboheim im Wormsgau unter K. Karl dem Grosen und Ludwig I vor *). Ob es aber dieses, oder das an der Appel gelegene Dorf Pfaffen-Schwabenheim sey, kann nicht wohl entschieden werden. Jedoch ist es gewis, daß die Abtei St. Maximin schon im X Jahrhundert Güter daselbst besessen habe. K. Otto I nennet den Ort im J. 962 Suauaheim x), und K. Heinrich II im J. 1033 Suabheim y). Als nachgehends besagte Abtei ihrer Güter dahier beraubet worden, so ließ K. Heinrich IV selbiger den Hof zu Suabheim im J. 1101, und K. Heinrich V samt dem Hof auch die Kirche zu Suaveheim im J. 1125 wieder einraumen, welches der Pabst Innozenz II im J. 1140 bestättiget hat z).

In einem Verzeichnisse der Lehen, die der Rheingraf Wolfram im XII Jahrhundert getragen, wird schon eines sichern Hebons zu Sursuabeheim gedacht a). Erzbischof Sigfrid von Mainz erklärte im J. 1217, daß der Abt zu St. Maximin die Pfarrei zu Suapheim zwar jederzeit mit einem Seelsorger bestellen könne, jedoch selbiger auch stets in dem Orte zu wohnen verbunden seyn solle b).

Im J. 1272 verkaufte der Abt Heinrich die Vogtei zu Sauerschwabenheim und Bubenheim an Rheingrafen Sifrid um sechszig Mark Köllnischer Pfenninge; aber sein Nachfolger, Theodrich von Brunshorn, löste den Hof, Zehnten und übrige Güter um

---

*) Codex diplom. Lauresh. Tom. II, num. 1390, 1919 & 20.
x) Hontheim hist. Trevir. Tom. I, pag. 293.
y) Act. Acad. Palat. Tom. III, pag. 104 sq.
z) Hontheim l. c. pag. 475, 513 &c.
a) Beurkundeter Inhalt der Fürstl. Salm. Revis. Libellen Urk. num. 18.
b) Gudenus Cod. diplom. Tom. III, pag. 1803.

40 Mark Pfenning im J. 1310 wieder ein c). Sauerschwabenheim selbst war jedoch jederzeit ein unmittelbares Reichsdorf und hatte mit beiden Ingelheim ein genaue Verbindung. Nachdem es mit der Stadt Oppenheim und dem ganzen Ingelheimer Grunde pfandweis an Kurpfalz gekommen war, errichtete Kurfürst Ludwig III mit Schultheisen und Gemeinde zu Schwabenheim im J. 1413 einen Vertrag, nach welchem leztere für den Schirm jährlich zwanzig Gulden zu geben, nach dem Aufgeboth zu reisen, und die Huldigung zu leisten schuldig, Kurpfalz aber den Schultheis zu sezen und zu entsezen befugt seyn sollte.

Kurf. Ludwig V entschied im J. 1533 zwischen Hilgart von Obentraut, Oberschultheisen, dem Gericht und der Gemeinde, daß künftighin der Amtmann zu Oppenheim, und der Oberschultheise des Ortes einen Unterschultheis aus dem Rathgericht oder der Gemeinde sezen sollten.

Oftgenannte Selzbach fließt neben dem Dorfe vorbei. Etwa eine viertel Stunde davon entspringt ein anderes Bächlein, der Mehlborn genannt, welches in dem Dorfe zwo, und ausserhalb desselben auch zwo geringe Mühlen treibet, ehe es in gedachte Selzbach fällt.

Mitten im Dorfe stehet ein altes viereckiges Gebäu, welches mit einem Thurn versehen ist. Man sagt, daß die Unterthanen in den Kriegszeiten sich mit ihren Habseligkeiten dahin geflüchtet haben sollen. Was es aber eigentlich gewesen sey, findet sich nicht.

Voriges Jahr fanden sich 157 Familien, 716 Seelen, 2 Kirchen und 129 burgerliche Häuser dahier. In der Gemarkung 2084 Morgen Aecker, 160 M.

---

c) *Hontheim* Prodr. hist. Trevir. Tom. I, p. 1022 & 24. Herr Kremer in seiner Geschichte des Wild- und Rheingräfl. Hauses §. XXII meldet, daß Rheingr. Sifrid im J. 1298 auf alle Güter Verzicht gethan.

Oppenheim.

Wingert, 65 M. Wiesen, 12 M. Gärten und 15 M. Wald.

Freigüter besitzen die Probstei des Klosters St. Maximin, die Kurfürstl. Hofkammer, geistliche Verwaltung, das Kloster Eberbach, die Stifter Altmünster und St. Stephan in Mainz, die Freiherren von Erthal und von Geismar, und der Pfarrer.

Das Alter der Pfarrkirche, und dessen der Abtei St. Maximin zuständigen Patronatrechtes beweisen die oben angezogenen Urkunden K. Heinrichs V vom J. 1125, und des Erzbischoffes Sifrid vom J. 1217. Der Abt Lambert von Sassenhausen überlies solche mit Bewilligung des Erzbischoffs Theoderich im J. 1437 seinem Kapitel d). Dieses, und der Besitz mehrerer Güter mag das Kloster veranlasset haben, eine Probstei für einige Priester daselbst zu errichten e). Durch die Reformation wurden die Mönche vertrieben, und die Pfarrei mit einem Protestant. Prediger bestellet. Die Probstei war von dem Orte abgesondert, und vormals ein Weiler von 36 Häusern dabei. Sie hies gemeiniglich Pfaffenhofen, und ward in dem dreißigjährigen Kriege verheeret, die Gefälle aber zur geistlichen Verwaltung eingezogen. Kurf. Johann Wilhelm aber lies nach Ableben des Reformirten Predigers die Pfarrei samt dazu gehörigen Gütern und Einkünften im J. 1698 der Abtei St. Maximin wieder einraumen f). Bei der Kirchentheilung wurde die zur Probstei gehörige Kirche zu St. Bartholomäus den Katholischen, die andere

---

d) *Joannis* rer. Mog. Script. Tom. I, pag. 750. & in Prodr. hist. Trev. p. 1027.

e) *Oliver. Legiponi.* in Monast. Mog. p. 69 irret, da er diese Probstei vormals ein Benediktiner Nonnenkloster gewesen zu seyn glaubet; denn solches ist von Pfaffenschwabenheim zu verstehen.

f) Der Befehl ist geben zu Düsseldorf den 3 Junt 1698. Vid. *Struvii* Pfälzische Kirchenhistorie p. 805.

im Orte aber den Reformirten angewiesen. Zu jener sind die Dörfer Elsheim und Engelstadt im Oberamt Stromberg mit dem Windhäuser Hof eingepfarret. Der zeitliche Probst ist eigentlich der Pfarrer, hat aber zween andere Ordensgeistliche neben sich, wovon der eine diese, und der andere die Pfarrei Groswinternheim versiehet. Die Reformirte ist ebenfalls mit einem besondern Prediger bestellt, der das Filial Elsheim mit versiehet.

Den grosen Zehnten beziehet die Probstei, den kleinen aber die Gemeinde.

7) **Elsheim.** Ein mittelmäsiges Dorf an der Selzbach oberhalb des vorhergehenden gegen Stadecken zu gelegen, wird in einer Urkunde der Abtei Fulda vom J. 790 Elisanheim, auch Elsinheim genannt g). In folgenden Zeiten aber heiset es oft Egellesheim und Egelsheim. Der Ort ist mit den übrigen zu Ende des XIV Jahrhunderts als eine Reichspfandschaft an Kurpfalz gekommen.

Die Selzbach fließt ebenfalls auf der westlichen Seite vorbei, und nimmt ein durch das Dorf rinnendes Bächlein auf. Jene betreibt eine, lezteres drei Mahlmühlen. Durch den Ort ziehet die von Mainz nach Kreuznach führende Landstrase, und wird darin der Zoll erhoben.

Auf jener Strase stehet ein viereckiger Thurm, worauf der einfache Reichsadler, nebst einer nicht lesbaren alten Schrift eingehauen seyn solle. Man erzählet hievon, daß die heil. Ursula mit ihren eilf tausend Gefährtinnen ihren Weg durch diesen Thurnbogen genommen, und in dem an der Engelstadter Gemarkung damals gelegenen Kloster Rasttag gehalten habe, weshalben solcher noch heutigen Tages eilf tausend Jungfrauen-Pforte genennet wird.

Das Dorf begreift 102 Familien, 418 Seelen;

---

g) *Schannat* Corp. Tradit. Fuld. num. 91.

2 Kirchen, 85 burgerliche Häuſer. Die Gemarkung 1081 Morgen Aecker, 122 M. Wingert, 41 M. Wieſen, und 14 M. Wald.

Zu dieſer Gemarkung wird auch der den Freiherren von Greiffenklau zuſtändige Windhäuſer Hof, ſodann die eben dieſem Geſchlechte, den Freiherren von Hundheim, von Hohenhauſen ꝛc. der Kurfürſtl. Hoflammer und dem Reformirten Pfarrer gehörigen Freigüter gezählet.

Von der alten Kirche zu Elsheim findet ſich keine Nachricht, wohl aber von der dabei geſtandenen Kapelle. Im J. 1184 hat Hermann Probſt des St. Morizſtiftes in Mainz das ihm zuſtändige Patronatrecht der geſtifteten Kapelle zu Egelsheim ſeinem Kapitel übertragen h). Bei Ober-Ingelheim iſt bereits von einer Kapelle zu Huſen Erwähnung geſchehen. Es iſt zweifelhaft, ob die davon beigebrachte Nachrichten zu dem ehmaligen Klöſterlein Ingelheimerhuſen oder vielmehr zu gegenwärtigem Dorfe gehörig ſeyen. Denn die Beſtättigungsurkunde des Erzbiſchofs Gerlach über die Stiftung dieſer Kapelle vom J. 1357 nennet darin ausdrücklich Huſen nächſt der Pfarrkirche in Egilsheim. Vielleicht iſt es der nunmehrige Windhäuſer Hof, und ſolcher mit einem Theile des Zehnten an das adeliche Geſchlecht von Greiffenklau gekommen. Die Pfarrkirche war der heil. Walburgis geweihet, und fiel bei der Kirchentheilung in das Loos der Reformirten, iſt aber nur ein Filial der Pfarrei Sauerſchwabenheim. Um das J. 1750 bauten die Katholiſchen aus geſammelten Almoſen auch eine neue Kirche, und ließen ſolche zur Ehre der vormaligen Patronin einweihen. Sie gehöret ebenfalls unter die Pfarrei Sauerſchwabenheim, wird aber durch einen Franziskaner aus Mainz beſorget.

---

h) *Joannis rec. Mog. Script.* Tom. II, pag. 706. *Gudenus* Cod. diplom. Tom. III, pag. 950.

Am Zehnten von Wein und Früchten beziehet die Kurfürstl. Hofkammer den zwölften Theil, vom übrigen aber das St. Morizstift zwei Drittel, und der Freiherr von Greiffenklau ein Drittel i). Der kleine Zehnten ist dem Reformirten Pfarrer angewiesen.

Das Dorfgericht bestehet aus einem Schultheise und vier Schöffen; gehöret übrigens zum gemeinschaftlichen Rath des Ingelheimer Grundes, und führet in seinem Siegel die heilige Walburgis stehend, neben ihr die Buchstaben S. W. und unten zu Füsen der doppelte Reichsadler.

8) **Bubenheim.** Ein grosses Dorf von 91 Häusern, auf dem linken Ufer der Selzbach, gränzet gegen Ost an Sauerschwabenheim, gegen Süd an Niederhilbersheim, das zum Oberamt Stromberg gehörig ist, gegen West an das Fürstlich-Nassauische Dorf Jugenheim, und gegen Nord an Groswinternheim. Ein Dorf dieses Namens im Wormsgau kömmt zwar schon unter König Pipin in den Urkunden des Klosters Lorsch vor. Ob aber das gegenwärtige, oder das im Unteramt Freinsheim an der Primm gelegene kleinere Dorf Bubenheim k) gemeinet sey, läßt sich nicht wohl entscheiden.

Mit der Gerichtbarkeit scheint es jederzeit zu Groswinternheim gerechnet, und unter den Zugehörungen, welche bei den jeweiligen Verpfändungen der beiden Ingelheim nur überhaupt genennet werden, begriffen, folglich auch ein Reichsdorf gewesen zu seyn. Wenigstens findet sich nicht die geringste Spur, daß es jemals ein anderer Besizer gehabt habe.

---

i) Hievon gibt *Gudenus* Cod. diplom. Tom. III, pag. 934. folgende Nachricht: 1558 Wilhelmus Ebersheim dictus Carpentarius in feudum contulit partem tertiam decimae Elsheimensis Theoderico de Greiffenclau.
k) Davon sieh oben S. 239.

Die Selzbach treibt daselbst eine Mahlmühle. Die Gemarkung enthält 883 Morgen Aecker, 77 M. Wingert, und 74 M. Wiesen.

Freigüter besizen das Domkapitel zu Speier, die Freiherren von Walbrunn und von Greiffenklau.

Die Kirche und das Patronatrecht darüber gehörte anfänglich dem Probste des St. Stephanstifts in Mainz. Probst Heinrich von Bolanden übergab aber solches im J. 1283 an den Dechant und Kapitel des Stifts ab *l*), und diese haben auch einige Güter von den Söhnen Konrads von Schonenburg, die sie von Philipp von Gudenberg im Dorfe Bubenheim zu Lehen getragen, im J. 1298 käuflich an sich gebracht *m*) In der Theilung ist die Kirche den Reformirten heimgefallen, und dem Pfarrer zu Groswinternheim übertragen worden. Die Katholischen haben eine besondere Kapelle zur Ehre des heil. Remigius errichtet, welche auch nur als ein Filial zur Pfarrei Groswinternheim gehöret.

Den grosen Frucht- und Weinzehnten beziehet besagtes Kollegiatstift zu St. Stephan; von einigen Bezirken aber hat der Reformirte Schulmeister den Glockenzehnten.

9) **Darweiler.** Ein Dorf von etwa 50 Häusern, an der sogenannten Guldenbach zwischen dem Rhein oder dem Kurmainzischen Oberheimbach und der Stadt Stromberg; woraus erhellet, daß dieser Ort mit den übrigen des Oberamts in seiner Lage nicht den mindesten Zusammenhang habe, sondern gänzlich davon abgesondert liege. Es scheinet, daß er vormals nur ein Hof gewesen, in Folge der Zeit aber durch mehrere Holzhacker in dem alda befindlichen grosen Gewälde zu einer förmlichen Dorfgemeinde

---

l) *Würdtwein* Dioeces. Mogunt. Tom. I, pag. 293 & sq.
m) *Gudenus* Cod. diplom. Tom. II, pag. 469.

erwachsen seyn. Der Hof gehörte dem Cisterzerkloster Otterburg bei Lautern, welches denselben im J. 1441 an Pfalzgrafen Kurf. Ludwig IV verkaufet hat *). Weil damals die nächst gelegene Aemter Simmern und Stromberg von der Kurlinie abgesondert gewesen, mag dieses Anlaß gegeben haben, diese neue Erwerbung dem Oberamt Oppenheim einzuverleiben.

Die von Rheinbellheim kommende Guldenbach lauft etwa 400 Schritte vom Dorfe vorbei, treibt sechs Mahlmühlen, und fließt sodann weiter nach Stromberg fort.

Die Gemarkung enthält 200 Morgen Ackerfeld, 173 M. Wiesen, 6 M. Gärten, und 46 M. Wald.

Oben schon bemerkten von dem Kloster Otterburg erkauften Hof hat die Kurfürstl. Hofkammer erbbeständlich verliehen.

In der Nähe besitzen beide Gemeinden Ober- und Nieder-Ingelheim ungefähr 4000 Morgen Wald, die Kurfürstl. Hofkammer wegen des Otterberger Hofes 150, die Mariothischen Erben 200, die Herrschaft Reipolzkirchen 45, das Hospital zu Rheindiebach 30 Morgen. Ein Theil auf dem sogenannten Kanteriche stehet unter der Hute des Försters zu Rheinbellheim im Oberamt Simmern, das übrige aber gehöret zum Stromberger Forst.

In eben diesem Walde befinden sich drei Eisenbergwerke, wozu ein Schmelz- und ein Hammerwerk an der Guldenbach angelegt ist; ferner eine Kohlbrennerei und ein geringes Jägerhaus.

Die Pfarrkirche soll von den Gemeinden Ober- und Nieder-Ingelheim ursprünglich, und noch im J. 1756 neu erbauet worden seyn. In der Theilung fiel solche in das Loos der Katholischen, die solche

---

*) In den Act. Comprom. bei *Chlingensperg* pag. 120. heiset es: Sub Ludov. IV. 1254 Abbas Otterburgensis ipsi vendit domum in Dachsweyler. *Tolner* in addic. ad hist. Palat. p. 71 setzt dafür das Jahr 1454. Beides ist falsch.

dem Pfarrer zu Stromberg übertragen haben, woselbst auch die Reformirten eingepfarret sind. Den Zehnten beziehet der Kath. Pfarrer.

Kellerei Stadecken.

1) Stadecken war sonst nur eine Burg, und dabei lag ein Dorf Hedensheim genannt, welches älter als jene gewesen. Unter lezterm Namen befinden sich mehrere Dörfer in dieser Gegend, nämlich das Gräflich-Leiningische Dorf Heidesheim bei Grünstatt, das Kurmainzische Hedesheim am Rhein unterhalb Nieder-Ingelheim, so vor Alters auch Heisinsheim genannt worden, und das an der Guldenbach im Oberamt Stromberg, welche alle von gegenwärtigem Hedensheim zu unterscheiden sind. Dieses aber ist frühzeitig eingegangen, und hat seinen Namen mit jenem der Burg Stadecken verwechselt. Eine Urkunde vom J. 1325, wonach das Kollegiatstift zu U. L. F. zu Mainz in den Besiz der Pfarrei Odenheim gesezt worden, gibt davon einen deutlichen Beweis, indem Stadecken und Hedensheim für ein Dorf genommen werden o).

Diese Burg war zwischen einigen gräflichen Geschlechtern gemein. Eberhard I Graf von Kazeneln-bogen soll seinen Theil daran im J. 1292 dem Herzoge Johann zu Brabant gegen 200 Pfund Pfenninge zu Lehen aufgetragen haben. K. Albert I bewilligte ihm im J. 1301 für seinen Flecken Stadecken und alle Inwohner daselbst die nämlichen Freiheiten, welche der Stadt und Burgerschaft zu Oppenheim

---

o) *Würdtwein* Dioeces. Mogunt. &c. Tom. I, pag. 204 Sleb Occasione Commutationis factae juris Patronatus parochialium Ecclesiarum Villarum in *Stadecken* sive *Hedensheim* ac in *Engelstad* & in *Uckenheim* &c.

verliehen worden p). Doch findet sich nicht, daß dieser Ort jemals eine Stadt genannt worden. Im J. 1310 trugen Sifrid und Emich von Löwenstein einige zu ihrer Burg Randeck gehörigen Güter gedachtem Grafen von Kazenelnbogen als ein Stadeckisches Burglehen auf, und Graf Eberhard III gestattete im J. 1325 dem Erzbischof Balduin zu Trier das Defnungsrecht in seinem vierten Theile an besagter Burg. Graf Johann I empfieng im J. 1343 seine Hälfte gegen 200 Mark Turnosen, die mit 2000 Mark abzulösen waren, von H. Johann III in Brabant zu Lehen. Hingegen verpfändeten Jehann I und Eberhard III Grafen von Kazenelnbogen diese Hälfte im J. 1349 an Walram Grafen von Spanheim um 3000 Pfund Häller. Die Söhne des erstern und ihre Nachkommen blieben solang im Besize, bis der lezte des Geschlechts, Graf Philipp der ältere, die von seinem Sohne hinterlassene einzige Tochter Otilia im J. 1468 an Marggrafen Christoph von Baden verehelicht, und ihm den Theil an Stadecken zur Aussteuer abgetretten hat q).

Einen andern Theil davon besasen die Grafen von Leiningen, den die Herren von Hohenfels von ihnen zu Lehen trugen. Als dieses erlediget ward, belehnte Graf Friedrich der ältere von Leiningen im J. 1313 seinen Eidam, Georg Grafen von Veldenz, und seinen jüngern Sohn Jofrid, Grafen von Leiningen damit r).

Wiewohl die Grafen von Spanheim ihren Theil nur pfandweis ingehabt, so blieben sie doch lange Zeit in dem Mitbesize dieser Burg, bis Pfalzgraf Ruprecht solchen im J. 1386 dem Grafen Simon

---

p) Datum Spirae anno Domini millesimo trecentesimo primo, indictione XV. XVI Kal. Jan.

q) Von allem diesem findet man in Wenks Hessischen Landesgeschichte pag. 358, 368, 396, 455, und im Urkundenbuche pag. 71 &c. den Beweis.

r) Conf. Croll. Orig. Bipont. Part. II, pag. 133 not. f.

von Spanheim abgewonnen, und dieser der Pfalz das Oefnungsrecht gestatten muste *s*). Von dem nachherigen Schicksale dieser Burg findet sich ausser dem, was von dem Kazenelnbogischen Antheil schon bemerket worden, nichts vollständiges. Endlich hatten solche die Quaden von Landskron, von welchen sie Pfalzgraf Wolfgang im J. 1563 erworben und dem Herzogtum Zweibrücken einverleibet hat *t*). Dieses blieb sodann in dessen alleinigen Besize, bis gelegenheitlich des auf Erlöschung der Kleeburgischen Linie entstandenen Erbfolgstreites und darüber zu Stande gekommenen gütlichen Vergleiches im J. 1733 die Kellerei Stadecken samt dem Dorfe Esenheim auf ewig an die Kur abgetretten worden ist. Diese hatte vorher das Wilfangsrecht in beiden Orten hergebracht, weswegen sie im J. 1494 unter die sogenannten Ausdörfer gezählet worden sind *u*).

Auf solche Art ward Stadecken und Esenheim, als ein Kurfürstliches Eigenthum mit der hohen Gerichtbarkeit dem Oberamt Oppenheim einverleibt, wobei es auch bisher verblieben ist.

Auf der südlichen Seite des Dorfes fließt die Selzbach vorbei, und treibt eine der Kurfürstl. Hofkammer gehörige Mahlmühle.

Voriges Jahr zählte man 134 Haushaltungen in 116 Häusern; in der Gemarkung aber 1564 Morgen Aecker, 189 M. Wingert, und 265 M. Wiesen. Darin besizen freie Güter die adelichen Geschlechter von Hohenhausen, Hazthausen, Walbrunn und von Forster, sodann das Kollegiatstift St. Moriz in Mainz.

Die alte Pfarrkirche war dem heil. Petrus ge-

---

s) Man vergleiche damit was bei der Stadt Ladenburg Tom. I, pag. 454 angeführt worden.
t) Bachmann im Pfalzzweibrükischen Staats-Recht §. 19, p. 23.
u) Vid. Justitia Causae Palat. Libr. I, Cap. V, pag. 81.

weihet, und lag ausserhalb des Ortes auf einer Anhöhe. Das Patronatrecht gehörte samt dem Zehnten und andern Rechten dem Kapitel des Kollegiatstiftes St. Andreas in Köln, das mit Bewilligung des Köllnischen Erzbischofs Heinrichs im Jahr 1323 dieses Recht, gegen einige andere ihm näher gelegene Güter an das Kollegiatstift zu U. L. F. in Mainz x) vertauschet hat. Nachher gerieth diese Kirche gänzlich in Verfall, und dafür wurde eine andere in dem Dorfe erbauet. Nach dem Uebergabs-Vertrage stehen die Reformirten und Lutherischen im gemeinschaftlichen Besitze dieser Kirche. Erstere haben einen eigenen Prediger, der unter die Inspektion der Klasse Oppenheim gehöret, und die Kirche des ritterschaftlichen Dorfes Nieder-Saulnheim zugleich bedienet. Leztere aber lassen ihren Gottesdienst durch den Prediger zu Ober-Ingelheim versehen. Die Katholischen bedienen sich der in dem herrschaftlichen Schlosse befindlichen, dem heil. Michael geweihten Kapelle, und sind Filialisten der Pfarrei Groswinternheim.

Den grosen und kleinen Zehnten beziehet die Kurfürstl. Hofkammer, und der Kurfürstl. Keller wohnt in obgedachtem Schlosse.

2) Esenheim. Ein grofes Dorf an der Selzbach zwischen vorigem Stadecken und dem Kurmainzischen Ort Ober-Ulm, kommt in alten Urkunden unter verschiedenen Namen vor. In K. Heinrichs II Urkunde über die viele Besitzungen der Abtei St. Maximin bei Trier vom J. 1023 heiset solcher Hestnesheim y), und in einer Bulle des Pabstes Innozenz II für besagte Abtei vom J. 1140 Esenheim z). Das Kloster Eberbach im Rheingau kaufte im J. 1213 von

---

x) *Würdtwein* Dioecef. Mogunt. &c. Tom. I, pag. 169.
y) Act. Acad. Palat. Tom. III, pag. 105.
z) *Hontheim* histor. Trevir. Tom. I, pag. 544.

Gerhard Grafen von Rineck verschiedene Güter zu Ingelheim und Isenheim a). Die Abtei Tholen schenkte im J. 1288 dem Domkapitel zu Mainz die Kirche zu Isenheim, und K. Adolph bestättigte im J. 1293 gedachtem Domstift die Pfarrei zu Esenheim b).

Die Vogtei mit anklebenden Rechten und Gütern hatten die Herren von Bolanden als ein Mainzisches Erblehen. Werner V von Bolanden sezte es seinem jüngsten Sohn Philipps zum Erbtheil aus, weswegen derselbe sich den Zunamen von Bolanden zu Esenheim beilegte c). Desselben Wittib Lutgard, gebohrne von Isenburg, befreiete im J. 1279 die dortige Kirche von allen ihr wegen der Vogtei schuldig gewesenen Abgaben und Dienstbarkeiten d).

Da sämtliche Güter des genannten Philipps von Bolanden auf seine älteste mit Heinrich Grafen von Spanheim vermählte Tochter Kunegund gefallen, belehnten diese Eheleute mit Einwilligung des Grafen Johann von Spanheim und Grafen Albrechts von Lewenstein, den Emmerich von Schornsheim und Johann genannt Schlüssel im J. 1289 mit der Vogtei des Dorfes Esenheim, als mit einem ewigen Lehen e). Wie Esenheim hernach an die Grafen von Veldenz gekommen, ist nicht bekannt f), es müßte denn solches durch die an Grafen Heinrich II zu Veldenz vermählte Agnes, des Grafen Simon II von Spanheim Tochter, zugebracht worden seyn, da in der

---

a) *Gudenus* Cod. diplom. Tom. I, pag. 423.
b) *Wurdtwein* Dioeces. Mogunt. Tom. I, Comment. II, pag. 190.
c) Grüner diplom. Beiträge, I Stück, pag. 82.
d) *Joannis* rer. Mog. Script. Tom. II, pag. 660.
e) Kremers diplom. Beiträge ic. pag. 185.
f) In des Herrn Professor Crollius Vorlesung vom ersten Geschlecht der Grafen von Veldenz in Act. Acad. Palat. Tom. II, pag. 245 wird bemerket, daß die Grafen dieses Dorf längst von dem Erzstift Mainz zu Lehen getragen.

Theilung vom J. 1387 zwischen ihren beiden Söhnen, Grafen Heinrich III und Friedrich II von Veldenz, die Vogtei, Gericht und Renten zu Esenheim, dem leztern schon ausgeschieden worden *g*). Mit der Grafschaft Veldenz kam also dieses Dorf durch die Erbtochter derselben an Pfalzgraf Stephan, und durch dessen im J. 1444 errichtete Erbordnung an seinen Sohn Herzog Ludwig den Schwarzen zu Zweibrücken. Noch Herzog Friedrich Ludwig empfieng im J. 1668 die Kurmainzische Belehnung darüber *h*). Inzwischen hatte Kurpfalz ebenfalls das Wildfangsrecht darin hergebracht. Das Haus Pfalzzweibrücken blieb aber solang in dem Besize der Vogtei und Zugehörungen, bis solche im J. 1733 mit der Kellerei Stadecken an die Kur auf ewig abgetretten worden.

Die Selzbach fließt westwärts durch die Gemarkung, und treibt eine Mahlmühle. Oberhalb des Dorfes gehet die von Mainz nach Kreuznach führende Landstrase vorbei. Vor Zeiten hatte dieser Ort sein besonderes Blutgericht, wovon die Richtstätte noch vorhanden ist.

Voriges Jahr wurden 181 Familien, 754 Seelen, 133 Häuser dahier gezählet. Die Gemarkung begreift 1805 Morgen Aecker, 160 M. Wingert, 76 M. Wiesen, und 200 M. Weid. Freigüter haben das Domkapitel, und das St. Agnesenkloster in Mainz, samt der Abtei Eberbach im Rheingau.

Die Kirche des Ortes war dem heil. Moriz geweihet, und in das Erzdiakonat des Probsten zu U. L. F. im Feld einschlägig. Wie der Pfarrsaz im J. 1260 an das Domkapitel zu Mainz gekommen, ist

oben

---

g) Eben derselbe in der Vorlesung vom 2ten Geschlecht Tom. IV, hist. Act. Acad. p. 386.
h) Kopp Proben des Deutschen Lehenrechts Tom. I, pag. 173.

oben schon angeführet. Nach der Reformation zogen die Herzogen von Zweibrücken dieses Recht an sich, überliesen aber doch dem Domstift den anklebigen Zehnten. Von dieser Zeit an sind die Reformirten im Besitze besagter Kirche, und haben einen eigenen Prediger, der unter der Inspektion Oppenheim stehet. Die Katholischen sind nach Großwinternheim, und die Lutherischen nach Ober-Ingelheim eingepfarret.

Oberamt Stromberg.

Vorbericht.

Dieses Oberamt liegt größten theils im Nahegaue und ist fast durchgehends mit andern Orten vermischt. Der hintere Theil stößt an das Oberamt Simmern gegen Nordwest, gegen Nord und Ost an das Kurmainzische, gegen Sud und West an das Gräflich-Ingelheimische Gebiet; der vordere Theil aber ist mit der Grafschaft Spanheim untermischt, und stößt gegen Sud an das Oberamt Alzei. Es begreift in allem nur funfzehen Flecken und Dörfer, nebst dem Städtlein Stromberg. Die im Gebirge liegende Orte sind gering, die an dem Nahstrohm aber desto beträchtlicher.

Seinen Ursprung hat es von der uralten Burg oder Veste Stromberg, deren erste Erbauung den Römern zugeschrieben wird. Daß diese sich in der Gegend aufgehalten haben, beweisen die nicht weit davon zu Windesheim an der Guldenbach im J. 1617 entdeckte unterirdische Bäder und dabei gefundenen Münzen der Kaiser Philipps und Gallienus a).

---

a) Dieses merkwürdige Gebäu samt den Münzen ist, mit Bewilligung des Amtmanns zu Stromberg, Joh. Kasimir Kolb von Wartenberg, im J. 1619 in Kupfer gestochen,

Stromberg.

Die Veste Stromberg ward nach der Hand ein Eigenthum der deutschen Kaiser, und ohne Zweifel von den Grafen des Nahegaues bewohnet. Als aber die Reichsverfassung unter den Fränkischen und Schwäbischen Kaisern viele Veränderungen erlitten hatte, kam diese Burg an die Herzogen der Rheinischen Franken, und zulezt an K. Friedrichs I Bruder, Konrad von Hohenstaufen, der solche mit allen Rechten und Zugehörungen im J. 1156 der Pfalzgrafschaft zugebracht hat. Bei der Abtheilung, welche des Pfalzgrafen Otten Söhne, Ludwig und Heinrich, im J. 1255 über die Pfälzischen und Baierischen Lande vorgenommen, ward Stromberg dem Loose des erstern beigeschlagen *b*). Sein Sohn Rudolph und dessen Gemahlin Mechtild verpfändeten im J. 1311,
  „Die Burg zu Stromburg, und die Dörfer
  „Schymelsheim, Wychenheim, Ans=
  „heim, Engelstadt, Appenheim, Hor=
  „wilr, Grauwelsheim und andere Dörfer,
  „Gut und Gerichte, die von Alters her zu der=
  „selben Burg habent gehört ꝛc. „ um 2000 Pfund Häller, an den Grafen Simon von Spanheim *c*).

Mechtild mit ihrem Sohne Adolph kündigte dem Grafen von Spanheim im J. 1320 die Wie=

---

und von *Zeiler* in Topograph. Palat. samt der Beschreibung geliefert worden.
b) *Tolner* hist. Palat. pag. 40.
c) Sieh die Urkunde in Herrn Crollius Beiträgen zur Pfälzischen Geschichte, in den Abhandlungen der Kurbaierischen Akademie III Band, p. 119.

berlösung gedachter Pfandschaft an, ihr Schwager aber K. Ludwig IV, der die Pfälzischen Lande noch vorenthielt, wollte es nicht zugeben, sondern ließ die Sache auf den Ausspruch der Rathleute ankommen. Jedoch muß die Entscheidung für die Pfalzgräfin ausgefallen, und die Wiederlösung erfolgt seyn, indem sie etliche Jahre darnach sich samt ihrem Sohne Adolph und Grafen Johann von Nassau, als ihrem Pfleger, mit Grafen Simon von Spanheim dahin vertragen, daß diesem für Korn, Wein und Hausrath in dem Hause Stromburg 300 Pfund Häller, und für allen Schaden, der ihm geschehen war, 200 Pfund, also zusammen 500 Pfund Häller innerhalb vier Jahren bezahlet werden sollten d).

In der zwischen den vier Söhnen des Königs Ruprecht vorgegangenen Landestheilung vom J. 1410 ward Strumburg die Veste samt dem Thale darunter mit zwei Drittel Pfalzgrafen Ludwig III, und das übrige Drittel seinem jüngern Bruder Stephan zugetheilet, obschon in der Rupertinischen Verordnung vom J. 1395 festgesezt gewesen, daß solche bei dem Kurfürstentum unverändert bleiben solle. Pfalzgraf Stephan verpfändete die Hälfte seines Antheils dem Erzbischof von Mainz Johann II, welcher aber dem Kurf. Ludwig im J. 1416 die Wiederlösung zu gestatten, sich verschreiben mußte.

Die Gemeinschaft des Besizes gab wegen den zur Burg gehörigen Einkünften öftern Anlaß zum

---

d) Crollius l. c. Beilage num. VII, p. 123 sqq.

Stromberg.

Mißverständniß. Schon im J. 1417 ward durch erkiesene Räthe entschieden, daß „von dem Wyne „zu Monzingen, der von Alters her gein Strom- „berg gefallen, und nit zu dem Marschalk Ambt „gehöret hat, man Herzog Stephan sine Dritteil „daran laßen solle, nach Uswysunge des They- „lungsbriefs e).

Im J. 1424 bewilligte Herzog Stephan seinem Bruder Kurf. Ludwig den sechsten an das Erzstift Mainz versezten Theil zu lösen, und verkaufte ihm zugleich den andern sechsten Theil auf Wiederlösung. Darauf verordnete besagter Kurfürst in seinem lezten Willen vom J. 1427, daß die Pfandschaften an Stromberg 2c. stets bei dem Kurfürstentum verbleiben sollen f). Gleichwohl wurde in der Theilung zwischen Herzogs Stephan Söhnen vom J. 1444 desselben dritter Theil seinem ältesten Sohne Herzog Friedrich zu Simmern ausgeschieben.

In einem Vertrage zwischen Kurf. Friedrich I und Herzog Friedrich zu Simmern vom J. 1468 wegen des Zolls zu Schönenberg wird gemeldet, daß wenn Herzog Friedrich Stromberg wieder an sich lösen würde, alsdann dieser Vertrag aufgehoben seyn solle.

Als nach Ableben Kurf. Ottheinrichs die Kur an die Pfalzgräflich-Simmerische Linie gefallen, und Kurf. Friedrich III das Herzogtum Simmern seinem Bruder Georg abgetretten hatte, kam auch

---

e) Status Causae des Herzogen Christian III, Beil. Lit. T t.
f) Ibidem Beilage Lit. I i.

das Drittel von Stromberg an leztern, und hernach an seinen Bruder Reichard. Nach dessen kinderlosen Ableben fiel es endlich im J. 1598 dem Kurf. Friedrich IV heim, der es aber seinem zweiten Sohne, Ludwig Philipp, mit Lautern und Simmern vermachet hat.

Kurf. Karl Ludwig machte zwar verschiedene Schwürigkeiten über seines Herrn Grosvatters Testament und forderte die beiden Oberämter Lautern und Simmern mit ihren Zugehörungen von seinem Vetter zuruck. Ehe aber die Sache in Weitläufsigkeiten ausgebrochen, kam es im J. 1653 durch Vermittelung der Kurfürsten von Mainz, Sachsen und Brandenburg zu einem Vergleich, wodurch dem Kurf. Karl Ludwig zween Drittel des, wie es scheint, von Herzog Ludwig Philipp ganz angesprochenen Amtes Stromberg wieder eingeraumet worden g). Auf solche Weise ward die alte Gemeinschaft wieder hergestellt, und dauerte, bis nach Erlöschung dieser Pfalzgräflichen Nebenlinie, die Simmerischen Lande an das Kurfürstentum gefallen, mit dem sie nun schon über ein Jahrhundert vereinigt sind.

Da ursprünglich nur die zur Veste Stromburg dienstbare Ortschaften zu diesem Amte gezählet worden, so war es anfänglich viel kleiner als jezo. Hingegen erstreckte sich das anklebige Vogteirecht über mehrere in der Gegend liegende Dörfer, die von der Burg zu Lehen rührten. Derselben aber

---

g) Dieser Vertrag stehet in dem angezogenen Pfalzzweibrückischen Statu Causæ unter den Beilagen zum 2ten Theile num. XLIII, p. 103.

Stromberg.

liche Besitzer waren zugleich Burgmänner, deren einige ihren Beinamen davon geführet, wie z. B. die Brenner- und Fausten von Stromberg.

Die Beschaffenheit und Fruchtbarkeit des Amts ist sehr unterschieden. In dem Gebirge wächst wenig Getreid, gar kein Wein, und die Viehzucht will auch nicht viel bedeuten. Hingegen gibt es Holz genug zur Nothdurft; auch findet man vieles Eisenerz, und einen schwarzen Marmorbruch. In der Ebene hingegen ist das Erdreich weit besser, bringt guten Wein, überflüssiges Getreid und Fütterung, worin es den angränzenden Oberämtern Alzei, Oppenheim und Kreuznach gleich kommt.

Vermög eines Verzeichnisses vom verwichenen Jahr fanden sich in den zu diesem Oberamte gehörigen Ortschaften 1000 Familien, 4717 Seelen; 17 Kirchen, 12 Pfarr- und 19 Schulhäuser, 965 bürgerliche Wohnungen, 20 Mühlen rc. Die liegenden Güter sämtlicher Gemarkungen betragen überhaupt 10954 Morgen Ackerfeld, 848 M. Wingert, 1203 M. Wiesen, 47 M. Gärten, 260 M. Weide und 3848 M. Waldung.

In alten Zeiten hatte Stromberg die Veste einen Burggrafen, der mit den ehmaligen Reichsburggrafen zu Stromberg in Westphalen nicht verwechselt werden darf. Dieses Amt und Benennung trift man noch im XIV Jahrhundert an. Erst durch die Erbtheilung K. Ruprechts scheint der burggräfliche Titul in Abgang gerathen, und dafür der Namen eines Amtmanns eingeführet worden zu seyn. Von denjenigen, welche obige Stellen bekleidet haben, können wir folgende anführen:

1350 Heinrich Beyer von Boppart zu Sternberg, Burggraf *h*).

1388 . . . . Brenner von Steinkallenfels, Burggraf *i*).

1401 Werner von Albich, Burggraf zu Stromberg *k*).

1416 Hanns Winterbecher, Amtmann des Kurf. Ludwigs III. beschwohr den Burgfrieden zu Stromburg zwischen seinem Herrn, dem Kurf. von Mainz und Pfalzgr. Stephan.

1464 Hermann Boos von Walbeck, Amtmann *l*).

1471 Ernst Wilhelmer, Amtmann *m*), in dem Stromberger Zinsbuche vom J. 1481 Junker Ernst Wilheymer genannt.

1502 Albrecht Göhler von Ravensperg, Amtmann *n*).

1509 Johann von Schönberg, Herr zu Hartelstein.

1530 Diether von Schönberg.

1542 Reichart Greiffenklau von Vollraths *o*).

1560 Hanns Valentin von Schönberg *p*).

1589 Johann Barthel von Obentraut, Rath und Amtmann *q*).

---

h) Humbrachts höchste Zierde Deutschlandes Tab. 102.
i) Ibid. Tab. 91.
k) Ibid. Tab. 238. Er hat damals von K. Ruprecht ein Burglehen zu Lautern empfangen.
l) Ibid. Tab. 125.
m) In einem Vertrage zwischen der Gemeind Mengersrod und dem Kloster Ravengiersburg bei Würdtwein in Subsid. diplom. Tom. IV, p. 173.
n) Humbracht l. c. Tab. 191.
o) Alle drei vermög des Kurf. Ludwigs V Diener-Buches.
p) Humbracht Tab. 211.
q) Ibid. Tab. 59.

Stromberg.

1614 Johann Kasimir Kolb von Wartenberg, Amtmann.
1656 Nathanael von Schiebel, Mayer und Amtmann.
1675 Albrecht von Abelsheim, Amtmann.
1684 Ludwig Heinrich Pawel von Rammingen.
1691 Friedrich Adolph Schelm von Bergen.
1710 Ehrenreich Andreas Freiherr von Pollheim.
1744 Franz Georg Graf von Pollheim.

Schon über hundert Jahre lang verrichten diese Oberbeamte ihren Dienst nicht mehr selbst, sondern ein dazu gesezter Oberamts-Verweser mit einem Amtschreiber. Ersterer ist zugleich Empfänger der Kurfürstl. Kameralgefälle, und der andere versiehet die Aus- und Waisen-Fauthei, wie auch das Stadtschultheisenamt. Nebst diesen befindet sich ein Obereinnehmer der Steuergefälle, welcher zugleich Zollbereiter des Oberamts ist, sodann ein Kollektor der geistlichen Gefälle. Die Forstmeisterei ist schon lang mit der von dem Oberamt Simmern vereiniget.

Stromberg.

Dieses nur 90 Häuser starke Landstädtgen oder Marktflecken an der Guldenbach, ist 18 Stunden von Mannheim nordwestwärts entfernt.

Es hat, wie gleich Anfangs bemerket worden ist, seinen Ursprung der uralten oben auf dem Berge gelegenen Veste zu verdanken. Ob solche, wie einige dafür halten r), von den Römern erbauet worden,

---

r) Dieses glaubt der Pfälzische Geschichtforscher *Marquard Freher* in notis ad P. de Andlo Lib. I, C. 16. *Lymaerus*

ist sehr ungewiß. Ohne Zweifel aber war diese Burg ein unmittelbares Eigentum der deutschen Kaiser, und wahrscheinlich auch der Siz ihrer Grafen im Nahgau, von welchen die Rau- Wild- und Rheingrafen, Vasallen der Rheinfränkischen Herzogen, abstammen. Bertolf Grafen von Stromburg hat K. Heinrich III zu Untersuchung der Beschwehrden des Klosters St. Maximin wider desselben Schirmvögte im J. 1054 zum Schiedsrichter ernennet s). In einem von K. Heinrich V an die Geistlichkeit und Burger zu Mainz erlassenen Schreiben vom J. 1120 beschuldigt gedachter Kaiser den Erzbischof Adelbert, daß er seine Veste Stromburg von Grunde aus verstöhret habe t).

Diese nunmehro ganz zerfallene Burg wird auch der Saal genannt.

Jenseits der Guldenbach, etwa 200 Schritte vom Städlein, lag auf einem Hügel eine andere alte Veste, mit Namen Goldenfels. Sie scheint mit der Stromburg zur gemeinschaftlichen Bedeckung des Thals bestimmet gewesen zu seyn. Im J. 1348 machte Pfalzgraf Ruprecht I die Rheingrafen vom Stein zu Erbburggrafen in Goldenfels, mit Vorbehalt seines ewigen Oefnungsrechts. u). Es muß aber in der Folge, als die Burg verstöhret gewesen, das Lehen eingezogen, und anderwärts begeben worden seyn. Denn dermalen tragen die Grafen von Ingelheim den daselbst befindlichen Hof, samt dazu gehörigen Gütern von Kurpfalz zu Lehen.

In dem Berge dieses alten Schlosses wird Bleyerz gegraben. Der gleich unterhalb der Burg ange-

---

in jur. publ. Lib. IV, Cap. 4. *Hontheim* Prodrom. hist. Trevir. Tom. I, pag. 45.
s) Idem *Hontheim* hist. Trevir. Tom. I, pag. 397.
t) *Gudenus* Cod. diplom. Tom. I, pag. 47.
u) Von einer im J. 1444 den Rheingrafen ertheilten Velehnung des Kurf. Ludwigs IV sieh Acta Comprom. apud *Chlingensperg* pag. 100.

legte Schacht gehet bis in die Mitte des Berges. In den Waldungen liegen Eisenerze häufig zu Tage, und oberhalb der Stadt befand sich vormals eine Schmelzhütte, die aber schon lang wieder eingegangen ist.

Die Guldenbach fließt neben dem Städtlein südwestwärts vorbei, und nimmt oberhalb des Orts die aus dem Gebirge des Soonwaldes rinnende Derrenbach, sodann die in dem Darweiler und Warmsroder Wald entspringende Wälschbach auf, treibt die Winzenauer- und Ravensteiner Mühle oberhalb, die Stromberger x), die Löwenzeiler- und die Genheimer Bannmühle unterhalb des Städtleins. Durch dasselbe ziehet die von Mainz und Bingen auf den Hundsruck führende Landstrase, mit welcher eine andere, so von Bacharach nach Kreuznach neuerlich erhoben worden, nunmehro verbunden ist.

Die Gemarkung beträgt 481 Morgen Aecker, 120 M. Wiesen, 10 M. Gärten, und 811 M. Wald.

Von lezterm gehöret ein Theil der Kurfürstlichen Hofkammer, ein anderer dem Grafen von Ingelheim, und dann der Gemeinde. Darüber ist ein Förster bestellet, welcher dieselbst seine Wohnung hat.

Im J. 1474 wird einer Kapelle zu St. Stephan in Stromburg gedacht, welche das Kapitel der Stiftskirche in Bingen zu verleihen gehabt hat y). In dem geschriebenen geistlichen Lebenbuche des Kurf. Philipps heißet es: „Item die Caplany zu Strom-
„burg im Tale hat myn gnedigster Her Pfalzgrave
„zu verlyhen, und die Monch von Germersheym
„haben die ob XX Jar in Beseß gehabt, und hant
„jerlich davon fallen item XXII Gulden, XVIII Mal-
„ter Korns, davon müssen sie all Tag Messe lesen,

---

x) Diese Mühle kaufte Kurf. Ludwig III im J. 1419 von Rudolph von Zeiskheim. Deswegen heißt es auch in dem alten Zinsbuche vom J. 1481. „die Molle unter dem Sloß „neben der alten Molle ist um Herrn Rudolph von Zeiß „kam kauft worden. Conf. Act. Compr. pag. 127.

y) *Wurdtwein* Subsid. diplom. Tom. XI, pag. 278.

„ Salve singen, und selb drit müssen sie sich davon
„ erneren ꝛc.

Daraus erhellet, daß eine Art von Probstei in dem Städtlein bestanden habe, und die Pfarrverrichtungen von den Geistlichen des Klosters Germersheim besorgt worden seyen. Die Kirche soll dem heil. Jakob geweihet gewesen seyn. Nachdem unter Kurf. Johann Wilhelm das Simultaneum in allen Kirchen eingeführet worden, gab es wegen Stromberg grose Beschwehrden, welche aber durch die Religionserklärung von 1705 wieder gehoben worden, indem die Katholischen den Chor, und die Reformirten das Langhaus erhalten haben. Im J. 1725 ist diese Kirche neu aufgebauet, dabei auch ein Theil von dem andern abgesondert, und auf beiden Seiten ein besonderer Pfarrer bestellet worden. Der Katholische gehöret unter das Algesheimer Landkapitel Mainzer Bistums, welchem die Dörfer Warmsrod, Roth, Genheim und Oeckenrod eingepfarret sind. Der Reformirte hat nämliche Filialen zu versehen, und Stromberg ist der Siz einer besondern Inspektions Klasse.

Am Zehnten beziehet der Kath. Pfarrer zwei, und der Ref. fünf Siebentel.

Das Oberamt Stromberg hat sein eigenes Halsgericht; die Richtstätte aber befindet sich in Warmsroder Gemarkung. Die burgerliche Gerichtbarkeit wird von einem Stadtschultheise und sechs Rathsgliedern verwaltet.

2) **Warmsrod**, ein geringes Dorf von 18 Häusern, drei Viertel Stunden von Stromberg nordostwärts entlegen, hies vor Alters Warmsraid. Pfalzgraf Ruprecht II kaufte solches samt dem Kirchensaz im J. 1398 von Werner von Lewenstein z), der es vermuthlich von der Pfalz zu Lehen getragen hat.

---

z) Sieh Acta Compom. apud *Chlingensperg* pag. 93 & 126.

Stromberg.

An dem Dörflein fliefet die im Bingener Wald entfpringende und zu Stromberg in die Guldenbach fich ergiefende Ingelheimer oder Wälfchbach vorbei. In dem fogenannten Bauwald ift eine beträchtliche Eifenfchmelze.

Die Gemarkung enthält 182 Morgen Aecker, 54 M. Wiefen, 6 M. Gärten, 3 M. Weide und 260 M. Wald.

Von der Kirche diefes Ortes gibt das geiftliche Lehenbuch des Kurf. Philipps folgende Nachricht: „Item im Amt Strmburg zu Warmsrod ift eyn „ Paftory, befizt Her Johann von Stromberg; die „ halt myn gnedigfter Her Pfalzgrave zu verlyhen. „ Item LXX Malter Korns gefallen demfelben Herrn „ zu gemeyn Jaren zu Zehende in der Gemarken. „ Item VI Malter Korns von eynem gibt keyn „ Bete, davon ift er fchuldig all gebante Tag Meff zu „ lefen, und in der Wuchen zwu. Und diefer Jo- „ hann hatt die Paftory befeffen zwey Jar.

Diefe Kirche war dem heil. Cyriak geweihet, und gehörte zum Erzdiakonat des Dompropften zu Mainz. Nach eingeführter Reformation fcheint folche in Abgang gerathen zu feyn, ward aber doch bei der Kirchentheilung zum Loos der Reformirten gefchlagen. Diefe liefen aber folche von Stromberg aus verfehen, und endlich gar zerfallen. Die Unterthanen find alfo Kath. u. Ref. Seits Filialiften von Stromberg.

Den Zehnten geniefet der Reform. Pfarrer zu Stromberg.

3) Roth, das kleinfte Dörflein des Oberamts, nur eine halbe Stunde von Stromberg nordoftwärts entfernt, fcheinet urfprünglich ein zur Vefte Stromberg gehöriger Weiler gewefen zu feyn. Er beftehet dermalen aus 14 Häufern. Die Gemarkung aber enthält 112 Morgen Aecker, 58 M. Wiefen, einigen Gärten, 21 M. Weide, und 170 M. Wald.

Das kleine Bauwäldlein ftehet der Gemeinde zu,

die auch Antheil an dem in Warmsrober Banne liegenden gemeinschaftlichen Walde hat.

Vor Zeiten war eine kleine Kirche in dem Dörflein, dem heil. Bartholomäus geweihet, welche bei der Kirchentheilung schon verfallen war, und also in keinen Anschlag gebracht worden ist. Sie blieb zum gemeinschaftlichen Gebrauche ausgesetzt, so daß die Katholischen noch auf das Kirchweihfest ihren Gottesdienst darin halten. Uebrigens aber gehen beide Religionstheile nach Stromberg zur Kirche.

Am Zehnten beziehen die beiden Fürstlichen Häuser Nassau-Weilburg und Usingen zwei, die geistliche Verwaltung ein Drittel.

4) Genheim, auch ein geringes Dorf von 35 Häusern, eine Stunde Wegs von Stromberg ostwärts entfernt, wird in den Lorscher Urkunden Gaginheim genannt *a*).

Durch das Dorf laufet ein Bächlein, das nach besagten Urkunden Cherminbiz geheißen hat, jezt aber Hanenbach benamset wird, und bei Windesheim in die Guldenbach fällt. Die Landstraße von Bingen nach Stromberg ziehet neben dem Orte vorbei.

Die Gemarkung begreift 421 Morgen Aecker, 123 M. Wiesen, 5 M. Gärten, 20 M. Weid, und 118 M. Wald.

Unter diesen Feldgründen sind das sogenannte Kaplaneigut, und die den Grafen von Degenfeld, und von Elz-Kempenich zuständige Freigüter begriffen. Der Wald gehöret der Gemeinde, welche auch an dem Warmsrober ihren Antheil hat.

Die Kirche des Ortes war vermuthlich nur eine Kaplanei, die von einer andern nächstgelegenen Pfarrei bedienet worden, wie aus dem so eben bemerkten Kaplaneigut zu schließen ist. In der Kirchentheilung bekamen solche die Reformirten, und diese machten

---

a) Sieh die Act. Acad. Palat. Tom. V, pag. 132.

sie zu einem Filial von Stromberg, wohin auch die Katholischen eingepfarret sind. Die Lutherischen aber gehen nach Laubenheim zur Kirche.

Am Zehnten beziehet der Freiherr von Fürstenwärter zwei, und die geistliche Verwaltung ein Drittel. Lezteres genieset der Ref. Schulmeister.

5) **Oeckenrod.** Ein geringes Dorf von zwanzig und etlichen Häusern auf rechter Seite der Guldenbach, drei viertel Stunden von Stromberg südwärts, zwischen Schweppenhausen, der sogenannten Steigermark, Schönenberg, welche sämtlich dem Grafen von Ingelheim zuständig sind, und besagter Stadt Stromberg gelegen. In dem alten Stromberger Zinsbuche wird es Ockenrait genannt, und scheinet mit den übrigen Walddörfern jederzeit zur Stromburg gehöret zu haben.

Die Gemarkung enthält 169 Morgen Aecker, 13 M. Wingert, 33 M. Wiesen, und 58 M. Wald.

Oben gedachte Steiger Gemarkung ist ein groser aus Feld und Waldung bestehender Strich Landes, welchen die Grafen von Ingelheim von Kurpfalz zu Lehen tragen. Darauf soll vormals ein Kloster gestanden haben, von dem dermalen nur noch einiges Grundgemäuer übrig ist.

Die Kirche dieses Dorfes gehöret den Reformirten, die sie der Pfarrei Stromberg als ein Filial einverleibet haben.

Am Zehnten beziehen die Fürstlichen Häuser Nassau-Weilburg und Usingen zwei, und der Reformirte Pfarrer ein Drittel.

6) **Dorsheim,** zwo Stunden von der Oberamtsstadt südostwärts entlegen, wird in dem Stromberger Zinsbuche vom J. 1481 Donrsheim genannt. Unterhalb des Dorfes fließt ein zu Rummelsheim entspringendes Bächlein vorbei, welches sich in die Nahe ergieset.

Der Ort bestehet in 30 Familien, und die Gemarkung in 347 Morgen Aecker, 34 M. Wingert, 2 M. Wiesen, 3 M. Gärten, 50 M. Weide, 36 M. Wald, die der Gemeinde gehören. Freigüter haben die Grafen von Elz, die Freiherren von Weihers, die Ulnerischen und Buschischen Erben.

Die Kirche war vermuthlich ein Filial eines andern nächstgelegenen Orts, und bei der Kirchentheilung so verfallen, daß sie in keinen Anschlag kam, sondern den Katholischen und Reformirten in Gemeinschaft blieb. Sie soll dem heil. Valentin geweihet gewesen seyn. Erstere sind daher nach Münster an der Nahe, die Reformirten und Lutherischen aber nach Laubenheim eingepfarret. Den Zehnten in der ganzen Gemarkung beziehen die Schenken von Schmidtburg.

7) **Waldalgesheim** ist ein grosses Dorf zwischen Bingen und Stromberg, eine Stunde von lezterer Stadt nordostwärts gelegen. In einer Urkunde des Klosters Lorsch vom J. 780 kommt ein Alagastesheim im Nahgau vor b). Zu gleicher Zeit war auch ein Alagastesheim im Wormsgau c). Jenes wird daher zum Unterschied Waldalgesheim, und dieses, ein Mainzisches unweit Ingelheim gelegenes Städtlein, Gaualgesheim genannt. In nachfolgenden Zeiten trift man bald Alginsheim, bald Algesheim an, ohne daß man genau weis, welches von beiden darunter verstanden werde. Dasjenige, woselbst der Erzbischof Heinrich dem Kollegiatstift zu Bingen den Zehnten im J. 1150 zuerkannt hat, scheinet unser Waldalgesheim zu seyn, weil in einer andern Urkunde vom J. 1267 ausdrücklich gemeldet wird, daß Wilre, Alginsheim, Holzhusen und Mun-

---

b) Cod. Lauresh. Tom. I, num. 2022.
c) Ibid. num. 1142 & sq.

Stromberg.

Munzetal, auf welchen jenes Zehntrecht haftete, unterhalb Bingen gelegen seyen *d*). Die Obergerichtbarkeit darüber mag wohl ursprünglich von der Veste Stromburg abgehangen haben, jedoch die Vogtei an andere daselbst begüterte adeliche Geschlechter begeben, oder auf andere Art veräussert worden seyn. Denn im XIV und XV Jahrhunderte waren verschiedene daran betheiliget. Kurf. Friedrich I kaufte im J. 1455 von Gerhard Seltin von Saulheim einen zwölften Theil am Dorfe und Gerichte *e*), und zehen Jahre darnach von Hermann und Friedrich Hunden von Saulnheim einen sechsten Theil am Dorfe Wald-Algesheim mit Zugehör *f*); hingegen erwarben sich die Herren und nachmaligen Grafen von Schönberg die Theile der Beyer von Poppart und der Kämmerer von Dalberg nach und nach. Des leztern Grafen Meinhards, Herrn von Schomburg und Herzogs von Leinster in Engelland, jüngste Erbtochter Maria brachte diese Theile mit andern Gütern an ihren Gemahl, Christoph Martin Grafen von Degenfeld. Da nun derselben Grosvatter, Graf Friedrich von Schomburg, wegen seiner Gesandschaft in Engelland an das Kurhaus Pfalz eine Forderung von 50 tausend Reichsthaler machte, und dessen Sohn, gedachter Meinhard, eine von Kurf. Karl Ludwig mit der von Degenfeld erzielte Tochter, die Raugräfin Charlotte, zur Ehe hatte, traf jener mit Kurf. Karl im J. 1683 dieser Forderung wegen einen Vergleich, wodurch dem von Schomburg ein Drittel an dem Dorf Wald-Algesheim mit allen dessen Rechten und Gerechtigkeiten, samt den Kurpfälzischen Hoheitsbefugnissen, nur das Zollregal ausgenommen, überlassen wor-

---

d) *Gudeni* Cod. diplom. Tom. III, pag. 1056 & 1133.
e) Act. Comprom. apud *Chlingensperg* pag. 128.
f) Der Kaufbrief ist geben auf Dienstag nach St. Paulustag Conversionis genannt. Siehe auch Kremers Geschichte des Kurf. Friedrichs I. p. 648.

den g). Kurf. Philipp Wilhelm genehmigte zwar diesen Vergleich im J. 1686. Aber seine Nachfolger wollten nicht daran gebunden seyn; weswegen die Grafen von Degenfeld als Erben der Schomburgischen Verlassenschaft sich an den Reichshofrath gewendet h). Die Sache blieb unentschieden, bis im J. 1773 ein neuer Vertrag zu Stande kam, wodurch Kurpfalz wieder zum ruhigen Besize des einen Drittels an der Vogtei, und der ganzen Oberbothmäßigkeit mit allen davon abhangenden Nuzbarkeiten, ausser denjenigen Theilen, welche den Grafen aus neuen Gnaden zum Erblehen verliehen worden, gelanget ist.

Die heutige Inwohnerschaft bestehet in 105 Familien, 458 Seelen; die Gebäude in 1 Kirche, 2 Schulen, 96 burgerlichen Häusern; die Gemarkung in 717 Morgen Aecker, 335 M. Wiesen, 3 M. Gärten, 76 M. Weide, und 2004 M. Wald.

Freie Güter haben unter andern der Pfarrer des Ortes, das Kloster Rupertsberg bei Bingen, und die Mariothischen Erben. Ueber die Waldungen, woran die Herrschaft, die Gemeinde, verschiedene Unterthanen, Hübner genannt, das Kloster Rupertsberg und einige Inwohner des Dorfes Weiler Theil haben, ist ein Kurpfälzischer Förster bestellet, der unter dem Forstmeister des Oberamts Stromberg stehet.

Die Kirche ist dem heil. Dionysius geweihet, und war vor der Reformation ein Filial der Pfarrei Bingen i). Sie soll unter Pfalzgrafen Ruprecht I und

---

g) Siehe die Beilage num. 7 in Sachen des Grafen von Degenfeld-Schomburg contra Ihro Kurfürstl. Durchl. zu Pfalz 2c. Decreti Mandati S. C. & Ordinationum &c.
h) Mosers Kurpfälzisches Staatsrecht VII Cap. pag. 379, §. 98.
i) In der oben angezeigten Urkunde vom J. 1150 heisset es: Investituram quoque duarum Capellarum, que in eisdem villis sunt, quarum Pinquensis Ecclesia mater est &c.

Stromberg.

im J. 1455 abermal neu erbauet worden seyn. Während der Zeit, als die Grafen von Schomberg und Degenfeld das Dorf allein hatten, ward der Lutherische Gottesdienst darin eingeführt. Aber das Kapitel zu Bingen behauptete auch zuweilen den Besitz derselben. Endlich wurde durch einen Vertrag festgesezet, daß die Kirche zwischen beiden Religionsgenossen gemein bleiben, Kurpfalz den Katholischen, und die Grafen den Lutherischen Pfarrer anordnen sollen. Beide Theile haben daher einen eigenen Pfarrer, wovon der Kath. unter dem Landkapitel Gau-Algesheim stehet, und das ritterschaftliche Dorf Rumelsheim, nebst dem im Wald gelegenen Lenders-Hof mit zu versehen hat.

Der Zehnten in der alten Dorfsgemarkung ist nach dem Vergleich den Grafen von Degenfeld allein überlassen worden, von Neubrüchen aber ziehet Kurpfalz die Hälfte. Nach eben diesem Vergleich ist die Gerichtbarkeit gemeinschaftlich, so daß Kurpfalz den Schultheisen und ein Drittel Gerichtschöffen, die Grafen aber die übrigen zwei Drittel sezen.

8) **Heddesheim.** Ein beträchtliches Dorf an der Guldenbach zwo Stunden von Stromberg sudostwärts gelegen, gränzet gegen Ost an Dorsheim und Laubenheim, gegen Sud an Winzenheim, die Stadt Kreuznach und Hargesheim, gegen West an Guttenberg und Hilbersheim, gegen Nord an Wald-Laubersheim. Dieser Ort scheint dasjenige Heidersheim zu seyn, dessen in einer Urkunde des Klosters Johannesberg im Rheingau vom J. 1152 gedacht wird k). Er gehörte schon ursprünglich zur Pfalzgrafschaft, und wurde bereits im J. 1197 von Pfalzgrafen Heinrich mit der Grafschaft Meyenfeldt, und

---

k) *Gudenus* Cod. diplom. Tom. I, pag. 102.

dem Dorfe Engelstadt, an Heinrich, Albert und Godfried Grafen von Spanheim für 550 Mark verpfändet *l*). Nach der Hand kam es an die Wildgraffschaft, und war, wie diese, ein Pfälzisches Lehen. In einer Urkunde des Pfalzgrafen Rudolph I, die Heyrathsverschreibung des Wildgrafen Friedrichs für seine Gemahlin Agnes vom Schoneck im J. 1309 betreffend, wird unter andern auch das Dorf Heidensheim genennet *m*). Vermuthlich haben es die Wildgrafen als ein Afterlehen vergeben gehabt, weil Pfalzgraf Ruprecht I im J. 1389 die Vogtei, das Gericht, und andere Obrigkeiten zu Hedesheim von Emmerich von Lewenstein und Gerard von Sulpen, genannt Heddesheim, erkauft hat *n*). Gleichwohl stehet noch in dem Wildgräflichen Lehenbriefe K. Ruprechts vom J. 1409 „Item zu Hedisheim die Ge„richte hohe und nyder, als die Wildgrauen das „inngehabt hant, und herkommen ist, den Zehen„ten daselbst mit allen Rechten die darzu gehö„rent ꝛc. „

Aber diesem ungeachtet muß die Vogtei wieder an andere begeben gewesen seyn. Denn im J. 1427 kommt Claus von Böckelnheim, genannt Heddesheim *o*), und im J. 1497 Wylhelm Stomp von Symern als Gerichtsherr zu Heidesheim vor *p*). Auch weis man, daß in dem Orte vormals eine adeliche Burg gestanden, welche die Herren von Obentraut bewohnet haben. Dermalen ist sie in ein Hofhaus verwandelt, und den Grafen von Ingelheim zuständig.

Die Guldenbach fließt durch das Dorf, treibt 2

---

l) *Freheri* Origin. Palat. P. I, C. XI. und *Tolner* hist. Palat. Cod. diplom. num. 56.
m) *Senkenberg* Meditat. pag. 95, num. XXII.
n) Act. Comprom. apud *Chlingensperg* pag. 92 & 126.
o) In der Salmischen Ausführung die Verwandschaft ꝛc. num. 21.
p) *Würdtwein* Subsid. diplom. Tom. XI, num. 322.

Stromberg.

Mahlmühlen und fällt unterhalb Bretzenheim in die Nahe. Neben dem Orte ziehet eine von Langen-Lonsheim auf Stromberg, sodann durch den südlichen Theil der Gemarkung eine von Kreuznach auf Simmern führende Landstrase vorbei. In dem Dorfe wird auch der Stromberger Landzoll erhoben.

Die Anzahl der Inwohner belauft sich auf 110 Familien, 540 Seelen; der Gebäude auf 2 Kirchen, 1 Schule, 116 burgerliche und gemeine Häuser. Die Gemarkung enthält 1340 Morgen Aecker, 85 M. Wingert, 76 M. Wiesen, 8 M. Gärten, 50 M. Weid und 343 M. Wald.

Zu diesen Feldgründen gehöret der *Breitenfelser Hof*, welchen die geistliche Verwaltung von den Herrn Fürsten von Nassau eingetauschet hat. Er liegt nächst der auf Simmern führenden Landstrase, und enthält 216 M. Landes. Ferner nahe dabei der Schwarzenfelder Hof, welchen die Kurfürstl. Hofkammer als ein heimgefallenes Koppensteinisches Lehen besizet. Der geistlichen Verwaltung gehöret auch ein Hof des ehmaligen Klosters Ravengiersburg q), das Kaplanei- Liebfrauen- St. Nikolai-Altar- und Noth-Gottesgütlein. Die übrigen Freigüter besizen der Reformirte Pfarrer, die Rheingrafen von Dhaun, die Grafen von Ingelheim, die Freiherren von Euler und von Dalberg. An den Waldungen besizet die Kurfürstliche Hofkammer einen Bezirk Lindel genannt, welchen K. Ruprecht im J. 1401 von Emmerich von Lewenstein nebst 8 Morgen Wingert und Aecker erkauft hat r). Ueber diese Waldungen hat der im Dorfe wohnende Kurfürstl. Hünerfänger die Aufsicht.

---

q) Im J. 1493 verliehe gedachtes Kloster solchen Hof im Dorf Heydesheym 2c. erblich und ewiglich 2c. Testis Junker Wilhelm Stomp vom Spemern unser Gerichtsherr zu Heydesheym. *Würdtmein* l. c.

r) Conf. Act. Comprom. pag. 126.

Von der Kirche des Ortes findet sich keine Nachricht, als daß solche vormals zur Probstei des St. Martinstiftes in Bingen gehöret habe s). Bei der Kirchentheilung fiel solche ins Loos der Reformirten, die einen besondern Prediger daselbst haben, der unter die Inspektion Stromberg gehöret. Die Katholischen haben ihren Gottesdienst anfänglich auf dem Rathhause gehalten, endlich aber im J. 1762 aus gesammelten Beiträgen eine Kirche gebauet, die dem heil. Jakob geweihet ist. Der Pfarrer stehet unter dem Landkapitel Gau-Algesheim. Vor dem obern Thore soll eine Kapelle, Nothgottes genannt, bestanden haben, deren Einkünfte die geistliche Verwaltung beziehet.

Der Zehnten wird in neun Loose getheilet, davon das St. Martinsstift zu Bingen drei Theile, die Fürsten von Salm zwei, die Rheingrafen drei, und der Freiherr von Weyhers einen Theil besitzen.

9) **Laubenheim**, in der Nähe des vorigen, am linken Ufer der Nahe, ist in der Theilung unter K. Ruprechts Söhnen vom J. 1410 dem zweiten Sohne, Herzoge Stephan, namentlich zugetheilet worden, und dieser hat im nämlichen Jahre seiner Gemahlin Anna, gebohrnen Gräfin von Veldenz, 4000 fl. rheinischer Währung „uf dem Dorfe Leubenheim „ gelegen by Bingen zu rechter Morgengabe ver- „ schrieben „ t). In der Theilung, welche gedachter Herzog Stephan und sein Schwiegervatter, Graf Friedrich von Veldenz, im J. 1414 vorgenommen, wurde gedachtes Dorf Leubenheim mit seinen Zugehörungen dem ältesten Sohne, Herzog Friedrich, wieder ausdrücklich zugeschrieben.

In der von Herzog Johann II zu Simmern im J. 1553 zwischen seinen Söhnen gemachten Erbord-

---

s) *Würdtwein* Dioeces. Mog. Tom. I, p. 59.
t) *Joannis* Miscell. &c. Specim. II, pag. 95.

Stromberg.

nung ward festgesezt, daß, wenn sein ältester Sohn Friedrich zur Kur gelangen würde, das Dorf Laubenheim mit dem Amt Simmern und einem Drittel von Stromberg dem zweiten Sohne Georg zufallen sollte u). Es blieb also stets bei der Simmerischen Linie, und hatte mit dem Amt Stromberg gleiches Schicksal, wurde auch durch den Vertrag zwischen Kurf. Karl Ludwig, und seinem Vetter Herzoge Ludwig Philipp zu Simmern, lezterm wieder namentlich eingeraumt: woraus zu schliesen, daß dieses Laubenheim niemals als eine Zugehör der Aemter Simmern oder Stromberg, vielweniger der Grafschaften Spanheim oder Veldenz, sondern als ein besonders Gut betrachtet, und erst nach dem Heimfal der Simmerischen Lande dem Oberamt Stromberg ordentlich einverleibet worden sey.

Die auf der östlichen Seite des Ortes vorbei fliesende Nahe treibt zwo Mahlmühlen, eine diß- die andere jenseits des Flusses. Die Landstrase von Bingen auf Kreuznach gehet durch das Dorf, worin der Zoll des Oberamts erhoben wird.

Es wird von 64 Familien bewohnet, die zusammen 293 Seelen ausmachen. An Gebäuden sind 2 Kirchen, 1 Schule, 52 burgerliche Häuser vorhanden. Die Gemarkung enthält 636 Morgen Aecker, 66 M. Wingert, 16 M. Wiesen, 24 M. Weide.

Die dem heil. Matthäus vormals geweihte Kirche besizen die Reformirten mit einem eigenen Prediger, dem auch die Kirchen zu Dorsheim und Grolsheim, Münster und Sponsheim als Filialen untergeben sind. Die Katholischen haben sich auf dem Rathhause eine Kapelle zugerichtet, und sind Filialisten von Münster an der Nahe. Ferner haben die Lutherischen eine

---

a) Vid. die Urkunde in den Beilagen ad Notamina super Struvii formulam Successionis domus Palat. pag. 41. adj. Lit. K.

eigene Kirche aus gesammelten Beiträgen erbauet, und mit einem Prediger bestellet, der die Dörfer Heddesheim, Genheim und Münster zugleich besorget.

Den Zehnten beziehet die Kurfürstl. Hofkammer mit den Inhabern der Herrschaft Reipolzkirchen.

10) **Grolsheim** liegt auf der rechten Seite der Nahe, drei Stunden von Stromberg südostwärts, unterhalb Genzingen, und wird in den Urkunden des VIII Jahrhunderts Graulfesheim, Graolfesheim genannt *x*). Unter denjenigen Dörfern, die Pfalzgraf Rudolph I im J. 1311 an Graf Simon von Spanheim verpfändet hat, war auch Grauwesheim begriffen.

Die Nahe ströhmt an der Gemarkung her, und aus dieser ziehet ein Mühlenteich neben dem Orte vorbei, treibt ein Mühle, und fällt unterhalb desselben wieder in die Nahe. Sodann lauft die im Unteramt Erbesbüdesheim entspringende Weisbach ebenfalls am Dorfe vorbei, und ergießt sich weiter unten in die Nahe.

Nebst einer Kirche und Schule, sind etwa nur 40 Häuser vorhanden. In der Gemarkung zählet man 738 Morgen Aecker, 18 M. Wingert, 17 M. Wiesen, 3 und einen halben M. Gärten, uud 10 M. Weide.

Die Kurfürstl. Hofkammer hat zwei Güter dahier, wovon eines Aulenhauser Hof genannt wird.

Die Kirche dieses Ortes soll vormals zur Ehre des heil. Martins geweihet gewesen seyn. Solche gehöret den Reformirten und ist der Pfarrei Laubenheim untergeben.

Den grosen Zehnten beziehen die Besizer der Hohenfelsischen Herrschaft Reipolzkirchen, den Meßnerszehnten aber hat der Ref. Schulmeister.

---

x) Cod. Lauresh. Tom. II, num. 1273 sq. & 2024. *Sehannat* Corp. Tradit. Fuld. num. CL.

11) **Welgesheim** liegt auch an der Weisbach oberhalb Genzingen, und ist vier Stunden von Stromberg südostwärts entfernt. In den Lorscher Urkunden wird dieser Ort **Welingesheim** y) genannt, mit welchem Namen er auch noch im J. 1278 vorkommt z). Im J. 1382 verkaufte Hermann Herr von Hohenfels dem Pfalzgrafen Ruprecht dem jungen seine Vogtei und Herrschaft zu Bibelnheim bei Odernheim, und das Dorf Wilgesheim bei Zozenheim für 500 fl. erblich, und verschrieb sich im nämlichen Jahre „da„für Wehrschafft zu thuen, sonderlich da Wilgesheim „halber Eintrag beschehe 200 fl. und Bibelnheim „halber, ob die beide erwunnen wurden, 300 fl. „Pfalz zu erstatten,„ stellte auch zwei Jahre darnach über den Empfang des Kaufschillings die Quittung aus a).

Da auf solche Art dieses Dorf als eine neue Erwerbung anzusehen ist, so scheinet es damals schon dem Amt Stromberg einverleibt worden zu seyn, weil das sonst näher gelegene Amt Kreuznach noch in den Händen der Grafen von Spanheim war.

Heutigen Tages finden sich 46 Familien, 205 Seelen, 1 Kirche, 41 Häuser nebst 1 Mühle dahier. In der Gemarkung aber 425 Morgen Aecker, 72 M. Wingert, und 30 M. Wiesen.

Im J. 1296 hat die Wittib Hermanns von Spanheim der zum Kloster Spanheim gehörigen St. Georgskapelle zu Dalen ein Hofgut zu Welgesheim vermacht, und der Abt zu Spanheim ihr und ihrem Sohne Wilderich dagegen das Patronatrecht über gedachte Kapelle verliehen.

---

y) Cod. Lauresh. Tom. II, num. 1267 sq.

z) Lunig Reichsarchiv 3. Theil und 3ter Absatz von der freien Reichsritterschaft am Rheinstrohm ıc. p. 77.

a) In den Act. Comprom. bei *Chlingensperg* pag. 92 sind die fehlerhaften Namen **Welkenstein** und **Wilbestein** zu verbessern.

Vor der Reformation war eine allen Heiligen Gottes geweihte, und der Pfarrkirche zu Zozenheim einverleibte Kapelle dahier, und die darauf gehaftete Pfründe hatten die Rheingrafen zu verleihen b). In der Kirchentheilung fiel solche in das Loos der Katholischen, welche sie durch einen Priester aus der Probstei Pfaffen-Schwabenheim versehen lassen. Derselbe gehört zum Gau-Algesheimer Landkapitel, und hat zugleich die Kirche von Zozenheim zu bedienen. Die Lutherischen Inwohner sind nach Genzingen eingepfarrt.

Den grosen Zehnten beziehen die Fürstlichen Häuser Nassau-Saarbrück und Weilburg mit den Rheingrafen; den kleinen aber der Pfarrer.

12) Horweiler, ein ansehnlicher Ort in der Nähe des vorigen, und zwar gegen Norden gelegen, scheinet auch ursprünglich zur Veste Stromburg gehöret zu haben, weil in Pfalzgrafen Rudolphs I Pfandverschreibung vom J. 1311 Horwilre ausdrücklich genennet wird.

Er bestehet dermalen aus einer Kirche, Schule und 92 Häusern, welche von 450 Seelen bewohnet werden. In der Gemarkung befinden sich 829 M. Ackerfeld, 140 M. Wingert, und 16 M. Wiesen.

Ein geringes Hofgut, das Grafen- oder Spanheimische Truchsessengut genannt, ist der Kurfürstl. Hofkammer zuständig.

Von der Kirche des Orts findet sich, daß die Grafen von Leiningen ehmals das Patronatrecht ausgeübet, solches auch wieder zu Lehen begeben haben.

---

b) Judices S. Mog. sedis recognoscimus &c. quod jus patronatus sive collatio Capellae in *Welgesheim* Eccles. parochiali in *Zozenheim* attinentis, sitae intra terminos Praepositurae Eccles. S. Mariae in Campis &c. ad nobilem Syfridum Ringravium de jure debeat pertinere. Actum an. MCCCXVI. *Würdtwein* Dioeces. Mogunt. Tom. I, pag. 248.

Stromberg.

Im J. 1405 entschied Syfrid von Lindawe, Ritter, einen Streit wegen Verleihung der Pastorei zu Hahrweiler zwischen Friedrich von Rüdesheim und Emmerich von Ingelheim, wobei die Einwilligung der Grafen von Spanheim und Leiningen vorbehalten worden. Einen ähnlichen Vergleich machte der Domdechant zu Mainz, Richart von Oberstein, im J. 1465 über den abwechselnden Pfarrsatz zwischen Wilhelm von Odenheim, genannt Ingelheim, und Ulrich von Rüdesheim. Graf Rheinhart von Leiningen-Westerburg bestättigte im J. 1481 das Recht der Erblehenfolge des Zehnten und Kirchensazes zu Harwiler, welches von besagtem Wilhelm von Odenheim seiner Schwester Tochter, Magdalena von Venningen, angefallen war, und belehnte damit Siegel von Bissersheim als Träger. Da nun obgedachter Graf die Hälfte der mit seiner Gemahlin ererbten Leiningischen Lande an die Pfalz verkaufte, war dieses Lehenrecht auch darunter begriffen; weswegen Kurf. Philipps im J. 1482 obige Magdalena von Venningen, Simons von Mülhoven Wittib, und für sie Hannsen von Flersheim, drei Jahre darnach aber Hannsen von Zeisigkheim als Träger belehnet hat. Endlich verkaufte Rudolph von Zeiskheim mit Bewilligung des Lehenherrn im J. 1514, das Patronatrecht samt dem Zehnten an Albert von Hornbach, und von diesem kam es durch Kauf an das Kapitel des St. Peterstifts in Mainz, bei welchem es auch hernach geblieben ist c).

Bei der Kirchentheilung fiel diese alte Pfarrkirche in das Loos der Reformirten, die einen eigenen Prediger darauf halten, dem das Dorf Welgesheim, wie auch die zum Oberamt Alzei gehörige Kirche zu Aspisheim zugleich anvertrauet ist. Die Katholischen

---

c) Die davon handelnde fünf Urkunden sieh in *Würdtwein.* Dioec. Mog. Tom. II, p. 239 sq.

Inwohner sind nach Welgesheim, und die Lutherischen nach Genzingen eingepfarret.

Vom Zehnten beziehet besagtes Stift zu St. Peter in Mainz zwei Drittel, und der Ref. Pfarrer das übrige. Von einigen Bezirken aber geniesen solchen die Vögte von Hunoltstein. Das Gericht ist mit einem Oberschultheise und vier Gerichtsschöffen bestellt.

13) **Appenheim** ist der beträchtlichste Ort des ganzen Oberamts, fünf Stunden von Stromberg zwischen Gros-Winternheim, Nieder-Hilbersheim, Aspisheim und dem Kurmainzischen Flecken Gau-Algesheim gelegen. Es werden 2 Kirchen und 112 Häuser, 120 Familien, und 560 Seelen darin gezählet.

In einer Urkunde des Erzbischofs Adelbert von Mainz, welche er im J. 1132 dem Kloster Johannsberg im Rheingaue ertheilet hat, wird desselben unter dem heutigen Namen gedacht d). Er ward auch unter den von Pfalzgrafen Rudolph I im J. 1311 an Grafen Simon von Spanheim mit der Veste Stromburg verpfändeten Dörfern namentlich begriffen.

Unterhalb des Ortes fliesset ein in der Ober-Hilbersheimer Gemarkung entspringendes Bächlein ostwärts im Thale vorbei, und treibt 5 Mühlen. Die Gemarkung enthält 1367 Morgen Aecker, 112 M. Wingert, 103 M. Wiesen ꝛc.

Nur die Freiherren von Greiffenklau zu Vollraths, und die Ref. Pfarrei besitzen einige Freigüter.

Von der alten Pfarrkirche weis man, daß Ludwig von Otterstein im J. 1521 das Patronatrecht darüber ausgeübet habe e). Sie war dem heil. Michael geweihet, und fiel bei der Theilung ins Loos der Reformirten, die solche der Pfarrei Nieder-Hil-

---

d) *Gudenus* Cod. diplom. Tom. I, pag. 102.
e) *Wurdtwein* Dioeces. Mog. Tom. I. pag. 200.

bersheim einverleibet haben: Für die Katholischen hat der Kurpfälzische General Anton Otto von Cloß auch eine eigene Kirche gestiftet, die mit einem Pfarrer bestellt ist, der zum Landkapitel Gau-Algesheim gehöret. Die Lutherischen sind nach Ober-Ingelheim eingepfarret.

Den grosen Zehnten beziehen die Freiherren von Greiffenklau bis auf ein Achtel, welches der Ref. Pfarrer zu geniesen hat.

14) **Nieder-Hilbersheim**, auch ein ansehnliches Dorf von 2 Kirchen und 75 Häusern, sechs Stunden von Stromberg, zwischen Ober-Ingelheim, Ober-Hilbersheim, Aspisheim und Appenheim gelegen, muß von Ober-Hilbersheim und Wald-Hilbersheim wohl unterschieden werden. Jenes gehöret zum Oberamt Kreuznach, dieses aber an der Guldenbach ist ritterschaftlich. In dem Stiftungsbriefe des Klosters Dißbodenberg vom J. 1108 wird eines oder des andern zum ersten male unter dem Namen Hilbridesheim gedacht f). In dem Bestättigungsbriefe des Erzbischofs Adelbert von Mainz aber im J. 1128 stehet der Name Hilbersheim g).

Wie unser Nieder-Hilbersheim an die Pfalz und zum Oberamt Stromberg gekommen, davon findet sich keine Spur, da auch in dem oftangezogenem Verpfändungsbriefe vom J. 1311 dessen nicht gedacht wird.

Neben dem Orte fliesset das in Ober-Hilbersheimer Gemarkung entspringende Bächlein vorbei, treibt vier Mühlen, und lauft nach Appenheim.

Die Gemarkung enthält 1059 Morgen Aecker, 46 M. Wingert, 36 M. Wiesen, und 42 M. Wald.

---

f) In *Joannis* Spicilegio Tabul. veterum num. I. und in *Gudenus* Cod. diplom. Tom. I, pag. 38.
g) Eben daselbst, und zwar bei *Joannis* num. II. und bei *Gudenus* p. 73.

Den Pfarrsaz hatte das Kollegiatstift U. L. F. zu den Staffelen in Mainz, und die Kirche stund unter dem Erzdiakonat des Probstes zu U. L. F. im Feld, jezo zu heil. Kreuz bei Mainz h). Diese Kirche besizen jezt die Reformirten mit einem eigenen Prediger, der zugleich die Kirche zu Appenheim bedienet. Die Katholischen haben eine Kapelle zur Ehre U. L. F. errichtet, welche der nächst gelegenen Pfarrei zu Ober-Hilbersheim untergeben ist. Den Zehnten beziehet die Kurfürstl. Hoffammer.

15) **Engelstadt**, ein groses Dorf von mehr als 80 Häusern in der Nähe des vorigen ostwärts gelegen, muß von den ältesten Zeiten her zur Pfalz gehöret haben, da Pfalzgraf Heinrich zu Antrettung seiner Reise in das gelobte Land unter andern auch diesen Ort im J 1197 verpfändet hat i) Auch war er unter denjenigen Dörfern begriffen, welche Pfalzgraf Rudolph I im J. 1311 mit der Veste Stromburg dem Grafen Simon von Spanheim versezet hat. Indessen geben andere Nachrichten, daß Kurf. Friedrich I dieses Dorf von dem Ursuliner-Kloster zu Köln an sich gebracht habe. Sie stimmen darin überein, daß gedachter Kurfürst das Dorf Engelstadt bei Ingelheim gelegen mit seiner Zugehör im J. 1454 erkaufet, und „die Aebtissin nebst dem Konvent zu „ den eilf tausend Maiden zu Cöln die Mann und „ arme Leut gehn Engelstadt gehörig ihrer Pflicht „ ledig gesagt und sie den Pfalzgrafen fürter zu hul„ den angewiesen,„ auch im folgenden Jahre etlichen Personen Macht ertheilet habe, das Dorf Engelstadt mit seiner Zugehör der Pfalz einzugeben k). Viel-

---

h) *Würdtwein* Dioecef. Mogunt. Tom. I, Comment. II, pag. 191.
i) Sieh oben bei dem Dorfe Hebbesheim S. 355 sq.
k) Acta Comprom. pag. 120. Kremers Geschichte Kurf. Friedrichs I. pag. 648. Bei lezterem wird die damalige

Stromberg.

leicht waren es nur einige Güter und Gerechtsame, welche dieses Kloster damals veräussert hat, und die entweder von dem Kloster Ingelheimerhausen, wovon bei Ober-Ingelheim und Elsheim gehandelt worden, oder gar von der ältesten Tochter des Pfalzgrafen Ehrenfried Richeza, die sich im J. 1036 in das Ursulinerkloster zu Köln begeben hat, herkamen l).

Die Gemarkung enthält 1581 Morgen Aecker, 175 M. Wingert, 128 M. Wiesen, und 5 M. Weide.

Hierunter sind diejenigen Freigüter begriffen, welche vormals die Fausten von Stromberg, dermalen aber die Kurfürstl. Hofkammer besitzet. Ferner die der geistlichen Verwaltung wegen der Kapelle, des Reformirten Pfarrers, der Ulnerischen Erben, des Mainzer Domkapitels, und der Stifter zu St. Alban und Stephan m).

Die alte Kirche soll dem heil. Moriz geweihet gewesen seyn. Den Pfarrsaz hat das Kollegiatstift zu St. Andreas in Köln, wegen der weiten Entlegenheit, wie auch zu Odenheim und Stadecken im J. 1323 an das Kollegiatstift U. L. F. zu den Staffeln in Mainz gegen andere Güter zu Gelen und gegen den Pfarrsaz zu Romerskirchen im Köllnischen vertauscht n). Diese Kirche besizen die Reformirten, welche einen eigenen Prediger daselbst haben, der das zur Kreuznacher Inspektion gehörige Ober-Hilbersheim mit zu versehen hat. Die Katholischen haben auf dem Rathhause eine Kapelle, die der Pfar-

---

Aebtissin der Ursulinerinnen zu Köln Agnes von Ysenburg genennet.
l) Man sehe deßfalls, was *Joannis* ad *Parei* hist. Palat. pag. 421 meldet.
m) Der Sänger des St. Stephansstifts, genannt Raps von Osthoven, hat im J. 1362 dem Kapitel einige Korngefälle zu Engelstadt vermacht. vid. *Joannis* rer. Mogunt. Script. Tom. II, pag. 569.
n) *Würdtwein* Dioecel. Mogunt. Tom. I, Comment. II, pag. 169.

rei Sauer-Schwabenheim im Ingelheimer Grunde einverleibet ist.

Den grosen Zehnten beziehet besagtes Liebfrauenstift zu Mainz als eine Zugehör des ehmaligen Patronatrechts; von einigen Bezirken aber die Kurf. Hoffammer, das St. Morizstift zu Mainz, und die von Greiffenflau.

16) **Ensheim.** Dieses Dorf ist von den übrigen ganz abgesondert, indem es 7 Stunden von Stromberg zwischen Spiesheim, Albich und Armsheim, also in der Nähe von Alzei gelegen ist. In einer Urkunde des Klosters Lorsch vom J. 769 kommt ein Dorf Aonenisheim im Wormsgaue vor o), welches das gegenwärtige seyn kann. So mag auch das in einem Schankungsbriefe der Abtei Fulda vom J. 785 genannte Ingsennesheim p) dafür angenommen werden q). Denn in jüngern Urkunden wird dieser Ort noch Anesheim, Ennensheim, Ensenheim geschrieben. In dem oftangezogenen Verpfändungsbriefe über die Veste Stromburg, welche Pfalzgraf Rudolph I im J. 1311 an Graf Symon von Spanheim ausgestellet hat, war auch Ansheim mit begriffen.

Dieses Dorf ist dermalen 41 Häuser stark, worin 50 Familien wohnen. Die Gemarkung enthält 563 Morgen Aecker, 86 M. Wingert, und 51 M. Wiesen.

Ausser diesen Feldgründen besitzet die Kurfürstl. Hoffammer ein Hofgut, welches von dem Hause Nassau-Weilburg an Kurpfalz abgetretten worden ist.

In einer Urkunde vom J. 1299 wird eines Hofs mit Namen Crahencruce bei dem Dorfe Ensentheim gedacht,

---

o) Cod. Lauresh. Tom. II, num. 1392.
p) *Schannat* Corp. Tradit. Fuld. num. LXXI.
q) Dieses geschiehet in den Act. Academ. Palat. Tom. I, pag. 261.

Stromberg.

gedacht, da die Söhne des Wildgrafen Emich III denselben von allem Vogteirecht zu Gunsten des Klosters zu Flonheim losgesprochen r). Im J. 1474 hat Balzer Peter von Bermersheim 10 Morg. Ackers in Kroncruzer Gemark an Drappen Veltin zu Ensheim gegen 7 Malter Korn zu einem wahren Erbbestand verliehen s).

Von dem ehmaligen Kirchenzustande dieses Ortes findet sich, daß Gerlach IV Graf von Veldenz die Kapelle zu Ennensheim im J. 1224 der Kirche U. L. F. zu Flanheim übergeben habe t). Vermuthlich ward solche von dort aus versehen, oder war damals schon ein Filial von Spiesheim. Bei der Kirchentheilung fiel diese Kapelle in das Loos der Reformirten, welche einen eigenen Prediger daran bestellet, und ihm die Orte Erbesbüdesheim und Nack mit zu versehen, übertragen haben. Er stehet unter der Inspektion Alzei. Die Katholischen sind nach Spiesheim und die Lutherischen nach Alzei eingepfarret.

Am grosen Zehnten beziehet die Kurfürstl. Hofkammer ein Drittel, und die Gemeinde zwei Drittel, den kleinen aber der Reformirte Pfarrer.

---

r) Die Urkunde, Actum & datum Maguncie anno Domini MCC nonagesimo nono, III. Kal. Januar. stehet in Joannis rer. Mog. Script. Tom. II, p. 410.

s) Datum anno Dom. MCCCCLXXIIII off Sant Johannstag Baptiste. Merkwürdig ist der Schluß „wessen zu Orkonde, so han ich Balzer Peter, Ketgin myn elich Hußfrauwe, und ich Drappen Veltin, Ketgin myn elich Hußfrauwe obgenannt, fliessillich gebetten den Vesten Junkern Philipps Wilchen von Alzey, unsern lieben Junkern, daß er sin eigen Ingesigel unten an diesen Brief gehangen.„ Dieses ist das nämliche, das die Truchsessen von Alzei geführet haben.

t) Die Urkunde darüber stehet in Act. Acad. Palat. Tom. II, num. II, pag. 289.

Oberamt Bacharach.

Einleitung.

Bacharach gehöret in Ansehung seiner Bestandtheile unter die geringen Oberämter; hat aber doch in vielem Betracht einen besondern Vorzug. Desselben Gebiet erstecket sich nicht über drei Stunde in die Breite, und soviel in die Länge, und wenn das Unteramt Raub davon abgezogen wird, ist dessen Umfang um die Hälfte mehr eingeschränket.

Was das eigentliche Oberamt ausmachet, bestehet in der Stadt Bacharach, und in den sogenannten vier Thälern, die sämtlich auf der linken Seite des Rheins im sogenannten Trachgane a), und in einer mit hohen Bergen angefüllten Gegend liegen. Sie gränzen gegen Morgen und Mittag an das Kurmainzische Gebiet, gegen Abend an das Oberamt Simmern, und gegen Mitternacht an das Kurtrierische.

Das Unteramt Caub liegt auf der rechten Seite des Rheins unterhalb Bacharach, und gehöret zum alten Einrichgaue b). Seine Gränzen er-

---

a) Dieser Gau hies sonst auch Trechira, Tracheri, und Trechere, wie der Abt Bessel in Chron. Gottwic. P. II, Lib. IV, p. 812 bemerket.
b) Und zwar an der Gränze, wo sich der Einrich- von dem

strecken sich gegen Morgen und Mittag auch an das Kurmainzische, und das sogenannte Vierherrische Gebiet, gegen Abend an den Rheinstrohm, und gegen Mitternacht an die niedere Grafschaft Kazenelnbogen.

Von Bacharach weis man nur so viel, daß vor dem XI Jahrhunderte dessen Namen nirgends vorkomme, sondern das vorzüglichste in den am Rheinstrohme, und auf den Bergen, angelegten Burgen bestanden habe, unter welchen die oberhalb bei Bacharach gelegene Burg Staleck die merkwürdigste ist. Sowohl die Erzstifter Trier und Köllu, als andere Klöster hatten in dieser Gegend die meisten Güter und Gerechtsame erhalten, und solche der damaligen Gewohnheit nach wieder an ihre und des Reichs Dienstmanne zu Lehen gegeben.

Schon im J. 1135 kommt ein Graf Goswin von Staleck in einer von Erzbischof Adelbert I zu Mainz der dortigen Burgerschaft ertheilten Freiheitsurkunde unter den Zeugen vor c). Glaublich war der im J. 1143 zur Pfalzgräflichen Würde beförderte Hermann Graf von Staleck desselben Sohn d). Dieser hatte die Burg Staleck nebst der Vogtei über Bacharach von dem Erzstifte Kölln zu Lehen getragen, und nach seinem im J. 1156 erfolgten Tode kam dieses Köllnische Lehen mit der

---

niedern Rheingau scheidet. Sieh Kremers Geschichte des Rhein. Franziens p. 123.
c) *Gudenus* in Cod. diplom. Tom. I, pag. 119.
d) Sieh Herrn Crollius erläuterte Reihe der Pfalzgrafen zu Aachen p. 414 & sq.

Pfalzgräflichen Würde an Kaisers Friedrich I Halbbruder, ben Herzog Konrad von Hohenstaufen. Im J. 1189 empfieng gebachter Pfalzgraf Konrad das Lehen nicht nur für sich, sondern auch für seine Gemahlin Irmengard, und Tochter Agnes zu einem wahren Erblehen e), wodurch es an Pfalzgrafen Heinrich ben Langen, und so weiter an das Durchlauchtigste Wittelsbachische Haus vererbet, mithin für beständig zur Pfalzgrafschaft erworben worden ist. Dieser Köllnische Lehen-Verband ist in der Folge dadurch befestiget worden, daß im J. 1243 Erzbischof Konrad mit Pfalzgr. Otten dem Erlauchten unter Vermittelung des Grafen Heinrich von Sayn einen Vertrag gemacht, Kraft dessen der Pfalzgraf Stalberg, Fürstenberg und Staleck vom Erzstifte zu Lehen tragen, hingegen von selbigem bei diesen Schlössern keinen Zoll abfodern, das Erzstift vor Gewalt schützen, und bessen verpfändete Güter bei Bacharach, Diebach und Heimbach frei wieder heraus geben sollte, dagegen Kölln Verzicht auf die Burg Thuron an der Mosel thun mußte.

Vermög der zwischen den Söhnen Otten des Erlauchten im J. 1255 vorgegangenen Theilung, wodurch dem ältern nebst einem Antheil in Baiern die gesamte Pfalzgrafschaft am Rhein zugeschrieben worden, war Bacharach samt den Thälern schon eine unzertrennliche Zugehör der leztern f). Als sein Sohn, Pfalzgraf Rudolph, sich mit Königs

---

e) Der Lehenbrief stehet in *Freheri* Orig. Palatin. Lib. I. Cap. XI.
f) *Tolner* hist. Palat. Cap. II, pag. 39 sq.

Bacharach.

Adolph von Nassau Tochter Mechtild in eine Eheberedung einließ, und damit ein Heyrathsgut von 10000 Mark löthigen Silbers auf die von Pfalzgraf Ludwig ingehabte Reichslehen angewiesen erhielt, verschrieb er ihr im J. 1294 eben so viel zur Wiederlage und Wittum auf die Burgen Fürstenberg, Staleck, Stalberg, Chube, dann die zwei Thäler Diepach und Bacharach g).

Bekanntlich blieben die Rheinischen Lande zwischen den beiden Brüdern, Pfalzgrafen Rudolph I und Ludwig dem Baier, eine zeitlang ungetheilt. Als aber dieser lezte zum Römischen Könige gewählet war, maßte er sich derselben allein an, und verpfändete sogar ohne Bewilligung seines ältern Bruders die Stadt Bacharach, samt Stalberg, Staleck, Brunshorn und den Thälern im J. 1316 an den Erzbischof Balduin zu Trier h). Durch die im folgenden Jahre zu Stande gekommene Einverständnis des Pfalzgrafen Rudolphs mit gedachtem seinem Bruder, mußte jener in diese Pfandschaft einwilligen, indem darin bedungen worden: „Wir suln auch unsern Willen und Gunst
„geben, um Stahelberg, Stahelegge und
„Brunshorn, die man ze Unterpfand gesezt
„hat, über die Zolle ze Bacharachen, die dem
„Bischof von Mainz, und dem Bischoff von

---

g) Vid. *Oefelii* Script. rer. Boic. Tom. II, pag. 135.

h) *Brower* Annal. Trevir. Tom. II, Lib. XVII, pag. 199 bemerket, daß das Anlehen 58300 Pfund Häller betragen.

„ Tryer und dem König von Behaym versezet
„ sind ꝛc. *i*).

Allein seine darauf bewidmete Gemahlin war damit nicht zufrieden, und ihr ältester Sohn, Pfalzgraf Adolph, lies sich mit den Grafen von Spanheim und von Nassau ums J. 1320 wider den Trierischen Erzbischof in eine Fehde ein *k*), um jene Pfandschaft wieder an sich zu bringen.

Die Sache wurde vermittelt, und im J. 1322 kam ein feierlicher Vertrag zu Stande, nach welchem Mechtild und Adolph ihr Sohn ꝛc. fär sich und ihre Erben, Johann von Nassau und Johann von Sponheim Herr zu Kreuznach, Wallraf Graf von Nassau, Johann Wildgraf von Dune versprechen mußten, den Erzbischof von Trier und sein Stift, auch den edeln König Johann von Böheim in den Häusern Staleck, Stalberg, Brunshorn, Bacharach, Steg, und in Rheinbullen, und was zu Rheinbullen gehört halb, und was ihnen Ludwig der Römische König versezt hatte, auch in den Pfandschaften, so er und der vorgenannte König von Böheim von der Pfalz inhatten, und ihnen von Frau Mechtild und ihrem Sohne Herzog Adolph beståttigt war, ruhig sizen zu lassen, bis daß er oder sein Stift 30 tausend Pfund Håller auf dem Zoll zu Bacharach, und der König von Böheim 20 tausend Pfund Håller bezogen haben würden. Mainz sollte jårlich zur Besserung der Håuser oder Schlösser 200 Gulden

---

i) Geschichte des Baierisch-Pfälzischen Hausvertrags von Pavia Urkunde num. XVIII.

k) *Trithemii* Chronic. Sponh. ad annum MCCCXXXIV.

in Abschlag nehmen, und im Besitze der Pfandschaft von Fürstenberg und Stromberg bleiben,
auch die Burgleute vom Zoll bezahlet werden.
Ferner damit der Erzbischof den Grafen Simon
von Spanheim begnadige, sollte dieser die Burg
Kirchberg, die Herzogs Adolphs Lehen war, forthin von ihm und seinem Stift empfangen 2c. *l*).

Ungeachtet dessen wurden in dem bekannten Pavischen Theilungsvertrag vom J. 1329 Caub, Burg
und Stadt, der Pfallenz Grafenstein, Stalberg
„ die Burg, Staleck die Burg, Brunshorn die
„ Burg, Bacharach, Diepach, Steg, Mann-
„ bach, Heimbach, Drechtershausen die Thäler,
„ Rheinböllen der Mark, Fürstenberg die Burg,
„ Reichenstein die Burg 2c. den Pfalzgrafen Rudolph II und beiden Ruprechten ausdrücklich zuerkannt; und im J. 1338 befahl Kaiser Ludwig dem
König Johann von Böheim, und Erzbischoffe Baldewin zu Trier, mit den versezten Vesten dem Herzog Rudolph und beiden Ruprechten, denen es zu
Theil geworden, gehorsam und gewärtig zu seyn.

Dennoch hat obgedachter König sogar in seinem
Testament vom J. 1340 verordnet, daß seine auf
dem Zoll und der Burg zu Bacharach gehabte Gefälle seiner Grafschaft Luxenburg anklebig bleiben
sollen *m*). Aber im J. 1342 hat sich Erzbischof
Baldewin, und eben dieser König Johann mit bei-

---

l) Was die Gesta Trevirorum in *Honthemii* Prodrom. hist.
Trevir. Tom. II, pag. 832. von einer Versöhnung enthalten, scheinet einen Bezug auf diesen Vergleich zu haben.

m) *Bertholet* hist. de Luxembourg Tom. IV, pag. XXXIX sq.

den Pfalzgrafen Ruprechten endlich vertragen, daß sie beide lebenslang bei ihrem Pfandrecht und dessen Besitze verbleiben, und erst nach ihrem Tode alles wieder an die Pfalzgrafen und ihre Erben fallen sollte.

Im J. 1345 befahl K. Ludwig alle Turnosen auf dem Zoll zu Bacharach dem Pfalzgraf Ruprecht dem ältern, bis auf fernern Bescheid, einzuraumen, und vergönnte diesem auch im folgenden Jahre alle verpfändete dem Reiche zuständige Turnosen bis auf Wiederruf einzunehmen. Da um diese Zeit durch das Absterben des Erzbischoffes Baldewin und des Königs Johann obiger Fall sich ergab, daß die Pfandschaft zur Pfalz heimfällig worden, und die beiden Ruprechten sich bei dieser Gemeinschaft nicht vertragen konnten, so wurde die Sache durch K. Karl IV und die Erzbischöffe Mainz und Kölln im J. 1353 dahin entschieden, daß dem jüngern Ruprecht **Fürstenberg, Dyepach** und **Manebach**, ferner an **Stalberg, Staleck** und **Brunshorn** ein Dritteil, an **Kub, Pfallenzgrevenstein** und an den Zöllen zu Bacharach auch ein Dritteil ausgeliefert werden mußten *).

Beide Ruprechten machten sodann in den J. 1357, 68 und 78 Erbvereinigungen unter sich, wonach „Stalecke die Veste oben uff Bacharach „gelegen, und Bacharach die Stadt, Steege „der Thal und Stalberg die Veste dabei gele-

---

*) Die Urkunden hievon sind unter den Beilagen in Notam. super *Struvii* Formul. Successi. Palat. Lit. B & C.

„gen, Cube Burg und Stadt, und die Veste
„Pfalzgravenstein in dem Rhein, Fürsten-
„berg die Veste, Diebach und Mannebach
„die Thäle, auch Surburg die Burg ꝛc. ewiglich bei der Pfalz bleiben sollten o). Dieses ist
durch die sogenannte Rupertinische Konstitution
vom J. 1395 bestättigt, und in der unter K. Ruprechts Söhnen vorgegangenen Haupttheilung vom
J. 1410 so befolget worden, daß Bacharach mit
allen Zugehörungen dem ältesten Sohne, Kurf.
Ludwig III, zum voraus angewiesen ward, der
auch im J. 1412 von sämtlichen Unterthanen die
Erbhuldigung eingenommen hat. Seit diesem ist
bis auf den heutigen Tag das ganze Amt stets bei
der Kurlinie verblieben.

Die Fruchtbarkeit desselben bestehet vornehmlich in dem Weinbaue, wozu die von der Sonne
bestrahlten Berge, und das aus verwitterten Schie-
fern oder Leyen bestehende Erdreich das meiste beitragen. Die Güte des allda wachsenden rothen
und weisen Weins ist von alten Zeiten her bekannt
und berühmt. Der Getraidbau dagegen ist best-
geringer, und zur Viehezucht gebricht es an Weid
und Wiesen; auch sind die Waldungen zur jährlichen Holznothdurft nicht zureichend. Ein groser
Nahrungszweig aber ist die Handlung und Schiffarth auf dem vorbei fliesenden Rheinstrohme.

Das ganze Oberamt wird 1) in die Stadt Ba-

---

o) Die Urkunden darüber finden sich unter den Beilagen
der in der Pfalz-Veldenzischen Successionssache ꝛc. heraus gekommenen Gegen-Repräsentation num. 4, 5
und 6.

charach und die dazu gehörigen sogenannte vier Thäler, 2) in das Unteramt Caub, und 3) in das kleine Gericht Holzfelden eingetheilet. In allen dazu gehörigen 14 Ortschaften und Höfen zählte man im lezten Jahre 1180 Familien, 4760 Seelen; 15 Kirchen, 9 Schulen, 990 burgerliche und gemeine Häuser, 16 Mühlen; 4246 Morgen Aecker, 908 M. Wingert, 832 M. Wiesen, 15 M. Gärten, 127 M. Weid, und 4777 M. Wald.

Die Gerichtbarkeit anlangend, so wurde solche anfänglich durch Vögte, hernach durch Burggrafen und endlich durch Amtmänner verwaltet. Henricus de Stalecke Advocatus kommt in der Stiftungsurkunde des Nonnenklosters Chumbd bei Simmern im J. 1196 unter den Zeugen vor *p*). Vielleicht aber hatte damals eine jede Burg ihren besondern Burggrafen, welche den dazu gehörigen Unterthanen vorstunden, ehe die einzelne Stücke in ein Ganzes zusammen geflossen sind. So findet sich im J. 1310 Johann Fohß, (das ist Fuchs) Vogt zu Bacharach *q*).

1361 Werner Knebel von Kazenelnbogen, Burggraf zu Staleck.

1379 Diether Knebel von Kazenelnbogen, Burggraf zu Staleck *r*).

---

p) In Act. Acad. Palat. Tom. III, pag. 97.

q) Kremers Beiträge zur G. und B. Gesch. III Band, S. 135.

r) In *Weneckeri* apparatu Archiver. p. 227.

Bacharach.

1397 Wilhelm von Waldecke, Burggraf zu Stalberg s).

1406 Altmann von Bettendorf, Burggraf zu Bacharach.

1420 Heinrich Wolf von Spanheim, Burggraf zu Bacharach.

1428 Wilhelm Knebel von Kazenelnbogen, Burggraf zu Stalberg.

1446 Werner Knebel von Kazenelnbogen, Burggraf zu Stalberg, und

Gerhard Knebel von Kazenelnbogen, Schultheis zu Bacharach t).

1452 Johann Boos von Waldeck, der Alte, Amtmann zu Bacharach u).

1472 Peter von Albich genannt Derheimer, Amtmann.

1491 Ernst Wilheymer, Amtmann, vorhin zu Stromberg x).

1500 Eberhard Vetzer von Gelspitzheim, Amtmann zu Bacharach.

1509 Michael Haberkorn von Zellingen.

1518 Utz Landschad von Steinach.

1536 Philipp Wolf von Sponheim.

---

s) *Gudenus* Cod. diplom. Tom. III. pag. 617. kommt bis ins J. 1405 vor.

t) Diese und die vorigen führet auch Humbracht in seinen Tabellen an.

u) Kremers Geschichte Kurf. Friedrichs I. in den Urkunden num. 16. pag. 49.

x) In der wegen der Daunischen Succession heraus gekommenen Druckschrift, die Verwandschaft ꝛc. wird er Wolfsheimer, in der gründlichen Ausführung Wilheimer genannt.

1540 Johann Beuſer von Ingelheim y).
1550 Meinhard von Walbrunn.
1558 Philipp Wolf von Spanheim.
1563 Nikolaus von Reblingen.
1566 Johann Philipp Landſchad von Steinach.
1570 Sifried von Dienheim.
1571 Mainhard von und zu Schönberg z).
1591 Konrad von Obentraut, Amtmann.
1594 Luither Quadt von Wickerad a).
1604 Heinrich Dieterich von Schönberg b).
1614 Johann Erhard Knebel von Kazenelnbogen.
1632 Hanns Otto von Schönberg, Amtmann.
1660 Ludwig von Rockelſing, Oberamtmann.
1688 Kaſimir Heinrich von und zum Steinkallenfels, Amtmann.
1690 Franz Eberhard Ketzgen zum Klee, Amtmann.
1693 Ferdinand Freiherr von Sickingen, ver-
tauſchte dieſe Stelle
1705 an Franz von Sickingen, ſeinen Sohn, gegen Bretten.
1708 Heinrich Wilhelm des vorigen Sohn.
1721 Johann Arnold Freiherr von Metternich zu
Holtmühlen.
1727 Johann Wilhelm Freiherr von Metternich,
deſſen Sohn.

---

y) Alle vier obige vermöd Kurf. Ludwigs V Diener-Buches.
z) Ebenfalls in Kurf. Friedrichs III Diener-Buche.
a) Er war Geſandter auf dem zu Regenſpurg im J. 1594 gehaltenen Reichstage. vid. Kochs Reichsabſchiede Tom. II, pag. 446.
b) Dieſer, und alle übrigen ſind aus den Rechnungen der Zollſchreiberei gezogen.

1738 Joseph Freiherr von Metternich, der lezte Amtmann, indem diese Stelle im J. 1743 eingezogen worden ist.

Stadt Bacharach.

Sie liegt am linken Ufer des Rheinstrohms, drei Stunden unterhalb Bingen, und zwanzig Stunden unter Mannheim. Einige wollen derselben Namen von einem Bacchus, der lang vor Christi Geburt sich am Rheinstrohme niedergelassen, und daselbst die ersten Reben gepflanzet haben solle, herleiten, die Erbauung der Stadt selbst aber dem Fränkischen König Pharamund zuschreiben. Andere glauben, daß die Römer von der Güte des daselbst wachsenden Weins eingenommen, dem Abgott Bacchus einen Altar errichtet, und den Ort Bacchi Aram genennet haben, woraus der heutige Namen Bacharach entstanden sey c).

Aber bei allem dem so hoch gepriesenen Alter geschiehet in den noch zur Zeit bekannten Urkunden keine Meldung davon, bis der Trierische Erzbischof Bruno im J. 1119 dem Stifte St. Andreas zu Köln die Kirche des Dorfes Bachrecha, und die vorhin dazu gehörig gewesenen zwei Theile des dortigen Zehnten wieder eingeraumet und bestättiget, auch von dem übrigen dritten Theile, welchen der Priester gedachter Kirche zu genießen hatte, eine jährliche Abgabe von siebenthalb Mark verwilliget hat d). Bacharach war also damals noch von keiner Bedeutung, und erst nach dieser Zeit mögen die daselbst residirenden Grafen von Staleck und Pfalzgrafen die Erweiterung desselben veranlasset haben. Es wird dafür

---

c) Davon handelt *Marqu. Freher* in Orig. Palat. Libr. II, Cap. XVIII ausführlicher, und Herr *Andreae* in seinem 1776 ans Licht gestellten Bacharaco illustrato.

d) Die Urkunde darüber stehet in Act. Acad. Palat. Tom. III, p. 98, num. 14.

gehalten, daß erst um die Mitte des XIV Jahrhunderts entweder K. Ludwig der Baier oder K. Karl IV den Ort mit städtischen Freiheiten begabt, K. Ruprecht aber ums Jahr 1400 mit Ringmauern umfangen, und mit der oberhalb gelegenen Burg Staleck verbunden habe. Wenigstens wird er in der Erbordnung der Pfalzgrafen Ruprecht des ältern und des jüngern vom J. 1368 zum erstenmal eine Stadt genannt.

Ihrer Lage nach zwischen dem Rhein und einem steilen Gebirge konnte ihr Umfang niemals beträchtlich seyn, so daß auch vor dem Ausbruche der Böhmischen Unruhen ihre Bevölkerung nicht über 250 Familien betragen hat. Nichts desto weniger hatte sie ein desto herrlicheres Ansehen, weil ihre bis an die Burg Staleck angeschlossene Ringmauern mit sechzehen hohen Thürmen gezieret, auch die Stadt selbst mit Kirchen und andern ansehnlichen Gebäuden an dem aufsteigenden Berge gezieret war e).

Was diese Stadt nebst der Burg Staleck in dem dreißigjährigen und Französischen Kriege ausgestanden, da solche vom J. 1620 bis 1640 achtmal erobert, viermal ausgeplündert, und endlich im J. 1689 gar in Brand gestecket worden, findet sich anderwärts genugsam beschrieben f).

Zu dem städtischen Gebiete werden drei geringe Weiler gerechnet, welche das Burgerrecht geniesen, folglich mit der Stadt eine Gemeinde ausmachen.

1) **Neurath**, insgemein **Narath** genannt, liegt eine viertel Stunde oberhalb der Stadt auf dem Berge gegen Mittag.

2) **Medenschied**, ebenfalls oben auf dem Berge

---

e) Davon gibt der Abdruck in *Meriani* Topographia Palatinatus ad Rhenum den anschaulichen Beweis.
f) Sieh Kaisers Schauplaz der Stadt Heidelberg und den Rheinischen *Antiquarius* p. 454.

etwas gegen Niedergang, von Narath eine viertel Stunde entfernt.

3) Henschhausen, eine halbe Stunde unterhalb der Stadt gegen Mitternacht auf dem Gebirge, nächst dem Kurtrierischen Dorfe Lengschied.

Desgleichen liegt hinter der Stadt im Thal ein geringer Weiler Naubeim genannt, welcher nur aus fünf Häusern bestehet, und der Stadt zuständig ist. Dabei befindet sich ein Hof der Probstei Hirzenach.

Von der Burg Staleck Alter und Ursprunge hat man keine gewisse Nachricht. Vermuthlich hatte solche ihre besondere Burgmänner, wofür ein im J. 1211 vorkommender Heinrich von Stalecke, im J. 1213 Giselbert, und im J. 1242 Alexander von Stalecken g) gehalten werden können. Bruder Eberhard, welcher im J. 1180 das Cisterzer Nonnenkloster Thumbd bei Simmern gestiftet hat, soll auch von dieser Burg gebürtig, und sein Vatter, Wolfram von Stalecken, des Pfalzgrafen Konrad Dienstmann gewesen seyn. Pfalzgraf Konrad hat sich öfters hier aufgehalten und verschiedene Urkunden ausgefertiget. In einer solchen dem Kloster Ravengirsburg im J. 1190 ertheilten Urkunde wird diese Burg Stalekun genennet h), welches Anlaß gegeben zu glauben, daß dieselbe von den Hunnen erbauet worden sey i). Sie war übrigens für damalige Zeit in einem haltbaren Stande, und konnte wegen ihrer hohen Lage sowohl die Stadt, als die Schiffahrt auf dem Rheine beschützen. Sie hatte einen runden Thurm, woran die Mauern 14 Schuhe dick gewesen. Der Weg aus der Stadt war auf beiden Seiten mit Mauern und

---

g) In *Joannis* Spicil. Tabul. veter. num. I, p. 278. *Gudenus* Sylloge dipl. p. 84. und in *Crollii* Orig. Bipont. vol. I, C. IV, p. 145.

h) In Castro nostro *Stalekun*; so endiget sich diese Urkunde in *Freheri* Orig. Palat. Lib. I, Cap. XI. und in *Tolneri* hist. Palat. Cod. diplom. num. LXV.

i) Sieh *Tolner* l. c. p. 295.

Wällen, der Eingang aber mit drei Pforten unter hohen Thürmen nacheinander verschlossen. Kurf. Karl Ludwig ließ diese Berg-Vestung im J. 1666 wieder einiger masen herstellen, aber in dem bald darauf erfolgten Französischen Kriege wurde alles mit Gewalt zerstöhret und versprenget.

Auf der südlichen Seite, zwischen Bacharach und Rheindiebach, stehet annoch das zerfallene Mauerwerk einer Kirche, und dabei befindlichen Gebäudes, welches man Fürstenthal nennet. Es war ein Klösterlein des Wilhelmiten Ordens, und lag an der sogenannten Winzbach nächst der alten Burg Fürstenberg. Solches ist entweder von beiden Pfalzgrafen Rudolph I und seinem Bruder Ludwig, oder leztern allein zu Anfange des XIV Jahrhunderts gestiftet k), nach der Reformation aber aufgehoben, und die Güter zur Kurfürstl. Kammer gezogen worden. Diese sind dermalen in einen Erbbestand verliehen.

Eine halbe Stunde unter Bacharach, auf der sogenannten Püzbach, der Stadt Kaub gegen über, lag das alte Zollhaus an dem Rhein, bei welchem vor Zeiten der Rheinzoll entrichtet werden mußte.

Dieser Rheinzoll ist ein Vorbehalt der Königlichen Kammer gewesen, bis die Kaiser denselben nach und nach verpfändet haben. Im J. 1317 waren verschiedene Stände, nämlich die Erzbischöffe von Mainz und Trier, der Raugraf Georg, der Herr von Brunshorn, Engelhard von Weinsperg, ein Jud Namens Abraham, die Gemeinde Bacharach, Berthold Graf von Kazenelnbogen und Heinrich von Köln daran bethei-

---

k) In *Oefelii* Script. rer. Boic. Tom. I, p. 364 heiset es hievon: „Ludovicus fundavit claustrum in *Wundespach*
„ de ordine S. Wilhelmi, locavit Fratres prope Fursten-
„ berg. „ Herr *Oefele* sezet hinzu, immo & frater ejus Rudolphus.

theiliget *l*). So wurden auch deſſen Gefälle dem Erzbiſchof Baldewin von Trier, und König Johann von Böhmen im J. 1322 zu Abtilgung der auf Bacharach und die Thäler geſchoſſenen 50tauſend Pfund Häller zum Genuſſe angewieſen. K. Ludwig verwilligte dem Pfalzgrafen Ruprecht I alle verſezte Turnoſen bis auf weitern Beſcheid einzulöſen *m*). Gedachter Pfalzgraf brachte auch im J. 1358 den halben Zoll von dem Grafen zu Saarbrücken, ſodann von Godefried Grafen von Hohenlohe, und Johann Boos Marſchalken von Waldeck verſchiedene Turnoſen an ſich *n*). Im J. 1378 bewilligten beide Pfalzgrafen, Ruprecht der ältere und jüngere, der „Gräf„vin von Naſſau, Johanna von Saarbrücken, ih„ren Erbturnoß zu Bacharach an Seifried von Lin„dau, Ritter, auf Wiederlöſe zu verſezen.„ Dieſer Seifried von Lindau, und Johann ſein Bruder, Domherr zu Mainz, verkauften 1412 den halben Erbturnos zu Bacharach für 200 Gulden an Pfalzgr. Ludwig III, und als dieſer das neue Stift zum heil. Geiſt in Heidelberg mit dortiger hohen Schule damals vereiniget, hat er den drei Fakultäten gewiſſe Pfründen auf die Zölle zu Bacharach und Kaiserswerth angewieſen *o*).

Um dieſe Zeit ſcheinen die meiſten Turnoſen des Zolls eingelöſet, und nur noch wenige zu Lehen begeben geweſen zu ſeyn. Im J. 1459 geſtattete Diether Knebel von Kazenelnbogen dem Kurf. Friedrich I ſein Burglehen Gelt, nämlich 12 Mark auf dem Zoll zu Bacharach einzunehmen, und bedung ſich dagegen das Schultheiſenamt zu Winternheim aus *p*).

---

l) Vermög einer Beilage zur Geſchichte des Vertrags von Pavia num. XIX.
m) Acta Comprom. apud *Chlingensperg* pag. 129.
n) Ibid. pag. 92, 93 & 116.
o) In den Act. Acad. Palat. Tom. I, pag. 395 ſq.
p) Hievon ſiehe oben S. 322.

Herzog Friedrich zu Simmern bekannte im J. 1478, daß von 655 fl. jährlicher Gült auf den Zöllen Bacharach und Kaub durch besagten Kurf. 200 fl. mit 4000 fl. Hauptgelds, und hernach durch Kurf. Philipps wieder 100 fl. mit 2000 fl. Hauptgelds abgelöset worden seyen.

Dieser Herzog Friedrich empfieng aber noch im nämlichen Jahre einen Turnos auf dem Zolle zu Bacharach zu Mannlehen, so daß er und seine Erben, wenn solcher von Pfalz mit 5000 fl. eingelößt würde, selbigen mit andern eigenen in der Pfalz gelegenen Gütern ersezen und fortbin wieder zu Mannlehen empfangen sollten. Auf solche Weise ward endlich der ganze Zoll nach und nach von aller Pfand- und Lehenschaft entlediget. Nur die hohe Schule zu Heidelberg ist in dem Genusse der ihr verwilligten Turnosen bis heutigen Tags verblieben.

Gleich unterhalb der Stadt ist eine veste Insel mitten in dem Rhein von ungefähr 30 Morgen Landes. Vor einigen hundert Jahren hat der Zollschreiber, Nikolaus von Buchen, eine Summe Geldes den Pfalzgrafen vorgeschossen, und dafür ward ihm diese Insel zu Lehen verschrieben. Dermalen besizet solche das Geschlecht von Heiles in gleicher Eigenschaft, und wird daher insgemein Heilesen-Insel genannt. Zwischen dieser Insel und dem rechten Ufer des Rheins liegt der merkwürdige Stein, welcher selbst in der oberamtlichen alten Regalien-Beschreibung Ara Bacchi genennet wird. Er kan aber nur bei niedrigem Wasser gesehen werden, und wird niemals so weit entblöset, daß man die darauf eingehauen seyn sollende Buchstaben lesen könnte.

Die hier vom Gebirge in den Rhein fallende Bächlein sind die *Winzbach*, die *Bombach*, die *Leimbach*, die *Münzbach*, und das *Pfinzbächlein*. Vorlezte rinnt aus dem Steeger Thale herunter, lauft durch die Stadt, treibt zwo Mahl- und drei Lohmühlen.

Bacharach.

An dieser war vor Zeiten die Pfalzgräfliche Münzstätte befindlich, von welcher sie auch den Namen führet, weil sie zum Schmelz- und Prägwerke gedienet hat. Die alten Pfalzgrafen des XIV und XV Jahrhunderts liesen Goldgulden, Groschen und sogenannte Rader-Albus daselbst schlagen, auf welchen dieser Prägort ausdrücklich genennet wird *q*).

Von der Stadt aus durch einen Theil des Steeger Thals ist zu unsern Zeiten eine erhabene Landstrase den Berg hinauf mit grosen Kösten angelegt worden, um die auf dem Rhein ankommende Waaren über Rheinböllen und Simmern bis an die Mosel bequem verführen, und dagegen wieder andere zum einschiffen hieher verbringen zu können. Ein dabei errichteter Stein hat folgende Inschrift zum Andenken:

CAROLVS THEODORVS
ELECT. PALAT.
VIAM HANC REGIAM
AB AEVO INACCESSIBILEM
UTIL. PUB.
FIERI CURAVIT AN. REG. XI.

In der Stadt und den dazu gehörigen Weilern zählt man 305 Familien, 1321 Seelen, 4 Kirchen, 5 Schulen, 266 burgerliche und Gemeinhäuser. Die Gemarkung enthält 870 Morgen Ackerfeld, 208 M. Wingert, 159 M. Wiesen, und 1240 M Wald.

Freigüter gehören theils der Kurpfälzischen, theils der Kurköllnischen Hofkammer, sodann den Grafen von Degenfeld, der Probstei Hirzenach, dem städtischen Hospital, und dem von Heiles. Die Grafen

---

q) Die Goldgulden hat Herr Exter zu Zweibrücken in dem Versuche einer Pfälzischen Münzsammlung I Theil pag. 21 & sq. sodann II Theil pag. 269 bis 279 meistens verzeichnet. Die kleinen Silbermünzen aber sind in Joachims Groschen-Kabinette XI Fache in Kupfer gestochen.

von Degenfeld haben einen eigenen Hof in der Stadt, darin ein Keller oder Empfänger ihrer Gefälle wohnet.

Vor der Reformation waren in der Stadt und ihren zugehörigen Weilern verschiedene Kirchen, Kapellen und Pfründen, nämlich die St. Peters- und St. Werners Kirchen, wozu 6 Altäre gehörten. Ferner die St. Michels-Kapelle, und die heil. Geist-Kapelle im Hospital. In allen diesen Kirchen waren auch verschiedene Bruderschaften gestiftet. Die Verleihung der Pfründen stund dem Stift St. Andreas in Köln zu, und ein Theil davon hatte in dessen Namen der zeitliche Pfarrer zu verleihen.

In der Burg Staleck war auch eine Kapelle. Pfalzgr. Ruprecht der ältere stiftete zum St. Paulusaltar daselbst 50 Pfund Häller jährlich auf alle Turnosen der Zölle zu Kaub und Bacharach, behielt sich aber das Verleihungsrecht ausdrücklich vor, von dessen Ausübung auch Beispiele vorhanden sind r). Endlich kaufte Kurf. Ottheinrich das Patronatrecht der Kirchen sowohl in der Stadt als in den Thälern, nebst der Dechanei, Stiftshäusern, Zehnten und

---

r) In dem geistlichen Lehenbuche heißet es: Philippus D. G. C. P. Rheni &c. Venerabili ac fideli nostro Domino Steffano de Ruremunda pastori in Bacharach sal. Ad Cappellaniam altaris S. Pauli in Castro nostro Staleck Trev. Dioec. per liberam resignationem Hartmanni de Ickstadt ad praesens vacantem, cujus jus patronatus & praesentandi ad nos pertinere dinoscitur, honorabilem Dominum Johannem Keppel de Kempnat, paedagogum filiorum nostrorum, ac Cappellanum altaris . . . in Cappella Castri nostri Heidelberg vobis praesentamus &c. Datum Heidelberg . . . . 1484. „Item im Sloß Staleck obwendig Bacharach ist eyn Pfründlein, das hat myn gnedigster Her Pfalzgraue zu verlyhen ꝛc. sust, so schreibt der Zollschreiber daselbst, daß im von keyner Pfründ nits wissent sy, die myn gnedigster Her in diesem Ampt zu verlyhen hab, die andern Pfründen all in den Pfarrkirchen stent eym Pastore zu Bacharach und dem Kapitel zu St. Andree zu Cöln zu verlyhen.

übrigen Gefällen, mit Bewilligung der beiden Erzbischöffe zu Trier und Köln dem Kapitel des St.
Andreasstiftes im J. 1558 um 50 tausend Reichsthaler ab s). Schon vorher hatte die Reformation
dahier einen Anfang genommen t). Unter den folgenden Kurfürsten hatte das Religions- und Kirchenwesen, gleich den übrigen Oberämtern, ein abwech-
selndes Schicksal, bis durch die Religionserklärung
vom J. 1705 vestgesezet worden, daß den Katholischen die St. Werners- und den Reformirten die
grose St Peters Kirche verbleiben solle. Gedachte
St. Werners Kirche liegt hinter der Stadt auf einem Hügel, und hat ihren Ursprung von einem alda
begrabenen Knaben Namens Werner, von Warmsrod im Oberamt Stromberg gebürtig, welchen die
Juden im J. 1287 seinen Eltern geraubet und zu
Ober-Wesel gemartert haben u). Nachdem die
Wallfahrten dahin in Abgang gekommen waren, hat
der Erzbischof Johann von Trier mit Bewilligung
des Kurf. Friedrichs II im J. 1548 dem Stift St.
Magdalene in Besanzon, einen Finger, und ein
Stuck vom Schweistuche gedachten Martyrers geschenket x); das übrige seines Leichnams sollen die
Spanier im dreisigjährigen Kriege mit sich genommen haben. Da nun dieses Kirchlein eine lange Zeit
über weder gebraucht noch unterhalten worden, so
konnten die Katholischen sich dessen nicht bedienen,
sondern mußten die Kapuzinerkirche zu ihrer Pfarrei
wählen. Diesen Religiosen hatte nämlich Kurf. Philipp Wilhelm ein Kloster zu erbauen gestattet, wozu
sie an dem Rheinufer den 24ten Brachmonats im
J. 1688 den ersten Grundstein geleget, nachdem ihnen Kurf. Maximilian Heinrich zu Köln zum Behu-

---

s) Acta Comprom. in causa Praetens. Aurel. pag. 121.
t) Sieh Kuchenbecker Analecta Hassiaca coll. VIII, p. 424.
u) *Trithemii* Opera historica p. 200 & 292.
x) *Hontheim* hist. Trevir. dipl. Tom. II, p. 713, num. 990

se eines Begräbnisses 16 Ruthen Landes geschenket hatte y). Diese Klosterkirche ist also dermalen die ordentliche Pfarrkirche, welche den heil. Niklaus zum Patronen hat, und bei welcher alle Dörfer, Weiler und Höfe auf der linken Seite des Rheins eingepfarret sind. Sie gehöret zur Trierischen Diöces und in das Bopparter Landkapitel. Den Katholischen gehöret auch das Kirchlein im Hospital zum heil. Geist, und die Schulkapelle, welche ebenfalls von den Kapuzinern versehen werden. Die Reformirten besizen die grose Stifts- oder St. Peterskirche, die von einem Prediger, der gemeiniglich auch Inspektor der Bacharacher Klasse ist, und einem Pfarrdiakon versehen wird. Dann haben die Augsp. Conf. Verwandten auch eine eigene Kirche erbauet, in welcher alle übrigen Orte des Ober- und Unteramts eingepfarret sind.

Den Hauptzehnten, sowohl von Wein als Getraid, beziehet die Kurpfälzische Hofkammer; von einem besondern Bezirke aber Kurköln und die Sohler von Grarod in Gemeinschaft. Vor Zeiten hatte obgedachtes St. Andreasstift diesen Zehnten an den Erzbischof zu Mainz auf Wiederlöse verkauft. Aber im J. 1260 mußte solcher zurückgegeben werden, und Mainz auf allen von Pfalz daran erlittenen Schaden Verzicht thun. Auch hat Kurköln einen Freihof in der Stadt, welchen man den Saal nennet, und worin desselben Schultheis wohnet. Nach dem Kurpfälzischen Regalienbuche vom J. 1678 soll dieser Hof auch das Kummerhaus geheisen haben, und darin ein Gefängniß gewesen seyn, welches Kurköllnisches Bekümmerungsrecht aber schon längst von Kurpfalz abgeschaft worden. Besagter Schultheis hatte vor Alters den Vorsiz bei dem Gericht und den Staab zu halten; es war ihm aber ein Kurpfälzischer Fauth zur

---

y) Die Schankungsurkunde ist geben zu Bonn den 24ten Jänner 1688.

Seite gesezt, um die Hoheitsrechte zu beobachten, ein Gebrauch, der ebenfalls schon lang in Abgang gekommen.

Das Oberamt wird durch einen Landschreiber, und Oberamtsschreiber verwaltet. Ersterer versiehet dabei die Kammeral-Kellerei und Rheinzollschreiberei; der andere aber die Ausfauthei. Zu Besorgung der Rheinzollgefälle ist ein Beseher, ein Gegen- oder Nachschreiber, und ein Nachgänger bestellet. Ferner hat die geistliche Verwaltung ihren eigenen Empfänger in der Stadt. Zur Einnahme des Landzolls ist ein besonderer Zöller, und zum Forstwesen des ganzen Oberamts ein Förster angestellet, der von dem Forstmeister zu Simmern abhanget.

Der Stadt- und sogenannte vier Thäler-Rath, stehet in einer unzertrennlichen Gemeinschaft. Seit gewissen Jahren ist ein besonderer Kurfürstl. Schultheiß diesem Rath vorgesezt. Neben ihm sind vier abwechselnde Burgermeister von Seiten der Stadt, ein Rathschreiber, und ein Empfänger. Bacharach führet in seinem Wappen und gröfern Siegel einen quer getheilten Herzschild, in dessen obern schwarzen Felde der Pfälzische goldene Löwe, im untern silbernen die blaue Baierschen Rauten stehen. Das kleine Siegel aber stellt nur den Pfälzischen Löwen vor.

Das Thal Steeg.

Es liegt in dem aufsteigenden Bacharacher Thale, und begreift die beiden Dörfer Steeg und Breitschied, ersteres nur eine halbe, lezteres aber anderthalb Stunden von der Stadt west- und westnordwärts entfernt. Von beiden Orten trift man vor dem XIII Jahrhundert keine Nachricht an. Erst in einem Lehen-Revers vom J. 1287 kommt Dubo von Stegen unter den Zeugen vor z). Das merkwürdigste ist die hinter dem Dorfe Steege rechter Seite auf einem Berge gelegene alte Burg Stalberg, welche vermög des oben in der Einleitung angeführten Vertrags zwischen dem Erzstift Köln und Pfalzgraf Otten vom J. 1243 lezterer als ein Kölnisches Lehen hat erkennen müssen. In der Folge aber ward solche dem Erzstifte Trier lehenbar, und mit der Burg Staleck, wie auch den Thälern Bacharach und Steeg von K. Ludwig dem Baier im Anfang seiner Regierung an eben dieses Erzstift verpfändet. Dazu gehörten verschiedene Burgleben, und waren auch öfters eigene Burggrafen darauf. Sie diente vornehmlich zu Bedeckung des Passes, welcher von dem Gebirge durch die Thäler und Bacharach an den Rhein führet; ist aber in den Kriegszeiten des vorigen Jahrhunderts ebenfalls verstöhret worden, so daß dermalen nur noch das verfallene Mauerwerk davon übrig ist.

Etwas weiter von Stalberg, eine halbe Stunde vom Dorfe Steeg, liegt in einem auf rechter Seite befindlichen kleinen Thale der Dorweiler Hof, welcher dem Erzstift Köln zuständig ist. Das Kloster Ravengirsburg kaufte im J. 1290 einige Güter in villa Dorwilre a), worunter dieser Hof ohne Zweifel verstanden werden muß, weil gedachtes Kloster noch würklich mehrere Güter in der Steeger Gemarkung besizet.

Die bei Bacharach bemerkte Münzbach entspringt im Gebirge, lauft durch das Dorf Steeg, und treibt darin die sogenannte Kübels- unterhalb aber die Hasenmühle. Auch ziehet die vom Rhein auf den Hundsruck angelegte Hauptstrase durch das Dorf, worin der Zoll erhoben wird.

Die dazu gehörigen Inwohner bestehen in 170 Fa-

---

z) *Tolner* hist. Palat. Cod. diplom. pag. 76.
a) *Wurdtwein* Subsid. diplom. Tom. V, pag. 430.

milien, 684 Seelen: die Gebäude in einer Kirche, 3 Schulen, 126 burgerlichen und gemeinen Häusern. Die Gemarkung enthält 126 Morgen Aecker, 166 M. Wingert, 85 M. Wiesen, und 127 M. Wald.

Freigüter besizen die Kurpfälzische und Kurköllnische Hofkammern, die geistliche Verwaltung wegen des Klosters Ravengiersburg, die Probstei Hirzenach, das Stift Münster Meyenfeld, der Graf von Degenfeld, der von Waldpott-Bassenheim, und die Freiherrn von Stein zu Nassau.

Vor der Reformation war in dem Dorfe Steeg eine Hauptkirche zu St. Annen mit mehrern Altarpfründen und Bruderschaften. Unterhalb gegen Bacharach, zwischen Steeg und Rauheim, lag die St. Jostenkapelle, und im Dörflein Breitschied eine andere des heil. Antons, welche beide aus Mangel der Unterhaltung schon längst eingegangen sind. Nur die grose St. Annenkirche ist beständig zum Gottesdienst beibehalten worden. Auf der Burg Stalberg war gleichfalls eine Kapelle zur Ehre des heil. Petrus, welche die Pfalzgrafen zu vergeben hatten b). Pfalzgraf Ruprecht der ältere that in seinem Testamente vom J. 1471 folgende Erwähnung sowohl von dieser als der oben bei Staleck bemerkten Kapelle: „Auch „han wir in unser Vesten Staleck über Bacharach „gelegen uf dem Altare daselbs eine ewige Messe „in Ehre Sant Paulus uffgeracht. So ist auch uf „unser Veste Stalberg über Stege gelegen in der „Capellen daselbs ein ewige Messe in Ehre Sant „Peters uffgeracht. Die zwo ewigen Messen bewid„men und bestättigen wir mit 100 Pfund Heller,

---

b) In dem geistlichen Lehenbuche heiset es unter andern: „Anno 1476 die 13 Aprilis praesentatus est Dn. Geo„rius Gramere de Deckendorf ad beneficium Altaris S. „Petri in castro *Stalberg* prope *Stege* per mortem Do„mini Mathiae de Kemnat ultimi possessoris vacans &c.

„ Spirer oder Wormſer Werung, und uff unſer bei-
„ den Zollen Bacharach und Cube ꝛc.

Dermalen aber iſt nichts mehr davon übrig. Die Hauptkirche und Pfarrei zu Stege haben die Reformirten behalten, und ſolche mit einem eigenen Prediger beſtellet, dem das Dörflein Breitſchied, nebſt dem Dorweiler Hof eingepfarret ſind. Die Katholiſchen und Lutheriſchen gehen nach Bacharach zur Kirche.

Den Wein- und Fruchtzehnten in der Hauptgemarkung beziehet die Kurpfälziſche Hofkammer; vom Dorweiler Hofe und dem Wingersberg, Wolf genannt, die Kurköllniſche Hofkammer, ſodann von einigen Aeckern die Sohler von Grarod.

Dieſes Thal hat übrigens zum Rath der vier Thäler drei abwechſelnde Burgermeiſter als Gerichtsſchöffen zu ſtellen, und bedienet ſich des gemeinſamen Rathſiegels.

Um das J. 1440 war ein gewiſſer Winand von Stege Pfarrer zu Bacharach, den der Abt Tritheim als einen im Hebräiſchen und Lateiniſchen ſehr gelehrten Mann ſamt verſchiedenen Schriften deſſelben anführet c).

Thal Diebach.

Dieſes Thal iſt die Gränze des Kurpfälziſchen Gebiets an dem Kurmainziſchen. Es begreift die beiden Dörfer, Ober- und Rheindiebach, den Weiler Winsberg, und verſchiedene Meyerhöfe, alles der Stadt Bacharach gegen Sud, theils eine halbe, theils eine ganze Stunde Weges, und weiter gelegen. Diebach kommt bereits in der Urkunde namentlich vor, womit Pfalzgraf Konrad den Hof und die Güter des Kloſters Ravengirsburg im J. 1190

---

c) Catalog. Illuſtr. vir. Germ. Opp. parte I, pag. 156.

von Abgaben und Dienstbarkeiten befreiet hat. Unter den Zeugen wird auch eines Kirchherrn zu Diebach gedacht. Eine andere Urkunde vom J. 1230 erwehnet einiger Güter und Gefälle, die das Erzstift Köln in Dytbach besessen, und unter den Zeugen erscheinet der Schultheis von Dytbach d).

Das merkwürdigste dieses Thals ist die dazu gehörige alte Burg Fürstenberg, bei Rheindiebach, auf einem nicht gar hohen, doch steilen Berg, wovon auf einer Seite der Rhein, und auf der andern der Paß durch das Thal selbst hat übersehen werden können. Wann und von wem diese Burg erbauet worden, ist nicht bekannt, wohl aber zu vermuthen, daß solches um die Mitte des XIII Jahrhunderts geschehen sey. Im J. 1291 bekannte Ulrich vom Steine, ein Ritter, von dem Pfalzgr. Ludwig I als Burgmann in seiner Burg Fürstenberg für 50 Mark Achner Pfenninge angenommen worden zu seyn e). Folgendes Jahr ist der zum Römischen König erwählte Graf Adolph von Nassau bei seiner nach Johannestag auf dem Rheinstrome vorgenommenen Rückreise von Achen mit Gewalt zu Bezahlung des Zolles von dieser Burg angehalten worden f). Es sollen auch Pfalzgr. Rudolph I und sein Bruder Ludwig ihrer Mutter Mechtild im J. 1313 verwilliget haben, die Burg Fürstenberg und den halben Theil an Bacharach etlicher Schulden wegen zu verpfänden g). An wen sie versezt worden, ist nicht so bekannt, als wir wissen, daß solche im J. 1321 von K. Ludwig IV belagert worden ist h). Ohne Zweifel war sie in der Gewalt der Anhänger des Gegen-Königs Friedrichs von Oest-

---

d) In Act. Acad. Palat. Tom. III, pag. 99.
e) Dat. Bacharach XI Kal. Dec.
f) Solches erzählet *Tolner* in hist. Palat. p. 415.
g) Idem *Tolner* l. c. p. 37.
h) Ein Rosenbergischer Pfandbrief des Kaisers ist geben in der Belagerun der Burg Fürstenberg. Sieh Act. Acad. Palat. Tom. II, pag. 55.

reich. Vermög des in der Einleitung angezogenen Vergleiches vom J. 1322 mußte das Erzstift Trier geloben „wider die Pfand Fürstenberg die Burg, „und Stromburg nit zu thun, auch daß der Zoll zu „Fürstenberg nit erhöhet, und die Burgleute von „dem Zoll bezahlet werden sollen ꝛc.

Gedachter K. Ludwig verwiese im J. 1324 seiner zweiten Gemahlin Margaretha von Holland die Morgengabe von eilf tausend Pfund Häller unter andern auch auf diese Burg mit Bewilligung seines Bruders Söhnen, der Pfalzgrafen Adolph, Rudolph und Ruprecht. Im J. 1326 versprach der Kaiser die Burg Kaub und Fürstenberg nicht weiter zu verpfänden; jedoch mußten die Burggrafen beider Vesten schwören, nach desselben Tode für die seiner Gemahlin darauf verwiesene Morgengabe zu haften i). In eben diesem Jahre hat er an Widrolt von Wartenvels ein Burglehen zu Fürstenberg begeben, und 4 Mark Geltes auf dem Zoll zu Bacharach angewiesen k). In dem Vertrage von Pavia ward solche den 3 Pfalzgrafen mit den übrigen ausdrücklich vorbehalten

Daß die Pfalzgrafen sich öfters daselbst aufgehalten haben, bezeugen die Urkunden, welche sie daselbst ausgefertiget haben l). Im J. 1343 kömmt Friedelmann von Dirmestein als Burggraf zu Fürstenberg vor m). Uebrigens ist diese Burg im J. 1632 von den Schweden eingenommen, und endlich im J. 1689 von den Franzosen verstöhret, hernach auch

---

i) Darüber sind die Urkunden in den Beilagen zur Geschichte des Baierisch-Pfälzischen Hausvertrags von Pavia unter den num. 27, 28, 30, 31 und 33 nachzusehen. Eben daselbst wird num. 32 auch Chunradus de Truhendingen als Burggraf zu Fürstenberg angeführt.

k) Oefelii Script. rer. Boic. Tom. I, pag. 754.

l) Büttinghausen Beiträge zur Pfälzischen Geschichte I St. pag. 29 sq.

m) Wurdtwein Subsid. diplom. Tom. V, pag. 247.

niemals wieder hergestellet worden. Gleichwohl stehet davon noch haltbares Mauerwerk. Das zu diesem Thale gehörige Dörflein Winzberg ist von keinem Betracht, es liegt auf dem gegen Bacharach ziehenden Gebirge, und bestehet dermalen nur aus einigen Familien. Ansonst aber liegen in diesem Thale verschiedene Meyerhöfe, nämlich

1) Der Hecken-Hof, in Ober-Diebacher Gemarkung, gehöret der Kurköllnischen Hofkammer, wobei auch burgerliche Güter befindlich.

2) Der Graffschafter-Hof, in Rheindiebacher Gemarkung, welchen vormals die Benediktinerabtei Graffschaft im Köllnischen besessen. Dazu gehöret eine Mühle, welche Kurpfalz mit einem Pferde die Spannfrohne zn leisten hat. Diesen Hof besitzet jezo ebenfalls die Kurköllnische Hofkammer, gleichwie den folgenden

3) Bischofs-Hof, der ehmals zu Lehen begeben gewesen seyn soll

4) Der Mühl-Hof, zwischen Mannbach und Ober-Diebach, gehörte vormals dem Nonnenkloster Ehumbd, jezo der geistlichen Verwaltung.

5) Der Petersacker, eine halbe viertel Stunde von Rheindiebach, gehört der Cisterzerabtei Aldenberg im Herzogthum Berg.

6) Der Frohn-Hof, eine halbe viertel Stunde von lezterm auch am Rhein gelegen, gehört dem Stift zu Mariengrad in Kölln.

Das von Mannbach kommende Bächlein fließt durch Ober- und Rheindiebach, wird durch mehrere aus den Bergen herab rinnende Quellwasser verstärket, und treibt nächst dem Hecken-Hof und Ober-Diebach drei, in Rheindiebach aber eine Mühle.

In dem ganzen Thale fanden sich voriges Jahr 142 Familien, 557 Seelen; 2 Kirchen, 118 burgerliche und gemeine Häuser, 119 Morgen Aecker, 80 M. Wingert, 40 M. Wiesen, 158 M. Weide, und 100 M. Wald.

Auſſer obgedachten Höfen, und einigen dem Kloſter Chumbd zuſtändigen Grundſtücken, ſind keine Freigüter in der Gemarkung. Von der Waldung liegen etwa dreiſig Morgen auf dem Kanterich im Darweiler Forſt, und gehören dem Hoſpital zu Rheindiebach, das übrige aber in dem Bacharacher Forſtbezirke.

Vor der Reformation war zu Ober-Diebach eine Hauptkirche zur Ehre des heil. Moriz mit 6 Chorherren und einer beſondern Präſenz. Hinter dem Dorfe in der ſogenannten Geilenbach war eine Kapelle zur Ehre U. L. F. welche man die neue Kirche nannte. Darin hatte Kurpfalz die Pfründen zu verleihen, welches Recht die Edeln von Leyen zu Lehen trugen. Im J. 1479 errichtete Kurf. Philipps mit Eynolf von Leyen und ſeinen Erben einen Vertrag, daß ſo lang der Stamm von Leyen währet, dieſe Verleihung zwiſchen beiden Theilen abwechſeln, nach deſſen Erlöſchung aber der Pfalz allein gebühren ſolle. Dieſe Pfründen hafteten auf drei Altären dieſer Kapelle, welche U. L. F. dem heil. Valentin, und dem heil. Antonius geweihet geweſen.

Nächſt dem Weiler Winzberg befand ſich auch eine Kapelle zur Ehre des heil. Quirins, und in dem Dorfe Rheindiebach ein Hoſpital oder Siechenhaus mit einer Kapelle. Endlich war, der Sage nach, ein Klöſterlein, U. L. Frauenberg genannt, zwiſchen Rheindiebach und Nieder-Heimbach. Alle dieſe Kapellen ſind verfallen, und nur noch etwas von dem alten Mauerwerk übrig. Die ſogenannte neue oder U. L. F. Kirche in der Geilenbach ſtehet einiger maſen noch unter Dache, und mitten darin liegt ein Grabſtein, worauf das Riedeſeliſche Wappen noch kennbar iſt. Dagegen iſt die groſe St. Morizkirche zu Ober-Diebach deſto beſſer unterhalten worden. In der Kirchentheilung bekamen ſolche die Reformirten, deren Prediger auch die beiden Dörfer Rheindiebach und Winzberg, ſamt den Höfen zu beſorgen hat. Die andern Religionsgenoſſen gehören nach Bacharach.

In der Hauptgemarkung des Thals beziehet die Kurpfälzische Hofkammer den Wein- und Fruchtzehnten, ausser einigen Bezirken, worin das Geschlecht der Sobler von Grarob solchen zu geniesen hat.

Zu dem Rath der vier Thäler stellet das Diebacher drei abwechselnde Burgermeister, welche zugleich Schöffen sind.

Thal Mannbach.

Dieses Thal ist anderthalb Stunden von der Stadt Bacharach südwestwärts, und von Diebach westwärts gelegen. Die erste Meldung davon geschiehet im J. 1190, da Pfalzgraf Konrad den Hof und die Güter des Klosters Ravengirsburg in den Dörfern Diebach und Mannenbach frei erkläret hat n). Es hat vormals mit dem anstossenden Thale Diebach in einer engern Verbindung gestanden, als mit den übrigen Thälern. Daher war es nicht in der Hauptverpfändung der Burgen Staleck, Stalberg und Zugehörungen begriffen, sondern mit der Burg Fürstenberg und dem Thale Diebach besonders bestricket, wie in der Einleitung schon gesagt worden ist. Eben daher mag es auch gekommen seyn, daß Pfalzgraf Ruprecht der ältere seinem Vetter Ruprecht dem jüngern, nach dem unter beiden über die Landestheilung zu Stande gekommenen Vergleiche, die beiden Thäler Diebach und Mannebach zum voraus unterthänig gemacht hat.

Aus dem hintern Gebirge fliesen verschiedene Quellwasser zusammen, woraus ein Bächlein entstehet, welches durch den hintern Theil des Thals und das Dorf selbst lauft, unterhalb eine Mahlmühle treibet, von da in das Thal Diebach und endlich bei Rheindiebach in den Rhein fällt.

---

n) *Würdtwein* Subsid. diplom. Tom. V, pag. 408 sq.

Das Dorf Mannbach bestehet vermalen in 106 Familien, einer Kirche, und 96 Häusern. Die Gemarkung aus 420 Morgen Aecker, 114 M. Wingert, 206 M. Wiesen, 69 M. Weide, und 149 M. Wald.

Darunter sind Freigüter begriffen, welche vor Alters die Höcker von Ohlingen, hernach die Herren von Steinkallenfels besessen, jezt aber der Reichsgraf von Brezenheim zu seinem im Orte gelegenen Meyerhof von Kurpfalz zu Lehen trägt.

Die Pfarrkirche hat den heil. Oswald zum Patronen. Es waren ehmals zwo Altar-Pfründen und drei Bruderschaften dabei. Auch fanden sich zwo milde Stiftungen für die Armen im Dorfe, wovon eine das Gözengesaz, und die andere die Spende genennet wurden. Sie scheinen sämtlich von dem Kollegiatstift St Andreas mit dem Patronatrecht und anklebigen Gefällen an Kurfürst Ottheinrich verkauft und dann zur Kammer eingezogen worden zu seyn. Die St. Oswaldskirche ward in der Kirchentheilung den Reformirten überlassen, welche einen eigenen Prediger darauf halten, der sonst keine Filialisten zu bedienen hat.

Den Zehnten beziehet die Kurpfälzische Hofkammer, ausser dem sogenannten Schollenbornberg, welcher der Kurköllnischen Hofkammer und einigen Unterthanen zustehet.

Mannbach stellet zu dem Vier-Thäler-Rath zween Schöffen, oder umwechselnde Burgermeister, und führet in seinem Siegel den Pfälzischen Löwen, der einen gekrönten rothen Schild mit einem schrägs durchziehenden silbernen Balken hält.

Unteramt und Stadt Caub.

Caub liegt auf dem rechten Ufer des Rheins, eine halbe Stunde unterhalb Bacharach an der Gränze,

ze, wo die Mainzische und Trierische Diöcesen sich scheiden. Gegen Ost liegt Weisel, gegen Sud das Kurmainzische Dorf Lorchhausen, gegen West und Nord der Rhein, und über solchen etwas abwärts die Kurtrierische Stadt Oberwesel. In einer Urkunde des K. Otto II, betreffend die Besitzungen der Mainzer Domkirche in dem Gebiete der Stadt Bingen vom J. 983 heiset es: „Citra Rhenum, ubi Elisa „ rivulus influit, usque ad Cubam villulam. „ Im J. 1141 aber wird es villa Caupun genennet o).

Der Ort scheinet unter die Gerichtbarkeit der Grafen des Einrichgaues gehöret zu haben. und hernach an die Grafen von Nüringen gekommen zu seyn, welches Geschlecht um die Mitte des XIII Jahrhunderts erloschen ist. Die mit Ulrich I von Münzenberg verehligte Nüringische Erbtochter Jutta, und die aus dieser Ehe erzielte älteste Tochter Anna brachte einen Theil der Grafschaft an ihren Gemahl Philipp von Falkenstein p), dessen ältester Sohn, Philipp II von Falkenstein, die Burg Caub mit dem darunter gelegenen Städtlein und dem Kirchensaze zu Weisel im J. 1277 an Pfalzgrafen Ludwig II für 2100 Mark Achner Pfenning verkaufet hat q). Der andere Sohn, Werner von Münzenberg, that ein gleiches im J. 1289 mit seinem Gut zu Caub, Wissel, Derschet und Ramsel, ausgeschieden drei Fuder Weins, für 80 Mark Köllnischer Pfenning. Im J. 1290 verkaufte auch Graf Heinrich von Spanheim dem Pfalzgrafen etliche Güter und Gerechtigkeiten im Thal Caub, und in den Dörfern Wissel, Derschet, Sauerburn und ihren Zugehörungen, verschrieb sich dabei, daß weil alles dieses von dem

---

o) *Gudenus* Cod. diplom. Tom. I, pag. 13. und *Joannis* rer. Mog. Script. Tom. IV, pag. 747.
p) *Grüners* diplom. Beiträge 3tes Stück, p. 110.
q) *Joannis* rer. Mog. Script. Tom. I, pag. 1021. und Act. Acad. Palat. Tom. III, p. 101.

Grafen von Berg zu Lehen rühre, solches in einer Jahrsfriste ledig zu machen, oder durch etliche vom Adel in der Stadt Worms Bürgschaft zu leisten, auch seines Schwagers, Grafen Albrechten von Löwenstein, Einwilligung beizubringen, worauf im folgenden Jahre 100 Pfund Häller, sodann weitere 140 Mark bezahlet worden sind. Als Pfalzgraf Rudolph I mit seinem Schwager, dem Grafen Gerlach von Nassau, wegen der Heimsteuer in Irrung gerathen, versezte er ihm Chaube auf dem Rhein, die Stadt, Burg und Zoll, im J. 1310 r). Nachdem Rudolphs Bruder, Ludwig von Baiern, zum Römischen König erhoben worden, und sich den alleinigen Besiz der Pfalz zugeeignet hatte, ward durch eine von sieben Schiedleuten im J. 1317 gemachte Theidigung dem Pfalzgrafen Rudolph Chube die Burg, der Zoll und was dazu gehöret, zum Pfand eingesezet s). Dieser Kaiser Ludwig ertheilte der Stadt Caub und dem Dorfe Weisel im J. 1324 eben diejenigen Freiheiten, welche der Stadt Poppard verliehen gewesen t).

Im J. 1349 verpfändete Pfalzgr. Rudolph II die Burg und Stadt zu Caub an Cuno von Reiffenberg um 1300 fl. dergestalt, daß K. Karl IV sein Tochtermann, sie wieder lösen sollte. Nach der Hand ist dieser Landestheil in den Hausverträgen als eine unzertrennliche Zugehör der Kur angesehen worden, und auch stets dabei verblieben.

Merkwürdig sind die in dem Gebiete und Umfange der Cauber Gemarkung gestandenen Bergschlösser. Das erste heißt Gutenfels, eine noch wirklich veste Burg oberhalb der Stadt auf einem steilen Berge. In den alten Urkunden kommt diese Benennung nir-

---

r) *Oefelii Script. rer. Boic.* Tom. II, p. 125.
s) Geschichte des Vertrags von Pavia, Beil. num. XX.
t) *Oefelii Script. rer. Boic.* Tom. I, pag. 748. Datum sub Castro *Furstenberch* X Kal. April.

gends vor, sondern es heißt immer Cube die Burg oder die Veste. Den Ursprung jener Benennung kan man von der Nüringischen Erbgräfin Juta oder Guda, oder aber von der ältesten Tochter Philipps von Falkenstein gleiches Namens herleiten, die wegen ihrer ausnehmenden Schönheit bei K. Richard gar vieles gegolten haben soll. Daß aber diese Burg im XIII Jahrhundert in grosem Ansehen gestanden sey, erhellet daraus, daß Pfalzgraf Ludwig im J. 1287 den Grafen Adolph von Nassau, der bald hernach zum Römischen König gewählet worden, zu seinem Burgmann daselbst aufgenommen, so daß derselbe zur persönlichen Besazung der Veste einen anständigen ehrbaren Edelknecht stellen mußte w). Auf gleiche Weise wurde auch Wilhelm Graf von Kazenelnbogen im J. 1294 gegen 200 Pfund Häller zum Burgmann gewonnen x). Sie hatte ihre eigene Burggrafen, deren im J. 1310 Johann vom Heppinhefft, ein Ritter, im J. 1326 Ulrich Wilprant, und Ottzenger y), im J. 1379 Gerhard vom Stein oder Steinkallenfels z), im J. 1411 Dieter Kolb von Popparten a), im J. 1439 Hermann Hund von Saulheim b), und im J. 1452 Wilhelm von Odenheim genannt Ingelheim c), vorkommen. Im J. 1519 wurde Martin von Wachenheim, und im J. 1525 Hanns von Kirdorf als Burgvögte zu Caub bestellet d). Aus dieser Burg, die auf der einen Sei-

---

a) *Tolner* hist. Palat. in Cod. dipl. p. 76, num. CVIII.
x) Wenks Hessische Landesgeschichte p. 60, num. LXXXVIII.
y) Vid. erstern in Kremers Gülch- und Bergischen Beiträgen III Band S. 135, und leztern in *Oefelii* Scripter. Boic. Tom. II, p. 151.
z) *Wenker* de Archivis p. 227, und Humbracht Tab. 91.
a) In einem Kaufbrief Kurf. Ludwigs III über Freinsheim.
b) Humbrachts höchste Zierde Deutschlandes Tab. 220.
c) Kremers Geschichte Kurf. Friedrichs I. in den Urkunden num. 16, pag. 49.
d) Vermög des Kurf. Ludwigs V Diener-Buches.

te durch das steile Gebirge, auf der andern aber durch den vorbei ströhmenden Rhein befestiget ist, konnte sowohl die von dem Einrich nach dem Rhein ziehende Strase, als die Schiffarth entweder geschlossen oder beschützet werden.

In der Baierischen Fehde suchte Landgraf Wilhelm von Hessen diese Vestung auch einzunehmen, und belagerte solche im J. 1504 sechstbalb Wochen lang, muste aber unverrichteter Sache davon abziehen. Das Andenken hievon wird auf einem unten am Zollhause zu Caub noch wirklich eingemauerten Steine, der 6 Schuhe, 2 Zoll hoch; und 3 Schuhe, 2 Zoll breit ist, in deutschen Reimen erhalten. Die Schrift fängt also an:

   Die Jahr von Christi Geburt mann zahlt
   Funfzehen hundert und vier alt.
   Von Sonntag nach Maria Himmelfarth
   Ward Caub sechtehalb Wochen belägert hart
   Mit ganzer Macht und Heeres Krafft
   Durch Hessen die Landgraffschaft.

Und schlieset sich mit folgenden Zeilen:

   Von Pfalzgrav Ludwig worden bevest
   Und dannoch musten die frembde Gäst
   Cub bei der Pfalz lassen bliben
   Das wir Gottes Gnaden zuschriben
   Und auch der wehrhaffte Hand
   Dies behält all Vatterland e).

Diese Burg ward zwar sehr beschädigt, aber nach einigen Jahren wieder vollkommen hergestellet, wie aus einer andern auf dem sogenannten Spanischen Kirchhofe befindlichen Inschrift erhellet:

   Anno Domini MCCCCCVIII
   Ward Guttenfels wieder gebauen
   Durch Pfalzgraf Ludwig mit Trauen.

---

e) Bei diesem Denkmal liegen auch noch einige steinerne Kugeln von zweierlei Grösse, womit die Burg und Stadt beschossen worden.

Bacharach.

In dem dreißigjährigen Kriege hatte sowohl diese Burg als die Stadt viel Ungemach zu ertragen, da sie wechselweise von den Kaiserlichen und den Hessen öfters belagert und erobert worden sind f). Jedoch in dem Orleanischen Erbfolgkriege und darauf erfolgten allgemeinen Verwüstung ist diese Burg von dem gewöhnlichen Brandfeuer frei geblieben, auch zeither beständig in gutem Stande erhalten worden, wie sie denn noch wirklich mit einer förmlichen Besazung und nöthigem Geschüze versehen ist. Aussenwerker derselben sind 3 Thürne, nämlich der oberhalb gegen dem Dorfe Derscheit stehende Leiterberger, der unterhalb Caub befindliche Weseler, und der oberhalb der Stadt am Rhein liegende dicke Thurn.

Die zweite Burg ist die Veste Pfalzgrafen-Stein, welche gemeiniglich nur Pfalz genannt wird. Sie liegt Caub gegenüber, schier mitten im Rheine, auf einem grosen und starken Leyenfelsen, der solche vor allem Eiß- und Wasserschaden bewahret. Von ihrem Ursprunge und der eigentlichen Zeit ihrer Erbauung fehlt es an glaubwürdigen Nachrichten. Wahrscheinlich war es anfänglich nur ein Wartthurm, der zu Bezwingung der vorbei fahrenden Schiffe in eine Vestung verwandelt worden. Was von einem alten Geseze, daß die Pfalzgräffinnen ihre getragene Leibesfrucht in dieser Vestung gebähren müssen, vorgegeben wird, ist um so weniger glaubwürdig, weil das Gemach, worin die gebährenden ihre Wochen gehalten haben sollen, kaum acht rheinische Schuhe in der Länge, und vier Schuhe in der Breite enthält. Höchstens könnte etwa Pfalzgraf Hermann von Staleck darin das Licht der Welt erblicket haben g),

---

f) *Melissantes* neueröffneter Schauplaz I Theil pag. 291. §. 57.
g) Vielleicht läßt sich darauf die Stelle aus Günthers Ligurino Lib. IV anwenden:
  Hermannusque sacrae Comes inclitus aulae,
  Cujus erat tumido tellus circumflua Rheno.

indem sich von seinen Vorfahrern kein Beispiel vermuthen läßt, und von seinen Nachfolgern das Gegentheil bekannt ist. Ihre Besazung bestehet aus 20 bis 24 Köpfen, welche darin Wache halten, und durch Läutung einer auf dem Thurme hangenden Glocke die vorbei fahrenden Schiffe zur Verzollung anmahnen. Sie hangt übrigens von dem Befehle des Commendanten zu Gutenfels ab, welcher gemeiniglich ein in Ruhe gesezter Staabsoberer ist, und dabei zween Lieutenante, einen Kasernen-Verwalter, einen Zeughaus-Inspektor, vier Unterofiziere nebst 110 gemeinen Invaliden unter sich hat.

Die dritte Burg heißt Rheinberg, und liegt oberhalb der Stadt Caub in dem Gebirge, hinter dem Kurmainzischen Dorfe Ramsel an der sogenannten Wisperbach. In einer zwischen Erzbischof Werner von Mainz, Johann und Heinrich Grafen von Spanheim gewesenen Fehde ward solche ums Jahr 1279 verstöhret h), vermuthlich aber hernach wieder aufgebauet und dem Pfalzgräflichen Schuz untergeben. Denn im J. 1399 haben solche die Gemeinere der Veste Rinberg dem Pfalzgrafen Ruprecht erblich und eigen aufgegeben, auch für sich, ihre Söhne und Töchter zu Lehen empfangen, und den Pfalzgrafen selbst zum Mitgemeinern aufgenommen. Im J. 1401 nahm König Ruprecht Ulrichen, Giselbrechts Sohn von Schmidtberg, Johann von Schauenburg, und Hanns von Cronberg, Ritter, zu Gemeinern der Burg Rinberg auf. In der Theilung vom J. 1410 ward solche zum Loose des Kurf. Ludwigs III geschlagen, dieser aber verordnete in seinem Testament vom J. 1427, daß seine Söhne, die Pfalzgrafen Friedrich und Ruprecht, dieselbe in Gemeinschaft

---

h) *Trithemius* Chron. Sponh. p. 290. und die Urkunde in *Gudenus* Cod. diplom. Tom. I, pag. 784.

besizen sollten. In einem Entscheid des Bischofs
Sifried von Speier, über ein zwischen der Stadt
Caub, und dem Mainzischen Flecken Lorch streitiges
Stuck Landes vom J. 1458 wurde den Gemeinern zu
Rinberg das Weid- und Beholzigungsrecht darin
ausdrücklich vorbehalten. Im J. 1466 trugen diese
gedachte Burg dem Kurf. Friedrich I abermals auf,
und empfiengen solche wieder zu Mannlehen, worauf er im folgenden Jahre mit Emmerich Gansen
von Rinberg, Friedrich Hilchen von Lorch, Henne
von Hohenwissel und Philipps von Lindau einen gemeinen Burgfrieden errichtet und selbst beschworen
hat i). Von dieser Zeit an kommt weiter nichts mehr
davon vor. Sie scheint mit dem gleich folgenden
Sauerthal unter Kurf. Philipps veräusert worden zu
seyn. Dermalen ist, ausser einem Thurm und etwas
wenigem Mauerwerke, nichts mehr übrig. Vormals war eine Kapelle zur Ehre des heil. Kreuzes in
dieser Burg, deren Altar-Pfründe die Pfalzgrafen
zu verleihen hatten k). Sämtliche dazu gehörigen
Güter und Gefäze tragen jezt die Grafen von Sickingen von Kurpfalz zu Lehen.

Die vierte Burg heißt Sauerburg. Sie liegt
eine Stunde weit von der Stadt Caub südostwärts
im Heiligenberger oder sogenanntem Sauerthal,
auf einem Berge, und unten dabei ein Dörflein,
ebenfalls Sauerthal genannt. Im J. 1290 hat
Graf Heinrich zu Spanheim etliche Güter und Gerechtigkeiten in dem Dorfe Suerburn an Pfalzgraf
Ludwig II verkauft. Als im J. 1339 die Pfalzgrafen Rudolph, Ruprecht der ältere und jüngere einen
Burgfrieden machten, wurden die Vesten Cube, Pfalz-

---

i) Kremers Geschichte Kurf. Friedrichs I, pag. 135.
k) Im geistlichen Lehenbuche heißet es hievon: An. Domini MCCCCLXXI die 19 Septembr. praesentatus est ad altare S. Crucis in Castro *Rinberg* situm, Dominus Joan-
nes Thali Domino praeposito Ecclesiae S. Mauricii Mogunt.

grafenstein, Suerburg und Zeppenhefftbornen eingeschlossen. Erzbischof Gerlach zu Mainz gestattete im J. 1355, daß Pfalzgraf Ruprecht zu Abwendung ihres fernern Schadens das Schloß Suerburg bauen möge, jedoch aber ihm das Oefnungsrecht darin lassen sollte. In eben diesem Jahre ward Johann Graf von Kazenelnbogen des Pfalzgrafen Erbburgmann zu Surenburg, mit dem Befugniß sich wider alle seine Feinde daraus behelfen zu können *l)*. In den nachherigen Hausverträgen und Erbordnungen von den Jahren 1378 und 1395 wurde zwar vestgesezet, daß solche ewig bei der Pfalz bleiben solle, und ist eben deswegen in der Haupttheilung vom J. 1410 dem ältesten Prinzen Kurf. Ludwig III zum voraus ausgeschieden worden. Allein Kurf. Philipps verkaufte dennoch in der unglücklichen Beierischen Fehde „Die Burg Sauerberg, und das
„Dorf Sauerthal mit seinen in und Zugehörungen
„darzu auch alle Gerechtigkeit an Gefällen, Zehn-
„ten, Renten, Gülten, Zinnßen, Leuten, Frohn-
„diensten, Wildbannen, Fischereien, Beholzigung
„zum bauen und zum verbrennen, alle Gebott und
„Verbott ob und unter der Erde, in allen Dörfern
„und Wälden, wie das bisher gen Saurberg ge-
„höret und gebraucht worden, nichts davon aus-
„genommen, dann alle geistliche Lehen mit den Hö-
„fen Fronborn und zu Wißel, ihren Aeckern,
„Wiesen, Weidegang und Gerechtigkeiten, wie
„auch die arme Leuthe in den Dörfern und Häusern
„gesessen, als viel darzu gehörig gewesen ꝛc.„ an seinen Marschalk Philipp von Cronberg, dessen Erben und Erbnehmer, um ein tausend Gulden Frankfurter Währung. Weil aber das Haus Saurburg mit Zugehör etwas mehr als diese 1000 fl. werth war, muste er solches von Kurpfalz zu Lehen em-

---

l) Wenk Hessische Landesgeschichte, Urk. Buch pag. 167, num. CCXXXVII.

pfangen und vermannen m). Von dem Geschlechte der Edeln von Cronberg kam dieses Lehen mit Johann Eberhards Tochter Margaretha im J. 1617 an Hanns Rheinhard Brömser von Rüdesheim, und mit dessen Tochter, Anna Eleonora n), an Wilhelm von Metternich, endlich aber mit der einzigen aus dieser Ehe erzeugten Tochter, Anna Margaretha, im J. 1692 an Franz von Sickingen, welches Geschlecht noch würklich damit belehnet ist. Die Burg selbst ist im J. 1689 von den Franzosen verbrannt und geschleifet worden. In diesem Thale ist ein Sauerbrunn, dessen Wasser dem bekannten Schwalbacher im Geschmack und Wirkung sehr nahe kommen soll. Nächst der Sauerburg liegt der Hof Fronborn, wozu etwa 150 Morgen Aecker und 30 M. Wiesen gehören.

Die fünfte Burg hies Heppenhefft, die in den Jahren 1339 und 1361 zum Burgfrieden gezogen worden. Gerlach Gans von Rinberg hat dieses Bürglein im J. 1409 mit Verhängniß König Ruprechts erkauft, der Pfalz aufgegeben, wieder zu Lehen empfangen, und selbiger zum offenen Hause gemacht. Solches ist frühzeitig eingegangen, und in einen Bauernhof verwandelt worden, welcher mit den dazu gehörigen 12 Morgen Aecker, 26 M. Wiesen und 15 M. Wald durch Erbschaft an Franz Matthias Stark gekommen, der im J. 1677 dieses Mannlehen aufgesaget hat o). Kurf. Karl Ludwig ließ die Güter stückweis verkaufen, und solche kamen hiemit an die Weiseler Unterthanen.

---

m) Datum Heidelberg auf Montag nach Invocavit anno Domini MDV.

n) In Act. Comprom. Francof. p. 98 heisset es zwar: Car. Lud. acquirit Castrum Sauerburg &c. ab haeredibus Bromser. Es ist aber solches nur von dem Lehenfalle zu verstehen.

o) Ibid. p. 113. wird der Heimfall des Lehens irrig in das Jahr 1662 gesetzet.

Um nun auf die Stadt Caub wieder zurück zu kommen, so lauft die in den Wiesen bei Weisel entspringende Bach, welche neben der Landstrase her den gähen Berg herab stürzt, und die oberhalb der Vestung Gutenfels quillende Klingelbach aufnimmt, durch die Stadt, und ergießt sich unterhalb derselben in den Rhein. Dieses an sich sonst geringes Wasser wird bei grosen Schnee- und Regengüssen öfters so gefährlich, daß es der Stadt den gänzlichen Untergang drohet, und schon unbeschreibliche Verwüstungen angerichtet hat. Es treibt ausserhalb der Stadt 3 geringe Mahlmühlen. Ein anderes unweit des Frohnborner Hofes entspringendes Wasser, Volfenbach genannt, welches oberhalb der Stadt durch ein Thal herunter fällt, verursachet eben grosen Schaden, und hat schon ganze Weinberge und Wiesen mit Schutt bedecket.

Von der Stadt aus ziehet eine Strase den Berg hinauf über Weisel in die Hessischen Lande, wird aber durch die daran laufende Bach mehrmalen gänzlich unbrauchbar gemacht.

In der Stadt wird nicht nur der Landzoll, sondern auch ein besonderer Rheinzoll von allen vorbei fahrenden Schiffen und Kaufmannswaaren erhoben. Desselben Einkünfte machen den beträchtlichsten Theil aller Gefälle des ganzen Unteramts aus, und betragen ein ganzes Drittel mehr als jene zu Bacharach. Sie gehörten vormals, wie alle Zölle, zur Königlichen Kammer. Philipp von Falkenstein scheinet solche, ehe er die Stadt Caub an Pfalzgrafen Ludwig II verkauft hat, entweder Pfand- oder Verwaltungsweise bezogen zu haben. Weil er nun über die Gebühr genommen, hat er dem Mainzer Domkapitel seinen Zehnten zu Hilsheim im J. 1285 abgetretten, um diejenigen, welche sich darüber beschwehret, befriedigen zu können p).

---

p) *Gudenus* Cod. diplom. Tom. I, pag. 817.

Indessen muß die Pfandschaft dieses Zolles mit der Burg Caub und ihren Zugehörungen an die Pfalz gekommen seyn, weil in dem obangeführten Vertrage zwischen Graf Gerlach von Nassau, und Pfalzgr. Rudolph I vom J. 1310 dessen Gefälle dem erstern auf eine zeitlang gelassen worden sind.

K. Ludwig IV verpfändete im J. 1324 etlichen Burgern zu Frankfurt, seinen Gastwirthen, drei grose Turnosen daran für 1200 Pfund Häller, wie auch gedachtem Grafen Gerlach von Nassau für die ihm schuldig gewesene 3400 Pfund vier grose Turnosen q), nicht weniger seinem Kanzler, Hermann von Lichtenberg, gegen empfangene 4000 fl. sechs grose Turnosen. Dem Pfalzgrafen Rudolph II gab er dasjenige, was er vom Zoll zu Caub gehabt und künftig einnehmen möchte, im J. 1338 für ein freies Eigentum. Im J. 1340 sezte Pfalzgr. Ruprecht I den zu seinem Lehenmann aufgenommenen Grafen Walrab von Zweibrücken in einen Turnos am Zolle zu Caub für 1000 Pfund Häller, die er ihm für seinen Dienst versprochen hatte, ein r), und im folgenden wies Pfalzgraf Rudolph II Dietern von Zimmern, Ritter, einen halben Turnos wegen für ihn geleisteten Bürgschaft so lang an, bis er davon 450 Pfund Häller aufgehoben, und also befriediget seyn würde. Im J. 1343 versezte auch Pfalzgr. Ruprecht einen Turnos dem Wildgrafen Johann für 1200 Pfund Häller, die er ihm für seinen Dienst schuldig war. Bald darauf verschrieb K. Ludwig dem Pfalzgr. Rudolph für die gen Rom und in der Lombardei ihm geleisteten Dienste abermals etliche Turnosen; der Pfalzgraf aber versezte davon zween im J. 1349 für seinen Eidam, K. Karl IV, an Cuno von Reiffenberg.

Inzwischen hatte K. Karl einen Turnos dem Edeln Johann Herrn zu Westerburg und seinen Er-

---

q) *Oefelii* Script. rer. Boic. Tom. I, p. 748 sq.
r) *Tolner* hist. Palat. Cod. dipl. num. CXXXII, p. 87.

ben an der Pfalz Zoll zu Cuben ꝛc. eingeraumet, den auch Pfalzgr Ruprecht der ältere ihm ferner zu erheben erlaubte, doch so, daß er solchen zu rechtem Mannlehen für sich und seine Erben empfangen muste *s*). Gedachter Kaiser verliehe auch im J. 1370 dem Pfalzgrafen Ruprecht dem jüngern für seine grosen Dienste, merkliche Kost und Zehrung, die er für ihn und das Reich bestritten, drei alte Turnosen von jedem Fuder Wein und anderer Kaufmannschaft, die den Rhein auf oder abgehen würde, entweder zu Kaiserswerde, oder wenn es ihm und seinen Erben daselbst nicht anständig, zu Caub oder Bacharach einzunehmen *t*).

Im J. 1378 verschrieb K. Karl IV dem Pfalzgrafen Ruprecht abermals drei alte grose Turnosen, und dieser löste im J. 1384 zween andere, die dem von Bolanden zu Altenbeumburg verpfändet gewesen, von Hermann Boos Marschalk von Waldeck. Dagegen empfieng Graf Johann von Spanheim im J. 1419 von Kurf. Ludwig III einen Turnos, welchen sein Vatter schon zuvor gehabt, zu Mannlehen, welches hernach auf die Pfalzgräflich-Simmerische und Zweibrückische Linien gefallen, und von diesen zu Mannlehen getragen worden *u*).

Nach und nach aber ist dieser beträchtliche Rheinzoll von den meisten Pfand- und Lehenverschreibungen befreiet, und der volle Genuß desselben für Kurpfalz wieder hergestellet worden.

In der Stadt Caub und ihrem Umfange zählet man 210 Fam. 2 Kirchen und Schulen, 164 burger-

---

s) Senkenberg Medit. in jus publ. fasc. II, medit. III, pag. 322. Die nachherige Grafen von Leiningen Westerburg genossen diesen Turnos noch viele Jahre, bis sie solchen dem verstorbenen Zollschreiber Häuser, wiewohl ohne landesherrliche Bewilligung, verkauft haben.

t) Die noch ungedruckte Urkunde darüber ist geben zu Heltingsfeld, im J. 1370 an St. Lamprechtstage.

u) Sieh oben S. 386.

Bacharach.

liche und gemeine Häuser. Die Gemarkung enthält 509 Morgen Aecker, 234 M. Wingert, 51 M. Wiesen, 5 M. Gärten, und 1511 M. Wald

Freigüter besitzen die Kurpfälzische Hofkammer x), die Grafen von der Leyen und von Degenfeld, der Deutsche Ritterorden, die Abteien Eberbach und Schönau, das Stift U. L. F., die Klöster zu Allerheiligen y) und der Minoriten zu Oberwesel, die ehemaligen Jesuiten zu Köln, die von Bode, und die Heuserischen Erben z).

Sonst befinden sich in der Gemarkung gute Leyenbrüche, mit welchen Steinen beträchtlicher Handel getrieben wird.

Die alte Pfarrkirche der Stadt ist dem heil. Nikolaus geweihet. Vor der Reformation hatte sie ihre eigene Präsenz, drei Pfründen auf soviel Altären, und einen Altar im Hospital. In der Kirchentheilung bekamen die Katholischen den Chor, welcher jezt ihre Pfarrkirche ist. Sie gehöret zur Trierischen Diöces, Bopparter Landkapitel, und hat das ganze Unteramt eingepfarret. Die Reformirten besitzen das Langhaus, worauf ein Prediger angestellet ist, der auser der Burgerschaft und Besazung keine Filialisten hat. Die Lutherischen sind zu Bacharach eingepfarret. An dem Wege nach Weisel stehet noch ein Gemäuer der ehmaligen St. Wendelskapelle, welche die alte Kirche genennet wird. Auch haben die Katholischen eine Kapelle auf der Veste Gutenfels. Eine

---

x) Im J. 1431 verkaufte Christina, Emmerich Stumpfen Wittib, einen Hof zu Huleneck in Lauber Gemark mit Aeckern, Wiesen ꝛc. an Kurf. Ludwig III, wonach die Act. Comprom. p. 94 & 127 zu verbessern sind.

y) Dieses Gut heißt der Domhof, gehörte anfänglich dem Domstift Mainz, von welchem es an einen von Wizlesben, Commendanten zu Gutenfels, hernach an dieses Kloster gekommen.

z) Dieses Gut gehörte zur Herrschaft Broich an der Ruhr im Herzogthum Berg, von deren Besizern es der verstorbene Zollschreiber an sich gebracht hat.

solche war in dem Schloß Sauerburg, wovon das Nonnenkloster zu Wißbaden die Pfründe zu verleihen hatte a).

Den Hauptzehnten von Weinbergen und Aeckern beziehet die Kurfürstl. Hofkammer b), jedoch in einem Bezirke, die Wallburg genannt, nur eines, und die Heuserischen Erben Namens der Herrschaft Broich zween Drittel; sodann im sogenannten Hamme jene zween, und leztere ein Drittel ꝛc.

Zu Verwaltung der Gerichtbarkeit über das ganze Unteramt ist ein Beamter mit einem Amtschreiber bestellt. Ersterer ist zugleich Zollschreiber, Keller und Obereinnehmer. Daneben findet sich ein Rheinzoll-Beseher und Nachgänger. Die geistliche Verwaltung hat auch ihren eigenen Kollektor in der Stadt wohnen, der die bei der Reformation eingezogene Kirchengefälle und Pfründen einsammelt, und die darauf angewiesene Pfarrer und Schulmeister besoldet. Zu Verwaltung der städtischen Gerichtbarkeit ist ein Stadtschultheis, ein Burgermeister, fünf Rathsschöffen und ein Stadtschreiber angeordnet. Lezterer versiehet zugleich in den zum Unteramt gehörigen Dörfern, Weisel und Derscheit, die Gerichtschreiberei. Die Stadt führet in ihrem Siegel eilfthalb blaue Rauten im silbernen Felde, als die Hälfte des Baierischen Wappens.

2) Weisel, ein grosses Dorf anderthalb Stunden hinter Caub im Gebirge, und zwo Stunden von

---

a) In dem geistlichen Lehenbuche heiset es: „Item im „Amt Cube hat min gnedigster Herr der Pfalzgraf „kein Pfründ, desgleichen im Amt Sauwerberg, sun„der die Epptissin zu dem Nonnenkloster by Wißbaden „haben die zu verlyhen.

b) Schon im J. 1364 hat Pfalzgr. Ruprecht von Nikolaus Beyer von Boppart einen Theil, und im J. 1570 Kurf. Friedrich III von Nikolaus Pler auch einen erkaufet. Vid. Act. Comprom. p. 94. 97 & 118.

Bacharach nordwärts entfernt, gehörte, wie die Stadt, ursprünglich zur Grafschaft Nüringen, und kam mit dieser an die Pfalz.

Eine viertel Stunde von dem Orte entspringt die Haarbach, lauft durch Weisel, sodann am Hessischen Gebiete bei Bornich vorbei, nimmt die daselbst im Wiesengrunde zusammen rinnende Krumm- oder Gränzbach auf, und ergießt sich unterhalb Kaub in den Rhein. Sie treibt in dem Orte zwo Mahlmühlen.

Die von Kaub und dem Rheinstrohme in das Hessische führende Landstrase ziehet neben dem Dorfe vorbei, und der Bacharacher Landzoll wird darin erhoben Es befindet sich auch ein Kurpfälzisches Zollhaus in dem Vierherrischen Gebiete bei Löpern, welches vormals auf dem Fronborner Hofe gestanden, und im vorigen Jahrhundert anhero verlegt worden seyn solle.

Der Ort bestehet aus 1 Kirche, 1 Kapelle, 2 Schulen, 122 burgerlichen und gemeinen Häusern, welche von 144 Familien bewohnet werden. Die Gemarkung enthält 1234 Morgen Aecker, 180 M. Wiesen, 2 M. Gärten, und 960 M. Wald.

Freigüter besitzen dermalen die Grafen von Sickingen, die Freiherren von Allendorf, und von Adelsheim. Die Kameralgründe sind um ständige Zinnse verliehen.

Eine viertel Stunde vom Orte liegt der sogenannte Schwarze- und eine halbe Stunde der Heppenhöffter Wenher, welcher von dem oben bemerkten alten Burglein Heppenhefft noch übrig ist.

Die Waldung ist zwischen den beiden Dörfern Weisel und Derscheid gemeinschaftlich; in solcher aber die Landesherrschaft berechtiget, das erforderliche Bauholz fällen zu lassen, weswegen auch dieselbe der Hute des Försters zu Bacharach untergeben ist.

Die Kirche dieses Dorfes und den Pfarrsaz anlangend, so hat Kurf. Ludwig IV leztern mit Einwilligung seines Vetters, des Pfalzgrafen Adolphs, im J. 1324 an die Aebtiſſin und den Konvent des Clariſſenkloſters Klarenthal bei Wisbaden verſchenket c). Nach der Reformation ward dieſes Recht eingezogen, und von den Kurfürſten die Kirche mit Proteſtantiſchen Predigern beſtellt. In der Kirchentheilung blieb ſolche den Reformirten, die einen Prediger dabei angeordnet, und ihm das Filial Sauerthal zugegeben haben. Die Katholiſchen haben ſich eine eigene Kapelle zur Ehre des heil. Michaels erbauet, worin zu Zeiten der Gottesdienſt von dem Pfarrer zu Caub gehalten wird.

Den Zehnten beziehet die Kurfürſtliche Hofkammer, auſſer einem geringen Bezirke, der Patbenwerck genannt, von welchem ihn das Landgräfliche Haus Heſſen-Rothenburg genieſet, und ehedeſſen zum Pathengeſchenk erhalten haben ſoll.

Das Dorfgericht iſt zwiſchen Weiſel und Derſcheid gemein. Der Schultheis wohnet nebſt zween Gerichtsſchöffen in erſterm Dorfe, andere zween Schöffen aber zu Derſcheid.

3) Derſcheid, ein mittelmäßiges Dorf von 63 Häuſern auf dem Gebirge, gränzet gegen Oſt an das vorhergehende Dorf Weiſel, gegen Sud an das Sauerthal, gegen Weſt an den unten vorbei ſtröhmenden Rhein, und gegen Nord an das Heſſiſche Dorf Goarshauſen. Deſſen wird in dem bei der Stadt Caub bemerkten Kauf einiger Münzenbergiſchen und Spanheimiſchen Güter gedacht, und allda Derſchet genannt. Es war ehmals ein doppeltes Dorf. Ober-Derſcheid lag eine viertel Stunde näher gegen Caub, und war eigentlich nur ein Weiler.

Es

---

c) Regeſtum vetus diplomaticum in Oefelii Script. rer. Boic Tom. I, pag. 748.

Es wurde in dem dreißigjährigen Kriege verstöhret, und die Inwohner zogen nach Unter-Derscheid.

In der Gemarkung entspringt aus dem sogenannten Lautertenborn eine Bach, die eine Mahlmühle treibt, nächst dem Dorfe zween Fischweiher anfüllet, und an der Hessischen Gränze hin bis in den Rhein lauft.

An eben dieser Gränze liegt auf einem an den Rhein stossenden steilen Berge die zerfallene Burg Rineck, welche mit einer andern gleichen Namens unterhalb Andernach nicht verwechselt werden muß. Davon scheinet in einem Vergleiche die Rede zu seyn, welchen Graf Wilbem von Kazeneinbogen im J. 1360 zwischen dem Trierischen Erzbischoffe Boemund II und Pfalzgrafen Ruprecht dem ältern errichtet hat, allwo es heiset: „Als von dem Buwe, den unser
„Herre der Herzoge gebuwet hatt, uf dem Bastei-
„ne gen Wesel über, dergestalt, daz vorgenannt
„Huß uf dem Basteine nit me soll gebuwet wer-
„den, dan als hude des Dages steet, und gebu-
„wet ist ꝛc d).

Die Gemarkung enthält 804 Morgen Aecker, 99 M. Wingert, 65 M. Wiesen, und 640 M. Wald. Die Kurfürstliche Hofkammer besizet dahier ein Hofgut, nebst welchem auch ein Pfarrgut vorhanden ist.

Die Kirche dieses Dorfes war vermuthlich ein Filial von Weisel. In der Kirchentheilung fiel solche den Reformirten zu, die einen besondern Prediger daran bestellet haben.

Mit dem Zehnten hat es die nämliche Beschaffenheit wie bei Weisel, und eben so verhält es sich auch

---

d) Geben an der Püzbache gen Cube über na Christus Geburde im tusend dry hundert, und neun und funfzigsten Jare, uf der hiligen dry Kuning Dage n ch der Gewohnheit zu schriben im Stift Trier. *Hontheim* hist. Trevir. dipl. Tom. II, p. 211.

mit dem Dorfgericht, indem der Schultheiß zu Wesel auch diese Stelle dahier vertritt.

Nebst dem ist auch ein besonderes Hubgericht, welches von der Mainzer Domprobstei abhanget. Seine Obliegenheit ist, die Besthäupter zu thätigen und die Grundzinse zu erheben, wozu ein Schultheiß und 6 Schöffen angeordnet sind.

4) **Holzfeld**, ein geringes Dorf von 30 Häusern unterhalb der Hessen-Rh-infesischen Stadt St. Goar, fünf Stunden von Bacharach nordwärts im Gebirge, etwa drei viertel Stunde vom Rheinstrom gelegen, war eine Zugehör der alten Burg Erenberg an der Mosel, welche schon zu der alten Pfalzgraffschaft gehöret hat *e*). In einem Vergleiche, welchen K. Friedrich I zwischen dem Trierischen Erzbischoffe, und Pfalzgrafen Konrad im J. 1161 gemacht hat, muste lezterer den Kirchensaz zu Lanstein und Kempten dem Erzbischof überlassen, hingegen dieser ihm die Burg Ehrenberg zu Lehen reichen *f*). Im J. 1340 bekannte Pfalzgraf Rudolph II die Burg Ehrenberg auf dem Ufer der Ere nächst der Mosel von Erzbischoffe Baldewin zu Lehen empfangen zu haben *g*). Bei der Theilung unter K. Ruprechts Söhnen ward Erenberg zum Loose des Herzogs Stephan geschlagen, der solche auch von dem Erzstift Trier zu Lehen empfing. Bald hernach entstund zwischen Kurfürst Ludwig III und seinem Bruder Stephan wegen des Dorfes Holzfeld eine Irrung, die im J. 1417 dahin vertragen worden „Das man „erfahre in Wahrheit obe das Dorf Halsfelden „gein Erenberg gehöre: befünde (sich) in Wahrheit „das es gein Ereberg gehörte, und die Theilung „da begriffen hette, so soll es Herzog Stephan ver-

---

e) *Tolner* in hist. Palat. pag. 25.
f) *Hontheim* histor. Trevir. dipl. Tom. I, pag. 593.
g) Idem L. c. Tom. II, pag. 142.

„ liben. Herfände sich aber in Wahrheid, daß es
„ nit gein Ernberg gehorte und lege auch nit in sine
„ Teile uf dem Hundsrück, so soll es Herzog Lud-
„ wig verliben „ h). Durch die Theilung Herzogs
Stephan vom J. 1444 wurde die Burg Erenberg
zum Loose seines ältern Sohns Friedrich von Simmern geschlagen. Obgedachter Pfalzgraf Stephan
belehnte im J. 1450 Heinrich, Johann und Friedrich
von Pirmont Gebrüder mit zween Drittel zu Erenberg, und erneuerte den Burgfrieden, welchen er
vorhin mit Johann von Schonenberg und Cuno von
Pirmont daselbst eingegangen hatte i). Friedrich
von Pirmont und Erenberg hinterlies eine Tochter
Elisabeth, die an Philipp von Elz vermählet wurde.
Ihr Sohn, Friedrich von Elz, hatte drei Töchter,
worunter die zwote Erenberg zu ihrem Erbtheil bekam. Ihr Sohn, Johann Friedrich Quadt von
Landskron, hatte gleichfalls nur Töchter, wovon die
zwote, Anna Ursula, an Daniel von Hensbruck,
die dritte aber, Maria Juliana, an Philipp Friedrich von Clodt sich verehlichet hat. Jene bekam
Erenberg mit seinen Zugehörungen, starb aber ohne
Kinder, und so fiel diese Herrschaft ihrer Schwester
Juliana heim, welche sie auf das Geschlecht der Freiherren von Clodt gebracht hat. Seit dem Abgang
der Pfalz-Simmerischen Linie empfangen leztere dieselbe von den Kurfürsten zu Pfalz als ein Affter-
lehen.

In neuern Zeiten machte das abeliche Frauenkloster Marienberg bei Poppart auf einen Theil der Gerichtbarkeit zu Holzfeld einen Anspruch, der aber im
J. 1762 verglichen, und dabei dem Kurhaus Pfalz
seine hohe Gerechtsamen erhalten worden.

---

h) Die Urkunde stehet in Statu Causae die Pfalzzweibrück-
sche Succession betreffend, in den Beilagen Lit. T t.
pag. 71.
i) Gudeni Cod. diplom. Tom. II, pag. 1244 & 1313.

Die Gemarkung enthält 262 Morgen Aecker, 5 M. Wingert, 43 M. Wiesen, und 50 M. Wald.

Zu diesem Gerichte uud der Kurpfälzischen Bothmäsigkeit gehöret auch der auf der rechten Seite des Rheins gelegene Sachsenhauser Hof, oberhalb des Kurtrierischen Dörfleins Ehrenthal, welcher dem obgedachten Frauenkloster Marienberg zuständig ist. Ums J. 1760 wurden dabei reichhaltige Erzadern entdecket. Es ist wirklich ein sehr ergiebiges Silber, Blei und Kupfer bringendes Bergwerk, die gute Hofnung genannt, woraus jährlich über 12000 fl. Ausbeut gewonnen werden. Die Schmelzhütte ist zu Braubach im Darmstädtischen, und sind 100, mehr oder weniger, Arbeiter dabei angestellet. Den Zehnten und Freystamm hat Kurpfalz mit Kurtrier in Gemeinschaft.

In dem Dorfe Holzfeld befindet sich eine Kirche, welche von dem Evangelischen Prediger des Landgräfl. Hessischen Dorfs Werlau versehen wird. Die Katholischen sind zu Hirzenach im Trierischen eingepfarret.

Den grosen und kleinen Zehnten beziehet das adeliche Geschlecht der Breitenbach von Bürresheim.

Nach dem lezten Vergleich sezet das Kloster Marienberg den Gerichtsschultheis, Kurpfalz aber einen Vogt und die Schöffen. Die Dingtäge werden zu Hirzenach in dem dazu gewidmeten Kurpfälzischen Gerichtshause gehalten, welches der Tempusors genennet wird, wobei aber weder der Marienbergische Schultheis, noch der Kurpfälzische Faut eine Stimme führen.

Oberamt Simmern.

Einleitung.

Der rauhe Landesstrich, woraus dieses Oberamt bestehet, gehöret zwar noch zum alten Nahgau, wird aber insgemein, jedoch unrichtig, der Hundsruck genannt. Man ist über den Ursprung dieses Wortes nicht einig. Die Stiftungsurkunde des Klosters Ravengirsburg vom J. 1074 thut von dem Gaue Hundesruche die älteste Meldung *a*). Hingegen ist der Nahgau desto bekannter, und war ein Theil des alten Herzogtums der Rheinischen Franken *b*), bei weitem aber nicht so angebaut und fruchtbar, als der Wormsgau. Nur an den fliesenden Wassern fanden sich hier und dort einige Höfe oder Dörfer, das übrige war eine Wildnis, wovon die grosen Wälder Sane und Idar noch redende Beweise sind. Beide waren Theile des grösern Königlichen Bannforstes Vosagus oder Vogesus, von welchem bei den Oberämtern Lautern und Lauterecken die Rede seyn wird.

---

a) *Gudenus* Cod. diplom. Tom. I, pag. 377.
b) Hievon handlen umständlich die Herren Kremer in der Geschichte des Rhein. Franz. S. 69 sqq. und *Lamey* Descriptio pagi Navensis in den Act. Acad. Palat. Tom. V. hist. p. 127.,

Die ältesten Besitzungen, die wir kennen, hatten die Abteien Fuld und St. Maximin bei Trier, wie bei den einschlagenden Stellen wird bemerket werden. Die Gerichtbarkeit aber verwalteten die Gaugrafen, von denen man schon im Anfang des IX Jahrhunderts Spuren antrift. Es ist sehr wahrscheinlich, daß im XI und XII Jahrhundert die Wild- und Raugrafen in dieser Gegend vieles, und besonders die Gerichtbarkeit als ein Rheinfränkisches Lehen besessen haben, und zu vermuthen, daß beide Familien mit den gräflichen Häusern Veldenz und Spanheim einerlei Ursprung, oder wenigstens die genaueste Verbindung mit einander gehabt haben c). Selbst der bekannte Stifter des Klosters Ravengiersburg, Graf Berthold, welcher im XI Jahrhundert gelebt, mag aus einem jener Geschlechter entsprossen gewesen seyn. Die dazu geschenkten viele Güter machen einen grosen Theil des heutigen Oberamts aus, und das übrige kommt meistens von den Raugrafen her, so daß der ganze Umfang desselben ein ursprüngliches Zugehör der alten Raugrafschaft gewesen zu seyn scheinet.

Die Stadt Simmern mit ihren Zugehörungen, kam anfänglich pfand- und bald hernach kaufweis von den raugräflichen Erben, nämlich den Herren von Bolanden, im J. 1359 an Pfalzgrafen Ru-

---

c) Daß die Rau- und Wildgrafen von einem gemeinsamen Stammvatter herkommen, hat der Freiherr von Senkenberg in medit. ad jus publ. & hist. Observat. II. und die gleiche Abkunft der Grafen von Veldenz Herr Prof. Crollius in seiner Abhandlung in Act. Acad. Pal. Tom. II bewiesen.

Simmern.

grecht den ältern, und seine Erben. Nach dessen Tode fiel solche auf Pfalzgr. Ruprecht II, und dieser ordnete in der mit seinen Söhnen errichteten Konstitution vom J. 1395: „Daß Simmern, „ Burg und Stadt, bei der Pfalz, und bei dem „ einigen Herrn, der da der Pfalzgraf ist, ewig„ lich verbleiben solle.

Nach diesem Hausgeseze hätte also dieses neu erworbene Landesstuck gleich den übrigen ältesten Stammgütern jedesmal dem ältesten Sohne zu Theil werden sollen, welches auch bei dem ersten Falle keinen Anstand gehabt, weil Ruprecht III der einzige Erb seines Vatters gewesen ist. Allein, da dieser bei seinem Ableben mehrere Söhne hinterlassen, und in seinem lezten Willen verordnet hatte, daß von ernannten sieben Schiedsrichtern eine förmliche Erbordnung errichtet werden sollte, so ist durch die im J. 1410 zu Stande gekommene Haupttheilung im 18ten Absaz dem dritten Sohne, Herzog Stephan, vornemlich „Sim„ mern auf dem Hundsruck, Burg und Stadt, „ Laupach die Stadt, Hohrein die Stadt, Ar„ genthal die Stadt, und der Hundsruck zumal „ und ganz, was die Herrschaft darauf liegen „ und fallen hat 2c. „ nebst andern dazu gehörigen Landesstücken ausgeschieden, und dadurch eine Hauptlinie gestiftet worden.

Gedachter Herzog Stephan vermählte sich mit des lezten Grafen von Veldenz, Friedrichs III, einzigen Tochter Anna, und dieser Friedrich erhielt wegen seiner Frau Mutter, einer gebohrnen Gräfin von Spanheim, bei der im J. 1437 sich zugetragenen Erlöschung des Spanheimischen Mannsstammes zwei Fünftel an der vordern Grafschaft, und an der hintern die Hälfte. Alles dieses fiel samt der ganzen Grafschaft Veldenz, zu Folge einer im J. 1444 errichteten Erbordnung, auf Herzogs Stephan zween weltliche Söhne. Nach des Vaters Tode bekam Friedrich, der ältere Sohn, nebst andern einzelnen Herrschaften und Orten, hauptsächlich das Land auf dem Hundsruck mit Schlössern, Städten, Dörfern, Mannen, Burgmannen, Gerichten, Landen und Leuten, auch allen Zugehörungen; sobann die Vogtei und das Schirmrecht des Klosters Ravengirsburg mit allen Herrlichkeiten, Gülten und Gefällen, wie solches herkömmlich gewesen; endlich auch die Theile der hintern und vordern Grafschaft Spanheim 2c. *d*).

Auf solche Weise theilten sich des im J. 1459 verstorbenen H. Stephans beide Söhne in zwo Hauptlinien. Ludwig der jüngere pflanzte die Zweibrückische, und Friedrich, welchen man insgemein den Hundsrücker (Cynonotus) nannte, die Simmerische. Ihm folgte sein ältester Sohn Johann I, und diesem im J. 1509 ebenfalls der älteste Sohn, Johann II, welcher 48 Jahre lang obgedachte Landesstücke als ein besonderes Fürstentum regieret hat. Bisher hatte man, vermuth-

---

d) Diese Verordnung ist die Grundlage der von Herzog Stephan gestifteten und zum Theil noch blühenden Simmerschen und Zweibrückischen Hauptlinien, welche man in der rechtlichen Ausführung der dem Hause Pfalz-Birkenfeld auf das Herzogtum Zweibrücken 2c. competirenden Gerechtsamen 2c. unter den Beilagen zum. XXVII nachlesen kann.

Simmern.

sich in der Absicht, das Fürstentum nicht zu schwächen, sich zum Geseze gemacht, von den Nachkommen nur den ältesten Sohn zur Erbfolge zuzulassen, und die übrigen dem geistlichen Stande zu widmen. H. Johann II aber, als er den Fall vorher sahe, daß die alte Kurlinie erlöschen, mithin seine Söhne nach dem Recht der Erstgeburt in derselben Würden und Landen folgen würden, war bei Zeiten Bedacht für die Zukunft Vorsehung zu thun. Er vereinigte sich daher mit allen damals lebenden Pfalzgrafen über den Heimfall der Kurwürde mittels Errichtung feierlicher Verträge o), durch welche überhaupt, besonders aber in der Vereinigung vom 20 Dec. 1553 vestgesezt worden ist, daß wenn Kurf. Friedrich II, die Herzogen Ottheinrich zu Neuburg, und Wolfgang zu Neumarkt (als Abkömmlinge der Kurlinie) ohne männliche Leibeserben abgehen sollten, mithin nach vordern Verträgen die hintere Grafschaft Spanheim an H. Wolfgang zu Zweibrücken, und H. Georg Johann zu Veldenz abgetretten werden müsten, Herzog Johann II, und sein ältester Sohn Friedrich, oder ihre Erben, welche die Kur und die derselben angehörigen Lande überkommen würden, das Amt Simmern mit allen seinen Zugehörungen dem Herzoge Georg, als dem zweiten Sohne des erstern und seinen männlichen Nachkommen überlassen wollten. Ferner verordnete gedachter Herzog Johann II in

---

o) Die wesentlichste dieser Verträge sind von den Jahren 1545, 1546, und 1553, welche man in eben gedachter Druckschrift findet.

Dd 5

seinem Testament vom J. 1557, daß in solchem Falle Herzog Georg nebst Simmern auch der Pfalz fünften Theil an Kirchberg, das Erbtheil an Stromberg ꝛc. haben sollte f).

Im nämlichen 1557 Jahre starb Johann, und H. Friedrich folgte in der Regierung des Fürstentums Simmern. Als aber im Anfange des Jahrs 1559 auch Kurf. Ottheinrich sein Leben, und die alte Kurlinie beschlossen hatte, bekam er die Kurwürde mit den dazu gehörigen Landen, und überließ seinem Bruder H. Georg besagtes Fürstentum. Dieser starb im J. 1569 ohne Hinterlassung ehlicher Leibserben, hatte aber einen jüngern Bruder, H. Reichard, welcher Kraft der Erbverträge in der Simmerischen Regierung nachfolgte. Als dieser im J. 1598 ebenfalls ohne Kinder mit Tode abgieng, wurde das Fürstentum wieder mit der Kur vereiniget.

Der damalige Kurfürst Friedrich IV, als er im J. 1602 mit einer tödtlichen Krankheit befallen wurde, errichtete ein Testament, worin er seinem jüngern Sohne, Moriz Christian, das Amt Simmern mit dem Bedinge zum Erbtheil bestimmet hat, daß, wenn die damals schwangere Kurfürstin wieder einen Prinzen zur Welt bringen würde, diesem gedachtes Amt, und jenem dafür Neumark in der obern Pfalz eingeräumt werden sollte. Allein der Kurfürst ward wieder gesund, und bald darauf der dritte Prinz, Ludwig Philipp, gebohr-

---

f) Die Abschrift dieses Testaments ist in Notsmin. super Struvii Formul. Succeſſ. domus Palat. unter den Beilagen Lit. L.

Simmern.   427

ren; hingegen starb Moriz Christian im J. 1605. Besagtem Ludwig Philipp blieb also das Amt Simmern ausgeschieden, in welchem er auch nach seines Vatters Tode 1610 ohne Wiederspruch gefolget ist.

Nach dem Westphälischen Friedensschlusse wollte Kurf. Karl Ludwig seines Herrn Grosvatters Testament nicht für gültig erkennen, und machte auf die dem Herz. Ludwig Philipp ausgeschiedene Aemter einen hartnäckigen Anspruch. Ehe dieser Streit noch beigelegt worden, starb lezterer im J. 1654, und hinterließ einen minderjährigen Prinzen, Ludwig Heinrich Moriz, über welchen der Kurfürst die Vormundschaft führte. Beide verglichen sich endlich im J. 1659, und lezterer trat die Regierung im Fürstentum Simmern an g), starb aber im J. 1673 ohne Kinder, und so fiel das Fürstentum Simmern wieder an die Kurpfalz zurück, bei der es auch bis auf den heutigen Tag verblieben ist.

Dieses Oberamt kann in Vergleichung seiner Ausdehnung, Ortschaften und Volksmenge unter die mittelmäsigen gerechnet werden; allein das Erdreich ist nicht zur Hälfte angebaut, sondern bestehet meistens aus Waldungen und obben Heiden. Der Umfang desselben erstreckt sich ungefähr nur auf vier Stunde in die Länge, und eben soviel in die Breite, wenn man die Schultheiserei Gundershausen und das Dörflein Ravensbeurn, die ausser

---

g) Umständlichere Nachricht hievon gibt *Joannis* in Appendice posteriore ad *Parei* historiam Bavarico Pal. Lib. VI, Sect. II, pag. 528 sq.

dem Verbande und fünf Stunden von Simmern abgelegen sind, nicht dazu rechnet. Im Ganzen hat selbiges zu Gränznachbaren gegen Ost das Kurtrierische Amt Wesel, die Kurpfälzische Oberämter Bacharach und Stromberg ꝛc. Gegen Sud ist es meistens vom grosen Sauewald eingeschlossen, und stoßt etwas auf die vordere Grafschaft Spanheim ꝛc. Gegen West ist es mit den Marggräflich-Badischen oder Spanheimischen Aemtern Kirchberg und Kastelaun, vermischt; gegen Nord aber stößt es wieder an Kurtrier, das Amt Kastelaun, einige ritterschaftliche Orte der Grafen von Bassenheim und von Metternich, und an das Landgräflich-Hessen-Rheinfelsische oder Nieder-Kazenelnbogische Gebiet.

Es wird eingetheilt in die Stadt Simmern, und in folgende 13 Schultheisereien, deren Benennung sich jedoch nach dem jeweiligen Wohnsize des Schultheisen abzuändern pfleget, nämlich 1) Schnorrbach von vier Dörfern, 2) Erbach von drei, 3) Ellern von zwei, 4) Argenthal von zwei, 5) Diefenbach von vier, 6) Ravengirsburg von vier, 7) Nickweiler von fünf, 8) Reich von sieben, 9) Niederkumb von vier, 10 Pleizenhausen von sechs, 11) Laubach von vier, 12) Laubert von vier, und 13) Gundershausen von vier Dörfern, mithin begreift es in allem eine Stadt, vier und funfzig Dörfer und zwölf Meyerhöfe, nebst mehrern Mühlen, deren die meisten an der Simmer, von der die Stadt und das ganze Oberamt den Namen führt, und an den darein fallenden Bächlein liegen.

Simmern.

Der Wald Sane, insgemein der Sonwald h) genannt, erstrecket sich von dem Kurpfälzischen Oberamt Bacharach bis an das Spanheimische Amt Winterburg, und von Argenthal bis an das Kurpfälzische Oberamt Stromberg. Der östliche Theil davon gehöret zum Oberamt Kreuznach. Durch den Simmerischen Antheil war vor Alters eine gepflasterte Hochstrase, welche vom Rhein bei Bacharach ihren Anfang nahm, und in einer ziemlich geraden Linie nach Trier und Lothringen führte. Nun aber ist diese kostbare Strase in Verfall, und schier gar in Vergessenheit gerathen. Bei Anlegung einer dem Handel mehr angemessenen neuen Strase über den Hundsruck, deren schon oben i) Meldung gethan worden, sind die an jener befindliche Steine ausgegraben, und zu Erbauung der leztern verwendet worden.

Da das Oberamt überhaupt von mehrern Bergen, Waldungen und Heiden eingeschlossen, und das Erdreich an sich selbst rau, kalt und sandig ist, so darf man keinen Weinbau darin suchen. Auch das Ackerfeld ist mehr zum Haber und Flachs, als zu andern Gattungen des Getreides tauglich. Dagegen ist die Viehe- vornehmlich die Schaaf-zucht ein wesentlicher Nahrungszweig der Unterthanen. Das Hundsrücker Hammelfleisch wird allenthalben gerühmt und oft auch versendet k).

---

h) Davon sieh *Freheri* Orig. Palat. Lib. II, Cap. X. und die Act. Acad. Palat. Tom. V hist. p. 129.
i) Seite 387.
k) Von der Beschaffenheit des Erdreichs ist eine Abhandlung des seel. Herrn Slabs in Act. Acad. Palat. Tom. I, pag. 431.

Im Sauewald findet sich ergiebiges Eisenerz in Ueberfluß, allein der täglich zunehmende Holzmangel gestattet nicht mehrere Schmelzwerke anzulegen. Eben diese Abnahme der Waldungen ist Ursache, daß das grose Wildpret je länger je seltner wird. Das kleine Weidwerk aber ist in gutem Stande, besonders der jährliche Fang von Krametsvögel. Die Bäche und Weyher liefern auch Fische und Krebse.

Um den heutigen Zustand des ganzen Oberamts näher kennen zu lernen, wird folgender Auszug des im J. 1786 gefertigten Verzeichnisses ungefähr dienen können. Nach solchem hat man in sämtlichen Ortschaften die Bevölkerung auf 2060 Familien, 9633 Seelen berechnet. Die Gebäude auf 40 Kirchen, 49 Schulen, 1724 burgerliche und Gemeindshäuser, 69 Mühlen. Die liegenden Güter auf 15537 Morgen Ackerfeld, 7312 M. Wiesen, 123 M. Gärten, 8763 M. Weide, 10641 M. Wald.

Simmern war, gleich andern Aemtern, stets mit einem Amtmann aus dem Adel besezt. Wir können aber nur folgende davon anführen:

1442 Junker Johans von Randeck, Amtmann und Burggraf *l*).

1494 Junker Heiderich von Schmedberg, Amtmann *m*).

1506 Kaspar Kratz von Scharfenstein, Amtmann *n*).

---

l) Bei *Würdtwein* in Subsid. diplom. Tom. XI, pag. 244.
m) Ibidem pag. 315.
n) Böttinghausen Beiträge zur Pfälzischen Geschichte, I B, I St. pag. 31.

1534 Heinrich Walbecker von Kempt, Amtmann o).
1537 Hugo von Wildberg zu Arrendal und Arras p).
1553 Friedrich von Schönberg auf Wesel, Amtmann q).
1560 Matthias Robler, der Rechten Doktor, Kanzler und Amtmann r).
1575 Johann von Stockheim, Amtmann s).
1581 Melchior von Stetten, Amtmann t).
1588 Hermann von Rötteriz, Amtmann u).
1598 Luther Quadt von Wickrad, Amtmann x).
1599 Ludwig Graf von Sayn und Wittgenstein, Oberamtmann.
1610 Hanns Bernhard von Walbrunn, Amtmann.
1613 Ludwig Graf von Sayn und Wittgenstein, Oberamtmann y).

---

o) Schneiders Erbachische Historie, pag. 349.
p) Humbracht höchste Zierde Deutschlandes Tab. 74.
q) Ibid. Tab. 212, und nach dem vorhandenen Bestallungsbriefe.
r) Büttinghausen l. c. II Stück, p. 123.
s) Vermög seines annoch vorhandenen Bestallungsbriefes.
t) Nach zwei vorhandenen Urkunden von den Jahren 1585 und 86.
u) Crollius de Cancellariis Bipont. in der Geschlechtstafel ad pag. 92.
x) In einer Urkunde vom 5ten Mai 1549 heißet es: „Ich Sibylla Quadin gebohrne Kettlerin von Nesselrod Wittwe, bekenne ꝛc. nachdem der Erbar Friedrich von Helmstätt Reisiknecht, bei Weiland dem gestrengen, edlen und vesten Luther Quadten von Wickradt, Churpfalz geheimen Rathen und Amtmann zu Simmern, meinem lieben Junker ꝛc.„ gedient.
y) Bei der Heimführung des Kurf. Friedrichs V.

1621 Hanns Bernhard von Walbrunn, zum zweiten mal.
1650 Johann Jakob von Gleisenthal, Amtmann z).
1652 Johann Graf von Sayn und Wittgenstein, Amtmann.
1660 Wolfgang Gerhard von Geispizheim.
1665 Adam Freiherr von Knipphausen.
1669 Johann Kasimir Kolb von Wartenberg.
1680 Kasimir Heinrich Freiherr von und zu Steinkallenfels a).
1681 Johann Friedrich Freiherr von und zum Stein, Herr zu Kastell.
1690 Friedrich Christian Freiherr von Spee, Amtmann.
1695 Johann Franz Ernst Freiherr von Weichs, Amtmann b).
1711 Maximilian Karl Freiherr von Martial, Oberamtmann.
1738 Johann Anton Freiherr von Martial, des obigen Sohn, Oberamtmann c).
1740 Franz Ludwig Schenk Freiherr von Schmidtburg, ebenfalls d).
1743 Karl Anton Freiherr von Sickingen, Oberamtmann e).

1746

---

z) *Andreae* Bach. Illustr. p. 35.
a) Er ward in folgendem Jahre zum Amtmann nach Kreuz nach bestellt.
b) Er ward den 11 Mai 1695 dazu ernennt.
c) Er ward schon im J. 1735 beigeordnet.
d) Laut seines Bestallungsbriefes vom J. 1739.
e) Desgleichen vom 3 Jul. 1743.

1746 Ludwig Friedrich Freiherr Göler von Ravensburg f).
1757 Heinrich Anton Beckers Freiherr von Westerstetten g).
1777 Ludwig Joseph Freiherr Boos von Walbeck.

Bis zum Ausgange des XVII Jahrhunderts war diesen adelichen Amtleuten die Verwaltung der landesherrlichen Gerichtbarkeit allein übertragen, und der zeitliche Landschreiber hatte nichts als die Geldeinnahm, der Truchseserei-Keller aber die Fruchtgefälle zu besorgen. Hernach wurden besagte Amtmänner von persönlicher Dienstleistung befreiet, und den Landschreibern ihre Verrichtungen anvertrauet, obschon die Geschäfte sich nicht vermindert, sondern merklich vermehret hatten, nachdem die reiche Probstei Ravengirsburg, die ihr eigenes Landgericht, wie wir unten hören werden, gehabt hat, aufgehoben und dessen ganze Gerichtbarkeit mit der landesherrlichen Oberbothmäßigkeit vereiniget worden.

Heutigen Tages hat also der Oberamtmann keine Obliegenheit, sondern der zeitliche Landschreiber vertritt seine Stelle, und verwaltet zugleich die Kammeral-Geldgefälle. Ihm ist für die Gerichtbarkeit ein Amtschreiber beigegeben; die Früchten, und was von Kammergütern eingehet, besorget der Truchseserei-Keller, die Steuergefälle aber der Obereinnehmer. Ueber das eingezogene Non-

---

f) Den 26 Hornung 1746.
g) Den 18 Dec. 1757 † den 30 Oct. 1777.

nenkloster Kumb ist eben so, wie über die Probstei Ravengirsburg, ein Schaffner, und für die übrigen frommen Stiftungen ein Kollektor angestellt. Für das Jagd- und Forstwesen im ganzen Oberamt ist ein Kurfürstl. Forstmeister mit mehrern ihm untergebenen Förstern. Eine jede Schultheißerei hat ihr besonderes Gericht, das aus einem Schultheißen und einigen Schöffen bestehet.

Stadt Simmern.

Sie liegt 22 Stunden von Mannheim nordwestwärts entfernet, und hat ihren Namen von der Bach gleichen Namens, die unstreitig älter ist als der Ort. Im J. 841 verliehe ein gewisser Gunthram seine Güter zu Simera und Chira (Kirn) und 17 Jahre hernach zwo Hofraithen eben daselbst der Abtei Fulda h). Auch in den alten Urkunden der Abtei St. Maximin, wodurch desselben Beßungen bestättiget worden, als von König Karl dem Einfältigen im J. 912, von Kaiser Otto dem grosen im Jahr 962 ꝛc. kommt Siemera oder Simra unter den übrigen Orten namentlich vor i).

Die Pfälzischen Gerechtsame scheinen von K. Ludwig IV an König Johann von Böhmen verpfändet oder sonst abgetretten worden zu seyn, da dieser im J. 1323 auf das Leben zu Simeren zu Gunsten seines Oheims, des Erzbischofs Balduin von Trier, Verzicht gethan, welcher letztere solches auch dem Raugrafen Georg mit aller Zugehör, nur die Burglehen ausgenommen, verliehen hat k).

---

h) *Schannat* Corpus Tradit. Fuldenf. num. CCCCLII & CCCCLXXXIV.

i) Diese Urkunden sind in *Hontheim* histor. Trevir. diplom. Tom. I, pag. 261, 293, 358, 361, 380, 387, 413 & 543 nachzusehen.

k) Gesta Trevirorum bei gedachtem Herrn von *Hontheim* in Prodr. hist. Trev. Tom. II, p. 833, Cap. CLV.

Simmern.

Die Tochter dieses Raugrafen, Loretta, war an Otto von Bolanden, und ihr ältester Sohn Philipp von Bolanden mit Mena, auch einer gebohrner Raugräfin, vermählet. Als nun der Raugräfliche Ast von Altenbaumburg mit Wilhelm, obgedachten Raugrafen Georgs Enkel, im J. 1358 erloschen war, erbte diese Mena alle desselben Besizungen, und in eben diesem Jahre verpfändete ihr Gemahl Alten-Simmern an beide Pfalzgrafen Ruprecht für 1800 fl. auf Wiederlösung, im folgenden aber verkaufte er eben diese Stadt mit allen Zugehörungen an dieselben um 4000 kleiner Gulden von Florenz l).

Nach Ableben K. Ruprechts ward Simmern, Burg und Stadt, seinem dritten Sohne, Herzog Stephan zugeeignet, auch mit Bewilligung seiner Brüder vor der Haupttheilung schon seiner Gemahlin, Anna von Veldenz, zum Wittum verschrieben m). Als nun gedachter Stephan durch die mit seinem Schwiegervatter, dem lezten Grafen von Veldenz, unter ihren Söhnen und Enkeln im J. 1444 errichteten Erbordnung seinem ältesten Sohne, Friedrich dem Hundsrucker, Simmern zugetheilet hatte, wählte dieser die Burg daselbst zu seiner beständigen Residenz, von welcher die von ihm angefangene Pfalzgräfliche Linie den Namen erhalten hat.

Um welche Zeit besagte Burg erbauet worden, wissen wir nicht. Derselben wird in angezogenem Bewidmungsbriefe des Herzogs Stephan zum erstenmal gedacht. Sie liegt am untern Ende der

---

l) Münster im 5 Buch, 140 Cap. seiner *Cosmographie*, und nach ihm Zeiler in Topographia, auch Tolner in hist. Pal. bestimmen den Kaufschilling auf 600 fl. In Act. Compr. Francof. p. 126. aber wird solcher zu 500 fl. angegeben. Da nun die Verpfändung auf 1800 fl. bestimmt war, so kommt obige Summe ungefähr heraus.

m) Man vergleiche damit die Urkunde in Joannis Miscellis ad Tolneri histor. Palat. Specim. II, p. 93 & sq.

Stadt, und war vormals ein so prächtiges als weitläufiges Gebäu. Aber in dem Orleanischen Erbfolgsstreit ward selbige gänzlich eingeäschert, und erst im J. 1710 wieder gewisser Masen aufgebauet, endlich auch im J. 1747 mit einem neuen Dache bedecket.

Der Ort selbst soll im J. 1290 mit dem Stadtrecht begabt worden seyn. Indessen hat erst Pfalzgr. Johann II die Inwohner von der Leibeigenschaft, und verschiedenen Frohndiensten befreiet, und ihnen andere wahre städtische Befugnisse ertheilet n). Im XVI und XVII Jahrhundert stand diese Stadt im besten Flor, und das Rathhaus war eines der prächtigsten Gebäuden. Nach überstandenem harten Ungemach des dreisigjährigen Krieges, in welchem sie gleich der Kurfürstl. Pfalz sehr feindlich behandelt worden, ward sie im J. 1689 von den Franzosen in Brand gestecket, und so zu sagen der Erde gleich gemachet; jedoch nach dem Riswickischen Frieden nach und nach wieder aufgebauet, und in dermaligen Stand gebracht.

Durch die Stadt fliesset die Simmerbach, welche aus zwei geringen Bächlein entstehet, zwei Stunden oberhalb der Stadt, und wird erstlich durch die von Laubach kommende Külzerbach, zweitens durch das Rinckenbächlein oberhalb, drittens durch die aus dem Schloßbrunne entstehende Rheinbach, und viertens mit dem von Holzbach kommenden Bintenbächlein unterhalb der Stadt verstärket. Alle diese Bächlein treiben einige Mühlen.

Durch die Stadt ziehet eine erhabene Landstrase von Kreuznach auf Koblenz; sodann eine gemeine Strase nach Meisenheim, und an den Moselstrom. Als im J. 1763 die neue Strase zu bauen angefan-

---

n) Der darüber ertheilte Freiheitsbrief ist geben zu Simmern uff St. Matthiastag des heil. Apostels, der da war der 24te Hornung, als man zalte nach Christus Geburt 1555.

Simmern.

gen worden, hat man das alte Pflaster der von Bacharach hieburch nach Trier zu der Römer Zeit angelegten Steinstrase o) aufgebrochen, und meistentheils zu dieser neuen verwendet.

Zu dem städtischen Gebiete gehöret auch das Dörflein Kümbgen, der Ausburger Ort genannt, über dem Berge, eine halbe viertel Stunde von der Stadt westwärts gelegen, dessen Inwohner einen Theil der Gemeinde ausmachen. Ferner der Schaafhof, eine halbe Stunde von der Stadt gegen Mittag gelegen. Er bestehet aus einem Wohnhause nebst Scheuer und Stallungen, welche die Hofkammer samt dem Feld in Erbbestand verliehen hat. Endlich Maria Reitzborn, eine Klause mit einer Kapelle in dem zur gemeinen Stadt gehörigen Märkerwald, anderthalb Stunden von Simmern subwärts entlegen, wohin Wallfahrten zu geschehen pflegen.

In der Stadt und ihrem ganzen Gebiete finden sich dermalen 315 Familien oder Haushaltungen; 3 Kirchen, 215 burgerliche und gemeine Häuser, nebst 5 Mühlen. Die Gemarkung enthält 1617 Morgen Aecker, 649 M. Wiesen, 15 M. Gärten, 130 M. Weid, und 920 M. Wald.

Die Hauptkirche der Stadt ist dem heil. Stephanus geweihet. Konrad von Bolanden, Pfarrer zu Alten-Simmern, verliehe mit Bewilligung seines ältern Bruders Philipps im J. 1362 seinen Zehnten zu Cumeden dem Altare U. L. F. in gedachter Pfarr-

---

o) Obgedachter Münster Lib. V, Cap. 169. sagt hievon: „Man findet auch in diesem rauhen Lande eine altershabene und gepflasterte Strase, die gehet zwerch über „den Hunsruck von Bacharach bis gen Berncastel, und „von dannen fort bis gen Trier, und also forthin durch „das Land Lnzelburg, die ist so richtig, gleich als wär „sie mit einer Schnur abgemessen, ist etwann eines „Tisches, etwann Bants Höhe, etwann höher zu bei„den Seiten erhaben.

Kirche p). Im J. 1371 ordnete Pfalzgraf Ruprecht der ältere durch sein Testament, daß die Kirche zu Simmern dem Stift zu Neustadt mit sechs andern Kirchen einverleibt seyn sollte. Als die Pfalzgrafen ihre Residenz hier aufgeschlagen, haben sie diese Kirche zu ihrem Begräbniß erwählet, und an dem Chor eine besondere Gruft errichten lassen, worin noch heutigen Tages verschiedene schöne Grabmäler von Stein zu sehen sind q).

Zu dieser Kirche gehörten sechs Kapellen in den nächst gelegenen Dörfern Mutterschied, Rinsweiler, Holzbach, Olweiler, Pleizenhausen und Weidelbach. Von den fünf erstern war das Patronatrecht mit dem Pfarrsaze zu Simmern verbunden; die Pfründe zu Weidelbach aber hatten die Pfalzgrafen selbst zu verleihen. H. Johann II fand, daß die jeder Pfründe anklebigen Gefälle zum Unterhalt eigener Priester nicht erkleklich seyen, und ließ wirklich einige bei dem Erledigungsfalle unbesezt. Dieses zeigte er dem Kollegiatstift zu Neustadt an, und schlug die Mittel vor, wie der Gottesdienst in jedem Orte bestellet werden könnte. Weil der Herzog damals die Kammer-Richtersstelle zu Speier bekleidete, ordnete das

---

p) Die darüber vorhandene Urkunde enthält folgendes: „Ich Conrat von Bolanden Pastor zu alden Simern "verjehen unde bekennen mich in diesme offen Brieffe, "daz Ich geben han, unde gebent mit dyesem offen "Brieffe mynen Zinden mit Namen zu Rumeden zu "unser lyeben Frauwen Altare gelehen zu alden Simern "in die Parrei unde hand us geban myt Willen, Wissen, "und Verhenknyß mynes lyeben Bruders Hern Pilyps "von Bolanden Hern zu alden Beymberg, der eyn Pa= "tron unde eyn Geber war der Pastorien zu alden Sy= "mern, unde des zu Verkunde han wir user beder "Ingesigel an dyesem Bryeff gehangen, do man schreif "zu Latyne anno Domini MCCCLX secundo in vigilia An- "dreae apostoli.

q) Einige sind in *Parei* hist. Palat. andere in des Herrn *Andreae* Simera illustrata eingerückt. Sieh auch die Acta Acad. Palat. vol. III, hist. pag. 26 sqq.

Simmern.

Stift den Dechant Sifrid Pfefferkorn, den Chorherrn Peter Lehemann, und den Landschreiber zu Neustadt, Hanns Wiesen, an selbigen ab; die sich dann im J. 1536 mit ihm dahin verglichen haben, daß,

Erstens der in der Kapelle zu Pleizenhausen befindliche Altar, dessen Verleihung ebenfalls dem Stift zuständig war, mit seiner Nußbarkeit alsobald der Kapelle einverleibt, mithin kein anderer mehr, als der Kapellan zu Pleizenhausen darauf angestellt werden solle.

Zweitens die zwo Kapellen zu Mutterschied und Rinsweiler, auch nur einer Person geliehen, und diese ihre Wohnung zu Mutterschied haben solle.

Ein gleiches geschahe mit den Kapellen zu Olweiler und Holzbach, so daß der Kaplan zu Olweiler wohnen, und mit dem Gottesdienste an beiden Orten alle Sonntage abwechseln mußte.

Bald hernach wurde die Reformation eingeführet, und der alte Gottesdienst gänzlich aufgehoben. Diesen haben zwar die Franzosen im J. 1689 wieder hergestellet; aber bei der Kirchentheilung bekamen die Kath. nur den Chor, und die Reformirten behielten das Langhaus.

Damals hatten sich auch einige Karmeliten in der Stadt eine Wohnung und Kirche errichtet; und von diesen Ordensmönchen wurde die Pfarrei versehen. Die Kirche ist im J. 1749 neu erbauet, dem heil. Joseph geweihet, zum täglichen Gebrauche bestimmet, und das Pfarrwesen drei Priestern gedachten Ordens gänzlich übertragen worden. Die Pfarrei gehöret zur Mainzer Diöces, und das Landkapitel hat von Simmern den Namen. Zu derselben werden die Ortschaften Kümbgen, Mutterschied, Rinsweiler, Holzbach, Ohlweiler und Nieder-Kumb, dann die Kapelle zu Maria Reitzborn, der Schaafhof rc. als Filialisten gezählet. Das Langhaus ist die Mutterkirche der Reformirten, die einen Prediger, welcher gemeiniglich die Inspektion der Klasse Simmern zugleich zu versehen hat, und einen Diakonus daran bestellet haben. Nebst der Stadt sind die Orte Kümbchen, Nieder-Kumb, Mutterschied und Holzbach, dahin eingepfarrt. Der zeitliche Schulrektor muß als Pfarrvikarius Ohlweiler und Ravengirsburg bedienen.

Die Lutherischen haben ebenfalls ein Bethhaus in der Stadt, welches ausser der Kirche in dem eingetauschten Dorfe Raversbeuern der einzige Ort des Oberamts ist, darin sie ihren Gottesdienst halten.

In der Simmerer Gemarkung beziehet die Kurfürstl. Hofkammer den grosen Zehnten mit der geistlichen Verwaltung in Gemeinschaft. Leztere geniesset auch den sogenannten dreißigsten.

In der Gemarkung des Dörfleins Kümbchen beziehet die Kurfürstliche Hofkammer den sogenannten Struet-Zehnten; der Kränz-Zehnten aber wird in 9 Loose getheilet; davon gedachte Hofkammer ein Neuntel, die geistliche Verwaltung wegen der Probstei Ravengirsburg zwei, und wegen des Klosters Kumb die übrigen sechs Neuntel von allen Gewächsen beziehet.

Der Magistrat ist mit einem Schultheisen, einem Stadtschreiber, sechs Raths- und Gerichts-Verwandten besezt. Nebst diesen bestehet ein besonderes Gericht über den sogenannten Schmittshauser Bezirk, welcher sich bis an das Dorf Pleizenhausen erstrecket. Den Gerichtsschultheis hat der städtische Magistrat zu sezen.

Als eine Merkwürdigkeit dieser Stadt ist noch anzuführen, daß im J. 1532 Georg Rüxners berüchtigtes Werk vom Anfang, Ursprung und Herkommen des Thurniers in teutscher Nation in Verlegung Hieronimi Koblers Fürstlichen Secretarien zu Simmern in fol. mit vielen zierlichen Holzstichen und prächtig gedruckt herausgekommen ist. Besagter Kobler war von Bamberg gebürtig,

Simmern.

und Pfalz-Simmerischer Kanzler. Er starb im J. 1539, und hatte seinen Sohn Matthias zum Nachfolger. Das Werk ist dem damaligen Simmerischen Herzoge, Johann II, einem gelehrten Herrn, zugeeignet. Am Schlusse heiset es: *Das Wapen der Stat Siemern uff dem Hunesrück, darinn diß Thurnirbuch gedruckt ist worden.*

Schultheiserei Schnorrbach.

1) **Schnorrbach**, ein geringes Walddorf von 23 Häusern, eine Stunde von Simmern sudostwärts gegen Ellern und Argenthal gelegen, kommt in einer Verschreibung des Probstes Walram zu Münster gegen Pfalzgrafen Rudolph mit Erbschied und den angehörigen Waldungen im J. 1295 namentlich vor. Der Ort scheinet seinen Namen von dem daselbst befindlichen Bächlein angenommen zu haben.

Die Gemarkung enthält 245 Morgen Aecker, 86 M. Wiesen, 101 M. Weide, und 50 M. Wald. Leztere gehören der Gemeinde, und stehen unter der Argenthaler Forsthute.

Die Kirche des Orts ist dem heil. Sebastian geweihet, und in der Theilung den Katholischen zugefallen. Sie gehörte vormals zum Glaner- seit 1767 aber zum Simmerischen Landkapitel. Der darauf angestellte Pfarrer hat die Filialkirche zu Argenthal, wie auch die Dörfer Ellern, Walbach und Alt-Weidelbach mit zu versehen.

Den Zehnten in der ganzen Gemarkung beziehet die geistliche Verwaltung.

Das Gericht war ehmals in zwo Schultheisereien abgetheilt, wovon die eine in Walbach, die andere in Mersbach bestanden hat. Nachher wurden sie vereiniget, und mit einem Schultheise, neun Schöffen und einem Gerichtſchreiber beſtellet, davon jener nebſt dem leztern und zween Schöffen in Schnorrbach, drei Schöffen zu Mersbach, zween zu Walbach, und zween zu Alt-Weidelbach wohnen.

2) Alt-Weidelbach, auch ein kleines Walddorf von 18 Häuſern. liegt nur eine viertel Stunde von Schnorrbach weſtwärts. Es giebt zween Weidelbach, nämlich das gegenwärtige, und das zur Schultheiſerei Ellern gehörige Dörflein Klein-Weidelbach. In der Gränzbeſtimmung der Pfarrei Mersbach, (Wergisbach) heiſet es Widimbach. In e'ner Rachtung zwiſchen der Probſtei Ravengirsburg, und Johann Herrn von Heinzenberg über einige ſtrittige Vogteirechte vom J. 1281 wird wegen des Gerichts zu Widelbach verglichen, daß gedachter Probſt jährlich zween ungebottene Dingtäge, nämlich in Mitte des Mays, und auf Martini zu halten befugt ſeyn ſolle r).

Die Simmer lauft eine Strecke an der Gemarkung her, nimmt die von Mutterſchied kommende Rindenbach oder Rizenbach, wie auch die nordwärts von Pleizenhauſen kommende Bach auf, und treibt drei Mahlmühlen.

Die Gemarkung beſtehet aus 294 Morgen Aecker, 143 M. Wieſen, 78 M. Weide, und 60 M. Wald.

Unter den Waldungen iſt das ſogenannte Buchholz begriffen, welches die Gemeinde des Dorfes im J. 1494 von dem Kloſter Ravengirsburg um jährliche 3 fl. Zinns erſtanden hat s). Sie ſtehen alle unter der Argenthaler Forſthute.

Die Kirche des Dorfes iſt dermalen ein Filial von der Ref. Pfarrei Pleizenhauſen. Vor der Refor-

---

r) Act. Acad. Palat. Tom. IV, pag. 32.
s) *Werdtwein* Subſid. diplom. Tom. XI, pag. 315.

Simmern.

mation war es nur eine Kapelle, welche der Herzog zu vergeben hatte t).

Am Zehnten beziehet die Kurfürstl. Hofkammer drei, und wegen des Zweibrückischen Antheils der Grafschaft Spanheim einen, dann die geistliche Verwaltung wegen des Klosters Kumb vier, und wegen der Probstei Ravengirsburg ein Neuntel.

3) **Walbach**, mit dem vorigen von gleicher Gröse, liegt eine Stunde von der Stadt Simmern ostwärts, und eine halbe Stunde von Schnorrbach nordwärts. Es hat seinen Namen von der vorbei fliesenden Walbache, die von Schnorrbach herkommt, eine geringe Mahlmühle treibet, und sich bei Pleizenhausen mit der Simmer vereiniget.

Die Gemarkung enthält 262 Morgen Aecker, 103 M. Wiesen, 60 M. Weide, 101 M. Wald.

Vor der Reformation war in dem Orte eine Kapelle, welche ein Filial der Pfarrei Mersbach gewesen, und das Kollegiatstift zu Bingen zu vergeben gehabt, wie aus einer Urkunde vom J. 1474 erweislich ist u). In folgenden Zeiten wurde diese Kapelle nicht mehr gebraucht, und also ganz baufällig. Das noch übrige Mauerwerk fiel zwar in das Loos der Reformirten, die es aber gar eingehen liesen. Sie gehen nach Pleizenhausen zur Kirche, und die Katholischen nach Schnorrbach.

Der grose und kleine Zehnten wird von der Kurfürstl. Hofkammer und der geistlichen Verwaltung zu gleichen Theilen bezogen.

4) **Mersbach**, das gröste Dorf der ganzen Schultheiserei, obgleich es nicht über 30 Häuser stark ist; liegt zwo Stunden von Simmern ostwärts, und

---

t) Mehreres hievon ist schon bei Simmern gesagt worden S. 438.
u) *Würdtwein* Subsid. diplom. Tom. I, pag. 218.

hat gegen Oſt Rheinbellen, gegen Sud Schnorrbach, gegen Weſt Walbach zu Nachbaren. Urſprünglich hies es Mergesbach, wie wir gleich ſehen werden.

Eine viertel Stunde vom Dorfe entſpringet das Paterbächlein, treibt zwo Mühlen, und flieſet nach Benzweiler. Durch die Gemarkung ziehet die alte Römerſtrafe, und im Dorfe wird der Landzoll erhoben.

In der Gemarkung finden ſich 306 Morgen Aecker, 171 M. Wieſen, 103 M. Weide, und 63 M. Wald, welche unter der Hute des Förſters zu Rheinbellen ſtehen.

Die Kirche des Orts iſt eine der älteſten in dieſer Gegend. Ein gewiſſer Thibrich hat ſie auf ſeinem eigenen Gute in Mergesbach erbauet und geſtiftet. Im J. 1006 ward ſie von dem Erzbiſchof Willigis zu Mainz eingeweihet, und ihr Umfang beſtimmet, nach welchem die Orte Kieſelbach, Altkülz, Maierſchied, Ellern, Liebshauſen, Weidelbach ꝛc. dazu gehöret haben x). Dieſer Pfarrſprengel hat ſich aber ganz geändert. Der Kirchenſaz gehörte dem Stift St. Martin zu Bingen y). Es iſt noch wirklich ein altes Stiftsgebäu, das Hergeshaus genannt, vorhanden. In der Kirchentheilung fiel ſolche in das Loos der Reformirten, iſt aber nur ein Filial der Pfarrei Ellern. Die Katholiſchen gehören nach Rheinbellen.

Den Zehnten beziehet die Kurfürſtl. Hofkammer mit der geiſtlichen Verwaltung zu gleichen Theilen.

Daß vormals dahier ein eigenes Gericht beſtanden habe, iſt bei Schnorrbach bemerket worden.

---

x) *Gudenus* Cod. diplom. Tom. III, pag. 1033.
y) *Wurdtwein* Dioecel. Mog. in Archidiacon. diſt. Comment. I, pag. 59.

Schultheiserei Erbach.

1) **Erbach.** Ein geringes Dorf, drei Stunden von Simmern ostwärts, hat Steeg im Oberamt Bacharach gegen Ost, Rheinbellen gegen Sud, Mersbach gegen West, und das Kurtrierische Dörflein Perschied gegen Nord zu Nachbaren.

Es hat den Namen von dem durchfliesenden Bächlein, das in dem Bacharacher Walde entspringet, und bei Rheinbellen in die Guldenbach fällt.

Vormals gieng die alte Römische Steinstrase durch Erbach über den Kanterich. Der Ort bestehet dermalen aus 21 Häusern und einer Kirche. Die Gemarkung enthält 79 Morgen Aecker, 101 M. Wiesen, 6 M. Gärten, 44 M. Weide, und eben soviel M. Wald Einige Wiesenstücker besitzen die Grafen von Schönborn und von Bassenheim, mit den Steinkallenfelsischen Erben. Die Waldung gehört der Gemeinde, und unter die Forsthut zu Rheinbellen. Auch haben die Inwohner das Recht des Weidestriches in der sogenannten Strute z).

Im J. 1730 haben die Katholischen eine Kapelle zur Ehre des heil. Johanns des Taufers erbauet, welche ein Filial von Rheinbellen ist.

Am Zehnten beziehet die Kurfürstl. Hofkammer zwei, und die geistliche Verwaltung ein Drittel.

Weil der Schultheis zu Rheinbellen wohnet, hat auch die ganze Schultheiserei den Namen daher angenommen. Nebst dem Schultheise sind 4 Schöffen und ein Gerichtschreiber.

---

z) In einem Vertrag zwischen Herzog Stephan, und Pfalzgr. Otten Vormundern vom J. 1440 heisset es: „Der Wald Strut mit seiner Zugehörung soll bei der „Pfalz bleiben, doch daß Herzog Stephans arme Leute „in dem Dorf zu Erbach gesessen, sich des Weidgangs „darin mit ihrem Rindvieh gebrauchen mögen, wie sie „vormals gethan.

2) **Rheinbellen** ist nach der Stadt Simmern der größte Ort des Oberamts, drei Stunden von Simmern ostwärts entlegen. Dieser Ort scheint mit der Vogtei über Bacharach an die Pfalz gekommen zu seyn. Dann als K. Ludwig der Baier die zur Rheinischen Pfalz gehörigen Lande mit seinem ältern Bruder Rudolph I in Gemeinschaft besessen, verpfändete er Rheinbellen mit Bacharach und den dazu gehörigen Burgen dem Erzbischoffe Balduin zu Trier. Wenigstens ward in dem Vertrag, den er mit seines Bruders Gemahlin Mechtild und ihrem Sohne, Pfalzgrafen Adolph, im J. 1322 errichtet hat, ausdrücklich versehen, daß diese gedachten Erzbischof und den König von Böhmen Johannes unter andern auch in Rheinbullen samt Zugehör halb, ruhig sizen lassen sollten. a). Durch den Pavischen Vertrag vom J. 1329 wurde Rheinbölen der Markt den Pfalzgrafen Rudolph II und beiden Ruprechten wieder zugetheilet, und obschon der Pfandschilling noch nicht bezahlt war, befahl doch K. Ludwig dem Erzbischoffe und dem König mit den versezten Vesten und Rinböll halb, obgedachten Pfalzgrafen gehorsam und gewärtig zu seyn.

Als nun Pfalzgraf Rudolph mit beiden Ruprechten im nämlichen Jahre eine Landestheilung machte, wies er ihnen unter andern auch Rynbülle an. Im J. 1342 errichteten endlich gedachte Pfandinhaber mit beiden Ruprechten einen Vertrag, vermög dessen die verpfändeten Orte nach ihrem Tode an die Pfalzgrafen und ihre Erben zurück fallen sollten b). Dieser Fall ereignete sich zwar bald hernach, allein man trift diesen Ort weder in den nachherigen Erbverträgen,

---

a) Sieh oben die Einleitung zu dem Oberamt Bacharach S. 374.
b) Ein fehlerhafter Abdruck der davon handelnden Urkunde stehet in der Pfalz Birkenfeldischen gründlichen Ausführung die Zweibrückische Succession betreffend p. 80.

Simmern.

noch in der Haupttheilung vom J. 1410 an, so daß die Pfandschaft auch nach der Hand fortgedauert zu haben, und endlich in ein Lehen abgeändert worden zu seyn scheinet. Wenigstens wird noch heutigen Tages der halbe Theil an Rheinbellen mit alten und neuen Gerichten als ein vom Erzstift Trier rührendes Lehen erkannt c).

Nachgehends ist dem jüngsten geistlichen Sohne des Herzogs Stephan die Hälfte seines Unterhalts mit jährlich 200 fl. auf das Dorf Rinbellen dergestalt angewiesen worden, daß der ältere Sohn, Herzog Friedrich, welcher das Amt Simmern erhalten hat, ihm solche verreichen lassen mußte. Von dieser Zeit an ist es auch immer bei Simmern geblieben.

Die von Erbach und aus der Weseler Strut kommende Bach wird anfänglich Volkenbach, im Orte aber Guldenbach genannt. Nachdem dieselbe oberhalb drei, unterhalb aber eine Mahlmühle betrieben, setzet sie ihren Lauf nach Daxweiler und Stromberg fort. Durch den Flecken ziehet die von Bacharach nach Simmern führende erhobene Landstrase.

Die Bevölkerung bestehet in 113 Familien, 580 Seelen. Die Gebäude in 2 Kirchen und Schulen, 91 burgerlichen und gemeinen Häusern. Die Gemarkung in 387 Morgen Aecker, 224 M. Wiesen, 10 M. Gärten, 600 M. Weide, und eben soviel M. Wald.

Die Kurfürstl. Hofkammer besitzet einige Waldungen, worunter das sogenannte Hochsteinchen die beträchtlichste ist. Es ist ein besonderer Förster darüber angestellet. In dem der Gemeinde zuständigen Lehenwald wird Eisenerz gegraben, zu dessen Benutzung eine halbe Stunde unterhalb gegen Sudost an der Guldenbach und am Fuse des Hochsteinchen eine

---

c) Den Lehenbrief des Erzbischofs Lotharius vom J. 1615. sieh bei *Tolner* hist. Pal. Cod. dipl. num. CCXXXX.

Eisenhütte, sodann eine halbe viertel Stunde weiter hinab das dazu gehörige Hammerwerk angelegt, und von der Kurfürstlichen Hofkammer in Bestand verliehen ist.

Die alte Kirche besitzen die Reformirten, die einen eigenen Prediger haben, welcher unter die Inspektion Simmern gehöret, und die Dörfer Dichtelbach, Klein-Weidelbach und Erbach zugleich verstehet. Die Katholischen haben ums J. 1775 durch mehrere von der geistlichen Verwaltung, und andern Wohlthätern erhaltene Beiträge eine Kirche zur Ehre des ehmaligen Patrons Erasmus zu Stande gebracht, die auch mit einem besondern Pfarrer bestellt ist, der zur Trierischen Diöces und zum Popparter Landkapitel gehöret.

An grosen Zehnten beziehet die Kurfürstl. Hofkammer zwei, und die geistliche Verwaltung ein Drittel; am kleinen gedachte Hofkammer zwei, und der Reform. Pfarrer ein Drittel; am Blutzehnten der zeitliche Schultheis zwei, und der Ref. Pfarrer wieder ein Drittel.

3) **Dichtelbach**, ein mittelmäsiges Dorf von 36 Häusern, hat zu Nachbaren gegen Ost Mannbach im Oberamt Bacharach, gegen Sud Rheinbellen, gegen West das Kurtrierische Dorf Lippshausen, und gegen Nord Perschied. K. Otto III gab im J. 996 dem Mainzischen Erzbischoffe Willigis einen beträchtlichen Forst- und Wildbann, worin das von Ost nach West ziehende Gebirg Canthey oder Kanterich, und das Bächlein Dahdilebach genannt werden d). Das am Orte vorbei rinnende Bächlein, von welchem derselbe seinen Namen erhalten hat, scheinet unter lezterer Benennung verstanden zu werden.

Die

---

d) Die Urkunde stehet in *Gudeni* Cod. diplom. Tom. I, pag. 14, num. IX.

Simmern.

Die Guldenbach lauft an der südlichen Gränze der Gemarkung her, nimmt jenes aus dem Bacharacher Walde abfliesende Kühbächlein auf, und treibt eine Mahlmühle. Auch ziehet die alte Römische Steinstrase von Bingen über den Kanterich durch das Dorf, das etwann von 220 Seelen bewohnet wird.

Die Gemarkung enthält 188 Morgen Aecker, 122 M. Wiesen, 3 M. Gärten, 750 M. Weide, und 250 M. Wald. In dieser Gegend am sogenannten Hochsteinchen nimmt der grose Sonwald seinen Anfang.

Die Kirche, die dem heil. Jakob geweihet gewesen, ist ein Filial der Ref. Pfarrei zu Rheinbellen, wohin auch die Katholischen eingepfarret sind.

Der Zehnten wird in fünf Loose vertheilet, davon die Kurfürstl. Hofkammer drei, und die geistliche Verwaltung zwei Fünftel beziehet. Der leztern Antheil am kleinen und Blutzehnten geniesset der Ref. Pfarrer, und den Kammeral-Antheil am Blutzehnten der zeitliche Schultheis.

Schultheisserei Ellern.

1) Ellern ist ein ansehnliches Walddorf von 50 Häusern, zwo Stunden von der Oberamtsstadt südostwärts, von Rheinbellen aber westwärts gelegen. Es hat seinen Namen von den vorbei fliesenden Wasser, das aus dem Sonwalde herkommt, oberhalb eine geringe Mahlmühle treibt, und bei Rheinbellen in die Guldenbach fällt e). Durch eben diese Bach wird auch ein Fischweiher von 5 Morgen Landes angefüllt, welcher der Kurfürstl. Hofkammer zuständig ist.

---

e) Hievon sehe man die Act. Academ. Palat. vol. V hist. pag. 130.

Die Gemarkung bestehet aus 515 Morgen Aecker, 373 M. Wiesen, 4 M. Gärten, 100 M. Weide, und 325 M. gemeinen Wald.

Drei andere Bezirke auf dem sogenannten Schanzort sind der Hofkammer zuständig, und stehen unter der Argenthaler, jene aber unter der Rheinbeller Forsthute.

Die alte Kirche des Ortes ist dem heil. Bartholomäus geweihet. In der Theilung bekamen sie die Katholischen, die sie aber nicht unterhalten. Der Pfarrer wohnet seit 1713 zu Schnorrbach. Die Reformirten haben eine neue Kirche mit einem eigenen Prediger, der Wersbach, Walbach und Benzweiler zu Filialen hat.

Das Gericht ist mit einem Schultheiße und 4 Schöffen besezt, und führet im Siegel einen Erlenbaum mit dem quadrirten Pfalzbaierischen Wappenschild.

2) **Klein-Weidelbach** bestehet nur aus 8 Häusern, und ist zwei gute Stunden von der Oberamtsstadt südostwärts entlegen. Von dem in der Schultheißerei Schnorrbach liegenden Dorfe Alt-Weidelbach ist oben gehandelt worden. Von dem Ablaufe eines Brunnens entstehet ein geringes Bächlein, welches sich in die Ellerbach ergießt.

Die Gemarkung enthält 61 Morgen Aecker, 40 M. Wiesen, 3 und einen halben M. Weide, und soviel M. Wald.

Die Katholischen sowohl als Reformirten sind zu Rheinbellen eingepfarret.

Am Zehnten beziehet die Kurfürstliche Hofkammer zwei, und die geistliche Verwaltung ein Drittel. Am kleinen Kobl- und Blutzehnten aber genießet der zeitliche Schultheis der erstern, und der Ref. Pfarrer der leztern Antheil.

Schultheiserei Argenthal.

Argenthal ist ein grosses Dorf von 60 Häusern, anderthalb Stunden von Simmern sudostwärts entlegen. Seine Nachbaren sind gegen Ost Ellern, gegen Sud der Sonwald, gegen West Rinsweiler, gegen Nord Alt-Weidelbach.

Im J. 1357 sind Philipp und Konrad Gebrüder von Bolanden von den Rheingrafen Johann II, und Wildgrafen Friedrich, mit welchen sie in eine Fehde gerathen waren, bei Argenthal geschlagen worden f). Vermuthlich hat der Ort anfänglich zur Raugrafschaft gehöret, und war damaliger Gewohnheit nach an mehrere zu Burglehen begeben. Denn es findet sich eine Nachricht, daß im J. 1372 der dritte Theil des Dorfes Argenthal für 600 Pfund Pfenning zum Wittum verschrieben gewesen. Zwei Jahre darnach soll Wilhelm von Schönberg das Dorf Argenthal an Pfalzgrafen Ruprecht den ältern verkauft, und im J. 1378 Johann Jost von Schönenberg die Gerichtbarkeit desselben verpfändet haben g).

Um diese Zeit muß es mit Mauern und Gräben verwahret, oder eine wehrhafte Burg daselbst errichtet worden seyn. Denn in der Hauptheilung zwischen K. Ruprechts Söhnen wird Argenthal die Stadt auf dem Hundsruck zu Herzogs Stephans Lose geschlagen, und in der Folge unter die drei Vesten des Fürstenthums Simmern gezählet.

Die im Argenthaler Walde entspringende Tiefenbach fliesset mit schwachem Wasser am Dorfe vorbei, und durch einen im Wiesengrund liegenden Weiher nach Tiefenbach, und so weiter. Durch den Ort ziehet die von Alzei und Kreuznach auf Simmern

---

f) Kremers kurzgefaßte Geschichte des Wild- und Rheingräflichen Hauses p. 62.
g) Acta Comprom. Francof. in causa Aurel. p. 92 & 131.

führende Landstrafe, und wird darin der Zoll erhoben.

Die Gemarkung enthält 775 Morgen Aecker, 450. M. Wiesen, 10 M. Gärten, 156 M. Weide, und 250 M. Wald.

Die Kurfürstl. Hofkammer besitzet das sogenannte Junker Reblings Hofgut, sodann in dem Soonwald zehen grose Bezirke, worin der vorhin daselbst angelegt gewesene Fürstl. Thiergarten von 350 Morgen begriffen, der nunmehro in Wiesen verwandelt, und in Bestand verliehen ist; sodann die ehmalige Glashütte, die schon längst eingegangen, und mit den dazu gehörigen 150 M. Wiesen in Erbbestand begeben ist.

Ueber diese sämtliche Waldungen hat der Forstmeister des Oberamts als Förster zu Argenthal die Aufsicht.

Die alte Kirche ist den Reformirten, die einen eigenen Prediger angestellet, und ihm die Kirche zu Rinsweiler zugegeben haben. Die Katholischen haben das Rathhaus in eine Kirche verwandelt, die zur Ehre des heil. Johann des Taufers eingeweihet, aber nur ein Filial der Pfarrei Schnorrbach ist.

Der grose Zehnten wird also getheilet, daß die Kurfürstl. Hofkammer zwei, die geistliche Verwaltung vier, und das Rheingräfl. Haus Dhaun die übrigen drei Neuntel; in einer Flure aber, das Ezfeld genannt, die geistliche Verwaltung allein bezieht.

Das Gericht ist mit einem Oberschultheise, vier Schöffen und einem Gerichtschreiber bestellt.

2) **Mutterschied**, ein mittelmäsiges Dorf von 37 Häusern, nur eine halbe Stunde von Simmern südostwärts, und eine Stunde von Argenthal nordwestwärts entfernt, kommt in dem sogenannten Hund-

gebinge unter gleichem Namen vor h). Oberhalb dem Orte entspringt ein geringes Bächlein, Rigenbach genannt, wie die Gränzbeschreibung des Kirchsprengels Mersbach vom J. 1006 ausweiset. Es treibt unterhalb des Dorfes eine Oelmühle, und fällt bei der sogenannten Bienenbrücke in die Simmer.

Die Gemarkung enthält 300 Morgen Aecker, 141 M. Wiesen, 5 M. Gärten, 50 M. Weide, und 7 M. Wald.

Daß vor der Reformation eine von der Pfarrkirche zu Simmern abhängige Kapelle dahier gestanden habe, solche aber mit einer andern zu Rinsweiler im J. 1536 vereiniget, und beide an einen Priester, der zu Mutterschied wohnen sollte, zu verleihen ausgemacht worden sey, ist bereits bei der Stadt Simmern angeführet. Diese Kapelle gerieth aber nach der Hand in gänzlichen Verfall, weswegen sie auch bei der Kirchentheilung in gar keinen Anschlag gebracht worden. Die Katholischen haben sich im J. 1750 aus eigenen Mitteln eine andere Kapelle errichtet, und zur Ehre der sogenannten 14 heil. Nothhelfer einweihen lassen. Sie ist ein Filial der Pfarrei Simmern, wohin auch die Reformirten eingepfarret sind.

Am Zehnten beziehet die Kurfürstl. Hofkammer wegen Simmern drei, und wegen Spanheim ein Neuntel, die geistliche Verwaltung aber wegen des Klosters Kumd vier, und wegen der Probstei Ravengirsburg den übrigen neunten Theil.

Obschon der Ort zur Schultheiserei Argenthal gehöret, so hat er dennoch vier besondere Schöffen und einen Gerichtschreiber.

---

b) *Würdtwein* Subsid. diplom. Tom. VI, pag. 167 & 170.

Schultheiserei Diefenthal.

1) Diefenbach ist ein doppeltes, jedoch nur mittelmäßiges Dorf von 46 Häusern, anderthalb Stunden von Simmern südwärts entlegen. Es theilet sich durch die verstreute Lage der Häuser in das obere und niedere Dorf. Im J. 1374 verkaufte Simon, ein Edelknecht von Spanheim, und drei Jahre da nach Wynant von Waldecken gewisse Gülten und Zinse, die sie daselbst gehabt, dem Kloster Ravengirsburg i). Seinen Namen hat es von dem aus dem Argenthaler Walde kommenden Bächlein, welches durch die im Sonwald entspringende, und oben am Dorfe einfallende Hanenbach verstärket, im Orte eine Mahlmühle treibt, und sich bei Gemünden in die Simmer ergießet.

Die Gemarkung enthält 282 Morgen Aecker, 144 M. Wiesen, 87 M. Weide, und 593 M. Wald.

Vor der Reformation war eine Kirche in diesem Dorfe, die bei der Kirchentheilung schon verfallen war, und deswegen in keinen Anschlag kam, sondern den Reformirten gegen die den Katholischen abgetretene Kirche auf dem Berg zu Mengerschied überlassen wurde. Diese haben sie aber ganz eingehen lassen. Sie sind dermalen nach Sargenroth, die Katholischen aber nach Ravengirsburg eingepfarret.

Am Zehnten beziehet die Kurfürstl. Hofkammer vier, und die geistliche Verwaltung, wie bei dem vorhergehenden Dorfe, 5 Neuntel.

2) Rinsweiler, das beste Dorf in dieser Schultheiserei, liegt eine Stunde von der Stadt Simmern südwärts, und wird in einer Urkunde vom J. 1135 Runesweiler k), im Hundgedinge Rinsweiler, jetzt

---

i) *Würdtwein* Subsid. diplom. Tom. XI, pag. 182 & 83.
k) In der Bestättigungsurkunde des Erzbischoffen Albert

aber insgemein Riesweiler genannt. Die von Kirchberg sowohl, als von Gemünden kommende und nach Argenthal führende gemeine Straße ziehet durch das Dorf, und wird darin auch der Zoll erhoben.

Es bestehet dermalen aus 61 Familien, 320 Seelen; 1 Kirche, 2 Schulen, 55 bürgerlichen und gemeinen Häusern. Die Gemarkung enthält 412 Morgen Aecker, 245 M. Wiesen, 63 M. Weid, und 463 M. Wald.

Die alte Kapelle dieses Dorfes ist in der Theilung den Reformirten zugefallen, und ums J. 1762 ganz neu aufgebauet worden; gehöret aber als ein Filial zur Pfarrei Sargenroth. Die Katholischen sind nach Simmern eingepfarret. Mit dem Zehnten hat es gleiche Bewandnis wie bei dem obigen Mutterschied.

3) **Holzbach**, ein mittelmäßiges Dorf von 47 Häusern, gränzet gegen Ost an Rinsweiler, gegen Sud an Diefenbach, gegen West an die Stadt Simmern, und gegen Nord an das folgende Olweiler. In dem Hundgedinge ist verordnet, daß die Fruchtmaaß hier aufbehalten werden solle. Es hat vermuthlich seinen Namen von dem unterhalb vorbei fliesenden Bächlein, welches nach Olweiler lauft.

Die Gemarkung enthält 416 Morgen Aecker, 220 M. Wiesen, 63 M. Weide, und 463 M. Wald.

Die Krazen von Scharfenstein und der Freiherr von Venningen besitzen dahier ein freiadeliches Gut.

Die alte Kapelle ist in der Theilung den Reformirten zugefallen, und wird dermalen von dem zweiten Prediger zu Simmern versehen.

Der Zehnten wird, wie bei Rinsweiler und Diefenbach, zwischen der Kurfürstl. Hofkammer, und der geistlichen Verwaltung getheilet.

---

zu Mainz über die dem Kloster Ravengirsburg verliehene Kirche zu Honrein bei *Würdtwein* in Subsid. diplom. Tom. V, pag. 494.

4) **Ölweiler.** Ein gemeines Dorf von 25 Häusern, eine halbe Stunde von Simmern südwärts gelegen, wird in einer Urkunde vom J. 1312 Alwilre genannt, und in dem Ravengirsburger Hundgeding wird eines aus 14 Schöffen bestandenen Gerichts daselbst gedacht l).

Durch das Dorf fließt die Simmer, und nimmt das bei lezterm Orte bemerkte Holzbächlein auf. Dieses treibet oberhalb eine Oelmühle, jene aber in dem Dorfe eine Mahlmühle.

Die Gemarkung enthält 287 Morgen Aecker, 109 M. Wiesen, 2 M. Gärten, 150 M. Weide, und 600 M. Wald.

Die Kapelle des Orts war vor der Reformation ebenfalls von der Hauptpfarrei Simmern abhängig, ist durch die Theilung den Reformirten zugefallen, und wird von dem zeitlichen Schulrektor und Pfarrvikarius zu Simmern versehen.

Mit dem Zehnten verhält es sich, wie bei den übrigen drei Dörfern dieser Schultheißerei.

Schultheißerei Ravengirsburg.

Der Ort Ravengirsburg liegt an der Simmer, anderthalb Stunden von der Oberamtsstadt südwärs, und hat seinen Ursprung von dem oberhalb desselben auf einer Anhöhe gestandenen Kloster regulirter Chorherren des heil. Augustins. Ein vornehmer Herr Namens Ravenger, soll im X Jahrhundert auf jenem Hügel eine Burg erbauet, und nach seinem Namen Ravengeresburg genennet haben m).

---

l) *Würdtwein* Subsid. diplom. Tom. VI, pag. 123 & 164.
m) In einer Urkunde des K. Otto I vom J. 956 bei *Schannat* hist. Worm. Prob. XXIII heißet es: quandam partem silvae prope *Coevilanbache*, in loco, qui dicitur *Nivvan Chiricha*, ab orientali plaga incipientem, quae ducit

Simmern.

Im XI Jahrhundert besaß diese Burg und Güter ein Graf Berthold, der mit seiner Gemahlin Hedwig keine Leibeserben hatte. Beide vermachten deswegen ihre Güter in dem Nahgau, Trachgaue, wie auf dem Hundsrucke, zum Altare des heil. Christophs in Rabengerresburc. Der Erzbischof Sigfried von Mainz bestätigte diese Schankung im J. 1074, und stiftete daselbst ein Kloster für besagte Chorherren, worüber er dem Grafen Berthold die Schuz- und Kastenvogtei verliehen hat *n*).

In Folge der Zeit kam das Vogteirecht an die Pfalzgrafen als Erben des Rheinfränkischen Herzogthums, von welchen es den Wildgrafen zu Lehen, und von diesen wieder an die edlen Herren von Heinzenberg zu Afterlehen vergeben worden ist. Zu Ende des XIV Jahrhunderts sind die After-Vasallen, und bald darnach auch der Lehenträger Gerhard Wildgraf zu Kyrburg ohne Leibeserben mit Tode abgegangen. K. Ruprecht als Pfalzgraf bei Rhein behielt also diese Schirmvogtei sich und seinen Erben, den jeweiligen Pfalzgrafen, ausdrücklich vor, und versprach das Kloster bei seinen Freiheiten, Rechten und Gewohnheiten zu handhaben und zu schüzen *o*).

---

domo Vodonis, usque ad pontem Richemos, & exinde ad *Morbrugga*, & sursum *Moraha*, usque ad monachorum viam, & ad *praedium Ravangeri*, & in septentrionali parte usque ad campestria in pago *Nahgowe* in forasto nostro *Vuasago*. Herr *Crollius* in Orat. de Anvilla hält Chevilunbache für Schwebelbach im Oberamt Lautern, und Nivunchiricha für Neunkirchen im Oberamt Lautereken. Allein es scheinet ersteres besser auf Kellenbach an der Simmer, und lezteres auf die Nunkirche bey Sargenroth zu passen, weil beide Oerter mit den Ravengirsburgischen Gütern genaue Verbindung haben.

n) Diese Urkunde findet sich in *Gudenus* Cod. diplom. Tom. I, pag. 377.
o) Des Königs Brief stehet in Act. Acad. Palat. Tom. III, pag. 103. geben Heidelberg anno Domini millesimo quadringentesimo octavo, Sabatho post festum Pentecostes &c.

In der Erbtheilung unter gedachten K. Ruprechts Söhnen fiel dieses Vogteirecht ins Loos des Herzogs Stephan und seiner Nachfolger in dem Amt Simmern. Wie weit die Gerechtsame des Klosters sich erstrecket haben, kan aus dem merkwürdigen Hundgedinge ermessen werden, worin die Gerichtbarkeit des Probstes über sämtliche in dem ausgezeichneten Bezirke gelegene Dörfer und Höfe umständlich beschrieben werden. Es muste nach dem alten Weistume alle sieben Jahre einmal an zweien Enden zween Tage nach einander offentliches Gericht gehalten werden, eines auf den Felds bei Jzelbach, und das andere bei Nunkirchen.

Als mit Anfange des XVI Jahrhunderts das Religions- und Klosterwesen in der Pfalz vielen Anfechtungen ausgesezt war, suchten die Geistlichen zu Ravengirsburg einen höhern Schuz, den ihnen K. Karl V im J. 1532 auf zehen Jahre ertheilet hat, indem er den Erzbischof zu Mainz, den Pfalzgrafen Kurfürst, die Rhein- und Wildgrafen zu Handhabern desselben geordnet und gesezet hat p). Nach Verlauf dieser Zeit nahmen die schon eingewurzelte Neuerungen täglich zu; die geistlichen Güter wurden mit ungewöhnlichen Abgaben beschweret, das Klosterleben verächtlich gemacht, und überhaupt den Priestern gebothen, sich künftig nach der Augspurgischen Confession zu verhalten. Pfalzgraf Georg, als regierender Herzog zu Simmern, machte im J. 1560 mit dem Prior des Klosters Ravengirsburg einen Vergleich, worin dieser sich zu Beobachtung der neuen Kirchenordnung bequemte, dagegen aber die Versicherung erhielt, daß das Kloster bei seinen Gütern, Renten, Gülten und Gefällen, auch andern

---

p) Geben zu Regenspurg am zwölften Tag des Monats Juni nach Christi Geburt funfzehen hundert und zwei und dreissig.

hergebrachten Rechten ohne alle Gefährde verbleiben sollte q). Dieser Zustand dauerte nicht lange, indem das Kloster im J. 1566 mit allen seinen Gütern und Gefällen eingezogen, und zu derselben Verwaltung ein weltlicher Schaffner angestellet worden ist r).

Das Kloster wurde lange Zeit durch Pröbste regiert. Als aber um die Mitte des XV Jahrhunderts die Mönche von der geistlichen Zucht und ihren Gelübden abzuweichen angefangen, wurde von den regulirten Chorherren zu Windesheim bei Zwoll im Bistum Utrecht, eine Congregation errichtet, deren Sazungen das Kloster Ravengirsburg unterworfen, die bisherige Würde eines Probstes unterdrücket, und nur ein Prior angestellet. Von den Pröbsten finde ich folgende in unvollständiger Reihe s).

Im J. 1084 Tyzelinus praepositus, erhielt von einer Wittib Friederun die Kirche zu Mengerschied, und von dem Erzbischof Sifrid I die Bestättigung darüber.

1130 Marcholfus praepositus, in der Siftungsurkunde des Klosters Pfaffen-Schwabenheim im Oberamt Kreuznach, unter den Zeugen.

1135 Wezelinus praepositus, unter dem die Kirche zu Enkrich gestiftet und eingeweihet worden ist.

1186 Richardus praepositus de Ravengeresburch, als Zeuge einer vom Erzbischof Konrad zu Mainz der Probstei Flanheim ertheilten Urkunde t).

1196 Geuino praepositus, unter den Zeugen der Stiftungsurkunde des Nonnenklosters Chumbd u).

---

q) Büttinghausen Beiträge zur Pfälzischen Geschichte I Band, III Stuck, p. 256.
r) Struve Kurpfälzische Kirchenhistorie p. 260.
s) Selbige hat Herr Grüsner in den Act. Academ. Palat. Tom. IV, p. 404. und Herr *Würdtwein* in Subsid. dipl. Tom. V, VI & XI auch meistens verzeichnet.
t) *Senkenberg* Medit. de universo jure & histor. pag. 64.
u) Act. Acad. Palat. Tom. III, pag. 97.

1234 Henricus praepositus, welchem Johann Graf von Spanheim im J. 1239 die Freiheit der Höfe und Güter zu Enkerich und Reil bestättiger hat.

1271 Theodericus praepositus, fertigte mit Wildgrafen Emich über die Güter zu Raunen eine Urkunde aus, und soll im J. 1287 noch gelebt haben.

1290 Hermannus praepositus, kaufte einige Güter zu Dorwiler; muß aber bald hernach abgegangen seyn.

1290 Rudewinus praepositus, gab des Klosters Mühle zu Genzingen in Bestand.

1296 Gotfridus praepositus, begabte die Christophels Kapelle in des Klosters Hofe zu Bingen.

1312 Stephanus (Kindeln) praepositus, unter dem ein Streit wegen des Pfarrsazes zu Hohren beigelegt worden.

1315 Otto praepositus, kommt in verschiedenen Urkunden bis zum J. 1330 vor.

1331 Werner Probst, in einem Erbbestandsbriefe eines Weingartens in Bingner Gemarkung.

1335 Emmerich von Spanheim Probst, kommt bis 1350 vor.

1360 Philipp von Koppenstein, ist im J. 1363 den 19 Mai gestorben.

1371 Herdan von Burge Probst, soll im J. 1385 noch gelebet haben.

1388 Philipp von Koppenstein, kaufte ein Haus zu Münster Meyfeld, und fertigte wegen des Klosters Hof zu Steege eine Urkunde im J. 1389 aus.

1396 Heinrich von Burge, in einem Schenkungsbriefe von diesem Jahre.

1411 Johann Hundsrucker von Spanheim, tauschte einige Güter zu Pulich ein, und lebte noch 1413.

1416 Konrad Rheingraf, gibt den Hof zu Monzingen in Bestand, und kommt bis 1435 in Urkunden vor.

1442 Heinrich Bacharach Probst von Spanheim, unter dem das Hundgeding feierlich gehalten worden, soll noch im J. 1445 gelebet haben.

1449 Emmerich von Lewenstein der lezte Probst, wird zuweilen auch Emmerich von Wertenstein genannt. Unter ihm ward das Kloster zur Windesheimer Congregation gezogen, die Würde eines Probstes abgestellt, und Prioren zum Vorstand geordnet.

1468 Thylmann von Grunberg, Prior, noch bei Lebzeiten des vorgenannten Probsten, wird als ein frommer und gelehrter Mann geschildert, und soll erst im J. 1485 verstorben seyn x).

1486 Johann von Grunberg Prior, dessen verschiedene Urkunden bis ins J. 1495 erwähnen.

1510 Kaspar von Grunberg Prior, bis zum J. 1516 auch Casso genannt.

1516 Sebastian von Engers Prior, bis zum J. 1525.

1530 Fridericus de Ortemburg.

1545 Henricus de Noverico.

1558 Johann Sartorius, der lezte Prior, machte im J. 1560 mit Pfalzgr. Georg von Simmern den schon bemerkten Vergleich.

Im J. 1697 wurden zwar die Augustiner-Chorherren von den Franzosen wieder eingesezt y). Aber nach dem in eben diesem Jahre erfolgten Riswickischen Frieden mußte wieder alles in vorigen Stand gestellet, folglich das Kloster mit allen Einkünften der geistlichen Verwaltung zurückgegeben werden. In der bekannten Religionserklärung ist es dabei verblieben, und die Gefälle dieser Probstei werden

---

x) *Trithemius* in Catalogo Virorum illustrium legt ihm dieses Lob bei, Opp. p. 165 & 377.
y) *Oliverii Legipontii* Monast. Mog. pag. 65.

noch wirklich durch einen eigenen Schaffner verwaltet.

Neben der Probstei war auch ein Nonnenkloster des nämlichen Ordens zu Ravengirsburg. Im J. 1135 hat die Wittwe Burkhards, Ritters von Honrein, ihre Besitzungen und Rechte dem Hauptkloster übergeben, und sich mit ihrer Tochter in diesen geistlichen Orden begeben. Es ist zu vermuthen, daß besagtes Nonnenkloster von dieser Stiftung entstanden sey. Dessen wird hernach in Urkunden des XIV Jahrhunderts unter dem Namen einer Klause gedacht, scheinet aber frühzeitig eingegangen, und dessen Güter zum Hauptkloster gezogen worden zu seyn.

Neben dem Kloster ist nach und nach eine Dorfgemeinde entstanden, welche jezt aus 27 Häusern bestehet. Die Simmer fliesset westwärts vorbei, und treibt mittelst eines davon abgeleiteten Grabens die zum Kloster gehörige alte Bannmühle.

Die Gemarkung enthält 366 Morgen Aecker, 160 M. Wiesen, 4 M. Gärten, 500 M. Weide, und 550 M. Wald. Alle diese Feld- und Waldgründe gehören ursprünglich zum Kloster, und sind den Einwohnern des Orts beständlich oder gegen Zins verliehen.

Die alte Klosterkirche, welche von ältesten Zeiten her dem heil. Christoph geweihet, ist in der Theilung den Katholischen zugefallen, und im J. 1718 auf das alte Grundgemäuer neu erbauet, die Besorgung der dortigen Pfarrei aber einigen Priestern des Klosters Eberhardsklausen im Trierischen übertragen worden. In der Mitte dieser Kirche ist linker Hand eine steinerne Platte mit einer im J. 1497 verfertigten Inschrift, die im J. 1074 geschehene Stiftung betreffend z). Zu dieser Pfarrei gehören die Dörfer Belchweiler, Sargenroth, Diefenbach und Mengerscheid, wie auch die Höfe Wimmersbach, Diden-

---

z) Solche ist in Act. Academ. Palat. Tom. III, pag. 35 abgedruckt.

roth und Neuhof. Die Reformirten haben auch eine Kirche in dem Or e erbauet, die von dem zeitlichen Rektor zu Simmern versehen wird.

Auch hier ist der Zehnten auf die schon oben bemerkte Art zwischen der Kurfürstl. Hofkammer und der geistlichen Verwaltung gemeinschaftlich.

1) **Sargenroth**, zwischen Ravengirsburg nnd Mengerschied, anderthalb Stunden von Simmern sudwärts gelegen, hies vor Alters Sarchenrait.

Gegen Ost liegt der sogenannte Dickenrotherhof, von ungefähr 100 Morgen Landes, den die geistliche Verwaltung erblich verliehen hat. Er wird im Hundgedinge Dickert, auch Dickerait genannt.

Das Dorf bestehet aus einer Kirche, 2 Schulen, 38 Häusern. Die Gemarkung aus 427 Morgen Weide Aecker, 165 M. Wiesen, 550 M. Weide, und 274 M. Wald.

Ungefähr 200 Schritte vom Dorfe liegt die sogenannte Nunkirche auf einem freien Platz, wo die öffentlichen Gerichtstäge gehalten worden, eine Anzeige, daß bei Aufgang des Christenthums eine Hauptkirche daselbst gestanden habe, wozu die umliegenden Dörfer eingepfarret gewesen sind. Noch heutigen Tages wird jährlich ein beträchtlicher Viehe- und Waarenmarkt daselbst gehalten. Diese Kirche zum heil. Rochus fiel bei der Theilung in das Loos der Reformirten, welche einen eigenen Prediger dazu bestellt, und ihm die Dörfer Mengerschied, Diesenbach und Velchweiler, mit dem Wimmersbacher Hof zugegeben haben.

Am Zehnten geniesen die Erben der Krazen von Scharfenstein die 2rte Garbe zum voraus, den übrigen aber, theilet die Kurfürstl. Hofkammer mit der geistlichen Verwaltung auf die schon mehrmale bemerkte Weise.

2) **Velchweiler** ist das kleinste Dorf in dieser

Schultheiſerei, und liegt anderthalb Stunden von Simmern ſudweſtwärts. In einem zu Biebern im J. 1464 gehaltenen Hundgedinge wird Henne Rode von Belchwilre als Schöff des Gerichts angeführt.

Die Simmer flieſet neben dem Dorfe vorbei, und ein davon abgeleiteter Graben treibt in dem Orte eine Mahl- und Oelmühle.

Eine viertel Stunde oſtwärts iſt der Wimmersbacher-Hof, welchen vormals die Herren von Koppenſtein, wie jezt die Freiherren von Hacke, als ein Gräflich-Spanheimiſches Lehen von Kurpfalz getragen haben. Es ſcheinet vor Zeiten ein beſonderes Dörflein oder Weiler geweſen zu ſeyn a). Dermalen begreift ſolcher an Aeckern, Wieſen und Wald ungefähr 125 Morgen Landes, und iſt mit zween Hofbauern beſtellt.

Das Dorf beſtehet aus 19 burgerlichen und gemeinen Häuſern, welche von 23 Familien bewohnet werden. Die Gemarkung enthält 210 Morgen Aecker, 73 M. Wieſen, 180 M. Weide, und 303 M. Wald. In dieſer Gemarkung liegt ein zur Probſtei Ravengirsburg gehöriges Hofgut.

Vor der Reformation ſoll eine Kapelle zur Ehre der heil. Anna dahier geſtanden haben. Bei der Theilung aber kam ſie in keinen Anſchlag. Die Kathol. ſind nach Ravengirsburg, die Reformirten nach Sargenroth eingepfarret.

Mit dem Zehnten hat es gleiche Beſchaffenheit wie in den übrigen Orten der Schultheiſerei.

3) Mengerſchied iſt nach Rheinböllen das gröſte Dorf im Oberamt, zwo Stunden von Simmern ſudwärts, in der Nähe des den Freiherren von Schmidtburg zuſtändigen Fleckens Gemünden gelegen.

---

a) Vermuthlich war es das Dorf Wimmersbach, deſſen in dem Weiſtum über das Hundgeding Meldung geſchiehet.

gen. In des Klosters Ravengirsburg alten Urkunden wird es gemeiniglich Mengersrod genannt; nur im Hundgedinge aber Mengerschied, welchen Namen es auch in der Folge beibehalten hat. Zwischen diesem Dorfe und der Neuerkirche lag das eingegangene Dörflein Auwen auf dem nächsten Berge, dessen Güter der Mengerschieder Gemarkung einverleibet sind.

Durch das Dorf fließet die aus dem zur Probstei gehörigen großen Wildburger Walde kommende Gräfet- oder Lametbach, treibt drei Mahlmühlen oberhalb, in und unterhalb des Orts, fällt sodann in die gleichfalls durchlaufende Diefenbach, und mit dieser bei Gemünden in die Simmer. An der Urquelle dieser Bach lag ein anderes Dörflein Steinhausen genannt, welches aber ebenfalls eingegangen ist.

Die heutige Bevölkerung belauft sich auf 94 Familien, 345 Seelen. Die Gebäude auf 1 Kirche, 2 Schulen, 75 bürgerliche und gemeine Häuser. Die Gemarkung enthält 382 Morgen Aecker, 152 M. Wiesen, 6 M. Gärten, 273 M. Weide, und 666 M. Wald.

Eine viertel Stunde von Mengerschied gegen Nord liegt der Neuhof, woselbst Irmengard Frau von Wildenburg, mit ihrem Sohne Gerhart und Enkel Johann, dem Kloster Ravengirsburg im Jahr 1277 einen Hofbauern mit seinem Weib und Zugehörigen geschenket hat b). Er bestehet aus ungefähr 70 Morgen Ackerfeld, und 30 M. Wiesen, und wird von vier Hofleuten als Erbbeständern bewohnet.

Unter den Waldungen ist der große Wildburger, der Pater- und Steinsberger Wald c) vornemlich

---

b) Die Urkunde darüber ist in *Wurdtwein* Subsid. diplom. Tom. V, pag. 419. wo es heißet Curtilem in nova Curia &c.

c) Im J. 1469 verkauften Burkhard und Johann Gebrüder von Nackheim diesen ihren Wald, gelegen am Steins-

zu bemerken. Bei lezterm scheinet vor Zeiten ein besonderes Dorf oder Meyerhof gestanden zu haben, da in einer unten anzuführenden Urkunde eines Heinzenbergischen Gerichts daselbst im J. 1341 gedacht wird. In dem ersten findet man das Grundgemäuer der längst zerstörten Veste Wildenburg, wovon ein besonderes adeliches Geschlecht den Namen geführet hat. Nach dessen Erlöschung ist sie durch Heyrath an die Schenken von Schmidtburg vererbet worden. Ferner eine Stunde von Mengerschied im Soonwald liegt die ebenfalls ganz verfallene Burg Koppenstein, welche nunmehr zum Badischen Antheil der vordern Grafschaft Spanheim gehöret.

Ueber die Waldungen ist ein besonderer Kurf. Förster in Mengerschied angeordnet.

Daß schon im XI Jahrhundert eine Kirche bei diesem Dorfe gestanden habe, erhellet aus einer Urkunde des Erzbischoffen Sigfrid I von Mainz, womit er die von einer Wittib Namens Friederum gemachte Schankung der Kirche in Mengezerod, welche sie zur Ehre der heil. Dreifaltigkeit, der heiligen Aposteln Philipp und Jakob, und der heil. Jungfrau Walburgis erbauen lassen, dem Kloster Ravengirsburg bestättiget hat d). Sie stehet ausserhalb des Orts auf dem Berge, und ist noch wirklich der heil. Walpurgis geweihet. Bei der Theilung ward sie den Katholischen, gegen die den Reformirten abgetrettene Kirche zu Diefenthal, überlassen. Als hernach die Pfarrei Ravengirsburg den regulirten Chorherren des Augustinerklosters Rebdorf im Bistum Eichstädt eine zeitlang übertragen gewesen, hat diese Kirche wieder auferbauet werden sollen, und war

---

bergs, Herrn Emmerichen Probst ꝛc. *Wurdtwein* Tom. XI, pag. 262.

d) Ecclesiam in *Mengezerodt* in honorem St. Trinitatis & S. S. Apostolorum Philippi & Jacobi, Virginisque sanctissimae Walburgis. *Wurdtwein* l. c. Tom. V. p. 399.

auch schon unter Dach gebracht. Da aber mit dieser Pfarrei eine andere Verfügung getroffen worden, ist dieser Bau wieder erliegen geblieben, und die Kirche der Pfarrei Ravengirsburg einverleibet worden. Eine andere Kirche in dem Dorfe war dem heil. Stephanus geweihet, und ist jetzt ein Filial der Ref. Pfarrei zu Sargenroth.

Der Zehnten in der Gemarkung wird, wie in den übrigen Orten, getheilet.

Vermög des oftangezogenen Hundgedings hat zwar zu Mengerschied, wie zu Ravengirsburg und Weidelbach, ein besonderes Dorfgericht bestanden, welches Margaretha Frau von Heinzenberg mit ihren beiden Söhnen, Johann und Isenbart, dem Probst und Konvent zu Ravengirsburg im J. 1342 samt den Gerichten zu Gemünden und zu Steinsberg um 310 Pfund Häller verkauft hat e), es stund aber unter dem Oberhof zu Ohlweiler, und ward erst in jüngern Zeiten zu der nunmehrigen Schultheiserei Ravengirsburg gezogen. Dermalen hat der Schultheis weiter nichts, als die oberamtliche Befehle, gleich den übrigen zu Ravengirsburg, Diefenbach, Nickweiler und Reich zu vollziehen. Hingegen machen diese vier Schultheisereien ein eigenes, und das wahre Probsteigericht aus, welches von einem Gerichtsschultheise, sieben Schöffen und einem Gerichtsschreiber (alle vermischter Religion) bekleidet wird. Dieses verrichtet ohne beiseyn und zuthun des landesherrlichen Schultheisen alle niedergerichtliche Handlungen.

Dessen Siegel hat zum Wappenbild den heil. Christophel mit dem Jesus Kindlein auf der rechten Hand. Vor ihm stehet das schräg links durchschnittene Wappen von Pfalz und Baiern mit der Umschrift: S. des Probsteisch Gerichts z. Olweiler.

---

e) Ibid. Tom. XI. pag. 177.

Schultheiserei Nickweiler.

1) **Nickweiler** ligt eine Stunde von Simmern westwärts, und bestehet nur aus 10 Häusern. Seine Nachbaren sind gegen Ost Nannhausen, gegen Sud das zum Spanheimischen Amt Kirchberg gehörige Dorf Schönbrunn, gegen West Denzen, und gegen Nord Bibern. In dem Hundgedinge wird es Nickwilre genannt.

Die durchfliesende Bieber wird dahier Kauerbach genannt, treibt zwo Mahlmühlen, eine oberhalb, die andere unterhalb des Orts, und lauft nach dem Kauerhof, welcher eine viertel Stunde davon gegen Sud entfernt und ein zur Probstei Ravengirsburg gehöriger Fronhof ist, der im J. 1683 von der geistlichen Verwaltung erblich verliehen worden.

In ältern Zeiten hat auf dem sogenannten Steckelnhauser Berg ein Dörflein bestanden, welches die Pröbste in einen Meyerhof verwandelt, und zu Lehen gegeben haben. Im J. 1555 ward Johann Konrad von Mezenhausen damit belehnet. Nach Erlöschung dieses Geschlechts aber sind die Güter eingezogen, und die Aecker an Inwohner zu Nickweiler, die Wiesen an die zu Unzenberg überlassen worden.

Die Gemarkung enthält 179 Morgen Aecker, 59 M. Wiesen, 120 M. Weide, und 135 M. Wald.

Die Katholischen sind nach Bibern, und die Ref. nach Neuerkirchen eingepfarret.

Auf dem Kauerhof und Steckelnhauser Berg beziehet Kurpfalz wegen Spanheim, die Pastorei Kirchberg, und der Freiherr von Wildberg, jedes ein Drittel Zehnten. Im Nickweiler und Lauterberger Feld der Pfarrer und Freiherr von Wildberg ebenfalls. Das übrige Drittel wird zwischen den Freiherrn von Schmidtburg und Hacke getheilet.

2) **Unzenberg und Gebenhausen.** Diese zween geringe Dörfer machen nur eine Gemeinde aus, und

Simmern.

sind anderthalb Stunden von Simmern westwärts entfernet. In beiden zählet man zusammen nicht mehr als 41 Häuser. Ersterer Ort wird in dem Hundsgedinge auch Oezenberg genannt. Des andern aber wird in dem geistlichen Lehenbuche gedacht, wonach Gebenhausen und Unzenberg zum Kirchspiel Kirchberg gehörig waren.

Zwischen beiden fließt die Heinzenbach, und treibt hier Mahlmühlen.

Die Gemarkung enthält 278 Morgen Aecker, 107 M. Wiesen, 727 M. Heide und Wald.

Der Freiherr von Hacke besitzet hier ein vormals Koppensteinisches Lehengut.

Die Katholischen sind nach Bibern, und die Reformirten nach Gemünden eingepfarret; beide gehen aber nach Kirchberg zur Kirche.

Am Zehnten hat die Kurfürstl. Hofkammer wegen Spanheim, die Pastorei Kirchberg, und die Freiherrn von Hacke und Schmidtburg ein Drittel.

3) Heinzenbach gränzet gegen Ost an Gebenhausen, gegen Sud an das alte Dorf Densen, gegen West an Meizenhausen, gegen Nord an Reich. In der Beschreibung des ehmaligen grosen Kirchsprengels der Pfarrei Kirchberg *f*) wird selbiges Eynzenbach genannt.

---

f) In dem geistlichen Lehenbuche des Kurf. Philipps heißet es: „Die Dorf sint in dem Zirk der Pastorey gelegen: „Kirperg, Densen, Sorenbach, Redereyhusen, Waibus„sen, Eynzenbach, Mitel-Eynzenbach, Nidder-Eins„zenbach, Dambach, Gebenhusen, Atzemberg, Etedels„busen, Küren, Schönborn, Oprechtzbusen, Fotschen, „Rudern, Wamenrot, Waldenbrückel, Tickenswit, Rot„bach, Gemenden, Paußwiler, Sliersteler, Hecken, „Dillendorf, Nidder-Costen'n, Ober-Costen'nen, Swarzens„wirrich, Altley, Belch, Redelbusen, Seltz, Weizens„busen, Tadenrait, Clodenbach, Langenrode, Capel, „Apt, Morsperg, Wuscheim, auch zur Wisen, Webern,

Vermuthlich hat es seinen Namen von dem vorbei nach Gebenhausen laufenden Bächlein, mit welchem sich dahier die Hinterbach vereinigt, und eine Mahl- und Oelmühle treibet. Es sind etwa 30 Häuser, und 40 Familien in diesem Orte; In der Gemarkung aber 95 Morgen Aecker, 28 M. Wiesen, 638 M. Heide und Weide.

Die Heinzenbacher haben vor der Reformation zur Pfarrei Kirchberg gehöret, wohin auch beide Religionen noch wirklich zur Kirche gehen, jedoch sind die Katholischen nach Biebern, und die Reformirten nach Gemünden gepfarret.

Der Zehnten wird, wie bei Unzenberg und Gebenhausen, getheilet.

5) Raversbeuern liegt fünf Stunden Weges von Simmern gegen Trarbach und also westwärts, von den übrigen Ortschaften des Oberamts gänzlich abgeschnitten, und hat vormals zur Wildgraffschaft gehöret, von welcher es durch Tausch an Kurpfalz gekommen ist g).

Eine halbe Stunde vom Ort lauft ein aus dem Ellerbrunn entspringendes Bächlein vorbei, welches die Gränzscheide von dem Trierischen Gebiete ist, und eine geringe Mahlmühle treibet.

Das Dorf bestehet dermalen aus einer Kirche, Schule, und 42 Häusern. Die Gemarkung aus 183 Morgen Aecker, 79 M. Wiesen, 4 M. Gärten, 50 M. Weide, und 47 M. Wald.

Die geistliche Verwaltung besitzet dahier ein zum Kloster Ravengirsburg gehöriges Hofgut, welches

---

„ Clopp, Fronhofen, Sulz, Kubelheim, Neuhusen, Nid-
„ willer, zur Hoben, Michelbach.
g) Geschichte des Wild- und Rheingräflichen Hauses I Theil, pag. 175.

Simmern.

der Prior Kaspar von Grünberg im J. 1511 erblich verliehen hat h).

Die Kirche des Orts gehöret den Lutherischen, und ist mit einem eigenen Prediger bestellt.

Den grosen Zehnten in der Gemarkung beziehet das Erzstift Trier, von Neubrüchen aber die Kurpfälzische Hofkammer.

Schultheiserei Reich.

1) **Nannhausen**, ein Dorf von 26 Häusern, liegt drei viertel Stunden von Simmern westwärts. Durch dasselbe fließt die von Wüschheim, Biebern und Fronhofen kommende Bach, welche daher eine Mahlmühle treibt, und so weiter nach Nickweiler lauft. Auch ziehet durch das Dorf die sogenannte wälsche, und eine Strecke durch dessen Gemarkung die alte Römerstrase.

Die Gemarkung enthält 287 Morgen Aecker, 106 M. Wiesen, 245 M. Weide, und 431 M. Wald.

Nannhausen hat vormals zur Pastorei Kirchberg gehört, jezt aber gehen die Katholischen nach Bibern, und die Reformirten nach Neuerkirchen zur Kirche.

Am Zehnten beziehet der Kath. Pfarrer zu Bibern wegen gedachter Pastorei Kirchberg 2 Sechstel, die Kollektur Simmern, der Freiherr von Schmidtburg, und der Freiherr von Hacke, jedes ein Sechstel, das übrige Sechstel obige Kollektur, und die Vierzischen Erben dergestalt, daß beide nur vom Korn, die Landschreiberei Kirchberg aber vom Haber denselben genieset.

2) **Fronhofen**, ein geringes Dorf von 23 Häu-

---

h) *Würdtwein* Subsid. diplom. Tom. XI, pag. 346. wo es heiset: unsern Hof und Hofsgütern im Dorf Rebbersbevern.

fern, eine Stunde von Simmern westwärts entlegen, wird in dem Hundgedinge vom J. 1442 Fronhoben genannt, und arin festgesezet, daß, weil des Klosters Hof und die Mühle daselbst in der Mitte des Stifts Landes und Gebietes gelegen, worin die Kirchberger Getreidmaas üblich ist, die auf der Seite des Moselstroms befindliche Dörfer, sich dessen auch bedienen, und in gedachtem Hof empfangen sollten *s)*.

Eine halbe Stunde davon liegt das **Haus Klopp**, ein mit vier Haushaltungen besezter Bauernhof. Dieses Haus Klopp sowohl als Fronhoben werden unter diejenigen Ortschaften gezählet, welche vermög des Kurfürsten Philipps von der Pfalz geistlichen Lebenbuch in dem Bezirke der Pastorei Kirchberg gelegen sind.

Nächst dem Dorfe lauft die von Reich und Biebern kommende Bach vorbei nach Nannhausen, und treibt zwo Mahlmühlen.

Die Gemarkung enthält 353 Morgen Aecker, 150 M. Wiesen, und 140 M. Weide.

Die Katholischen sind ebenfalls nach Biebern, und die Reformirten nach Neuerkirchen eingepfarret.

Am Zehnten beziehet der Katholische Pfarrer zu Biebern ein Drittel, der Freiherr von Schmidtburg auch soviel, und der Freiherr von Hacke das übrige, welches vorhin die von Koppenstein genossen haben.

3) **Reidelheim** liegt nur eine viertel Stunde von Simmern nordwestwärts, zwischen Kümbchen, Olweiler, Fronhofen und Külz. Zwischen selbigem und dem Dörflein Kümbchen fließt die Külzbach durch, treibt zwo Mahl- und eine Delmühle, ergießt sich sodann in die Simmer. Gedachte Külzbach scheidet das Gebiet der Probstei Ravengirsburg von dem ei-

---

s) Würdtwein subsid. diplom. Tom. XI, pag. 238.

Simmern.

gentlichen Oberamt Simmern k), wie dann auch noch neun alte Gränzsteine daselbst befindlich seyn sollen. Der Ort bestehet nur aus 16 Häusern, welche von 86 Menschen bewohnet werden. Die Gemarkung aber aus 155 Morgen Aecker, 64 M. Wiesen, 50 M. Weide, und 9 M. Wald.

Dieses Dörflein hat vormals auch zur Pastorei Kirchberg gehöret, ist aber jezt, wie die obigen, theils nach Bibern, theils nach Neukirch gepfarret.

Keidelheim und Eichkülz machen nur einen Zehnten aus, woran das Marggräfliche Haus Baden wegen Spanheim ein Drittel, der Katholische Pfarrer zu Bibern einen gleichen Theil, sodann die Freiherren von Schmidtburg und von Hacke das übrige beziehen.

4) **Eichkülz**, eine halbe Stunde von Simmern nordwestwärts, ein geringes Dorf von etwa 20 Häusern, ist nur durch die durchlaufende Bach von Külz geschieden, hat aber doch seine besondere Verfassung und Schultheiserei. Es liegt am rechten Ufer der von Laubach herab kommenden Külzbach, in welche die Michelbach sich ergießet, und die sogenannte Daubenmühle treibet.

Die Gemarkung enthält 264 Morgen Aecker, 122 M. Wiesen, 245 M. Heide, und 43 M. Wald.

Mit dem Kirchenwesen und Zehnten hat es gleiche Beschaffenheit, wie bei dem vorhergehenden Dorfe Keidelheim.

Von diesem Dorfe Eichkülz hat die ganze Schultheiserei im J. 1779 den Namen geführet.

5) **Bibern.** Ein Dorf von 35 Häusern, andert-

---

k) In der dem Hundgedinge angehängten Gränzbeschreibung heißet es: „von der Michelbache bis in die Külze, „aus der Külze bis in die Bache Simmer genannt.

halb Stunden von Simmern westnordwärts, hat seinen Namen von der durchfliesenden Bache. Es kommt im XIII Jahrhundert vor, da nämlich Ingelbrand genannt Fuchs von Biebern mit Johann dem jüngern Herrn von Heinzenberg einen Streit wegen der Wirthschaft zu Bievera im J. 1283 gütlich beigelegt hat *l*). Im Jahr 1464 ward zu Bibern auch das Hundgeding gehalten *m*). Zwischen diesem, und dem Dorfe Dombach liegt die Heide Izelbach, auf der vor Alters dieses Geding gehalten zu werden pflegte.

Die Biberbach treibt zwo Mahlmühlen im Dorfe. Eine halbe Stunde davon ziehet die sogenannte wälsche Strase vorbei nach der Mosel.

Die Gemarkung enthält 238 Morgen Aecker, 125 M. Wiesen, 429 M. Weide, und 32 M. Wald.

Gleich oberhalb des Dorfes liegt der Badische Wittums- oder Ensenhof, welcher zur Pastorei Kirchberg zinsbar ist. Sodann besitzet das Fürstliche Haus Salm-Kirburg ein Hofgut in der Gemarkung, dessen Gebäue längst eingegangen, die Güter aber erblich verliehen sind.

Zu Bibern wohnt ein Förster, welcher die in dieser Gegend liegende beträchtliche Heiden und Waldungen zu besorgen hat.

Die Kirche des Orts war anfänglich ein Filial von Kirchberg, jedoch im XV Jahrhundert schon mit einem eigenen Pfarrer bestellt. Sie ist zur Ehre des heil. Johann des Taufers geweihet, und in der Kirchentheilung den Katholischen zugefallen. Im Jahr 1770 wurde solche neu gebauet. Der Pfarrer stehet unter dem Landkapitel von Simmern, und hat Reich, Büschheim, Fronhofen, Nannhausen, Nickweiler, Reidelheim, Kälz, Neukirch ꝛc. in seinem Sprengel.

---

l) *Würdtwein* subsid. diplom. Tom. V, pag. 424.
m) Ibid. Tom. VI, pag. 171. heißet es: „zu Biebern in
„ dem Dale by der Kirchen uf der Plane.

Simmern.

Die Reformirten haben auch eine Kirche im J. 1764 erbauet, die ein Filial von Neukirchen ist.

Am Zehnten beziehet Kurpfalz wegen Spanheim ein Drittel, der Kath. Pfarrer das andere, die Freiberren von Schmidtburg und Hacke aber das übrige Drittel.

6) Reich ist das größte Dorf dieser Schultheiserei, anderthalb Stunden von Simmern nordwestwärts gelegen. Man zählet 47 Häuser und 51 Familien darin.

Durch dasselbe fließet die von Wüschheim kommende Bach, treibt zwo Mahl- und eine Oelmühle im Orte, und vor demselben zwo Mahlmühlen.

Die Gemarkung enthält 222 Morgen Aecker, 99 M. Wiesen, 409 M. Weide, und 42 M. Wald.

Die Katholischen sind nach Bibern, die Reformirten aber nach Neuerkirchen eingepfarret. Der Pfarrer zu Bibern genießet auch ein Drittel des Zehntens, einen andern Kurpfalz, und das übrige die Freiherren von Schmidtburg und von Hacke.

7) Wüschheim liegt eine Stunde von Simmern nordwestwärts, ein geringes Dorf von 25 Häusern. Eine viertel Stunde davon entspringt in Walde Faaß ein Bächlein, welches durch das Dorf nach Reich und so weiter in das Biberthal fließet.

Die Gemarkung enthält 220 Morgen Aecker, 116 M. Wiesen, 39 M. Weide, und 90 M. Wald.

Auch besitzet die Gemeinde noch 100 Morgen mit den beiden Dörfern Reich und Bibern in Gemeinschaft.

Mit dem Kirchengang und Zehnten hat es gleiche Bewandniß, wie zu Reich.

Schultheiserei Niederkumb.

1) **Niederkumb** liegt nur eine halbe Stunde von Simmern nordwärts, und scheinet aus den zum Kloster Kumb gehörigen Hubgütern entstanden zu seyn. Das von gedachten Kumb herkommende Bächlein fliesset hier vorbei, und fällt bei Kümbchen in die Külze, und mit dieser in die Simmer. Der Ort ist 19 Häuser stark, welche von ungefähr 100 Seelen bewohnet werden. Die Gemarkung enthält 123 Morgen Aecker, 85 M. Wiesen, 83 M. Weide, und 70 M. Wald.

Die Katholischen und Reformirten sind zu Simmern eingepfarret. Eine Hälfte des Zehntens beziehet die Kurfürstl Hofkammer, die andere aber die geistliche Verwaltung wegen des Klosters Kumb.

2) **Külz.** Ein Dörflein von 13 Häusern, eine halbe Stunde von Simmern an der Bache gleichen Namens und dem Dörflein Eichkülz gegenüber gelegen, kommt zu Anfang des XIII Jahrhunderts vor, da nämlich Heinrich von Dicke im J. 1204 alle seine Güter von Mülbach bis gegen Külz, ins besondere den Wald Strut dem Kloster Kumb übergeben hat [x]). Die im Amte Spanheim entspringende Bach fliesset nordwärts vorbei, und treibt oberhalb des Orts eine Mahlmühle, und lauft durch Keibelheim in die Simmer.

In der Gemarkung finden sich 148 Morgen Aecker, 61 M. Wiesen, 115 M. Weide, und 93 M. Wald.

Vor der Reformation gehörte dieser Ort zur Pastorei Kirchberg, jez sind die Katholischen nach Bibern, und die Reformirten nach Neuerkirch eingepfarret. Am Zehnten beziehet Kurpfalz ein Drittel, die geistliche Verwaltung aber wegen der Probstei Ra-

---

[x]) Büttinghausen Beiträge zur Pfälzischen Geschichte II Bandes, IV Stück, p. 325 & 332.

dengirsburg und wegen des Klosters Kumb zweimal soviel.

3) **Neuerkirch.** Ein geringes Dorf von 16 Häusern, eine Stunde von Simmern nordwestwärts gelegen, hat gegen Ost das Kloster Kumb, gegen Sud Külz, gegen West das zum Amt Kastelaun gehörige Michelbach, gegen Nord Laubach zu Nachbaren. Es sind eigentlich zwei Dörfer, welche von der durchlaufenden Külze geschieden werden. Was davon auf dem linken Ufer liegt, gehöret zur hintern Grafschaft Spanheim und zum Amt Kastelaun, das auf dem rechten aber, von welchem hier die Rede, ist Pfälzisch. Gedachte Külz treibet unterhalb des Orts eine Mahlmühle.

Die Gemarkung bestehet aus 190 Morgen Aecker, 109 M. Wiesen, 120 M. Weide, und 54 M. Wald.

Von der Kirche dieses Orts findet sich nicht die mindeste Nachricht, ausser daß solche vor der Reformation dem heil. Wendelin geweihet, und ein Filial von Bibern gewesen, bei der Kirchentheilung aber in das Loos der Reformirten gefallen ist. Der angestellte Prediger hat auch die Dörfer Bibern, Wüschheim, Külz, Nickweiler, Nannhausen, Reich, Fronhofen, Eichkülz und Keidelheim zu versehen. Die Katholischen gehören nach Bibern. Mit dem Zehnten verhält es sich dahier wie zu Külz, ausser daß das Kloster Kumb auch aus gewissen Aeckern den dreißigsten, und die Hofkammer von den Pfarräckern den Zehnten allein beziehet.

Das Gericht in allen drei Dörfern ist mit einem Schultheise, einem Gerichtschreiber und vier Schöffen, nämlich einem von Niederkumb, einem von Külz, und zween von Neuerkirchen besezet. Es führt in seinem Siegel einen auf zween Palmzweigen ruhenden Herzschild mit den Baierischen Rauten; oben darauf stehet eine von dem Pfälzischen Löwen ge-

haltene Kirche, mit der Umschrift: Sigil des Chul-
zer Haus Gerichts.

Schultheiserei Pleizenhausen.

1) **Dorf und Kloster Kumb.** Ein geringes Dorf
von 26 Häusern, eine Stunde von der Stadt
Simmern nordwärts gelegen, wird zu Latein Comeda genannt. Als das Klosterleben nach den Ordens-
gesezen des heil. Bernards auch in Deutschland allgemeinen Beifall fand, und besonders von der im
Rheingau errichteten Abtei Eberbach ausgebreitet
wurde, soll ein Jüngling von 18 Jahren, Namens
Eberhard, eine Kapelle zur Ehre U. L. F. im J. 1180
daselbst errichtet, und zu dem nachherigen adelichen
Kloster den Grund geleget haben, das der Abt Arnold von Eberbach mit Nonnen aus dem Kloster Au-
len oder Marienhausen im Rheingau besezet hat o).
Besagter Eberhard war auf der Burg Staleck gebohr-
ren, sein Vatter Wolfram alda Burghüter, und er
selbst in des Pfalzgr. Konrads Diensten. Als ein
Knab von 10 oder 18 Jahren hat er in Comeda, woselbst eine Kapelle gestanden, auf einem ihm von
Heinrich von Dicke geschenkten Plaz eine Klausse errichtet, und im J. 1191 sein Leben darin beschlossen p). Heinrich von Dicke mit seinem Sohne Alexander und Tochter Elisabeth, wie auch seinen Brüdern Friedrich und Eustach, auf des Pfalzgrafen

---

o) *Gaspari Jongelini* notitia abbatiarum Cisterc. Libr. II,
pag. 42 & 43. wo es heisset: Anno 1180 contigit mirabi-
lis illa fundatio monasterii B. M. in Comeda in Palat.
infer. Dioec. Mog. per Eberhardum octodecim annorum
adolescentem, postea vero in ordine nostro subdiaco-
num &c.

p) Auf diese Weise wird die Sache in Actis Sanctorum bei
den Bolandisten unterm 5ten und 21ten Tag des May-
monats erzählet. *Tolner* hat in Addit. ad histor. Palat.
pag. 38 einen Auszug geliefert.

Konrads, und seiner Gemahlin Irmingard Begehren, verlieh die Kapelle dem Bruder Eberhard, mit allem Eigenthume in dortiger Gegend, und der Erzbischof Konrad von Mainz bestätigte solches im J. 1196 mit dem Zusaz, daß dieselbe aller dem Cisterzerorden von den Römischen Päbsten ertheilten Freiheiten theilhaftig seyn sollte q). Auch hat gedachter Heinrich von Dicke im J. 1204 wegen seiner in das Kloster aufgenommenen Tochter Elisabeth alle seine Güter von Michelbach bis gegen Külz demselben übergeben; welche Schankung hernach von seinen Erben, dem Bischoffe Heinrich zu Strasburg und Alexander Herrn von Dicke, im J. 1252 bestätiget worden ist.

Im J. 1241 schenkte Rudolph der Erzdiakon zu Trier dem Kloster alle seine Güter nebst dem Kirchensaz zu Bornheim bei Flanheim. Pfalzgraf Otto der Erlauchte, sein Sohn Ludwig II, wie auch die Pfalzgrafen Rudolph II, und Ruprecht I, befreieten des Klosters Güter in den Thälern Diebach und Mannbach. Johann Graf von Spanheim zu Starkenburg that ein gleiches im J. 1250 zu Enkerich und erlaubte seinem Edelknechte, Ludwig von Densen, dem Kloster seine Güter auch zu verschreiben. Im J. 1257 überließ ihm Godefrieds Ritters von Boppart Wittib den Kirchensaz zu Laubach, und Irmegard von Treys, verehligte von Stein, den sogenannten Bartholomäus Markt, der jährlich vor dem Kloster gehalten worden, mit dem Zehnten zwischen dem Kloster und dem Dorfe Laubach im J. 1292. Mechtild von Winnenburg, Peters von Treys hinterlassene Wittib, und Margaretha, Friedrichs von Schönenberg Wittib, versprachen in folgenden Jahren zwischen dem Wasser, die Simmer genannt, und dem Dorfe Külz nimmermehr einen Markt zu halten. Im J. 1307 hat

---

q) Diese merkwürdige Urkunde stehet in Act. Acad. Palat. Tom. III, pag. 95.

Sibodo Ritter von Schmidburg dem Kloster alle seine Güter zu Horweiler geschenket r).

Im XV Jahrhundert verfiel die Klosterzucht, und im folgenden ward das Kloster im J. 1566 von Pfalzgrafen Georg der weltlichen Gerichtbarkeit gänzlich untergeben s).

Die Nonnen blieben zwar noch bei ihren Ordensregeln. Als aber die lezte Aebtißin im J. 1574 mit Tode abgegangen war, zog Pfalzgraf Richart die Gefälle gänzlich ein, und lies von seinen Räthen überlegen, ob das Kloster zu einer Schule, oder zu einem Hospital verwendet werden sollte. Jedoch erst nach Ableben gedachten Herzogs verwandelte solches Kurf. Friedrich IV in ein Hospital für Pfründner im J. 1598.

Von den Aebtißinnen sind nur folgende wenige im Andenken:

1196 Bertha, erscheinet mit dem Probste Johann in der Bestättigungsurkunde der durch Heinrich von Dicke geschehenen Stiftung.

1372 Sophia in einem Verzichtebriefe auf eine Weingülte zu Ockenheim t).

1450 Helicka von Metzenhausen u).

1496 Dorothea Hilchin von Lorch, hat sich im J. 1506 mit den Pfarrgenossen verglichen.

1543 Elisabeth, und

1556 Dorothea von Meitzenhausen. Diese hat den
Hof

---

r) Diese Nachrichten hat Herr Büttinghausen in den Beiträgen zur Pfälzischen Geschichte I und II Bande aus einer bei der Schafnerei Kumb befindlichen Handschrift gezogen, welche durch Balthasarn Castelhun, der Kurfürstl. Pfalz Verwaltungs R-novatorn, und ermeldten Kloster-Schaffner um das Jahr 1600 verfertiget worden.

s) Struve Kurpfälzische Kirchenhistorie p. 260.

t) Würdtwein Subsid. diplom. Tom. X, in praefatione sub num. VIII.

u) Humbrachts höchste Zierde Deutschlandes Tab. 55.

Simmern.

Hof zu Enkerich, und im J. 1561 die Mühle zu Ober-Diebach verpfachtet x).

1563 Katharina Pfalzgräfin bei Rhein, eine Tochter Herz. Johanns II von Simmern, im J. 1500 gebohren, kommt noch im J. 1571 vor y).

1572 Eva Brennerin von Lewenstein, ist im J. 1574 verstorben.

Nach Aufhebung dieses adelichen Frauenklosters sind die um selbiges gelegene Güter in Bestand verliehen, und in vier Meyerhöfe eingetheilet worden.

Oberhalb des Orts entspringt ein Bächlein, das unterhalb eine Mahlmühle treibet und nach Niederkumb lauft. Die von Laubach westwärts herabkommende Külz fliesset durch einen Theil der Gemarkung, und treibt im Bienenberg auch eine Mühle.

In dem Dorfe wurden voriges Jahr 26 Häuser und 138 Seelen, in der Gemarkung aber 325 Morgen Ackerfeld, 114 M. Wiesen, 60 M. Weide, und 135 M. Wald gezählet.

Die geistliche Verwaltung oder ihre Kloster-Schafnerei besizet in dieser und übrigen anstossenden Gemarkungen auch 307 Morgen Wald, über welche ein besonderer Förster in Laubach angestellet ist.

Die alte Klosterkirche, die den Reformirten zugetheilet worden, ist dermalen ganz zerfallen. Diese Religionsgenossen gehen nach Horen, die Katholischen aber nach Laubach zur Kirche.

Am Zehnten beziehet die Kurfürstl. Hofkammer vier, und die geistliche Verwaltung fünf Neuntel, der sogenannte Bergzehnten aber wird von beiden zu gleichen Theilen bezogen.

---

x) Eben daselbst. Er nennet dieselbe aber irrig Katharina, und scheint solche mit der folgenden verwechselt zu haben.

y) Obgedachter Büttinghausen am angezeigten Orte II Bande, S. 348 sq.

2) **Pleizenhausen.** Ein gemeines Dorf von 17 Häusern, eine Stunde von Simmern nordostwärts, kommt in einer Urkunde vom J. 1263, sodann in der Gränzbeschreibung des Gebiets der Probstei Ravengirsburg vor. Die von Bergenhausen kommende Steinbach und das von Reyerschied herabrinnende Bächlein laufen subwärts vorbei, vereinigen sich unterhalb des Orts, treiben sodann die Weismühle, und ungefähr drei hundert Schritte weiter noch eine andere Mahlmühle.

Die Gemarkung enthält 291 Morgen Aecker, 113 M. Wiesen, 60 M. Weide, und 70 M. Wald.

Nächst dem Dorfe befindet sich das Grundgemäuer der alten Veste Schmidshausen, welche vermuthlich nur ein Raubnest gewesen. Noch wirklich ist über dessen Bezirk ein besonderes Gericht.

Die alte Kapelle zu St. Wendel ist den Reformirten in der Theilung zugefallen, und dermalen mit einem besondern Prediger bestellt, wozu Alt-Weidelbach, Richenrod, Kistelbach, Reyerschied, Bergenhausen, Laubert, Steinbach und Schönenberg gehören. Die Katholischen aber gehören als Filialisten nach Reyerschied, und haben anfänglich auf dem Rathhause ihren Gottesdienst gehalten, im J 1773 aber aus eigenen Mitteln auch eine Kapelle errichtet.

Den Zehnten in der Hauptgemarkung beziehet die geistliche Verwaltung allein, im Schmidshauser Bezirk aber das Gräfl. Haus Degenfeld, mit Abzug eines Neuntels für die Kurf. Hofkammer.

3) **Bergenhausen,** ein geringes Dörflein von 14 Häusern, liegt eine Stunde von Simmern nordwärts. Durch selbiges lauft die von Bubenbach kommende Steinbach, treibt oberhalb des Orts 2 Mahlmühlen, und fließt nach Pleizenhausen.

Die Gemarkung enthält 201 Morgen Aecker, 96 M. Wiesen, 60 M. Weide, und 100 M. Wald.

Die Katholischen sind nach Reyerschied, und die

Simmern.

Reformirten nach Pleizenhausen eingepfarret. Der Zehnten ist in zween Fluhren abgetheilet. Von der südlichen beziehet solchen die geistliche Verwaltung, von der nördlichen aber die Grafen von Degenfeld.

4) **Budenbach** bestehet aus 14 Häusern, und ist anderthalb Stunden von der Stadt Simmern nordostwärts entlegen. Nach einer Urkunde vom J. 1403 hat Jäckel Hume von Bacharach einige Zinsen und Güter, wie auch die Hauprechte und andere Gerechtigkeiten im Dorfe Budenbach an König Ruprecht verkauft.

Durch das Dörflein fließt die von Horen kommende Klingelbach, treibt eine den Grafen von Degenfeld zuständige Mahlmühle, und ergießet sich in die nahe am Orte vorbei laufende Steinbach.

In der Gemarkung zählet man 211 Morgen Aecker, 136 M. Wiesen, 50 M. Weide, und 110 M. Wald.

Die Kurfürstl. Hofkammer, die geistliche Verwaltung, und die Grafen von Degenfeld-Schomburg besitzen einige freie Güter.

Die Katholischen sind zur Pfarrei Schönenberg gehörig, und die Reformirten nach Horen.

Den grosen Zehnten beziehet die geistliche Verwaltung in einem Bezirke, Streilheim genannt, allein, und den kleinen die Gemeinde Horen; im übrigen Felde aber die Grafen von Degenfeld-Schomburg, mit Abzug eines Neuntels für die Kurfürstl. Hofkammer.

5) **Steinbach** liegt zwo Stunden von der Oberamtsstadt nordostwärts. Die Vogtei zu Steinbach auf dem Hundsrück hat mit aller Zugehör von der Grafschaft Spanheim zu Lehen gerühret. Als solches auf Ableben des Trägers Johann von Nersbach ledig ward, belehnte Pfalzgr. Friedrich der Hundsrücker Walraben von Koppenstein, und da

dieſer auch ohne Leibeserben ſtarb, Pfalzgraf Johann I deſſen beide Brüder, Meinhart und Peter von Koppenſtein z). Nach gänzlicher Erlöſchung dieſes Geſchlechts bekam das Lehen der Kurpfälziſche Oberſtjägermeiſter, Franz Karl Freiherr von Hacke, aus neuen Gnaden, in deſſen Beſitze ſein Herr Sohn ſich wirklich befindet.

Unweit des Orts fließet die von Kiſſelbach kommende Steinbach, treibt drei Mühlen, und vereiniget ſich unten am Schönenberg mit einer andern von Dideroth kommenden Bache.

Die Gemarkung beſtehet aus 181 Morgen Aecker, 72 M. Wieſen, 60 M. Weide, und 50 M. Wald.

Die geiſtliche Verwaltung hat dahier wegen der Kirche auf dem Schönenberg, und wegen des Kloſters Kumb, ſodann der Freiherr von Hacke einige zum Koppenſteiniſchen, und der Freiherr von Beckers zum Mezenhauſer Lehen gehörige Wieſen.

Die Katholiſchen ſind auf den Schönenberg, und die Reformirten nach Pleizenhauſen eingepfarret.

Den Zehnten in den drei Hauptfluhren beziehet die geiſtliche Verwaltung mit dem Vogtsherrn zu gleichen Theilen, in den zween Orſchfluhren aber das gräfliche Haus Degenfeld, bis auf ein der Kurfürſtl. Hofkammer wegen der hintern Grafſchaft Spanheim zuſtändiges Neuntel.

6) Reyerſchied iſt, wie das vorhergehende Dörflein, nur 15 Häuſer ſtark. Es hat gegen Oſt Mersbach, gegen Sud Walbach, gegen Weſt Pleizenhauſen, gegen Nord Bubenbach zu Nachbaren. Dieſer Ort ſcheinet dasjenige Heriradesneida zu ſeyn, welches in der Gränzbeſchreibung des Kirchſpiels Mersbach vom J. 1006 vorkommt a).

---

z) Der Lehenbrief iſt geben zu Winterburg auf Dienſtag nach Johannestag 1483.
a) *Gudenus* Cod. diplom. Tom. III, pag. 1034.

Bei dem Dörflein fließet das von Binzweiler kommende Paterbächlein vorbei, wie auch die von Liebshausen kommende Bach, welche sich dahier vereinigen, und ihren Lauf nach Pleizenhausen fortsezen.

Die Gemarkung enthält 178 Morgen Aecker, 97 M. Wiesen, 30 M. Weide, und 80 M. Wald.

Einige Grundstücker sind der Katholischen Pfarrei allda, der geistlichen Verwaltung, und den Grafen von Degenfeld zuständig.

Ein Edler von Schönenberg soll vor Zeiten eine Kapelle dahier erbauet und gestiftet haben, die bei der Reformation in Verfall gerathen war. In der Kirchentheilung fiel solche den Katholischen zu, und wurde wieder aufgebauet, sodann mit der Hauptpfarrei Schönenberg vereiniget, und einem eigenen Seelsorger übergeben, der zum Landkapitel Simmern gehöret. Zu dieser Kirche sind die Dörfer Pleizenhausen, Bergenhausen, Binzweiler und sechs Mühlen angewiesen. Sie ist dem heil. Johann von Nepomuk geweihet. Die Reformirten aber sind zu Pleizenhausen eingepfarret.

Am Zehnten beziehet die Kurfürstliche Hofkammer ein von Pfalz-Zweibrücken abgetrettenes Spanheimisches Neuntel, die geistliche Verwaltung wegen des Klosters Kumb ein Drittel, und wegen der Probstei Ravengirsburg ein Neuntel, die Grafen von Degenfeld ein Drittel, und mit dem Kloster Kumb das übrige Neuntel.

7) *Binzweiler*, ein Dörflein von 12 Häusern, liegt zwo Stunden von Simmern nordostwärts. Nächst demselben fließet das von Liebeshausen kommende Bächlein, und das von Mersbach herabrinnende Paterbächlein vorbei, welches leztere zwo Mahlmühlen treibt, und sich bei Reyerschied mit jenem vereiniget.

Die Gemarkung besteht aus 189 Morgen Aecker,

117 M. Wiesen, 2 M. Gärten, 36 M. Weide, und 75 M. Wald.

Freigüter sind einige zum Koppensteinischen oder Hackischen Lehen, und zum Kloster Kumb gehörigen Grundstücker.

Im J. 1439 soll zu Binzweiler eine Kapelle bestanden und zum Kloster Kumb gehöret haben b). Sie muß aber eingegangen, und ganz verfallen seyn, indem bei der Kirchentheilung solche in keinen Anschlag gekommen, auch nichts mehr davon übrig ist. Die Katholischen sind zu Neyerschied, und die Reformirten zu Ellern eingepfarret.

Den Zehnten in der Hauptgemarkung beziehet die Kurfürstliche Hofkammer mit der geistlichen Verwaltung zu gleichen Theilen; in drei Gewanden aber der Graf von Degenfeld zu 8 Neuntel, und gedachte Hofkammer zu einem Neuntel.

Das Gericht in der ganzen Schultheißerei bestehet aus einem Schultheiße, einem Gerichtschreiber, und vier Schöffen. Nebst solchem ist in dieser Schultheißerei auch ein besonderes Kumber Gericht, wozu die Dörfer Kumb, Bergenhausen, Budenbach, Binzweiler und Neyerschied gehören. Nebst jenem Pleizenhauser Schultheise ist es dermalen noch mit sieben Schöffen bestellet.

Schultheiserei Laubach.

1) **H**oren. Ein mittelmäßges Dorf von 28 Häusern, zwo Stunden von Simmern nordwärts entlegen, wird in alten Urkunden Honrein, auch Hohren genennet, wovon ein adeliches Geschlecht den Namen geführet hat. Im Jahr 1135 übergab Burkards von Honrein Wittib alles ihr Gut in den

───────────────────

b) Büttinghausen Beiträge zur Pfälzischen Geschicht II Bandes, IV Stuck, p. 340.

Dörfern Honrein, Bubach ꝛc. samt dem Kirchensatz zu gedachtem Honrein dem Kloster Ravengirsburg.

In den Fehde-Zeiten des XIII Jahrhunderts ward dieser Ort mit Mauern und Gräben umgeben, in der Folge auch zu den sogenannten Vesten des Amts Simmern gerechnet. Daher wird in der Theilung unter K. Ruprechts Söhnen im J. 1410 Horein sogar eine Stadt genennet c). Es sind heutigen Tages noch Spuren davon übrig. Aber der Ort ist wieder in die Gestalt eines Dorfes zurückgetretten. Oberhalb desselben entspringt die Klingelbach, und fliesset nach Budenbach.

Die Gemarkung enthält 375 Morgen Aecken, 152 M. Wiesen, 3 M. Gärten, 40 M. Weide, und 276 M. Wald.

Auf einem nur einige hundert Schritte vom Dorfe entlegenen Bezirke stehet man eine aufgeworfene Verschanzung, ungefähr 50 Schuhe im Durchschnitte haltend. Dieses soll eine den Herrn von Koppenstein zuständige Burg gewesen, und mit der sogenannten Lautersheide an die Herren von Schönberg, jezt von Degenfeld-Schomburg gekommen seyn.

Im J. 1275 hat sich der Probst Theoderich von Ravengirsburg mit Wilhelm und Johann Rittern von Waldeck, Heinrich Ritter von Randeck, und Udo Ritter von Dalburg verglichen, daß das Patronatrecht hiesiger Kirche zwischen ihm und gedachten Gemeinern abwechseln sollte. Im J. 1313 gab es deswegen neuen Anstand, weshalben Arnold von Spanheim und Emmerich vom Steine zu Schiedsrichtern gewählet, und von solchen die wechselseitige Verleihung der Pfarrei festgesezet worden ist. Die von Waldeck scheinen ihr Recht von der Grafschaft Span-

---

c) Auch in der Theilung zwischen Herzog Stephan und dem Grafen Friedrich von Veldenz vom J. 1444 wird Sohnrein unter die Städte und Schlösser gezählet.

heim zu Lehen getragen zu haben. Denn im J. 1370 hat sich Graf Walrab von Spanheim wegen dieses abwechselnden Kirchensazes abermals mit dem Probst Herdan verglichen *d*).

Die vorhin dem heil. Lukas geweihte Kirche fiel bei der Theilung in das Loos der Reformirten, und ist mit einem eigenen Prediger bestellt, welcher die Dörfer Laubach, Kumb, Bubach und Budenbach zu Filialen hat. Die Katholischen aber sind nach Laubach eingepfarret.

Den Zehnten beziehet die geistliche Verwaltung theils wegen der Probstei Ravengirsburg, theils wegen der Kirche selbst.

2) **Laubach.** Ein ansehnliches Dorf von 40 Häusern zwischen Simmern und Kastelaun, kommt im XIII Jahrhundert vor, und ist gleich Horen währenden Fehdezeiten mit Mauern und Gräben umgeben gewesen, deswegen es auch unter die Vesten des Amts Simmern gezählet, und in der Haupttheilung vom J. 1410 eine Stadt genennet worden ist.

In dessen Gemarkung entspringen das Mohr- und Lohbächlein, welche sich mit der vorbei fliesenden Külze vereinigen, die ein Mahlmühle treibet, und ihren Lauf nach Neuerkirch fortsezet. Neben vorbei ziehet die von Koblenz nach Simmern führende Landstrase, eine andere aber nach Kastelaun durch das Dorf, in welchem auch der Zoll erhoben wird.

In der Gemarkung sind 413 Morgen Acker, 224 M. Wiesen, 6 M. Gärten, 75 M. Weide, und 600 M. Wald. Der Kurfürstl. Förster über alle zum Kloster Kumb und den umliegenden Dörfern gehörige Waldungen hat in Laubach seine Wohnung.

Die Kirche dieses Dorfes anlangend, so hat das

---

d) Die Urkunden wegen dieses Kirchensazes finden sich in *Nordwein* Subsid. diplom. Tom. V. p. 403, 406, 416. und Tom. VI, p. 124, 127 & 151.

Kloster Kumb, wegen des Patronatrechts, lange Zeit Wiederspruch erlitten, bis des Ritters Godfrieds von Boppart Wittib selbigem dieses Recht im J. 1257 gänzlich abgetretten hat *). Sie war dem heil. Stephanus geweihet, und ist in der Theilung den Katholischen heimgefallen. Diese haben einen eigenen Pfarrer, dem die nächst gelegenen Dörfer Erbschied, Bubach, Horen und Kumb mit untergeben sind. Im J. 1716 ist das ganze Dorf, und auch diese Kirche abgebrannt, bald aber leztere von der geistlichen Verwaltung wieder aufgebauet, und bisher unterhalten worden. Die Reformirten haben anfänglich auf dem Rathhause eine Bethstube errichtet, im J. 1719 aber aus gemeinen Mitteln eine eigene Kirche erbauet, die ein Filial der Pfarrei Horen ist.

Den grosen Zehnten beziehet die geistliche Verwaltung als eine Zugehör des Klosters Kumb, der kleine aber ist dem Kath. Pfarrer zum Genusse überlassen.

3) **Erbschied.** Ein geringes Dorf von 16 Häusern, liegt dritthalb Stunden von Simmern nordwärts, an der nach Koblenz führenden Landstrase. Die Gemarkung enthält 141 Morgen Aecker, 70 M. Wiesen, 2 M. Gärten, 30 M. Weide, und 170 M. Wald.

Die Kapelle dieses Dörfleins soll vor der Reformation ein Filial der zwischen Kurtrier und den Besitzern der Grafschaft Spanheim, auch den Grafen von Metternich-Beilstein gemeinschaftlichen Pfarrei Beltheim gewesen seyn, wovon das Patronatrecht dem Stifte St. Castor zu Carden zuständig ist. Ge-

---

*) Büttinghausen Beiträge zur Pfälzischen Geschichte II Bandes, IV Stück, pag. 328. woselbst auch eines Vertrages vom J. 1292 gedacht und angemerkt wird, daß besagtes Kloster zu Laubach einen Pfarrer zu halten schuldig sey.

dachte Kapelle ward ums J. 1720 wieder hergestellet, und erst vor einigen Jahren von neuem aus gesammelten Almosen erbauet. Sie ist zur Ehre des heil. Erasmus geweihet, und gehöret als ein Filial zur Pfarrei Laubach. Die Reformirten aber sind nach Horen eingepfarret.

Den grosen Zehnten beziehet besagtes Stift zu St. Castor in Carden an der Mosel, und den Blutzehnten der Katholische Pastor zu Laubach.

4) **Bubach** ist an der Kurtrierischen Gränze ebenfalls dritthalb Stunden von Simmern nordwärts entlegen. Es wird in der bei Horen angezeigten Urkunde vom J. 1135 namentlich angeführt, und soll schon in ältesten Zeiten bekannt gewesen seyn *f*). Nicht weit davon fliesset das aus dem Spanheimischen Amt Kastelaun entspringende Bächlein vorbei, treibt eine geringe Mahlmühle, und sezet seinen Lauf in die Simmer fort. Die von Simmern nach St. Goar führende Strase ziehet durch das Dorf, in welchem auch der Zoll erhoben wird.

Der Ort bestehet aus 27 Häusern, samt einer Kirche und Schule. Die Gemarkung aus 270 Morgen Aecker, 265 M. Wiesen, 2 M. Gärten, 144 M. Weide, und 430 M. Wald.

Unter den Waldbezirken ist einer mit dem Gräfl. Metternichischen Dorfe Dudenrode gemeinschaftlich, und wird insgemein die *Burg* genennet. Es ist noch eine Verschanzung von etwa 200 Schuhen im Durchschnitte mit zween Gräben und einem hohen Walle davon übrig. Nicht weit davon liegt auch die ehmalige Veste *Brunsborn*, wovon sich im XII Jahrhundert ein adeliches Geschlecht geschrieben hat, davon im J. 1140 Ulrich *g*), im Jahr 1154 Hein-

---

f) Freheri Orig. Palat. Part. II, Cap. X.
g) Als Zeug in einer Urkunde für das Kloster Brauweiler, welche in Act. Acad. Palat. Tom. III, p. 163 befindlich ist.

rich *k*), im J. 1196 Werner, im J. 1230 Geiselbert *i*), und im J. 1272 bis 1315 Johann von Brunshorn *k*) in Urkunden vorkommen, die sogar unter die Dynasten gezählet worden. Die Burg selbst war zur Pfalzgrafschaft gehörig, und ist bei der zwischen den Söhnen des Kurfürst Otten des Erlauchten im J. 1255 vorgenommenen Ländertheilung mit den Vesten Staleck, Stalberg, Fürstenberg ꝛc. dem ältern Sohne zugetheilet worden *l*). Sie wurde hernach ums J. 1320 von K. Ludwig an Erzbischof Baldewin zu Trier und König Johann von Böhmen mit obgedachten Vesten verpfändet, jedoch in dem Vertrage von Pavia den Pfalzgrafen wieder ausdrücklich ausgeschieden. Die Pfandschaft aber währte noch mehrere Jahre fort, und Brunshorn war bis zum J. 1354 darunter begriffen *m*). Bald darnach soll Gerlach von Brunshorn verstorben, und mit ihm dieses Geschlecht erloschen seyn. Dessen Erbtochter Lise war an Henne von Wunneberg und Beilstein vermählt, der mit ihr Cuno und Gerlach von Wunneberg gezeuget hat. Weil nun der von Brunshorn die Vogtei Pfalzfeld von der niedern Grafschaft Kazenelnbogen zu Lehen getragen, bekam jener Cuno, und seines Bruders Gerlachs Sohn, Johann von Wunneberg, diese Vogtei von neuem zu Lehen, die jedoch das Erzstift Trier an sich zu bringen gewußt, und die Herrn von Wunneberg damit belehnet hat. Eben dieses Geschlecht erhielt hernach auch die Veste Bruns-

---

h) Vid. *Hontheim* Prodr. hist. Trevir. Tom. I, pag. 231. b.
i) Ersterer kommt in der Stiftungsurkunde des Klosters Kumb, und der andere in einem Bundbriefe des Erzbischofs zu Köln mit Pfalzgr. Ludwig I, und dem Marggrafen von Baden vor. Ib. p. 97 & 101.
k) Vid. *Gudenus* Cod. diplom. Tom. I, pag. 741. & Prodr. hist. Trev. p. 484 a.
l) *Tolner* hist. Palat. pag. 40.
m) Man vergleiche damit, was oben bei Bacharach hievon gesagt worden.

horn zu Lehen, und als selbiges zu Anfange des XVII Jahrhunderts ausstarb, wurden die Freiherren von Metternich und Müllenark damit belehnet.

Nicht weit von dieser verstörten, und nur noch in ihren Grundmauern sichtbaren Burg liegt das Dorf Brunshorn, welches die Grafen von Metternich auch besitzen.

Die vormals den h. h. Philipp und Jakob geweihet gewesene und in der Theilung den Reformirten zugefallene Kirche ist der Pfarrei Horen als ein Filial einverleibt. Die Katholischen sind nach Laubach eingepfarret.

Den Zehnten in der ganzen Gemarkung beziehet die geistliche Verwaltung als eine Zugehör besagter Pfarrei Horen.

Die Schultheiserei Laubach ist mit einem Schultheise, einem Gerichtschreiber, und acht Schöffen besetzet. Von letztern wohnen zween zu Laubach, zween zu Bubach, zween zu Horen, und zween zu Erbschied.

Schultheiserei Laudert.

1) Meizborn ist ein Dörflein von 14 Haushaltungen, und liegt zwo Stunden von Simmern nordostwärts, von Laudert aber westwärts. Dessen Gemarkung enthält 73 Morgen Aecker, 43 M. Wiesen, 30 M. Weide, und 95 M. Wald.

Die Katholischen haben eine zur Ehre des heil. Rochus eingeweihete Bethstube dahier, sind übrigens nach Schönenberg, und die Reformirten nach Pleizenhausen eingepfarret.

Am Zehnten beziehet die Kurpfälzische Hofkammer zwei, und das Erzstift Trier das übrige Drittel.

2) Laudert ein doppeltes Dörflein, das durch ein Bächlein unterschieden wird. Der Theil auf rechter Seite ist Pfälzisch, und der andere Trierisch.

Das Waſſer entſpringt in der Gemarkung, treibt auf Pfälziſcher Seite eine Mahlmühle, und flieſet nach Kiſſelbach. Pfälziſcher Seits werden 17 Häuſer gefunden: ferner 193 Morgen Aecker, 64 M. Wieſen, 100 M. Weide, und 220 M. Wald.

Gegen Nord ſiehet man Spuren einer Veſte, die noch wirklich mit Wall und Gräben umgeben iſt. Unweit davon ſtehen vier gehauene Steine mit dem Pfälziſchen Wappen, dem Reichsadler und der Jahrzahle 1588, welche das Oberamt Simmern von dem Kurtrieriſchen Amt Oberweſel unterſcheiden.

Die Katholiſchen gehen nach Schönenberg, und die Reformirten nach Pleizenhauſen zur Kirche.

Der Zehnten wird zwiſchen Kurpfalz wegen Spanheim, der geiſtlichen Verwaltung und Kurtrier ſo getheilet, daß jedes ein Drittel davon beziehet.

3) Richenrod, ein gemeines Dorf von 20 Häuſern, zwiſchen Kiſſelbach, Budenbach, Horen und Meizborn.

Neben vorbei flieſet die von Meizborn kommende Bach gegen Sud, nimmt die von Dudenrode, Bubach und von Maizborn herabrinnende Bächlein auf, und treibt unten die ſogenannte Leyenmühle. Die Gemarkung begreift 240 M. Ackerfeld, 128 M. Wieſen, 114 M. Weide, und 337 M. Waldung.

Zwiſchen Richenrode und Kiſſelbach liegt obgedachter Schönenberg mit einer Kirche und Klauſe. Die Kirche iſt den heil. Apoſteln Peter und Paul geweihet, und ſoll von den Herren von Schönberg erbauet worden ſeyn. In der Kirchentheilung fiel ſolche ins Loos der Katholiſchen, ward aber mit der Pfarrei Reyerſchied verbunden. Auf den Schönenberg ſind Kiſſelbach, Steinbach, Budenbach, Laubert, Meizborn und dieſes Richenrod ſelbſt eingepfarrt. Die Reformirten aber ſind Filialiſten von Pleizenhauſen.

Zu Richenrod hat Kurtrier den Zehnten allein,

und auf dem Schönenberg die Hälfte: an der andern Hälfte das Stift St. Martin zu Worms zwei a), und die Grafen von der Leyen ein Drittel.

4) **Kisselbach** liegt an den Gränzen des Kurtrierischen Amts Oberwesel, zwo Stunden von Simmern nordostwärts, zwischen Wibelsheim, so Trierisch ist, Richenrod und Laubert. Es wird in der Gränzbeschreibung des Kirchsprengels Mersbach Kissilbach genannt. Die Vogtei desselben hatten die Knebel von Kazenelnbogen als ein Simmerisches Burglehen, und nach ihnen die Krazen von Scharfenstein mit den Junkern von Mezenhausen in Gemeinschaft. Leztere besasen vom J. 1718 an dieses Lehen allein, und als sie im J. 1750 auch ausgestorben, ward es zur Hofkammer eingezogen, jedoch im J. 1762 dem damaligen Kurpfälzischen Staatsminister, Freiherrn von Beckers zu Westerstetten, aufs neue verliehen, dessen Sohn Heinrich Joseph noch wirklich im Besize ist.

Kisselbach ist eigentlich ein doppeltes Dorf, davon ein auf dem linken Ufer der durchfliesenden Bach gelegener Theil Trierisch, der andere auf dem rechten Ufer Pfälzisch ist. Die Bach kommt von Laubert, treibt oben am Dorfe eine Mahlmühle, und sezt ihren Lauf nach Pleizenhausen fort. Durch den Ort gehet die alte Poststrase, und in demselben wird der Kurpfälzische Zoll erhoben. Die Inwohnerschaft beläuft sich auf 33 Haushaltungen: die Gemarkung auf 326 Morgen Aecker, 132 M. Wiesen, 275 M. Weide, und 85 M. Wald.

Die Kirche liegt auf der Trierischen Seite, und

---

a) Den Antheil des St. Martinstifts hat dessen Probst Richwin geschenkt im J. MCX. Tradidit Canonicis praedicti Claustri S. Martini ad dispensationem albi panis, quem non habebant, decimam in Sconenberc pertinentem cum omni utilitate &c. Vid. Schannat hist. Epis. Worm. Prob. num. LXX, p. 64.

gehöret in das Bopparter Landkapitel. Auf der Pfälzischen Seite aber sind die Katholischen nach Schönenberg, die Reformirten nach Pleizenhausen eingepfarret. Der Zehnten wird, wie auf dem Schönenberg, vertheilet.

Das Gericht der ganzen Schultheiserei ist mit einem Schultheise, einem Gerichtschreiber, und vier Schöffen bestellet, und führet in seinem Siegel den zwischen zween Palmzweigen aufrecht stehenden Löwen, mit der Umschrift: Rüchenroder Gerichts Insigel.

Schultheiserei Gundershausen.

Die vier Dörfer, Ober- und Nieder-Gundershausen, Liesenfeld und Mermut, welche zu dieser Schultheiserei gehören, und vor dem dreisigjährigen Kriege unter dem Namen des Unteramts Waldeck begriffen gewesen, sind als eigentliche Ueberbleibsel der alten Pfallenz, und nicht als ursprüngliche Bestandtheile des heutigen Oberamts Simmern zu betrachten.

Bekanntlich war in ältern Zeiten nicht nur die Schuz- und Schirmvogtei über die Stadt, und das Erzstift Trier; sondern auch die sogenannte grose und kleine Pfallenz mit der Grafschaft im Meienfeld am untern Moselstrome, der Pfalzgräflichen Würde anklebig.

Jenes Vogteirecht mit aller Zugehör an Lehen und Eigen, nebst den jährlichen Dienstbarkeiten, welche die Pfalzgrafen auf den Trierischen Ortschaften im Trachgaue und an der Mosel hergebracht hatten, tratt Pfalzgraf Heinrich im J. 1198 an den Erzbischof Johann I ab o), und verpfändete die Grafschaft im Meienfeld diesseits der Mosel, samt den Dörfern Engelstadt, Hedensheim und Sickenbach im Nahegaue an die Grafen von Spanheim um 650 Mark p). Die Pfallenz aber schenkte Kurf. Rudolph II im J. 1350 dem Erzbischof Balduin, nahm solche wieder von ihm zu Lehen, und gab sie sodann den Grafen von Wirneburg und Neuenar zum Afterlehen q). Als dieses Geschlecht 1545 ausstarb, verkaufte Kurf. Friedrich II sein Recht auf jene Pfallenz und die Grafschaft im Meienfeld dem Erzbischof von Trier auf allezeit r).

In diesem Landesstriche lagen unter andern auch die drei Vesten Erenberg, Thuron und Walbeck, welche in der ältern Pfälzischen Geschichte und Urkunden öfters vorkommen.

Von Erenberg ist in der Beschreibung des Oberamts Bacharach bei dem Gericht Holzfeld einiges angeführet worden s).

Thuron, sonst auch Turant, nächst dem Trierischen Flecken Alken, soll im J. 1198 von König Otto II wider seinen Gegner K. Philipp erbauet worden seyn. K. Friedrich II raumte zwar solche hernach dem Köllnischen Erzbischof Engelbert I ein, sie muß aber dennoch bald in Pfälzischen Besitz

---

o) *Freher. Orig. Palat. Part. I, Cap. XI, p.* 89.
p) *Ibidem pag.* 93 sq.
q) *Tolner hist. Palat. Cap. III, pag.* 99.
r) *Ibidem, und Teschenmacher Annales Iul. Cliv. & Mont. Part. II, pag.* 406 sq.
s) Sieh oben S. 418.

Simmern.

sis gekommen seyn, weil der Erzbischof Arnold II zu Trier diese Burg Turon belagert hat, als sie Pfalzgraf Otto der Erlauchte besetzt hielt. Nachdem er sie endlich erobert hatte, gab er seinem Bundes-Verwandten, dem Erzbischof Konrad von Kölln, wegen des vorhin schon gehabten Rechts, abermal einen Theil daran s). Nichts desto weniger hat Pfalzgraf Ludwig der Strenge die Edeln von Schöneck im J. 1273 zu Burgmännern in Thuron aufgenommen. K. Ludwig IV, aus Anlaß der bei Antritt seiner Regierung dem Erzstift Trier bestätigten alten Freiheiten, gab zwar dem Pfalzgrafen Rudolph, seinem Bruder, auf, allem Recht auf Monserat und Thuron zu entsagen s), aber im Vertrage von Pavia eignete er wieder leztere Burg seines Bruders Söhnen ausdrücklich zu, und der Pabst Clemens VI befahl noch im J. 1344 dem Köllnischen Erzbischof Wallram, daß er den Pfalzgrafen die vorenthaltene Burg wieder einraumen sollte. Da nun in den folgenden Pfälzischen Hausverträgen und Erbordnungen nichts mehr davon vorkommt, so ist es wahrscheinlich, daß diese Burg unter den an das Erzstift Trier (1350) verschenkten Zugehörungen der Pfallenz mit begriffen gewesen seyn.

Die Burg Waldeck liegt mehr oberhalb, an der Beye. Die ritterliche Geschlechter der Bosen und Stumpfen von Waldeck haben ihre Benen-

---

e) Gesta Trevir. apud *Hontheim* Prodrom. histor. Trevir. pag. 796 & 801.
s) Ibid. pag. 830.

nung davon. Im J. 1361 öfneten Johann und Emich von Waldeck ihr Haus in der obern Burg allda dem Pfalzgrafen Ruprecht I, und im J. 1398 verkaufte derselbe Gemeiner, Johann von Winningen, seinen Theil am ganzen Stall und Hause zu Waldeck an Pfalzgr. Ruprecht III, der sodann mit sämtlichen Gemeinern einen förmlichen Burgfrieden errichtete. Folgendes Jahr öfnete ihm auch Winand von Waldeck sein Haus in der obern Burg, und drei Jahre darnach verkaufte Hertwin von Winningen alle seine Theile daran besagtem Ruprechte, damaligen Röm. Könige. Auf solche Weise kam Waldeck die Burg auf dem Hundsrück in Pfälzischen Besitz, und ward in der Erbordnung vom J. 1410 zu einer Hälfte H. Ludwig, zur andern Hälfte aber H. Stephan zugetheilet. Jener vertrug sich gleich darnach mit den Boosen von Waldeck, daß sie der Pfalz Erbmanne, und jeder aus ihnen sein lebenlang darin Amtmann seyn sollte. Auch nahm er im J. 1424 Hermann, Philipp und Johann Gebrüder von Waldeck zu Gemeinern der Burg und der Pfalz Erbmannen auf. Im J. 1452 gelobten Johann Bois der alte, Paul und Johann Bois Gebrüder, und Johann des alten Boisen seel. Sohn, auch Philipp und Hermann Gebrüder von Waldeck dem Kurf. Friedrich·I den Burgfrieden, und dieser ordnete noch im J. 1472, daß sein Theil an Waldeck nach seinem Ableben auf Kurf. Philipp fallen, und bei der Pfalz verbleiben sollte. Als im Jahr 1480 Erzbischof Johann II zu Trier mit gedachtem Kurf. Philipp wegen Winnenburg, Bollstein und Schöneck in Streit verfiel, wurde von jenem behauptet, daß von den in seinem Erzstift gelegenen vier Vesten Walbeck, Schöneck, Elz und Erenberg die erste vom Erzstifte Köln, und die drei andern vom Erzstifte Trier zu Lehen herrühren x).

Kurf. Ludwig V hat im J. 1519 einen Streit zwischen Johann von Mezenhausen, Domprobst zu Trier, und seinem Bruder Dietrich an einem, sodann Philipp, Balthasar und Simon Boosen von Walbeck am andern Theile, eine verlassene Behausung in dem Schlosse Walbeck und einige andere Güter betreffend, welche Paul Boos Ritter bis zu seinem Tode als ein von der Pfalz hergebrachtes Mannlehen besessen, die von Mezenhausen aber als nächste Erben angesprochen hatten, dahin entschieden, daß die verlassene Behausung und Güter den leztern gebühre, solche aber auch zu ihrem Antheil, wie andere Gemeinere, mit dem Baugeld dem Burgfrieden nachkommen sollen y).

Die andere Hälfte, welche dem Herzog Stephan ausgeschieden worden, bekam sein ältester Sohn H. Friedrich der Hundsrucker, und seine Nachfolger in dem Simmerischen Fürstentum, bis daß alles der Kur anheim gefallen. In einer unter der Regierung des Kurf. Friedrichs IV errichteten Ordnung wegen dem Unteramt Walbeck z), werden die Mißbräuche bei dem erkauften Nothgericht ge-

---

x) *Caspar Lerch* von *Dirmstein* de nobilitate Imperii, in *Burgermeisteri* Bibl. Equ. Tom. I, pag. 281.
y) Datum Ladenburg Dienstag nach Exaltationis Crucis an. 1519.
z) Signatum Simmern den 14 Sept. 1602.

rüget, so daß gedachtes Unteramt damals noch
seine besondere Verfassung gehabt zu haben scheinet,
die aber durch die bald darauf gefolgte Kriegszeiten
eine vollkommene Veränderung erlitten hat.

In neuern Zeiten ist die Benennung des Unteramts Waldeck ganz in Vergessenheit gerathen,
und die sonst dazu gehörigen vier Dörfer sind nun
blos unter dem Namen der Schultheiserei Gundershausen bekannt.

1) Ober-Gundershausen. Beide Gundershausen liegen an der Beye, fünf Stunden von Simmern nordwärts. Meldung davon geschiehet in mehrern Urkunden des X und XI Jahrhunderts. Denn
schon der Fränkische König, Karl der Einfältige,
hat im J. 912 dem Kloster St. Maximin bei Trier
seine Besitzungen in Gontireshusa bestätiget. In
zwo andern Urkunden des K. Otten I für eben
diese Abtei kommt Gontireshuson, und Gunthe-
reshusum ebenfalls vor a). Pfalzgraf Gottfried
von Kalwe bemächtigte sich dessen mit andern Orten;
und obschon K. Heinrich V im J. 1125 ihm aufgegeben, solchen der Abtei wieder abzutretten, so scheinet doch nachher eine Abhängigkeit von der Pfalzgrafschaft übrig geblieben, und das Recht der Oberbothmäsigkeit vererbet worden zu seyn. Im J. 1402 thaten Johann und Philipp Boosen von Waldeck auf
die Dörfer Ober-Gundershausen und Wermut, die
Vogtei und ein Theil an Nieder-Gundershausen Verzicht, und im J. 1462 empfieng Cuno von Schöneck
Ober- und Nieder-Gundershausen mit Gericht, und
die Vogtei zu Hazenbott von der Pfalz zu Mann-

---

a) Diese und andere hier einschlagende Mariminische Urkunden findet man in *Hontheim* hist. Trev. diplom. Tom.
I, pag. 70, 261, 277, 293, 435, 513 & 544.

Simmern.

und Erblehen? Nach Erlöschung des Schöneckischen Mannsstammes ist das Lehen eingezogen worden.

Nicht weit von dem Orte fließet die Beye, und treibt drei Mahlmühlen. Sie scheidet das Kurpfälzische von dem Kurtrierischen, Gräflich-Bassenheimischen und Hinter-Spanheimischen Gebiete, und fällt unterhalb Borgen in die Mosel.

In dem Dorfe finden sich dermalen 37 Haushaltungen, die 188 Seelen ausmachen. In der Gemarkung aber 257 Morgen Aecker, 80 M. Wiesen, 64 M. Weide, und 99 M. Wald, welche der Kumber Forsthute untergeben sind.

Die Kirche ist dem heil. Servatius geweihet, und den Katholischen in der Theilung zugefallen, auch die eigentliche Pfarrkirche der ganzen Schultheiserei, von welcher also die Kapellen zu Nieder-Gundershausen, Liesenfeld und Wermuth abhangen.

Den Zehnten in der ganzen Schultheiserei beziehen die Freiherren von Boos zu Waldeck als eine Zugehör des Kirchensazes, wogegen sie den Chor der Kirche zu bauen und zu unterhalten, auch den zeitlichen Pfarrer zu besolden schuldig sind.

2) **Nieder-Gundershausen** ist das beste Dorf der Schultheiserei, denn es bestehet aus 33 Häusern, 41 Familien und 210 Seelen.

Die von Sudost aus dem Trierischen Gebiete kommende Beybach lauft ebenfalls eine Strecke vom Dorfe vorbei, nimmt die einige hundert Schritte vom Orte entspringende Pfaffenberger-Bach, und treibt in diesseitiger Gemarkung drei Mahlmühlen.

Die Gemarkung enthält 499 Morgen Aecker, 116 M. Wiesen, 2 M. Gärten, 118 M. Weide, und 213 M. Wald.

Die Schenken von Schmidburg, und die Boosen von Waldeck besizen dahier freiadeliche Hofgüter.

Die Kapelle ist dem heil. Anton geweihet. Bei der Kirchentheilung fiel solche zwar in das Loos der

Reformirten. Nachdem aber die dieser Religion zugethane wenige Familien nach und nach zur Kath. Religion zurück getretten sind, ist diese Kapelle von leztern Theile wieder in Besiz genommen worden.

Mit dem Zehnten verhält es sich, wie zu Ober-Gundershausen.

3) *Liesenfeld* ist ein geringes Dorf von 20 Häusern an der Trierischen Gränze gegen dem Rhein, und ostwärts von Gundershausen, in der Nähe einer Bach gelegen, welche das Pfälzische von dem Kurtrierischen Gebiete des Amts Oberwesel scheidet, zwo zu diesem Dorfe gehörige Mahlmühlen treibet, und unterhalb Neuel in die Ere fällt.

Die Gemarkung enthält 182 Morgen Aecker, 51 M. Wiesen, 1 M. Gärten, 56 M. Weide, und 66 M. Wald.

Die Kapelle ist dem heil. Jakob geweihet, und in der Kirchentheilung den Reformirten zugetheilet, aber auch, wie die vorhergehende, von den Katholischen wieder in Besiz genommen worden. Im J. 1757 ward eine besondere Frühemesse darin gestiftet, und der dazu angeordnete Priester zugleich verbunden, in dem Orte die Schule zu halten.

4) *Wermuth* auch ein geringes Dorf an der Ere, nordwärts von Gundershausen, zwischen Beulich, Oppershausen und Neuel, welche alle zum Kurtrierischen Amt Boppart gehörig sind.

Eine viertel Stunde westwärts liegt auf einem steilen Berge das nun ganz zerfallene Rauschloß, von welchem keine weitere Nachricht vorhanden ist, als daß solches mit der nur eine halbe Stunde davon entfernten Burg Schöneck (die mit dem an der Lurenburgischen Gränze gelegenen Flecken Schoneken nicht verwechselt werden muß) verbunden gewesen seyn solle. Sie ward von ihren Gemeinern im J. 1435 der Pfalz um 60 fl. Manngeld auf den Zoll

Simmern.

Bacharach zum offenen Hause gemacht, so daß diese sich wider männiglich (allein die Römischen Kaiser und Könige ausgenommen, weil solches vom Reiche zu Lehen rührte,) und auch die von Wesel sich darin zu behelfen haben sollten. Diese Burg wurde hernach von dem Erzstift Trier als ein Lehen angesprochen, von Seiten Pfalz aber dergestalt widersprochen, daß Kurf. Philipps sich derselben im J. 1414 gar bemächtigte b). Inzwischen erwirkte Erzbischof Johann II im J. 1495 von K. Maximilian I eine Bestätigung aller dem Erzstift Trier verliehenen Regalien, worunter Schöneck auf dem Hundsruck ausdrücklich begriffen gewesen ist c), und da bald hernach in der Baierischen Fehde dem Kurhause Pfalz sehr viele Besitzungen und Gerechtsame entzogen worden, so scheint auch jenes Recht verlohren gegangen, oder doch mit Absterben des Geschlechts von Schöneck aller Anspruch erloschen zu seyn. Indessen ist das freiadeliche Geschlecht der Boosen von Waldeck im Besitze gedachter Burg Schöneck, samt dem dazu gehörigen Rauschloß, als ein Trierischer Vasall, obschon das leztere auf Kurpfälzischem Gebiete gelegen ist.

In Mermuth finden sich eine Kapelle, und 19 bürgerliche Häuser. An Gütern aber 193 Morgen Aecker, 45 M. Wiesen, 43 M. Weide, und 63 M. Wald.

Die Kapelle ist erst im J. 1735 zur Ehre U. L. F. erbauet worden, und stehet unter der Pfarrei Ober-Sundershausen, welcher die Hälfte des Zehntens dahier zum Genusse angewiesen ist.

Das Gericht der ganzen Schultheiserei ist mit

---

b) Vid. *Caspar Lerch de Dirmstein* de nobilitate Imperii, in Burgermeisters Bibl. Equ. Tom. I, pag. 281.
c) *Hontheim* hist. Trevir. dipl. Tom. II, p. 494.

einem Oberschultheißen und vierzehn Schöffen nebst einem Gerichtschreiber bestellet. Es führet in seinem Siegel den stehenden heil. Servatius (gewesenen Bischof zu Utrecht) welcher in der rechten Hand einen Schlüssel, in der linken den Krummstab hält, mit der Umschrift: Sundershausen Gerichts Insigel.

www.ingramcontent.com/pod-product-compliance
Lightning Source LLC
Chambersburg PA
CBHW051200300426
44116CB00006B/379